GWAITH SYR DAFYDD TREFOR

golygwyd gan

RHIANNON IFANS

ABERYSTWYTH
CANOLFAN UWCHEFRYDIAU CYMREIG A CHELTAIDD
PRIFYSGOL CYMRU
2005

Y mae cofnod catalogio'r llyfr hwn ar gael gan y Llyfrgell Brydeinig.

ISBN 0 947531 82 3
Cysodwyd gan staff Canolfan Uwchefrydiau Cymreig a Cheltaidd Prifysgol Cymru.
Argraffwyd gan Wasg Prifysgol Caer-grawnt.

CYFRES BEIRDD YR UCHELWYR

Gwaith Syr Dafydd Trefor

Dull y golygu

Lluniwyd testunau cyfansawdd o'r cerddi gan ddangos y darlleniadau amrywiol (ond nid rhai orgraffyddol pur) yn yr 'Amrywiadau' ar waelod y testun. Os yw darlleniad amrywiol yn digwydd mewn grŵp o lawysgrifau, cofnodir ef yn orgraff y llawysgrif hynaf yn y grŵp hwnnw. Os oes gair neu ran o linell yn eisiau mewn llawysgrif, nodir hynny drwy roi'r gair neu'r geiriau (yn orgraff y testun golygedig) mewn bachau petryal. Os oes llinell neu linellau yn eisiau mewn llawysgrif, nodir y rheini mewn bachau petryal wrth drafod trefn y llinellau. Fodd bynnag, os yw llinell yn anghyflawn, neu os yw gair neu eiriau'n annarllenadwy oherwydd staen, twll, &c., dynodir hynny â bachau petryal gwag.

Cyflwynir y testun mewn orgraff Cymraeg Diweddar ac wedi ei brif-lythrennu a'i atalnodi. Diweddarwyd orgraff a sain geiriau, oni bai fod y gynghanedd yn gofyn am sain Gymraeg Canol (gw. GDG[3] xlvi); er eng-hraifft, diweddarwyd -aw-, -aw yn o pan oedd angen (oni bai fod yr odl yn hawlio cadw'r aw) ac -ei-, -ei yn ai. Ond ni ddiweddarwyd ffurfiau Cymraeg Canol dilys megis *fal*, *ymy*, *yty* (sef 'imi', 'iti'), *wyd* (sef 'wyt'), &c.

Yn yr Eirfa ar ddiwedd gwaith y bardd rhestrir y geiriau a drafodir yn y nodiadau (nodir hynny ag 'n'). Rhestrir hefyd eiriau dieithr neu eiriau sy'n digwydd mewn ystyr wahanol i'r arfer, gan gynnig aralleiriad ar eu cyfer. Yn y mynegeion i enwau priod rhestrir pob enw person a phob enw lle sy'n digwydd yn y cerddi.

Diolchiadau

Cydnabyddir yn ddiolchgar gymorth y canlynol: staff Llyfrgell Genedlaethol Cymru, Aberystwyth, Bwrdd Golygyddol 'Cyfres Beirdd yr Uchelwyr', yr Athro Ralph A. Griffiths, Mr Daniel Huws, Mr Dafydd Ifans, Mr R.W. McDonald, Dr Ann Parry Owen, Mrs Elen Wyn Simpson, Yr Athro Emeritws J. Beverley Smith, a Dr Llinos Beverley Smith. Y mae arnaf ddyled neilltuol, unwaith yn rhagor, i'r Athro Emeritws R. Geraint Gruffydd.

Cynnwys

DULL Y GOLYGU v

DIOLCHIADAU vi

BYRFODDAU

    Llyfryddol ix

    Termau a Geiriau xxi

GWAITH SYR DAFYDD TREFOR

    RHAGYMADRODD 1

TESTUN

  1. Moliant i Dr Wiliam Glyn o Lynllifon 27

  2. I gymodi â Rhisiart Bwlclai, Archddiacon Môn, a'i frawd
     Rowland Bwlclai 31

  3. Moliant i Robert ap Rhys o Blas Iolyn 35

  4. Marwnad Owain ap Maredudd ap Tomas o Borthaml 38

  5. Marwnad Harri VII 41

  6. Marwnad Wiliam ap Gruffudd ap Dicws pan oedd ef fyw 47

  7. I ofyn almari gan Wiliam ap Maredudd ap Rhys
     o Lanfairfechan dros Ddafydd ap Gwilym 50

  8. I ofyn bwa gan Syr Lewys ab Ieuan ap Tudur,
     rheithor Llanbedrog, dros Syr Wiliam 53

  9. I ofyn caseg gan Siôn ap Robin o Eifionydd 55

  10. I ofyn march gan Rydderch ap Dafydd o Fyfyrian
      dros Rys Cwg 58

  11. I ofyn paderau gan Fargred ferch Wiliam o'r Penrhyn
      dros Sieffre ap Siôn 61

  12. I ofyn telyn gan Edward Sirc dros Ddafydd ap Gwilym 64

  13. I Ddwynwen 67

  14. I Ddeiniol Bangor a'r Esgob Thomas Skeffington 70

  15. Yn erbyn caru'r byd 73

  16. I ddangos fyrred oes dyn 84

  17. I'r ddraig goch 97

  18. I ferch anhysbys 100

Englynion amheus eu hawduriaeth

    19. I Fair 101

    20. I wynt y de 102

    NODIADAU 103

    GEIRFA 217

    Enwau personau 231

    Enwau lleoedd 234

LLAWYSGRIFAU 235

MYNEGAI I'R LLINELLAU CYNTAF 247

MYNEGAI I'R GWRTHRYCHAU A'R EIRCHIAID 249

Byrfoddau

Llyfryddol

AAST	*Anglesey Antiquarian Society and Field Club Transactions*, 1913–
Act	'Actau yr Apostolion' yn y Testament Newydd
Arch Camb	*Archaeologia Cambrensis*, 1846–
AWH	*Aspects of Welsh History: Selected Papers of the late Glyn Roberts*, ed. A.H. Dodd and J.G. Williams (Cardiff, 1969)
B	*Bwletin y Bwrdd Gwybodau Celtaidd*, 1921–93
Bangor	Llawysgrif yng nghasgliad Prifysgol Cymru Bangor
Bangor (Mos)	Llawysgrif yng nghasgliad Bangor (Mostyn) ym Mhrifysgol Cymru Bangor
Bangor (Penrhos)	Llawysgrif yng nghasgliad Bangor (Penrhos) ym Mhrifysgol Cymru Bangor
Bangor (Penrhyn)	Llawysgrif yng nghasgliad Bangor (Penrhyn) ym Mhrifysgol Cymru Bangor
P.C. Bartrum: WG1	P.C. Bartrum, *Welsh Genealogies AD 300–1400* (Cardiff, 1974)
P.C. Bartrum: WG2	P.C. Bartrum, *Welsh Genealogies AD 1400–1500* (Aberystwyth, 1983)
BaTh	*Beirdd a Thywysogion: Barddoniaeth Llys yng Nghymru, Iwerddon a'r Alban*, gol. Morfydd E. Owen a Brynley F. Roberts (Caerdydd ac Aberystwyth, 1996)
BD	*Brut Dingestow*, gol. H. Lewis (Caerdydd, 1942)
BDe	*Buched Dewi*, gol. D. Simon Evans (Caerdydd, 1959)
Beirn	*Y Beirniad*, gol. J. Morris Jones (1911–20)

BL Add	Llawysgrif Ychwanegol yng nghasgliad y Llyfrgell Brydeinig, Llundain
Bl BGCC	*Blodeugerdd Barddas o Ganu Crefyddol Cynnar*, gol. M. Haycock (Llandybïe, 1994)
Bodewryd	Llawysgrif yng nghasgliad Bodewryd, yn Llyfrgell Genedlaethol Cymru, Aberystwyth
Bodley	Llawysgrif yng nghasgliad Llyfrgell Bodley, Rhydychen
I Br	'Llyfr Cyntaf y Brenhinoedd' yn yr Hen Destament
Brog	Llawysgrif yng nghasgliad Brogyntyn, yn Llyfrgell Genedlaethol Cymru, Aberystwyth
BRh	*Breudwyt Ronabwy*, gol. Melville Richards (Caerdydd, 1948)
BT	*Brut y Tywysogyon Peniarth Ms. 20*, gol. Thomas Jones (Caerdydd, 1941)
BT (cyf)	*Brut y Tywysogyon or The Chronicle of the Princes Peniarth Ms. 20 version*, ed. Thomas Jones (Cardiff, 1952)
BT (RB)	*Brut y Tywysogyon* (*Red Book of Hergest Version*), ed. Thomas Jones (Cardiff, 1955)
ByCy	*Y Bywgraffiadur Cymreig hyd 1940* (Llundain, 1953)
ByCyAt	*Y Bywgraffiadur Cymreig 1941–1950 gydag Atodiad i'r Bywgraffiadur Cymreig hyd 1940* (Llundain, 1970)
CA	*Canu Aneirin*, gol. Ifor Williams (Caerdydd, 1938)
CAMBM	*Catalogue of Additions to the Manuscripts in the British Museum in the years 1841–1845* (London, 1850)
Card	Llawysgrif yn Llyfrgell Ganolog Caerdydd
J. Cartwright: ForF	Jane Cartwright, *Y Forwyn Fair, Santesau a Lleianod: Agweddau ar Wyryfdod a Diweirdeb yng Nghymru'r Oesoedd Canol* (Caerdydd, 1999)

Chirk	Llawysgrif yng nghasgliad Castell y Waun, yn Llyfrgell Genedlaethol Cymru, Aberystwyth
CLC	*Cydymaith i Lenyddiaeth Cymru*, gol. Meic Stephens (Caerdydd, 1986)
CLC²	*Cydymaith i Lenyddiaeth Cymru*, gol. Meic Stephens (ail arg., Caerdydd, 1997)
CLlH	*Canu Llywarch Hen*, gol. Ifor Williams (Caerdydd, 1935)
CM	Llawysgrif yng nghasgliad Cwrtmawr, yn Llyfrgell Genedlaethol Cymru, Aberystwyth
CMCS	*Cambridge Medieval Celtic Studies*, 1981–1993; *Cambrian Medieval Celtic Studies*, 1993–
CMOC	*Canu Maswedd yr Oesoedd Canol*, gol. D.R. Johnston (Caerdydd, 1991)
CO	*Culhwch ac Olwen*, gol. Rachel Bromwich a D. Simon Evans (Caerdydd, 1988)
CO²	*Culhwch and Olwen*, ed. Rachel Bromwich and D. Simon Evans (Cardiff, 1992)
CO³	*Culhwch ac Olwen*, gol. Rachel Bromwich a D. Simon Evans gyda chymorth D.H. Evans (ail arg., Caerdydd, 1997)
Col	'Epistol Paul ... at y Colosiaid' yn y Testament Newydd
1 Cor	'Epistol Cyntaf Paul ... at y Corinthiaid' yn y Testament Newydd
2 Cor	'Ail Epistol Paul ... at y Corinthiaid' yn y Testament Newydd
Cy	*Y Cymmrodor, The Magazine of the Honourable Society of Cymmrodorion*, 1877–1951
Cylchg CHSFeir	*Cylchgrawn Cymdeithas Hanes a Chofnodion Sir Feirion(n)ydd*, 1949–
Cylchg HC	*Cylchgrawn Hanes Cymru*, 1960–
Cylchg LlGC	*Cylchgrawn Llyfrgell Genedlaethol Cymru*, 1939–
D	*Dictionarium Duplex*, ed. John Davies (Londinium, 1632)

Dafydd Trefor: Gw	Irene George, 'Syr Dafydd Trefor: ei oes a'i waith' (M.A. Cymru [Caerdydd], 1929)
Dat	'Datguddiad Ioan' yn y Testament Newydd
R.R. Davies: ROG	R.R. Davies, *The Revolt of Owain Glyn Dŵr* (Oxford, 1995)
DE	*Gwaith Dafydd ab Edmwnd*, gol. Thomas Roberts (Bangor, 1914)
Deut	'Llyfr Deuteronomium' yn yr Hen Destament
DGG	*Cywyddau Dafydd ap Gwilym a'i Gyfoeswyr*, gol. Ifor Williams a T. Roberts (Bangor, 1914)
DGG²	*Cywyddau Dafydd ap Gwilym a'i Gyfoeswyr*, gol. Ifor Williams a T. Roberts (ail arg., Caerdydd, 1935)
DGGD	Bleddyn Owen Huws, *Detholiad o Gywyddau Gofyn a Diolch* (Caernarfon, 1998)
DGIA	H.M. Edwards, *Dafydd ap Gwilym*: *Influences and Analogues* (Oxford, 1996)
Diar	'Llyfr y Diarhebion' yn yr Hen Destament
DiarC	*Diarhebion Cymru*, gol. William Hay (Lerpwl, 1955)
DN	*The Poetical Works of Dafydd Nanmor*, ed. Thomas Roberts and Ifor Williams (Cardiff and London, 1923)
DNB²	*Oxford Dictionary of National Biography*, ed. H.C.G. Matthew and B. Harrison (Oxford, 2004)
DWH	Michael Powell Siddons, *The Development of Welsh Heraldry* (3 vols., Aberystwyth, 1991–3)
L. Dwnn: HV	*Heraldic Visitations of Wales*, gol. S.R. Meyrick (Llandovery, 1846)
Ecs	'Llyfr Ecsodus' yn yr Hen Destament
EEW	T.H. Parry-Williams, *The English Element in Welsh* (London, 1923)
ELlSG	J. Lloyd-Jones, *Enwau Lleoedd Sir Gaernarfon* (Caerdydd, 1928)

Eseia	'Llyfr y Proffwyd Eseia' yn yr Hen Destament
Esgair	Llawysgrif yng nghasgliad Esgair a Phant-perthog, yn Llyfrgell Genedlaethol Cymru, Aberystwyth
Études	*Études celtiques*, 1936–
R. Wallis Evans: Dar	R. Wallis Evans, 'Y daroganau Cymraeg hyd at amser y Tuduriaid gan roi sylw arbennig i'r cywyddau brud' (M.A. Cymru [Caerdydd], 1935)
EVW	M.E. Griffiths, *Early Vaticination in Welsh with English Parallels* (Cardiff, 1937)
EWGT	*Early Welsh Genealogical Tracts*, ed. P.C. Bartrum (Cardiff, 1966)
G	*Geirfa Barddoniaeth Gynnar Gymraeg*, gol. J. Lloyd-Jones (Caerdydd, 1931–63)
GBDd	*Gwaith Bleddyn Ddu*, gol. R. Iestyn Daniel (Aberystwyth, 1994)
GBF	*Gwaith Bleddyn Fardd a Beirdd Eraill Ail Hanner y Drydedd Ganrif ar Ddeg*, gol. Rhian M. Andrews *et al.* (Caerdydd, 1996)
GC	*Gwaith Casnodyn*, gol. R. Iestyn Daniel (Aberystwyth, 1999)
GDB	*Gwaith Dafydd Benfras ac Eraill o Feirdd Hanner Cyntaf y Drydedd Ganrif ar Ddeg*, gol. N.G. Costigan (Bosco) *et al.* (Caerdydd, 1995)
GDEp	*Gwaith Dafydd Epynt*, gol. Owen Thomas (Aberystwyth, 2002)
GDG	*Gwaith Dafydd ap Gwilym*, gol. Thomas Parry (Caerdydd, 1952)
GDG²	*Gwaith Dafydd ap Gwilym*, gol. Thomas Parry (ail arg., Caerdydd, 1963)
GDG³	*Gwaith Dafydd ap Gwilym*, gol. Thomas Parry (trydydd arg., Caerdydd, 1979)
GDGor	*Gwaith Dafydd Gorlech*, gol. Erwain H. Rheinallt (Aberystwyth, 1997)

GDID   *Gwaith Deio ab Ieuan Du a Gwilym ab Ieuan Hen*, gol. A. Eleri Davies (Caerdydd, 1992)

GDLl   *Gwaith Dafydd Llwyd o Fathafarn*, gol. W. Leslie Richards (Caerdydd, 1964)

Gen   'Llyfr Genesis' yn yr Hen Destament

GGH   *Gwaith Gruffudd Hiraethog*, gol. D.J. Bowen (Caerdydd, 1990)

GGl²   *Gwaith Guto'r Glyn*, gol. Ifor Williams (ail arg., Caerdydd, 1961)

GGLl   *Gwaith Gruffudd Llwyd a'r Llygliwiaid Eraill*, gol. Rhiannon Ifans (Aberystwyth, 2000)

GGM   *Gwaith Gwerful Mechain ac Eraill*, gol. Nerys Ann Howells (Aberystwyth, 2001)

GHCEM   *Gwaith Huw Ceiriog ac Edward Maelor*, gol. Huw Ceiriog Jones (Caerdydd, 1990)

GHD   *Gwaith Huw ap Dafydd ap Llywelyn ap Madog*, gol. A. Cynfael Lake (Aberystwyth, 1995)

GHS   *Gwaith Hywel Swrdwal a'i Deulu*, gol. D.F. Evans (Aberystwyth, 2000)

GIBH   *Gwaith Ieuan Brydydd Hir*, gol. M.P. Bryant-Quinn (Aberystwyth, 2000)

GIG   *Gwaith Iolo Goch*, gol. D.R. Johnston (Caerdydd, 1988)

GIRh   *Gwaith Ieuan ap Rhydderch*, gol. R. Iestyn Daniel (Aberystwyth, 2003)

GLD   *Gwaith Lewys Daron*, gol. A. Cynfael Lake (Caerdydd, 1994)

GLGC   *Gwaith Lewys Glyn Cothi*, gol. D. Johnston (Caerdydd, 1994)

GLM   *Gwaith Lewys Môn*, gol. Eurys I. Rowlands (Caerdydd, 1975)

GLlBH   *Gwaith Llywelyn Brydydd Hoddnant, Dafydd ap Gwilym, Hillyn ac eraill*, gol. A. Parry Owen a D.F. Evans (Aberystwyth, 1996)

GLlF   *Gwaith Llywelyn Fardd I ac Eraill o Feirdd y Ddeuddegfed Ganrif*, gol. K.A. Bramley *et al.* (Caerdydd, 1994)

GMB   *Gwaith Meilyr Brydydd a'i Ddisgynyddion*, gol. J.E. Caerwyn Williams *et al.* (Caerdydd, 1994)

GMBr   *Gwaith Mathau Brwmffild*, gol. A. Cynfael Lake (Aberystwyth, 2002)

GMRh   *Gwaith Maredudd ap Rhys a'i Gyfoedion*, gol. E. Roberts (Aberystwyth, 2003)

GMW   D. Simon Evans, *A Grammar of Middle Welsh* (Dublin, 1964)

GO   *L'oeuvre poétique de Gutun Owain*, gol. E. Bachellery (Paris, 1950–1)

GP   *Gramadegau'r Penceirddiaid*, gol. G.J. Williams ac E.J. Jones (Caerdydd, 1934)

GPC   *Geiriadur Prifysgol Cymru* (Caerdydd, 1950–2002)

GSC   *Gwaith Siôn Ceri*, gol. A. Cynfael Lake (Aberystwyth, 1996)

GSCMB   'Guide to the Special Collections of Manuscripts in the Library of the University College of North Wales Bangor' (cyfrol anghyhoeddedig, Prifysgol Cymru Bangor, 1962)

GSCyf   *Gwaith Dafydd Bach ap Madog Wladaidd 'Sypyn Cyfeiliog' a Llywelyn ab y Moel*, gol. R. Iestyn Daniel (Aberystwyth, 1998)

GSH   *Gwaith Siôn ap Hywel ap Llywelyn Fychan*, gol. A. Cynfael Lake (Aberystwyth, 1999)

GSRh   *Gwaith Sefnyn, Rhisierdyn, Gruffudd Fychan ap Gruffudd ab Ednyfed a Llywarch Bentwrch*, gol. Nerys Ann Jones ac Erwain Haf Rheinallt (Aberystwyth, 1995)

GST   *Gwaith Siôn Tudur*, gol. Enid Roberts (Caerdydd, 1980)

GTP   *Gwaith Tudur Penllyn ac Ieuan ap Tudur Penllyn*, gol. Thomas Roberts (Caerdydd, 1958)

GWL ii²	*A Guide to Welsh Literature 1282–c. 1550 Volume II*, ed. A.O.H. Jarman and Gwilym Rees Hughes revised by D. Johnston (Cardiff, 1997)
Gwyn	Llawysgrif yng nghasgliad Gwyneddon ym Mhrifysgol Cymru Bangor
Heb	'Y Llythyr at yr Hebreaid' yn y Testament Newydd
HG	*Hen Gwndidau, Carolau a Chywyddau*, gol. L.J. Hopkin-James a T.C. Evans (Bangor, 1910)
HG Cref	*Hen Gerddi Crefyddol*, gol. Henry Lewis (Caerdydd, 1931)
HMNLW	*Handlist of Manuscripts in the National Library of Wales* (Aberystwyth, 1943–)
HPF	J.Y.W. Lloyd, *The History of Powys Fadog*, (6 vols., London, 1881–7)
HSt	*Harlech Studies*, ed. B.B. Thomas (Cardiff, 1938)
Hywel Rheinallt: Gw	Elsbeth Wendy Owen Davies, 'Testun beirniadol o waith Hywel Rheinallt ynghyd â rhagymadrodd, nodiadau a geirfa' (M.A. Cymru [Aberystwyth], 1967)
J.R. Hughes	Llawysgrif yng nghasgliad J.R. Hughes, Llyfrgell Genedlaethol Cymru, Aberystwyth
IGE	*Cywyddau Iolo Goch ac Eraill*, gol. H. Lewis, T. Roberts ac Ifor Williams (Bangor, 1925)
IGE²	*Cywyddau Iolo Goch ac Eraill*, gol. H. Lewis, T. Roberts ac Ifor Williams (ail arg., Caerdydd, 1937)
Io	'Yr Efengyl yn ôl Sant Ioan' yn y Testament Newydd
J	Llawysgrif yng nghasgliad Coleg Iesu, Rhydychen
Jer	'Llyfr y Proffwyd Jeremeia' yn yr Hen Destament
JGD	Llawysgrif yng nghasgliad J. Glyn Davies yn Llyfrgell Genedlaethol Cymru, Aberystwyth

LBS	S. Baring-Gould and J. Fisher, *The Lives of the British Saints* (4 vols., London, 1907–13)
LGCD	*Lewys Glyn Cothi (Detholiad)*, gol. E.D. Jones (Caerdydd, 1984)
LL	*The Text of the Book of Llan Dâv*, ed. J. Gwenogvryn Evans & John Rhys (Oxford, 1893)
J.E. Lloyd: HW[3]	J.E. Lloyd, *A History of Wales* (third ed., London, 1939)
Ll	*Y Llenor*, gol. W.J. Gruffydd, 1922–51
LlA	*The Elucidarium ... from Llyvyr Agkyr Llandewivrevi*, ed. J. Morris Jones and John Rhŷs (Oxford, 1894)
LlCy	*Llên Cymru*, 1950–
LlDC	*Llyfr Du Caerfyrddin*, gol. A.O.H. Jarman (Caerdydd, 1982)
LlGC	Llawysgrif yng nghasgliad Llyfrgell Genedlaethol Cymru, Aberystwyth
Llst	Llawysgrif yng nghasgliad Llanstephan, yn Llyfrgell Genedlaethol Cymru, Aberystwyth
Llywelyn Siôn, &c.: Gw	T. Oswald Phillips, 'Bywyd a Gwaith Meurig Dafydd (Llanisien) a Llywelyn Siôn (Llangewydd)' (M.A. Cymru [Caerdydd], 1937)
MA[2]	*The Myvyrian Archaiology of Wales* (second ed., Denbigh, 1870)
MAng	A.D. Carr, *Medieval Anglesey* (Llangefni, 1982)
Math	'Yr Efengyl yn ôl Mathew' yn y Testament Newydd
MCF	Mynegai Cyfrifiadurol i Farddoniaeth, Llyfrgell Genedlaethol Cymru, Aberystwyth (rhoddir y dyddiad y codwyd yr wybodaeth mewn cromfachau)
J. Morris-Jones: CD	John Morris-Jones, *Cerdd Dafod* (Rhydychen, 1925)
Mos	Llawysgrif yng nghasgliad Mostyn, yn Llyfrgell Genedlaethol Cymru, Aberystwyth

MWM — Daniel Huws, *Medieval Welsh Manuscripts* (Cardiff, 2000)

NBSG — Iwan Llwyd Williams, 'Noddwyr y beirdd yn sir Gaernarfon' (M.A. Cymru [Aberystwyth], 1986)

NLWCM — J.H. Davies, *The National Library of Wales Catalogue of Manuscripts*, i (Aberystwyth, 1921)

OCD[3] — *The Oxford Classical Dictionary*, ed. Simon Hornblower and Antony Spawforth (Oxford, 1996)

ODCC[3] — *The Oxford Dictionary of the Christian Church*, ed. F.L. Cross and E.A. Livingstone (third ed., Oxford, 1997)

OED[2] — *The Oxford English Dictionary* (second ed., Oxford, 1989)

PACF — J.E. Griffith, *Pedigrees of Anglesey and Carnarvonshire Families* (Bangor, 1914)

Pant — Llawysgrif yng nghasgliad Panton, yn Llyfrgell Genedlaethol Cymru, Aberystwyth

Pen — Llawysgrif yng nghasgliad Peniarth, yn Llyfrgell Genedlaethol Cymru, Aberystwyth

PKM — *Pedeir Keinc y Mabinogi*, gol. Ifor Williams (Caerdydd, 1930)

R — *The Poetry in the Red Book of Hergest*, ed. J. Gwenogvryn Evans (Llanbedrog, 1911)

RB — *The Text of the Bruts from the Red Book of Hergest*, ed. J. Rhŷs and J. Gwenogvryn Evans (Oxford, 1890)

RC — *Revue celtique*, 1870–1934

RCAHM (Caernarvonshire) *An Inventory of the Ancient Monuments in Wales and Monmouthshire*, 'Caernarvonshire' (3 vols., London, 1956, 1960, 1964)

RWM — *Report on Manuscripts in the Welsh Language*, ed. J. Gwenogvryn Evans (London, 1898–1910)

Rhuf — 'Llythyr Paul at y Rhufeiniaid' yn y Testament Newydd

1 Sam   'Llyfr Cyntaf Samuel' yn yr Hen Destament

2 Sam   'Ail Lyfr Samuel' yn yr Hen Destament

SC   *Studia Celtica*, 1966–

SCWMBLO   F. Madan and H.H.E. Craster, *Summary Catalogue of Western Manuscripts in the Bodleian Library at Oxford* (Oxford, 1924)

Sion Brwynog: C   R. Kerr, 'Cywyddau Siôn Brwynog' (M.A. Cymru [Bangor], 1960)

Stowe   Llawysgrif yng nghasgliad Stowe, yn y Llyfrgell Brydeinig, Llundain

TA   *Gwaith Tudur Aled*, gol. T. Gwynn Jones (Caerdydd, 1926)

TCHSDd   *Trafodion Cymdeithas Hanes Sir Ddinbych*, 1952–

TCHSG   *Trafodion Cymdeithas Hanes Sir Gaernarfon*, 1939–

D.R. Thomas: HDStA   D.R. Thomas, *The History of the Diocese of St. Asaph* (3 vols., Oswestry, 1908–13)

THSC   *The Transactions of the Honourable Society of Cymmrodorion*, 1892/3–

TLlM   G.J. Williams, *Traddodiad Llenyddol Morgannwg* (Caerdydd, 1948)

Traeth   *Y Traethodydd* 1845–

Treigladau   T.J. Morgan, *Y Treigladau a'u Cystrawen* (Caerdydd, 1952)

TW   Geiriadur Syr Thomas Wiliems, *Thesaurus Linguæ Latinæ et Cambrobritannicæ* yn Pen 228

TWS   Elissa R. Henken, *Traditions of the Welsh Saints* (Cambridge, 1987)

TYP²   *Trioedd Ynys Prydein*, ed. Rachel Bromwich (second ed., Cardiff, 1978)

VSB   A.W. Wade-Evans, *Vitae Sanctorum Britanniae et Genealogiae* (Cardiff, 1944)

WATU   Melville Richards, *Welsh Administrative and Territorial Units* (Cardiff, 1969)

WCCR[2]

Glanmor Williams, *The Welsh Church from Conquest to Reformation* (second ed., Cardiff, 1976)

WCD

P.C. Bartrum, *A Welsh Classical Dictionary: People in History and Legend up to about A.D. 1000* (Aberystwyth, 1993)

WG

J. Morris Jones, *A Welsh Grammar* (Oxford, 1913)

B. Willis: Bangor

A Survey of the Cathedral Church of Bangor and the Edifices belonging to it (London, 1721)

WLl (Geir)

Geirlyfr yn *Barddoniaeth Wiliam Llŷn*, gol. J.C. Maurice (Bangor, 1908)

WM

The White Book Mabinogion, ed. J. Gwenogvryn Evans (Pwllheli, 1907; adarg. Caerdydd, 1973)

WVBD

The Welsh Vocabulary of the Bangor District, ed. O.H. Fynes-Clinton (London, 1913)

WS

A Dictionary of Englyshe and Welshe, ed. William Salesbury, 1547 (repr. London, 1877, 1969)

Wy

Llawysgrif yng nghasgliad Wynnstay, yn Llyfrgell Genedlaethol Cymru, Aberystwyth

YB

Ysgrifau Beirniadol, gol. J.E. Caerwyn Williams (Dinbych, 1965–)

YCM[2]

Ystorya de Carolo Magno, gol. Stephen J. Williams (ail arg., Caerdydd, 1968)

YEPWC

Ymryson Edmwnd Prys a Wiliam Cynwal, gol. Gruffydd Aled Williams (Caerdydd, 1986)

Termau a geiriau

At.	Atodiad	g.	(c.) canrif
a.	ansoddair, -eiriol	g.	gwrywaidd
a.	*ante*	gn.	geiryn
adf.	adferf	gof.	gofynnol
amhff.	amherffaith	gol.	golygydd, golygwyd
amhrs.	amhersonol		gan
anh.	anhysbys	grb.	gorberffaith
ardd.	arddodiad, -iaid	grch.	gorchmynnol
arg.	argraffiad	grff.	gorffennol
art.cit.	*articulo citato*	gthg.	gwrthgyferbynier, -iol
b.	benywaidd	gw.	gweler
ba.	berf anghyflawn	Gwydd.	Gwyddeleg
be.	berfenw	H.	Hen
bf. (f.)	berf, -au	*ib.*	*ibidem*
c.	*circa*	*id.*	*idem*
c. (g.)	canrif	*l.c.*	*loco citato*
C.	Canol	ll.	lluosog; llinell
C.C.	cyn Crist	Llad.	Lladin
cf.	cymharer	llau.	llinellau
cfrt.	gradd gyfartal	llsgr.	llawysgrif
Clt.	Celteg, Celtaidd	llsgrau.	llawysgrifau
cmhr.	gradd gymharol	m.	marw; mewnol
Crn.	Cernyweg	myn.	mynegol
Cym.	Cymraeg	n.	nodyn
cys.	cysylltair, cysylltiad	neg.	negydd, -ol
d.g.	dan y gair	O.C.	o oed Crist
dib.	dibynnol	*op.cit.*	*opere citato*
dyf.	dyfodol	pres.	presennol
e.	enw	prff.	perffaith
eb.	enw benywaidd	prs.	person, -ol
e.c.	enw cyffredin	pth.	perthynol
ed.	*edited by, edition*	r	*recto*
e.e.	er enghraifft	rh.	rhagenw, -ol
eg.	enw gwrywaidd	S.	Saesneg
eith.	gradd eithaf	*sc.*	*scilicet*
e.p.	enw priod	*s.n.*	*sub nomine*
ex inf.	*ex informatione*	td.	tudalen
f.	ffolio	un.	unigol
fl.	*floruit*	v	*verso*
ff.	ffolios	vols.	*volume*

Rhagymadrodd

Ei fywyd

Haerwyd droeon mai ym mhlwyf Llanddeiniolen yn sir Gaernarfon y ganwyd Syr Dafydd Trefor a dichon mai ar sail cofnod yn *Y Bywgraffiadur Cymreig hyd 1940*, yn rhannol, y gwnaed nifer o'r haeriadau hynny. Wrth drafod y bardd dywed William Llewelyn Davies: 'g. ym mhlwyf Llanddeiniolen, sir Gaernarfon, medd John Jones ('Myrddin Fardd') yn Cwrtmawr MS. 561'.[1] Ond y mae hwn yn ddatganiad camarweiniol a ddilynwyd yn ddigadarnhad. Nid yw Myrddin Fardd (1836–1921) yn datgan barn ynghylch ardal enedigol Syr Dafydd Trefor yn llawysgrif CM 561, er ei fod yn mentro cynnig dyddiadau ei fuchedd neu ei flodau: 'Bu y barδ hwn yn bydio rhwng y blwyddau 1460 a 1500.'[2] Wedi ei ludio ar yr un tudalen â'r sylw hwnnw, fodd bynnag, ceir toriad papur newydd—llythyr yn enw Deiniolfryn[3] i bapur y mae'n cyfeirio ato fel *y Llais*.[4] Ynddo dywed fel a ganlyn am Syr Dafydd Trefor:

> Foneddigion—Y gwr uchod oedd is-beriglor Llanallgo, Môn, oddeutu y flwyddyn 1440. Yr oedd ef yn enedigol o blwyf Llanddeiniolen, Arfon; a dywedir ei fod yn ŵr dysgedig iawn, ac yn fardd rhagorol.

Y mae'n sicr fod y dyddiad 1440 yn rhy gynnar i Ddafydd Trefor ddal swydd yn Llanallgo ym Môn. Yn niffyg tystiolaeth gynnar i gefnogi'r haeriad ynghylch ardal ei enedigaeth nid yw'n bosibl derbyn yr honiad am ardal Llanddeiniolen yn gwbl hyderus ychwaith. Serch hynny, y mae'n sicr fod gan Syr Dafydd naill ai deulu neu gyfeillion yn yr ardal honno. Yn ôl tystiolaeth ei gywydd i ofyn geifr, 'ewythr' iddo oedd Syr Morgan ap Hywel,[5] ond nid yw'n glir a ddylid deall *ewythr* yn ei ystyr lythrennol i olygu

---

[1] ByCy 95.

[2] CM 561, 125.

[3] Brogarwr, pryddestwr eisteddfodol, a ffermwr a chwarelwr wrth ei alwedigaeth oedd William John Hughes 'Deiniolfryn'. Daeth i'r ail safle mewn cystadleuaeth llunio marwnad i Lewis Edwards yn Nosbarth Ysgolion Penllyn, a cheir llythyr o gŵyn ganddo ym y papur lleol, dyddiedig 30 Ionawr 1889, yn haeru iddo gael cam ar law'r beirniaid (gw. llsgr. LlGC 8437D, 9b). Cadwyd yn ogystal lythyr oddi wrth Deiniolfryn at un o feirniaid y gystadleuaeth honno, dyddiedig ddiwedd Rhagfyr 1914, chwarter canrif yn ddiweddarach, yn gofyn iddo wella'r farwnad a'i chyhoeddi; cyfeiriad Deiniolfryn yn y flwyddyn 1914 yw Fron Ganol, Ebeneser, Cwm-y-glo, Caernarfon (gw. llsgr. LlGC 8437D, 9a).

[4] Sef *Llais y Wlad* 1874–84, papur newydd wythnosol a sefydlwyd gan J.K. Douglas, perchennog Anglicanaidd *North Wales Chronicle*; golygwyd *Llais y Wlad* gan Thomas Tudno Jones (1844–96) hyd 1880, ac wedyn gan Evan Jones, Llangristiolus, gw. CLC[2] 446.

[5] Gw. cywydd Syr Dafydd Trefor i ofyn geifr: *F'ewyrth ... / Syr Morgan ... / Ap Hywel ... / Gŵr dethol i Ddeiniolen* yn I. George, 'The poems of Syr Dafydd Trefor', AAST, 1935, 93, ond

brawd i dad neu fam, ynteu ai cyfeiriad llac i olygu cyfaill neu noddwr sydd yma. Efallai fod y ddadl o blaid y posibilrwydd cyntaf yn gryfach gan fod Syr Dafydd Trefor, yn ogystal â chyfeirio at Forgan ap Hywel fel ewythr iddo, yn ei alw'i hun yn nai i Forgan (er y gellid mai parhau'r ddelwedd deuluol a wneir), ond nid yw hynny'n dystiolaeth i leoliad ei gartref:

> Rhodded afr, yn rhwydda' dyn,
> Gyfeb, ei nai a'i gofyn.[6]

Nid dyna'r unig dro i Ddafydd Trefor fynd ar ofyn 'ewythr' iddo. Canodd gywydd gofyn caseg o law *ewythr* arall, sef Siôn ap Robin ap Gruffudd Goch, gŵr a oedd â'i gartref *uwch Eifionydd*;[7] afraid dweud na ellir derbyn yn ddiateg Eifionydd, ychwaith, yn lleoliad cartref Syr Dafydd.

Ni chadwyd ach swyddogol i Syr Dafydd Trefor, ond cadwyd ach [*ma*]*m Sr dd trefor o von*, sef Annes, merch Dafydd ab Ieuan ap Dafydd Goch o Fawddwy a Sioned ferch Ieuan Tegin o Ddulase, yn achau'r llawysgrifau.[8] Er gwaethaf y tàg *o von* y mae'n bur annhebygol mai Monwysyn oedd Syr Dafydd. Gwyddys bod ganddo chwaer, Sioned ferch Hywel ab Ieuan, ac yr oedd Ieuan, yntau, yn fab i Iorwerth Foel *o Drefor*, ac awgryma Bartrum (yn betrus) fod Trefor yn Llanaelhaearn yn Uwch Gwyrfai.[9] Yr oedd Sioned yn briod â Rhys Fychan ap Hywel Gwynedd o Glynnog ab Einion ap Hywel Coetmor.[10]

Nid yw'n bosibl sôn yn gwbl hyderus am ardal benodol, felly, wrth drafod bore oes Syr Dafydd Trefor; nid yw'n bosibl ychwaith gyfeirio at ddegawd ei blentyndod cynnar. Ond yn ôl tystiolaeth fynychaf y llawysgrifau yr oedd Dafydd Trefor yn ei flodau *c.* 1480; felly hefyd y dywed John Davies, Mallwyd, yn *Antiquae Linguae Britannicae … Dictionarium Duplex*: 'D.T. Syr Dafydd Trefor. 1480';[11] dyna farn Edward Lhuyd yn *Archaeologia Britannica*,[12] a Moses Williams yn *Repertorium Poeticum*.[13] Er na wyddys union ddyddiadau'r bardd, o'r cerddi eu hunain, ac ar sail dyddiad ambell ddogfen swyddogol, gellir cynnig amlinelliad o rai cerrig milltir ym mywyd y bardd-offeiriad.

Gellir dyfalu mai'r cyfeiriad cyntaf a gadwyd at Syr Dafydd Trefor yw ei farwnad ddiddyddiad i Owain ap Maredudd ap Tomas o Borthaml,

---

offeiriad Llanberis yn ôl A.J. Pryce, *The Diocese of Bangor in the Sixteenth Century* (Bangor, 1923), 82.

[6] *Ib.*

[7] Gw. cywydd Syr Dafydd Trefor 'I ofyn caseg gan Siôn ap Robin o Eifionydd', 9.3.

[8] Gw. llsgr. Pen 176, 310, yn llaw Gruffudd Hiraethog, ac a luniwyd rywbryd rhwng 1545 ac 1553; gw. hefyd P.C. Bartrum: WG1 'Bleddyn ap Cynfyn' 40.

[9] P.C. Bartrum: WG2 'Gruffudd ap Cynan' 7(D).

[10] *Ib.*

[11] *Antiquae Linguae Britannicae … Dictionarium Duplex* (Londini, 1632); M.T. Burdett-Jones, ' "Index Auctorum" Henry Salesbury ac "Authorum Britannicorum Nomina" John Davies', Cylchg LlGC xxvi (1990), 357.

[12] *Archaeologia Britannica* (Oxford, 1707), 255.

[13] *Repertorium Poeticum* (Londini, 1726), 72.

Llanidan, yng nghwmwd Menai ym Môn.[14] Dyma gywydd mwyaf dramatig y bardd, yn sicr yr un mwyaf cofiadwy, a thybed nad yw hwn ymhlith cerddi ei ieuenctid? Er na chofnodwyd dyddiad marwolaeth Owain, bu farw pan oedd ei dad yn Siryf Môn, efallai rhwng gŵyl Fihangel (29 Medi) 1482 a 1483, neu o bosibl rhwng 1499 a 1502.[15]

Yna, tua'r flwyddyn 1485, lluniodd Dafydd Trefor gywydd brud yn proffwydo haf cynddeiriog o frwydro—rhwng Harri Tudur a Rhisiart III, gellid tybio—a theg yw credu bod y gerdd 'I'r ddraig goch'[16] yn rhag-weld Brwydr Maes Bosworth a buddugoliaeth lwyr y fyddin Gymreig.

Daw'r sôn cynharaf i sicrwydd am Ddafydd Trefor mewn dogfen ddyddiedig 1 Medi 1495 lle y ceir enw Syr Dafydd Trefor, *clericus*, yn un o bum tyst i drosglwyddiad hawl-am-byth ar dir. Gruffudd ap Dafydd ap Hywel ab Ednyfed, rhydd-ddeiliad yn nhrefgordd Elernion[17] (plwyf Llanael-haearn) yng nghwmwd Uwch Gwyrfai yn Arfon, a oedd yn ildio i Mastr Richard Co[w]land, *clericus*, Deon Bangor, ei hawl ar ei holl diroedd a thai yn y drefgordd honno.[18] Ar wahân i Syr Dafydd Trefor y pedwar tyst arall i'r ddogfen oedd David Morgan, *doctor*; Gron' ab Ithel, Ieuan ap Madog ab Iorwerth, a Wiliam ab Ieuan ap Tudur. Dynoda'r disgrifiad ohono fel *dominus* a *clericus* fod Dafydd Trefor mewn urddau offeiriadol yn 1495, a bod iddo statws swyddogol digonol i gael ei ddal yn atebol am ddilysrwydd y trosglwyddiad hawl: yr oedd o leiaf yn ei ugeiniau erbyn 1495.

Ond tybed nad oes yma ystyriaeth bwysig o safbwynt bro'r bardd? O gadw mewn cof leoliad cartref ei ewythr Siôn *uwch Eifionydd*, ynghyd â chysylltiad pendant Syr Dafydd Trefor ei hun ag Elernion yn dyst i weithred gyfreithiol gŵr o'r ardal, a yw'n bosibl mai dyma gartref y bardd—naill ai'n blentyn neu'n ŵr ifanc mewn swydd?

Ceir y cyfeiriad nesaf at Syr Dafydd Trefor yng nghofnodion esgobaeth Bangor yn 1504. Yn dilyn marwolaeth yr Esgob Pigot yn y flwyddyn honno, lluniwyd arolwg o esgobaeth Bangor ar gais Archesgob Caer-gaint, William Warham. Digwydd enw Syr Dafydd ddwywaith, y tro cyntaf yn ganon yn Eglwys Gadeiriol Bangor ac iddo'r teitl *Magister*, a'r eildro yn rheithor plwyf ac iddo'r teitl *Dominus*.[19] Gwelwyd eisoes ei fod mewn urddau offeiriadol, a chofnodir ar gyfer y flwyddyn 1504 enw Syr Dafydd Trefor yn offeiriad ym Môn, yn gweinidogaethu i blwyfolion Llaneugrad (y fameglwys) a Llanallgo (y capel anwes). Ni wyddys a oedd Dafydd Trefor

---

[14] Cerdd 4.

[15] Gw. nodyn cefndir cerdd 4.

[16] Cerdd 17.

[17] Ar y canu i deulu Elernion a Phenllechog a phwysigrwydd y fangre yn ganolfan nawdd i'r beirdd, gw. NBSG 53–60, 616–18, 624, 634.

[18] Gw. llsgr. Bangor (Penrhyn) 296.

[19] A.I. Pryce, *The Diocese of Bangor in the Sixteenth Century* (Bangor, 1923), 81, 84; ar Ddafydd Trefor yn *Canonicus Secundus*, 'DAVID TREVOR, as I judge, held this Stall *Anno* 1504', gw. B. Willis: Bangor 172.

yn dal bywoliaeth cyn 1504 gan na chadwyd cofnodion manwl am bron i ganrif wedi dyddiau Rhestr Benedict, Esgob Bangor, 1409–17. Yn dilyn arolwg 1504 ni chadwyd rhestrau manwl hyd gofnodion yr Esgob Skeffington yn y flwyddyn 1512; ni chofnodir dyddiadau ordeinio yn honno.

Y mae'r teitlau *Magister* a *Dominus* yn awgrymu'r posibilrwydd fod Dafydd Trefor wedi cael addysg dda. Defnyddid *Magister* yn yr Oesoedd Canol i ddynodi gradd academaidd;[20] defnyddid *Dominus*, yn gyfystyr â'r teitl *Syr*, ynghyd â chyfenw, i ddynodi gŵr graddedig mewn rhai prifysgolion.[21] Ond ni chadwyd unrhyw dystiolaeth ynghylch addysg Syr Dafydd Trefor,[22] ac y mae'n gwbl bosibl fod y teitl, yn ei achos ef, yn dynodi offeiriad heb radd prifysgol.[23] Dyna'n sicr awgrym yr Athro A.D. Carr sy'n nodi enwau rhai o wŷr graddedig yr esgobaeth, gan hepgor enw Syr Dafydd Trefor o'u plith.[24]

Eto ar restrau esgobaeth Bangor o ganonau a phrebendau gwelir enw Syr Dafydd Trefor yn *Canonicus Secundus* yn y flwyddyn 1509.[25] Dyna'r flwyddyn hefyd pan luniodd farwnad i'r Brenin Harri Tudur,[26] sef y gerdd gynharaf o'i eiddo y gellir ei dyddio'n bendant.

Nid yw'n wybyddus pa hyd y bu'n gweinidogaethu yn Llanallgo, ond gellid tybied iddo dreulio'r rhan hclaethaf o'i oes yno gan mai'r tàg a roir amlaf wrth enw Syr Dafydd Trefor yw 'person Llanallgo ym Môn' (er mai Llaneugrad oedd y fameglwys).[27] Ychydig yn gamarweiniol ar yr olwg gyntaf, felly, yw'r cyfeiriad a gadwyd o'r flwyddyn 1513: *David Trevor, clerk, late of Llanellco, in co. Anglesea*. Ond ni ddylid deall bod Dafydd Trefor wedi gadael Llanallgo erbyn 1513: ystyrir mai '*recently, late, lately; in recent times*' yw ystyr *late* yn yr achos hwn.[28] A thybed nad cyfeirio a wneir at benodiad diweddar? Digwydd y cyfeiriad mewn cofnodion achos cyfreithiol. Ymddangosodd Dafydd Trefor gerbron Charles Brandon,

---

[20] Ar *magister* 'A mediaeval and modern Latin title of academic rank, usually rendered by MASTER', gw. OED² ix, 187.

[21] Ar *Sir* 'Used (as a rendering of L. *dominus*), with the surname of the person, to designate a Bachelor of Arts in some Universities', gw. OED² xv, 546; gw. hefyd Hastings Rashdall, *The Universities of Europe in the Middle Ages* (Oxford, 1895; repr. Oxford, 1987).

[22] Ar addysgu'r offeiriadaeth, gw. R.M. Ball, 'The Education of the English Parish Clergy in the Later Middle Ages with Particular Reference to the Manuals of Instruction' (Ph.D. Cambridge, 1976). Trafodir addysgu clerigwyr Cymru yn WCCR² 331–8; ar addysg farddol y beirdd, gw. S.E. Roberts, 'Addysg broffesiynol yng Nghymru yn yr Oesoedd Canol: y beirdd a'r cyfreithwyr', LlCy xxvi (2003), 1–17.

[23] Ar *Sir* 'Placed before the Christian name of ordinary priests', gw. OED² xv, 546.

[24] MAng 285–6.

[25] M.L. Clarke, *Bangor Cathedral* (Caerdydd, 1969), 111; John Le Neve, *Fasti Ecclesiae Anglicanae 1300–1541 xi: The Welsh Dioceses (Bangor, Llandaff, St Asaph, St Davids)*, compiled by B. Jones (London, 1965), 15; C.N. Johns, 'The Celtic monasteries of north Wales', TCHSG xxi (1960), 43.

[26] Cerdd 5.

[27] Gw., e.e., briodoliad cerdd 1 yn llsgr. Bodley Welsh e 7, 10ᵛ, *dd trevor person llanallgo y mon ai kant*.

[28] Gw. OED² viii, 679.

Arglwydd de Lisle,[29] yn llys Biwmares ar y Llun o flaen gŵyl Fair Fadlen (22 Gorffennaf) 1513 i ateb cyhuddiad o fod â photyn pres yn ei feddiant a hynny ar gam.[30] Ynghyd â Maredudd ab Ednyfed *late of Clynnok*, *gentleman*, yr oedd Syr Dafydd i ateb cyhuddiad Gwilym ap Rhys ap Dafydd ab Iorwerth a Marged, ei wraig, fod y bardd-offeiriad a'i gyfaill bonheddig wedi ymddwyn yn dreisgar yn eu cartref ym Mhentraeth ar 1 Mehefin 1510:

> the said David and Meredith came to their house and broke with violence into the same and took and carried away the brass pot in question and detain it, and did other enormities to their damage 30*s.*

Y mae'r achos, felly, yn mynd yn ôl o leiaf dair blynedd. Dadl yr amddiffyniad oedd mai eiddo Marged, tra oedd eto'n ddibriod, oedd y potyn pres yn wreiddiol, a'i bod wedi colli'r hawl arno pan roddodd ef yn ernes i Forys ap Llywelyn am 15s. 2d. Ysywaeth bu Morys farw'n ddiewyllys cyn talu'r 15s. 2d. i Farged. Ar farwolaeth Morys caniataodd Dr Philip Agard, comisiynydd William, Archesgob Caer-gaint (tra oedd esgobaeth Bangor yn ddiesgob),[31] hawliau gweinyddu eiddo Morys ap Llywelyn i Ddafydd Trefor; ni thalwyd y ddyled i Farged ac ni ddychwelwyd y potyn iddi. Yna priododd Marged â Gwilym ap Rhys ond ni thalwyd y 15s. 2d. Gwrthwynebodd Dafydd Trefor a Maredudd ab Ednyfed honiad Gwilym a Marged o drosedd yn llwyr a chyfan gwbl:

> And the aforesaid say that Margaret verch Gruffith did not place the said pot with the said Maurice for 15*s.* 2*d.* or parcel thereof as is alleged by the defendants, and beg enquiry. And the defendants also.

Ni wyddys canlyniad yr achos ond y mae'n taflu goleuni anffafriol ar y bardd-offeiriad fod cyhuddiad o'r fath wedi ei wneud yn ei erbyn a bod yr achos wedi dod gerbron y llys. Fe'i rhoddwyd ar brawf gerbron rheithgor o bobl leol ond ni wyddys eu dedfryd.

Daw'r dystiolaeth nesaf o'r flwyddyn 1523 a hynny ar lun *diffyg* tystiolaeth. Cynullwyd y beirdd i eisteddfod gyntaf Caerwys ar 2 Gorffennaf 1523 i bennu rheolau cerdd dafod a cherdd dant.[32] Nid ymddengys enw Syr Dafydd Trefor ar restr y beirdd hynny a oedd â'u bryd ar warchod statws y beirdd proffesiynol, ac efallai nad yw hynny'n syndod o ystyried ei statws barddol ei hun, er ei fod yn sicr yn canu yn ystod ugeiniau cynnar yr

[29] Ymhellach arno, gw. 12.6n d.g. *ieirll.*

[30] *The Plea Rolls of Anglesey (1509–1516)*, ed. H. Owen (Llangefni, 1927), 25.

[31] Bu John Penny yn Esgob Bangor yn ystod y cyfnod 1505–8, a Thomas Skeffington yn Esgob Bangor yn ystod y cyfnod 1509–33.

[32] Ar eisteddfodau Caerwys, gw. Gwyn Thomas, *Eisteddfodau Caerwys* (Caerdydd, 1968); Hywel Teifi Edwards, *Yr Eisteddfod: cyfrol ddathlu wythganmlwyddiant yr Eisteddfod, 1176– 1976* (Llandysul, 1976); D.J. Bowen, 'Graddedigion Eisteddfodau Caerwys, 1523 a 1567/8', LlCy ii (1952–3), 129–34, ond sylwer mai graddedigion cerdd dant yn unig, i bob golwg, a gadwyd yn rhestr llsgr. Pen 155.

unfed ganrif ar bymtheg. Ond yr oedd Dafydd Trefor yn ymwybodol o'r cyfarfod pwysig hwnnw, ac o'i ganlyniadau. Gellir dyddio'r cywydd 'I ofyn telyn gan Edward Sirc dros Ddafydd ap Gwilym' i'r cyfnod wedi Eisteddfod Caerwys yn 1523, blwyddyn urddo Edward Sirc yn bencerdd, gan mai teitl y gerdd yn ôl copi llawysgrif BL Add 14875 yw *k: a barodd dd ap gwilim benkerdd i wnevthvr i ofyn telyn gan edwart Sirk penkerdd o Delynior y gwr hefyd yn i amser a ddvg yr arriandlws.*

Ychydig dros flwyddyn yn ddiweddarach, yn ôl dogfen 'conveyance in fee' ddyddiedig 20 Hydref 1524 (gw. td. 7), yr oedd Syr Dafydd Trefor yn dal swydd rheithor plwyf Llanallgo:

> dominus david Trevor clericus alias dictus dominus david ap hoell ap ieuan ap Iorwerth Rector ecclesie parochialis de llanallgo in comitatu anglesega ...[33]

Yn y flwyddyn honno yr oedd yn trosglwyddo tiroedd Tyddyn Hwfa, ger eglwys Llangeinwen ym Môn, i Owen Holland, Plas Berw, a'i ymddiriedolwyr.[34] Yr oedd Owen Holland yn ŵr o bwys yn yr ardal, yn ôl y ddogfen yn *armigerus*, yn ysgwïer, yn gludydd arfau, ac o ran statws yn nesaf at farchog ond heb fod yn farchog llawn.[35] Dyma ryw arwydd felly o statws Syr Dafydd Trefor yn ei gymdogaeth: yr oedd yn ŵr blaengar, yn offeiriad, ac fel y gwelir o'i farddoniaeth, treuliai ran helaeth o'i amser yn plesera yng nghwmni gwŷr pennaf Gwynedd ei gyfnod.

Nid yw'r ddogfen yn manylu ar faint y tiroedd a drosglwyddwyd, nac ar eu gwerth, ac ni cheir unrhyw awgrym yma ynghylch maint cyfoeth Syr Dafydd Trefor. O chwilio am Dyddyn Hwfa ym mhlwyf Llangeinwen ar y mapiau degwm (dyddiedig 5 Rhagfyr 1840) ni ddaethpwyd o hyd i gyfeiriad at dir yn dwyn yr enw hwnnw. Fodd bynnag, rhestrir *Tyddyn r hwrdd*, tyddyn o ddwy acer a hanner a phedwar perc (mesur tir o amrywiol faint, fel rheol pum llath a hanner); y degwm a delid ar yr eiddo i'r rheithor oedd 11s 6d.

Ceir awgrym pellach i'w werth tymhorol drigain mlynedd a rhagor wedi marwolaeth y bardd a hynny mewn dogfen ddyddiedig 1590.[36] Ddwy flynedd ynghynt, ar 20 Awst 1588, yr oedd Maurice Gruffudd a'i fab (a'i etifedd) Robert o'r Fach-wen yn sir Gaernarfon wedi rhentio tir i Wiliam ap Wiliam Maurice, Caerelen yng nghwmwd Llifon ym Môn—tir yn dwyn yr enw *tythin David ap Edn'* ond a elwid hefyd *tythin s' David* yn Nantmawr ym Môn. Yr oedd y brydles yn weithredol am un mlynedd ar hugain, a'r taliad yn 3s. 6d. y flwyddyn, i'w dalu ar Ŵyl Fair y Cyhydedd (25 Mawrth) ac ar Ŵyl Fihangel (29 Medi), yn ddau ddâl cyfartal o 1s. 9d. Yn 1590, wedi dal y

---

[33] LlGC Carreg-lwyd 1, 1824.

[34] J. Williams, *The History of Berw, 1861* (Llangefni, [1915]), 15, 65.

[35] Yn yr un ddogfen enwir hefyd Rydderch ap Dafydd o Fyfyrian, y gŵr y canodd Syr Dafydd Trefor gywydd gofyn march ganddo dros Rys Gwg, gw cerdd 10.

[36] Casgliad Glynllifon XD2/6118 yn Archifdy Gwynedd, Caernarfon.

Dogfen Carreg-lwyd 1, 1824; trwy ganiatâd Llyfrgell Genedlaethol Cymru

tir am ddwy flynedd, trosglwyddodd Wiliam ap Wiliam Maurice y tir i ofal
Owen ap Robert Owen, Nantmawr, i'w ddal a'i fwynhau fel yn amser y rhai
a fu'n ddeiliaid y tir yn yr amser gynt. Rhestrir cyn-ddeiliaid y tir, a'r cyntaf
o'r rheini oedd Syr Dafydd Trefor. Ni nodir dyddiadau'r brydles honno,
nac am ba hyd y bu Syr Dafydd yn dal y tir, ond y mae'n amlwg ei fod yn
ŵr digon pwysig a dylanwadol yn yr ardal i sicrhau bod y tyddyn yn cael ei
adnabod wrth ei enw ac yn dal i gael ei adnabod felly yn 1590.

Ond i ddychwelyd at ddogfen trosglwyddiad tir Tyddyn Hwfa. O'r
ddogfen hon y daw'r dystiolaeth gynharaf ynghylch enw bedydd y bardd-
offeiriad, sef Dafydd ap Hywel ab Ieuan ab Iorwerth, ac y mae'n sicr mai
enw a fabwysiadodd yn ddiweddarach yw Dafydd Trefor. Ildiodd Syr
Dafydd ei enw bedydd am enw ar lun enwau mwy blaengar, efallai fwy
Seisnig, ei ddydd. Tybed na fu esiampl teulu Dr Wiliam Glyn yn hwb
ymlaen iddo yn hynny o beth? Plant Robert ap Maredudd, Glynllifon (a fu
farw *c*. 1509), oedd y cyntaf o'r teulu hwnnw i gymryd enw eu cartref yn
gyfenw. Tybed nad ar ôl ei fro enedigol y cymerodd Syr Dafydd y cyfenw
Trefor?

Os felly, gellir ystyried lleoli'r bardd mewn amryw blwyfi. Y mae dwy
drefgordd, Trefor Uchaf a Threfor Isaf, ym mhlwyf Llangollen, ac y mae'n
bosibl mai ar ôl y naill neu'r llall o'r trefgorddau hynny y dewisodd y bardd
gael ei adnabod: yn wir, y mae'n gwbl bosibl mai ym Maelor yr oedd cartref
genedigol Syr Dafydd Trefor. Fodd bynnag, oni bai am ei gyfenw, nid oes
fawr ddim arall, megis gwaith neu ddiddordebau, sy'n ein harwain i
gyfeiriad y gogledd-ddwyrain. Am yr un rheswm, gwantan yw'r ddadl o
blaid trefgordd Trefor, y Gyffylliog, yn sir Ddinbych (y cyfeirir ati droeon
mewn cofnodion canoloesol). Nid ystyrir ychwaith fod cyswllt arwyddocaol
rhwng Syr Dafydd Trefor a Threfor, Llangatwg Feibion Afel ym Mynwy,
nac â Threfor ym mhlwyf Llangelynnin yn sir Feirionnydd.[37] O ran
cysylltiadau teuluol a chymdeithasol Syr Dafydd Trefor, y mae'n ym-
ddangos mai cadw'n bur gyson at ardal Môn ac Arfon a wna, a byddai'n
briodol chwilio am blwyf o fewn yr ardaloedd hynny a fyddai'n gartref
posibl i'r bardd.

Y mae 'Cronfa Ddata Enwau Lleoedd Melville Richards' Prifysgol
Cymru Bangor yn rhestru sawl Trefor ym Môn: nodir bod *Tythyn Trevor* yn
Llandegfan yng nghwmwd Dindaethwy yn 1742; bod Trefor yn Llanfair
Mathafarn Eithaf eto yng nghwmwd Dindaethwy; a Threfor hefyd yn
Amlwch. Gellir dadlau achos unrhyw un o'r rhain, ond y mae'r dystiolaeth
o'u plaid yn brin.

Efallai mai sir Gaernarfon sy'n cynnig y dadleuon mwyaf argyhoeddiadol
o ran lleoli cartref posibl Syr Dafydd Trefor. Y mae plasty Elernion[38] ym

---

[37] Gw. http://www.e-gymraeg.co.uk/enwaulleoedd/amr ('Cronfa Ddata Enwau Lleoedd
Melville Richards').
[38] Gw. td. 3.

mhentref cyfoes Trefor, ond credir yn gyffredin nad yw hanes y pentref yn mynd yn ôl cyn belled â'r Oesoedd Canol: pentref a enwyd yn ystod y bedwaredd ganrif ar bymtheg ydyw, pan agorwyd y chwarel leol ac enwi'r pentref ar ôl goruchwyliwr y chwarel, Trefor Jones. Ond tybed nad oedd hynny'n gyd-ddigwyddiad ffodus, a bod *Trefor* yn enw a oedd eisoes yn gysylltiedig â'r ardal? Dyma sylwadau'r Athro R. Geraint Gruffydd mewn llythyr yn ymateb i'r sylwadau uchod:

> 'Rwy'n amau'n gryf erbyn hyn fod *Trefor* yn un o hen drefgorddau plwyf Llanaelhaearn, ac nid yn enw a fathwyd yn y bedwaredd ganrif ar bymtheg o gwbl.

Dyna farn (betrus) Peter Bartrum yntau wrth drafod Iorwerth Foel o Drefor, hen daid Sioned a Dafydd Trefor.[39] Byddai lleoli cartref y Treforiaid ym mhlwyf Llanaelhaearn yn Uwch Gwyrfai yn sicr yn fwy cydnaws â chynnyrch barddol Syr Dafydd na'i leoli ym Maelor neu'r Gyffylliog, a byddai enwi Uwch Gwyrfai yn hytrach na Môn hyd yn oed, yn argyhoeddi'n well o gofio statws Syr Dafydd Trefor yn rhydd-ddeiliad yn nhrefgordd Elernion. Ond hyd oni ddaw dogfennaeth swyddogol i law, erys cnw ac ardal enedigol Syr Dafydd Trefor yn faterion sydd eto i'w datrys.

Gellir dyddio'r cywydd mawl i Dr Wiliam Glyn i'r cyfnod pan oedd y gŵr o Lynllifon yn Archddiacon sir Feirionnydd ac wedi ei benodi'n Archddiacon Môn; urddwyd ef i'w swydd newydd ar 6 Ebrill 1524, ond bu'n rhaid iddo aros tan 1525 cyn dechrau ar y swydd honno ac yn ystod y cyfnod hwnnw o aros y canwyd y cywydd mawl.[40] Erbyn hynny yr oedd Dafydd Trefor yn ôl ei addefiad ei hun yn *henddyn*, ac yn rhy oedrannus i fedru bod yn bresennol mewn confocasiwn yn Llundain.

Eto o'r cyfnod 1524–5 cadwyd tystiolaeth i weithgaredd llenyddol Syr Dafydd Trefor, y tro hwn yn llunio cymod rhyngddo ef ei hunan a'r brodyr Rhisiart a Rowland Bwlclai. Yr oedd y bardd wedi sathru cyrn dau o ffigurau mwyaf blaenllaw ei ddydd, sef Archddiacon Môn (Rhisiart Bwlclai) a chyn-Gwnstabl castell Biwmares (Rowland Bwlclai).

Cywydd Syr Dafydd Trefor 'I Ddeiniol Bangor a'r Esgob Thomas Skeffington' yw'r gerdd olaf y gellir ei dyddio'n bendant. Yn nau gwpled olaf y cywydd nodir y dyddiad 1527, sef dyddiad gorffen y gwaith toi ar glochdy'r gadeirlan.

Ni chadwyd cofnod o ddyddiad marwolaeth Dafydd Trefor, ond ymddengys iddo farw yn hen ŵr.[41] Nid oes tystiolaeth ddogfennol i achos ei farwolaeth ond y mae'r farwnad a ganwyd iddo yn awgrymu mai byr iawn fu ei gystudd, ac mai'r *nod*, sef haint y nodau neu'r Pla Du, a aeth â'i fywyd.[42] Fel hyn y cân ei farwnadwr, Ieuan ap Madog ap Dafydd:

---

[39] P.C. Bartrum: WG2 'Gruffudd ap Cynan' 7(D).
[40] *Archddiacon sir Feirionnydd, / Ac Archddiacon gwlad Fôn fydd*, gw. 1.55–6.
[41] 1.57–8.
[42] Ar effaith y Pla Du ar eglwysi Cymru, gw. WCCR[2] 146–77; ar ei effaith ar yr eglwys

> Tri anap oedd trwy wenwyn,
> Gwae o'r nod ddyfod ei ddwyn;
> Pan weles y poen elyn
> A'r frech gas ar ei fraich gwyn,
> Archodd gorff Crist yn ddistaw
> A'i gu rad drwy gariad draw;
> Gofyn, iawn gyfiawn un awr,
> Olew, ac yna elawr;
> Gwnaeth ei gyffes i'r Iesu,
> O'i fodd i Fair ufudd fu;
> Pan aeth i'r nef o'i glefyd
> I riwlio bwrdd yr ail byd,
> Ni chlywir byth uwchlaw'r bedd
> Mwy o'r canu 'mrig Gwynedd.[43]

Gellir dyddio'r farwnad i'r cyfnod wedi 1527 pan ganodd Syr Dafydd i Ddeiniol Sant. Ym marwnad Ieuan ap Madog ap Dafydd cyplysir enw Syr Dafydd Trefor wrth enw dau fardd arall a fu farw tua'r un cyfnod, sef Tudur Aled a Lewys Môn:

> Tri bardd a wyddwn, trwy'r byd,
> a fu annwyl, fyw ennyd:
> Tudur (Pa nad da ydoedd
> i eilio dysg?) Aled oedd;
> Lewys, â'i air, o Liwon,
> ac i'r Ne'r aeth mab maeth Môn;
> Duw a ddug, wedi'i ddigiaw,
> Syr Dafydd yn drydydd draw.
> Torres dadl. Ond trist ydoedd?
> Dyddbrawd ar Gerdd Dafawd oedd.
> Aeth eu rhinwedd i'r bedde:
> tair awen i nen y Ne.
> Mi a'i gwn fyth, mae gwayw'n f'ais,
> marw y gwŷr mawr a gerais;
> a Duw 'Nhad wy'n ei adaw
> ym mhlaid y tri enaid draw.[44]

Gan fod Ieuan ap Madog ap Dafydd yn cyplysu enw'r tri bardd mor glòs at

---

ganoloesol yn fwy cyffredinol, gellid cymharu C. Harper-Bill, 'The English Church and English Religion after the Black Death' yn *The Black Death in England*, ed. W.M. Ormrod and P.G. Lindley (Stamford, 1996), 79–123; C. Platt, *King Death: The Black Death and its aftermath in late-medieval England* (London, 1996).

[43] Gw. marwnad Ieuan ap Madog ap Dafydd i Syr Dafydd Trefor yn llsgr. LlGC 666, 74; llsgr. Card 4.110 [=RWM 47] 187; Dafydd Trefor: Gw 320.

[44] Rhan olaf 'Marwnad Syr Dafydd Trefor' o waith Ieuan ap Madog ap Dafydd, gw. GLM 353 (XCIX.1–16).

ei gilydd, y mae'n deg tybio i'r tri farw tua'r un amser. Bu farw Tudur Aled
yn y flwyddyn 1526,[45] neu 1527 yn ôl Eurys Rowlands,[46] a Lewys Môn yn
1527.[47] Gellid cynnig *c.* 1528 yn flwyddyn marwolaeth Syr Dafydd Trefor.

Tystia ei farwnadwr mai ar ŵyl Fair y claddwyd Dafydd Trefor:

> Trwm pob gradd wrth ei gladdu,
> Ar ŵyl Fair ei arwyl fu.

Gan fod y bardd-offeiriad yn ŵr da yn Eglwys Rufain ac yn was ufudd i'r
Forwyn Fair:

> O'i fodd i Fair ufudd fu ...

> Croyw yng nghôr Mair ddiwair wen
> A phêr oedd ei offeren ...

y mae'r ffaith fod y defodau angladdol wedi eu gweinyddu ar ŵyl prif sant
ei Eglwys yn weddus a phriodol. Amhosibl, serch hynny, yw penderfynu ar
ba un o'r gwyliau i Fair y bu ei arwyl.[48]

Efallai i Ddafydd Trefor gael ei gladdu ym mynwent yr eglwys y bu'n
gweinidogaethu ynddi gyhyd. Yn sicr dyna awgrym Edward Lhuyd. Yn ei
gofnod ar Ddafydd Trefor fel hyn y tystia:

> Sr Davydh Trevor. *Po[eta].* 1480. Person Lhan Alhgo ym Môn, Medhant
> hụy yno, a rhai or plụy a dhangossant i vedh.[49]

Os derbynnir mai yn y flwyddyn 1482, neu'r flwyddyn ddilynol, y canwyd
marwnad Owain ap Maredudd ap Tomas o Borthaml, a bod Dafydd Trefor
yn dal i ganu yn 1527 pan luniodd ei gywydd mawl i Ddeiniol Sant, yna
cafodd yrfa farddol hir, yn rhychwantu bron i hanner canrif. A dyfalu ei fod
dros ugain oed yn wythdegau cynnar y bymthegfed ganrif, gellid mentro
cynnig *c.* 1460 yn ddyddiad geni'r bardd, a'r dyddiad *c.* 1528 yn ddyddiad ei
farwolaeth o'r Pla Du, yn *henddyn* (yn ei oes) tua 68 oed.

Ei waith

Golygwyd yn y gyfrol hon ugain o gerddi. O'r cerddi hynny credir bod
pymtheg o gywyddau (cerddi 1–10, 13–17) ac un englyn (cerdd 18) yn waith
Syr Dafydd Trefor. Er nad oes tystiolaeth gwbl bendant mai ei waith ef yw'r
cywydd gofyn paderau (cerdd 11) a'r cywydd gofyn telyn (cerdd 12), yn

---

[45] Gw. TA xlvi; ByCy 925–6.

[46] GWL ii, 322.

[47] Gw. GLM xi, xii; ByCy 512.

[48] Y chwe phrif ŵyl a ddethlir yn y Gorllewin yw'r rhai a ganlyn: gŵyl Fair dechrau'r
gwanwyn, a enwir hefyd gŵyl Fair y Canhwyllau (2 Chwefror); gŵyl Fair hanner y gwanwyn,
a enwir hefyd gŵyl Fair y Cyhydedd (25 Mawrth); gŵyl Fair yn yr haf (2 Gorffennaf); gŵyl
Fair gyntaf (yn y cynhaeaf), a enwir hefyd gŵyl Fair yn Awst (15 Awst); gŵyl Fair ddiwethaf
(8 Medi); gŵyl Fair yn y gaeaf (8 Rhagfyr). Yn ychwanegol at y rhain yr oedd hefyd wyliau
llai, a nifer o'r rheini'n cael eu dathlu'n lleol.

[49] Edward Lhuyd, *Archaeologia Britannica* (Oxford, 1707), 255.

niffyg tystiolaeth gadarnach i'r gwrthwyneb fe'u derbynnir yma yn rhan o'i ganon. Y mae awduriaeth yr englyn 'I Fair' a'r englyn 'I wynt y de' yn llai sicr ac fe'u gosodir ar wahân mewn adran o gerddi amheus eu hawduriaeth. Bu Syr Dafydd Trefor yn rhan o bum ymryson ond ni chynhwyswyd y cywyddau sydd ynglŷn â'r ymrysonau hynny yn y gyfrol hon.

Dilysrwydd y cerddi

Digwydd wyth a deugain o gyfeiriadau at waith Syr Dafydd Trefor yn y Mynegai i Farddoniaeth Gymraeg yn Llyfrgell Genedlaethol Cymru, Aberystwyth, ac un cyfeiriad at farwnad iddo o waith Ieuan ap Madog ap Dafydd. Rhestrir hanner cant o gyfeiriadau yn MCF (Medi 2005) o dan enw Dafydd Trefor, ynghyd ag un pellach o dan enw Syr Dafydd Trefor. Cambriodoliadau a drylliau o gerddi hwy yw rhai o'r cyfeiriadau hyn, ac fe'u didolir o dan y pennawd hwnnw isod.

Cambriodoliadau a drylliau o gerddi hwy

Gan fod cynifer o gopïau o'r gerdd 'I ddangos fyrred oes dyn' sy'n dechrau â'r llinell *Pand angall na ddeallwn* (gw. cerdd 16) ar gadw, y mae'n naturiol mai drylliau o'r cywydd hwn sydd fwyaf niferus. Rhestrir isod y drylliau hynny o dan y llinell gyntaf:

> *Afraid i ddyn arbed ei (fryd ar) dda*
> *Afraid i lawen hyfryd*
> *A fynno nef yn enaid*
> *Anair i ddyn roi yn dda*
> *Austin a erchis ystyr*
> *Mawr i ddyn na roi yn dda*
> *Ofer i ddyn fwrw ei dda*
> *Rhodiwn dir hir ar hw*

Afraid i ddyn arbed ei (fryd ar) dda
Dryll o'r gerdd 'I ddangos fyrred oes dyn' sy'n dechrau â'r llinell *Pand angall na ddeallwn* (gw. cerdd 16) sydd yma.

Afraid i lawen hyfryd
Dryll o'r gerdd 'I ddangos fyrred oes dyn' sy'n dechrau â'r llinell *Pand angall na ddeallwn* (gw. cerdd 16) sydd yma.

Af yfory i Fyfyrian
Dryll deg llinell o gywydd hwy o waith Dafydd Alaw, sef 'Moliant Rhisiart ap Rhydderch o Fyfyrian', yw'r cywydd hwn. Cyhoeddwyd copi llawn ohono yng nghasgliad D. Hywel E. Roberts, 'Gwaith rhai o farwnadwyr

Tudur Aled, disgyblion disgyblaidd ac ysbas ail Eisteddfod Caerwys (ag eithrio Huw Pennant ac Ieuan Tew) a Robert ab Ifan o Frynsiencyn', cyfrol anghyhoeddedig yn Llyfrgell Genedlaethol Cymru, Aberystwyth;[50] Dafydd Wyn Wiliam, *Y Canu Mawl i deulu Myfyrian* ([Bodedern], 2004), 35–7, 96.

A fynno nef yn enaid
Dryll o'r gerdd 'I ddangos fyrred oes dyn' sy'n dechrau â'r llinell *Pand angall na ddeallwn* (gw. cerdd 16) sydd yma.

Anair i ddyn roi yn dda
Dryll o'r gerdd 'I ddangos fyrred oes dyn' sy'n dechrau â'r llinell *Pand angall na ddeallwn* (gw. cerdd 16) sydd yma.

Austin a erchis ystyr
Dryll o'r gerdd 'I ddangos fyrred oes dyn' sy'n dechrau â'r llinell *Pand angall na ddeallwn* (gw. cerdd 16) sydd yma.

A wnaeth heb gar[...]
Cofnodwyd yma linell 7 y cywydd brud 'I'r ddraig goch' (gw. cerdd 17); codwyd y llinell o lawysgrif BL Add 31057, 67[r], copi anghyflawn sydd â chwe llinell gyntaf y cywydd yn eisiau.

Beth Gruffudd o derfydd y dyrfa
Yn ôl MCF (Medi 2005) y mae saith copi o'r englyn hwn ar gadw, sef copi Gwyneddon 1, 37[v]; copi LlGC 672D, 110; copi LlGC 14892D, 4[r]; tri chopi yn BL Add 14892, sef ar ffolios 4[r], 8[r], a 67[v]; a chopi arall eto yn Wy 6, 142. Fodd bynnag, llawysgrif gerddorol ddiweddar yw LlGC 14892D ac ni ddigwydd yr englyn yno; gwall am BL Add 14892 yw'r cyfeiriad, a cheir yr englyn ar ffolios 8[r] a 67[v] y llawysgrif honno, ond nid ar ffolio 4[r]. Ni ddigwydd yr englyn ychwaith yn llawysgrif Gwyneddon 1, 37[v]. Erys, felly, bedwar copi.

Yn llawysgrif BL Add 14892, 8[r]; llawysgrif LlGC 672D, 110; a llawysgrif Wy 6, 142, priodolir yr englyn i *D. Trefryw a Gvttvn felyn*. Y mae dyddiad copïo llawysgrif BL Add 14892, sef pedwardegau'r ail ganrif ar bymtheg,[51] yn cau allan y posibilrwydd mai Dafydd Jones o Drefriw (?1708–85)[52] yw'r bardd, ac y mae'n gwbl bosibl mai gwall am Ddafydd Trefor yw'r priodoliad. Ni wyddys fawr ddim am ei gyd-awdur, Gutun Felyn, ac eithrio ei enw, ac iddo lunio englyn i'r bardd Morus Dwyfech (*fl. c.* 1523–90)[53] y diogelwyd copi ohono yn llawysgrif CM 25, 34 (llawysgrif a ddyddiwyd i'r flwyddyn *c.*

[50] LlGC Misc. Vol. 93, 354.
[51] Am ymdriniaeth lawn ar y llsgr., gw. Dafydd Ifans, 'Bywyd a Gwaith Wiliam Bodwrda (1593–1660) o Aberdaron' (M.A. Cymru [Aberystwyth], 1974), 410–49.
[52] ByCy 423.
[53] *Ib.* 631.

1644): 'Yn Cw. 25, 34 ceir hanes Morus mewn ysgarmes gyda Guttyn Felyn a syrthiant i'r dŵr wrth bysgota yn Aber Glaslyn.'[54] Ond y mae'n amlwg fod dyddiadau Gutun Felyn yn rhy hwyr iddo fod yn gyfoeswr i Ddafydd Trefor.

Erys tadogiad llawysgrif BL Add 14892, 69ᵛ: priodolir esgyll yr englyn i'r bardd Gutun Felyn, a'r paladr i fardd o'r enw *dakin dew o trefriw*, ac i'r ddau hynny y mae'r englyn yn debycaf o fod yn perthyn:

> 'Beth, Gruffudd, o derfydd y dyrfa—a'r cwrw
> A'r caru'r ffordd yma?'
> 'I ti, Dakin Dew, gwta,
> Foel, grach, canu'n iach a wna'.'

Crist Iesu Celi i Ti coeliaf
Priodolir y gerdd i Ddafydd Trefor yn llawysgrif BL Add 14999, 27ʳ ac i Lewys Glyn Cothi yn llawysgrif Gwyneddon 3, 300. Ni dderbyniwyd y gerdd i ganon Lewys Glyn Cothi gan E.D. Jones[55] na chan yr Athro Dafydd Johnston,[56] ac fe'i gwrthodir o ganon Syr Dafydd Trefor yn yr un modd ar gyfrif y ffaith fod 34 copi llawysgrif o'r gerdd y cyfeirir atynt yn MCF (Medi 2005) yn ei phriodoli i Daliesin, a thri chyfeiriad arall yn ei phriodoli i Fyrddin. Cerdd broffwydol yw'r gerdd hon, yn sicr, ond nid Dafydd Trefor a'i lluniodd.

Da yw Iesu dewisiad
Priodolir deugain llinell o gywydd sy'n dechrau â'r llinell hon i Syr Dafydd Trefor yn llawysgrif Card 4.10 [= RWM 84], i, 243, ac ymddengys y ddwy linell ar hugain gyntaf ohono (y mae'r diwedd ar goll) yn llawysgrif LlGC 3048D, 58, yn ddibriodoliad; fe'i derbyniwyd yn rhan o ganon Syr Dafydd Trefor gan Irene George.[57] Fodd bynnag, dryll o gywydd hwy yw'r llinellau hyn a cheir y llinellau mewn cywydd sy'n dechrau â'r llinell 'Credaf i Naf o Nefoedd'[58] a'i briodoli i nifer o feirdd, yn eu plith Ddafydd ap Gwilym. Dadleuodd Thomas Parry yn erbyn tadogi'r cywydd ar Ddafydd ap Gwilym,[59] ond bellach ailystyrir y dyfarniad hwnnw.[60] Ymddengys y ddwy linell ar hugain cyntaf o *Da yw Iesu dewisiad* hefyd yn llawysgrif Pen 48,[61] yn

---

[54] Owen Owens, 'Gweithiau Barddonol Morus Dwyfech' (M.A. Cymru [Bangor], 1944), xiv. Dyfynnir yr englyn, ynghyd â'r nodyn a ganlyn, *Gŵr pengam oedd Forus*, yn *ib*. 1: *Morus anfedrus ni fedri—ond gwest, / Ni wnei gost ar feddwi, / Fel gŵr oll yn ymgolli / Mewn tennyn yw d'ystyn di.* Fe'i cyhoeddwyd yn *Cynfeirdd Lleyn: 1500–1800*, gol. John Jones 'Myrddin Fardd' (Pwllheli, 1905), 186.

[55] *Gwaith Lewis Glyn Cothi*, i, gol. E.D. Jones (Caerdydd, 1953); LGCD.

[56] GLGC.

[57] Dafydd Trefor: Gw 216–17.

[58] Y mae sawl amrywiad ar y ll. hon.

[59] GDG clxxiv.

[60] Owen Thomas, 'Ailddarlleniadau o waith Dafydd ap Gwilym' (traethawd D.Phil., i'w gyflwyno).

[61] Yn ôl GDG cix nid yw llsgr. Pen 48 yn hŷn na 1450; yn ôl MWM 61 y mae'n perthyn i ail

dilyn deg llinell o gywydd yn dechrau â'r llinell *kredaf i naf y nevoydd*. Ni nodir priodoliad yno gan fod y diwedd ar goll, ond y mae llawysgrif Pen 49 yn priodoli'r llinellau i Ddafydd ap Gwilym, priodoliad a wnaed yn llaw John Davies a welodd lawysgrif Pen 48.[62]

Diachos oedd y dychan

Cofnodwyd yma ddau gwpled o ail gywydd Syr Dafydd Trefor yn y rhediad cywyddau ymryson a sbardunwyd ar gyfrif ei gerdd i fferi Porthaethwy; cynhwysir y ddau gwpled hyn yn y cywydd sy'n dechrau â'r llinell *Gruffudd, awenydd annwyl* (gw. *Canu Ymryson Syr Dafydd Trefor*, gol. Rhiannon Ifans (i'w gyhoeddi yng Nghyfres Beirdd yr Uchelwyr)).

Dwynwen oll awn dan y naw[dd]

Dryll o'r cywydd 'Moliant i Dr Wiliam Glyn o Lynllifon' (gw. cerdd 1) a gofnodwyd yma.

Dydd Sais a diwedd Saeson

Cofnodwyd yma linell olaf y cywydd brud 'I'r ddraig goch' (gw. cerdd 17).

Gafr hwn, oes gyfryw â hi?

Cofnodwyd yma ddryll o'r cywydd ymryson i ofyn geifr o waith Syr Dafydd Trefor, cywydd sy'n dechrau â'r llinell *Gŵr claf ydyw Syr Dafydd* (gw. I. George, 'The poems of Syr Dafydd Trefor', AAST, 1935, 93–4).

Gori unllong y gwyrwyd

Cofnodwyd yma ddryll o'r cywydd ymryson 'Ysgraff Porthaethwy' o waith Syr Dafydd Trefor, cywydd sy'n dechrau â'r llinell *Y fferi fawr i ffair Fôn* (gw. I. George, *art.cit.* 104).

Hirhoedl a fo i'm heryr

Croesawyd y cywydd hwn i ganon Deio ab Ieuan Du gan A. Eleri Davies a'i gyhoeddi dan y teitl 'Cywydd diolch am baun i Ddafydd ap Tomas Gwastadgwrda'.[63] Tybiai W. Beynon Davies yntau mai Deio ab Ieuan Du a gyfansoddodd y cywydd: 'nid oes amheuaeth bellach, mi gredaf, nad yr un gŵr a roddodd baun i Ddeio ab Ieuan Du yn Nyffryn Aeron ag a roddodd "lety … gerllaw teg afon" i Ddafydd Nanmor'.[64]

---

hanner y 15g. Os perthyn i ddechrau ail hanner y ganrif, yna y mae'r darn cywydd hwn yn sicr yn rhy gynnar i fod wedi ei lunio gan Syr Dafydd Trefor.

[62] Diolchir i Mr Owen Thomas am yr wybodaeth hon.

[63] GDID 29–31, 137–8.

[64] W. Beynon Davies, 'Awdl Dafydd Nanmor i Syr Dafydd ap Tomas', LlCy viii (1964–5), 73.

Mae in' rhyfedd man i rifio

Un copi o'r cywydd a nodir yn MCF (Medi 2005), sef hwnnw yn llawysgrif
LlGC 644B, 23ᵛ, dan y teitl *Cowydd i Mʳ Prichard ar ol doeydyd i farw ag ynte
yn fyw*. Ymddengys fod llinell olaf y cywydd ar ffolio 25ᵛ a'i fod yn gorffen
â'r llinell *ai'n serthach kroeso wrthyd*. Ond llinell glo i'r cywydd sy'n agor â'r
llinell *Gruffudd awenydd annwyl* yw honno a daw'n eglur fod un ffolio o
lawysgrif LlGC 644B wedi ei cholli, gan adael y cywydd *Mae in' rhyfedd man
i rifio* heb ei linellau clo (a heb enw bardd wrtho) a *Gruffudd awenydd annwyl*
heb ei linellau agoriadol.

Mawr i ddyn na roi yn dda

Dryll o'r gerdd 'I ddangos fyrred oes dyn' sy'n dechrau â'r llinell *Pand
angall na ddeallwn* (gw. cerdd 16) sydd yma.

Ne ddynes yn ddiweniaith

Cofnodwyd yma ddryll chwe llinell o'r cywydd ymryson i ofyn gordderch a
thelyn o waith Syr Dafydd Trefor, cywydd sy'n dechrau â'r llinell *Caru
merched a'm curiai* (gw. I. George, *art.cit.* 96–7).

Nefol Dad llawn rhad llyw a'n rhi

Yn y llawysgrifau priodolir y gyfres hon o englynion i Syr Dafydd Trefor o
Lanallgo, i Ruffudd Robert 'Archesgob Milan', i Siôn Cent, i Wiliam Llŷn,
ac i Wilym Rolant yn eu tro. Ni dderbynnir y gyfres i ganon Syr Dafydd
Trefor yn y gyfrol hon gan i G.J. Williams ddadlau'n argyhoeddiadol mai
eiddo Gruffudd Robert yw'r gyfres hon o englynion a elwir 'Englynion y
Pader'.[65]

Ofer i ddyn fwrw ei dda

Dryll o'r gerdd 'I ddangos fyrred oes dyn' sy'n dechrau â'r llinell *Pand
angall na ddeallwn* (gw. cerdd 16) sydd yma.

Pwy wlad roddodd …

Codwyd y testun briw hwn o linell gyntaf cywydd a gadwyd yn llawysgrif
BL Add 14998 [= RWM 33], llawysgrif hynod aneglur ei darlleniadau
oherwydd traul ar y dalennau perthnasol; dylid nodi hefyd fod hanner
tudalen wedi mynd i golli a bod y cywydd hwn yn ymestyn dros ddwy ochr
yr hanner dalen goll honno. Y mae'r priodoliad i Syr Dafydd Trefor, fodd
bynnag, yn ddigon eglur. Sylwodd Irene George ar y cywydd, ond nis
cynhwysodd yn ei chasgliad o waith y bardd oherwydd 'yr oedd yn
amhosibl darllen ymhellach na'r llinell gyntaf'.[66] Mentrwyd ymhellach wrth

---

[65] *Gramadeg Cymraeg gan Gruffydd Robert*, gol. G.J. Williams (Caerdydd, 1939), [337–8], lxi–lxiv.

[66] Dafydd Trefor: Gw 103.

olygu'r gyfrol hon ond erys darnau helaeth o'r cywydd yn annarllenadwy yn y copi hwn.

Dehonglwyd digon ar y llawysgrifen, fodd bynnag, i fedru gweld mai cywydd gofyn geifr a gadwyd yma. Y noddwr a anerchir yw Rhisiart Pilstwn ac y mae'r cywydd yn agor drwy foli dau blwyf Mawddwy, sef Llanymawddwy a Mallwyd, ynghyd â'u trigolion.

Ceir saith copi o'r cywydd hwn yn y llawysgrifau. Yn y copi hynaf, sef llawysgrif Pen 103, 37, fe'i priodolir i Risiart ap Hywel Dafydd ab Einion; felly hefyd yn llawysgrifau BL Add 14894, 69^r; BL Add 14948, 48^r; CM 200, 91; LlGC 832E, 32. O'r saith copi, felly, y mae pump yn ei dadogi'n bendant ar Risiart ap Hywel Dafydd ab Einion, gan gynnwys yr hynaf oll. Y mae llawysgrif Llst 118D, 626, yn ei briodoli i Ieuan ap Rhys ap Rhydderch, ac y mae llawysgrif BL Add 14998, 60^r, yn ei briodoli i Syr Dafydd Trefor.

Ni chadwyd unrhyw dystiolaeth am ymwneud penodol rhwng Dafydd Trefor ac ardaloedd Mallwyd a Llanymawddwy, ac ymddengys y cymdogaethau hynny ymhell iawn o'i diriogaeth. Ni wyddys ychwaith am gysylltiad rhyngddo a Rhisiart Pilstwn, y dewis noddwr. At hynny, y mae'r ffaith fod Rhisiart ap Hywel Dafydd ab Einion yn fardd cymharol ddisylw yn ddadl dros gredu'r priodoliad iddo ef. Yn wyneb y dystiolaeth, byddai'n fentrus eithafol rhoi'r cywydd i Ddafydd Trefor.

Rhodiwn dir hir ar hw
Dryll o'r gerdd 'I ddangos fyrred oes dyn' sy'n dechrau â'r llinell *Pand angall na ddeallwn* (gw. cerdd 16) sydd yma.

Tebyg yw'r byd cyngyd caeth
Agorir y cywydd *Gwn nad da, gwae enaid dyn* (gw. cerdd 15) â'r cwpled *Tebig yw yr byd cyngyd caeth / i daeliwr ne hudoliaeth* yng nghopi llawysgrif BL Add 14984, 260^r, ond y mae'n amlwg nad yno y perthyn. Cadwyd copi llawn o'r cywydd sy'n dechrau â'r llinell 'Tebyg yw'r byd cyngyd caeth' yn llawysgrif Llst 6, 203, ac fe'i priodolwyd yno i Ddafydd ap Maredudd ap Tudur o Dregynon; ceir copïau pellach yn BL Add 31085, 62^r a BL Add 14967 [= RWM 23], 4.

Troes Duw adwyth trist ydyw
Digwydd y cywydd mewn deuddeg llawysgrif a nodir y cwpled cyntaf mewn un arall. Fe'i priodolir i Syr Dafydd Owain mewn un ar ddeg ohonynt (yr eithriad yw Card 4.110 [= RWM 47], llawysgrif o'r ddeunawfed ganrif) ac ar sail hynny nis derbynnir i ganon Syr Dafydd Trefor er gwaethaf y ffaith fod J. Gwenogvryn Evans yn ei dadogi arno ef yn hytrach nag ar Syr Dafydd Owain.[67]

---

[67] RWM ii, 239.

Y ddyn santaidd a anwyd
Y mae cryn ansicrwydd ynghylch awduriaeth y cywydd hwn yn y llaw-
ysgrifau. Ynddynt fe'i priodolir i Syr Dafydd Trefor o Lanallgo, Gutun
Owain, Bedo Brwynllys, Huw Dafi, Gruffudd ab Ieuan ap Llywelyn
Fychan, a Hywel ap Dafydd ab Ieuan ap Rhys, sef Hywel Dafi. Fe'i
cyhoeddwyd gan Edouard Bachellery yn rhan o ganon Gutun Owain gyda'r
llinell gyntaf yn darllen *Y ddyn â'r santaidd anwyd*.[68] Oherwydd prinder y
priodoliadau i Ddafydd Trefor ac ar sail natur y canu, cytunir ag awgrym
Irene George: 'Gan fod Gutyn Owain wedi canu amryw o gywyddau serch,
a'r cwbl yn null ffurfiol ac oeraidd y cywydd hwn, tueddir ni i gredu mai ef
yw gwir awdur y cywydd.'[69]

Y Gŵr uwchben goruwch byd
Ymddengys fel petai'r cywydd hwn yn cael ei briodoli i Syr Dafydd Trefor
yn llawysgrif BL Add 14880 [= RWM 36], 12[r]. O edrych yn fanwl ar y
llawysgrif, fodd bynnag, y mae'n amlwg i'r rhan hon ohoni gael niwed, ac i
rywun roi darnau o ffolios yn ôl at ei gilydd yn y drefn anghywir. Nid rhan
olaf y cywydd sy'n dechrau 'Y Gŵr uwchben goruwch byd' yw'r rhan sy'n
cael ei phriodoli i Ddafydd Trefor; yn hytrach priodolir y cywydd hwnnw i
Dafydd ap Rice o venny yn y llawysgrif hon. Camleolwyd darn o'r cywydd
sy'n dechrau â'r llinell 'Pand angall na ddeallwn', a'r darn hwnnw a
briodolir i Ddafydd Trefor yma.

Themâu'r cerddi

O'r cerddi a oroesodd daw'n amlwg mai dewis fesur y bardd oedd y
cywydd, ond iddo hefyd droi ei law at englyna. O ran themâu, yr adran
fwyaf niferus ei cherddi yw'r adran o chwe chywydd gofyn.
    Canodd Syr Dafydd Trefor ei gywyddau gofyn ar destunau amrywiol, i
ateb yr angen; deisyfodd almari (cwpwrdd), bwa, caseg, march, paderau
(llaswyr), a thelyn. Daw'n amlwg fod Syr Dafydd Trefor yn troi ymysg
mawrion ei ddydd. Cân ei gywyddau gofyn i uchelwyr Môn ac Arfon, fel
rheol i *wŷr* ei ardal ond, unwaith, i *wraig* gyfoethog odiaeth, sef Margred
ferch Syr Wiliam Gruffudd (yr ail) o'r Penrhyn a thrydydd Siambrlen
Gogledd Cymru. Gofynnodd ganddi laswyr ddeugain carreg,[70] a fyddai'n
ddi-os o help wrth gyfrif gweddïau'r defosiwn ond a fyddai hefyd yn symbol
o uchel statws o'i gwisgo'n gyhoeddus, ac yn arwydd o ffafr ddiamheuol y
rhoddwr.
    Uchelwr arall yr aeth Syr Dafydd Trefor ar ei ofyn oedd Edward Sirc:

---

[68] GO 36–43.
[69] Dafydd Trefor: Gw 76.
[70] Cerdd 11.

Aerwy sêr ... / A thwred aur i'th war di.[71] Yr oedd Edward Sirc yn un o
bwysigion y byd cerdd, yn bencampwr ar ganu'r delyn, a'i enw ar restr
graddedigion Eisteddfod Caerwys lle y cadarnhawyd gradd pencerdd telyn
iddo: wedi hynny aeth gam ymhellach a chipio'r ariandlws mewn ymryson â
phencerdd telyn. Difyrrai Edward Sirc yr amser yng nghwmni ieirll (yn ôl
pob tebyg yn canu'r delyn iddynt): *Mae cariad ... / Ieirll iti*[72] ond hefyd, fe
ymddengys, drwy ystyried ceisiadau Syr Dafydd Trefor.

Y darpar-noddwyr eraill oedd Wiliam ap Maredudd ap Rhys o Lanfair-
fechan a'i wraig Myfanwy ferch Ieuan ap Maredudd Fychan o deulu Bod-
wrda, Aberdaron; Syr Lewys ab Ieuan ap Tudur, rheithor Llanbedrog; Siôn
ap Robin, ewythr i'r bardd a gŵr yr oedd ei gartref *uwch Eifionydd*; a
Rhydderch ap Dafydd o Fyfyrian ym Môn a'i wraig (gyntaf) Marsli ferch
Wiliam ap Gruffudd ap Robin o Gochwillan yn Arfon. O ran daear-
yddiaeth y mae Syr Dafydd Trefor yn tynnu ar ewyllys da teuluoedd Llŷn
ac Eifionydd yn ogystal â Môn ac Arfon.

A beth am yr eirchiaid? Pwy oedd yr eirchiaid hynny a gyflwynai eu
ceisiadau i'r mawrion drwy gyfrwng barddoniaeth gŵr eglwysig?
Ymddiriedwyd i Syr Dafydd Trefor y dasg o ofyn rhodd, fwy nag unwaith,
gan delynor o'r enw Dafydd ap Gwilym. Deisyfodd Syr Dafydd gwpwrdd
iddo o law Wiliam ap Maredudd o Lanfairfechan,[73] gofynnodd i Edward
Sirc roi telyn iddo,[74] ac y mae'n bur debygol mai at yr un Dafydd ap
Gwilym y cyfeirir yn rhan o'r ymryson a ysbardunwyd gan gywydd Syr
Dafydd Trefor i ofyn alarch.[75]

Yn ogystal, lluniodd Syr Dafydd gywydd gofyn bwa ar ran rhyw Syr
Wiliam, clerigwr anhysbys; cywydd gofyn march ar ran Rhys, cogydd plasty
Myfyrian; a chywydd gofyn llaswyr ar ran Sieffre ap Siôn, bardd Margred
ferch Wiliam (ond gw. 11.37–8n). Gofynnodd, felly, ar ran telynor, bardd,
clerigwr, a chogydd, a deisyf yn hael.

O ran safon lenyddol, efallai nad Syr Dafydd Trefor fyddai'r dewis
amlwg i gario cenadwri o gymaint pwys, ac er na chrybwyllir taliadau iddo
am ei lafur, y tebyg yw iddo eu derbyn. Go brin mai oherwydd mireinder ei
linellau y rhoddwyd iddo'r dasg o fynd ar ofyn uchelwyr Môn ac Arfon,
fawr a mân. Y mae'n fwy na thebyg fod y bardd-offeiriad wedi ei ddewis ar
gyfrif ei agosrwydd at glust y cyfoethogion, ac am eu bod yn ymwneud yn
uniongyrchol â'i fywyd eglwysig a chymdeithasol ef ei hun. Os oedd Sieffre
ap Siôn yn fardd, pam na fyddai wedi llunio ei gywydd gofyn ei hun i'w
feistres oni bai ei fod o'r farn y deuai gwell canlyniadau o gael enw Syr
Dafydd Trefor wrth y cywydd?

Ail ddosbarth o gywyddau'r gyfrol hon yw canu Syr Dafydd Trefor i

---

[71] 12.7–8n.
[72] 12.5–6n.
[73] Cerdd 7.
[74] Cerdd 12.
[75] Gw. I. George, 'The poems of Syr Dafydd Trefor', AAST, 1935, 90–1.

faterion crefydd, pynciau a oedd ynglŷn â'i ddewis broffesiwn. Yn offeiriad plwyf Llaneugrad a Llanallgo ym Môn, canodd i'r saint. Weithiau y mae'n enwi ambell sant wrth fynd heibio, dro arall sonnir am nifer o saint yn yr un gwynt: [y] *saith gefnder gwyn, / Santeiddia' saith saint oeddyn'.*[76] Ond y mae dau gywydd o'i eiddo i saint penodol, sef i Ddwynwen (cerdd 13) ac i Ddeiniol (cerdd 14), ac efallai iddo lunio un englyn i Fair (cerdd 19). Er ei sêl dros effeithiolrwydd gweddïau'r saint a'u hymwneud dyddiol, fel y tybid, ym mywyd ffyddloniaid Eglwys Rufain, gellid dadlau mai esgus yw'r canu i Ddeiniol dros foli Thomas Skeffington, Esgob Bangor, a bod y canu i Ddwynwen yn esgus dros gasglu arian i'r eglwys a gysegrwyd iddi ar ynys Llanddwyn. Yn ei gywydd i Ddeiniol sylwer ar y llinell *Fy swydd, dan lythyr a sêl:*[77] ymddengys fod y bardd yn ymateb i alwad ysgrifenedig awdurdodau'r Eglwys ar iddo ddefnyddio ei ddoniau awenyddol i ganu moliant gwŷr y Gadeirlan ym Mangor, ac i fynegi ei gariad twymgalon tuag atynt; y mae'n dra thebygol iddo gael cydnabyddiaeth ariannol am ei drafferth.

Os Dafydd Trefor piau'r englyn 'I Fair', yr englyn proest hwn yw ei unig gerdd i'r Forwyn Fair a gadwyd inni. Ynddo y mae'n erfyn ar i Fair roi'r gallu iddo ffieiddio meddwl llygredig, a rhoi gras iddo garu Duw uwchlaw pawb a phopeth arall. Cyfrifid Mair gan Eglwys Rufain y bennaf o'r saint ac yr oedd yn arfer gyffredin yn yr Oesoedd Canol i bererindota i fannau lle y ceid delw o'r Forwyn Fair, fel y tystia Hywel Rheinallt am Bwllheli yn ei gywydd 'Moliant Mair o Bwllheli'. Barn Hywel Rheinallt yw fod y ddelw o Fair Pwllheli yn rhodd ddwyfol, wedi ei llunio *heb waith dwylo dyn:*

> Duw a roddes, da wreiddyn,
> Delw deg heb waith dwylo dyn.
> Llu a eilw ym Mhwllheli
> I gael help ar ei gŵyl hi …
> Dinas fal penrhyn Dwynwen,
> Daear i Fair yw'r dre' wen.[78]

Yr oedd cwlt Mair yn ffynnu yng Nghymru: hi oedd *crair crefydd* 'gwrthrych annwyl defosiwn',[79] ac y mae'r cerddi mynych iddi yn brawf o 'holl-bresenoldeb Mair ym meddyliau'r beirdd'.[80] Y mae'n rhyfedd, felly, na luniodd Syr Dafydd Trefor waith hwy i'r Wynfydedig Forwyn.

Canodd Syr Dafydd hefyd ddau gywydd o natur grefyddol sy'n tynnu sylw at faterion moesol a glendid buchedd, sef 'Yn erbyn caru'r byd' (cerdd 15), ac 'I ddangos fyrred oes dyn' (cerdd 16). Oherwydd poblogrwydd y

---

[76]　14.3–4.
[77]　14.39.
[78]　Hywel Rheinallt: Gw 2 (1.41–4, 51–2).
[79]　GBDd 3.11.
[80]　G. Ruddock, 'Rhai agweddau ar gywyddau serch y bymthegfed ganrif' yn *Dafydd ap Gwilym a Chanu Serch yr Oesoedd Canol*, gol. J. Rowlands (Caerdydd, 1975), 98. Ymhellach ar gwlt y Forwyn Fair, gw. J. Cartwright: ForF *passim*.

testunau hynny i gynulleidfaoedd yr Oesoedd Canol Diweddar yr oedd y ddau gywydd hyn yn rhai a edmygwyd yn helaeth gan y cyhoedd, a chadwyd copïau niferus o'r ddau gywydd.

Amcan addysgol sydd i'r cerddi duwiol hyn, wedi eu llunio gyda golwg ar lesâd ei gynulleidfa yn eglwysi Llanallgo a Llaneugrad. Naws rybuddiol sydd iddynt, yn tynnu sylw at beryglon amddifadu'r enaid o faeth ysbrydol, ac o amddifadu'r corff drwy iddo beidio â chael ei amgylchynu a'i amddiffyn gan weithredoedd da. Y mae'r darlun o gloriannu pob unigolyn ar y dydd diwethaf yn ganolog i fyd-olwg Syr Dafydd, a rhag i neb ei gael ei hun yn brin yn y glorian honno traddoda ei anogaeth i ddyn ymdrechu'n deg i weinyddu i'w gyd-ddyn Saith Weithred y Drugaredd, sef saith dyletswydd y credadun. Er bod bywyd yn ymddangos yn gyffrous o hardd, buan y bydd y dyddiau diddan hynny drosodd. Cynghorir aelodau ei gynulleidfa i fynd ati i ennill nefoedd iddynt eu hunain drwy ochel tri gelyn dyn, sef y diafol, y cnawd, a'r byd, ac i ymafael yn y tri meddyg, sef cardod, ympryd, a chariad.

Y mae'r trydydd dosbarth o gerddi yn troedio tir peryglus, ac yn ymgais at dawelu anghydfod rhwng dynion a'i gilydd: cadwyd dau gywydd cymod o'i eiddo. Canodd Syr Dafydd Trefor er mwyn gostegu ymchwydd yr anghytundeb a fodolai rhwng dau unigolyn brochus eu tymer. Nid yw eu huchel dras yn llestair iddo rhag siarad yn ddigon plaen o blaid cymodlonedd. Ysbryd y pregethwr a'r offeiriad Catholig sy'n lliwio ei osgo, a'i safiad yn seiliedig ar foeseg ysgrythurol. Fel gwas da i'w Eglwys, felly, y gwelir Syr Dafydd Trefor yn cymryd agwedd cymodwr y brodyr.

Y cyntaf o ddau gywydd cymod yw ei gywydd 'Moliant i Dr Wiliam Glyn o Lynllifon' (cerdd 1), aelod o deulu Glynllifon ger Llandwrog, Caernarfon, ac y mae'r cywydd hwn yn adlewyrchiad o'r diflastod a oedd rhwng Dr Wiliam Glyn a Syr Rhisiart Bwlclai, dau ŵr lleol a oedd hefyd yn ddau gefnder. Teuluoedd ymwthiol oedd teulu Glynllifon yn Arfon a theulu'r Bwlcleiaid, Baron Hill, Biwmares ym Môn, gwŷr a oedd â'u bryd ar wneud eu ffordd yn y byd newydd a oedd yn agor iddynt yn dilyn esgyniad y Tuduriaid i orsedd Lloegr yn 1485.

Y mae'r ail gywydd cymod, sef 'I gymodi â Rhisiart Bwlclai, Archddiacon Môn, a'i frawd Rowland Bwlclai' (cerdd 2) yn ymwneud â mater mwy personol. Cododd cynnen rhwng Syr Dafydd Trefor ei hun a'r brodyr Rhisiart a Rowland Bwlclai. Ni ddatgelir manylion y cweryl, ond cynigir ymddiheuriad llaes gan y bardd-offeiriad; daw'n amlwg hefyd fod Syr Dafydd Trefor yn teimlo chwithdod ar ôl colli gwin a medd y Bwlcleiaid. Efallai iddo bleidio Dr Wiliam Glyn i gymryd swydd Archddiacon Môn yn 1524, y mae'n amhosibl dweud, ond beth bynnag oedd achos y drwgdeimlad rhyngddynt, y mae Syr Dafydd Trefor y cymodwr ar waith yn y cywydd hwn eto.

Er bod elfen o foli yn y rhan fwyaf o gerddi Syr Dafydd Trefor, un cywydd mawl syml a gadwyd yn ei ganon, sef 'Moliant i Robert ap Rhys o Blas Iolyn' (cerdd 3). Storm o ddyn oedd Robert ap Rhys, un y bu nifer yn ceisio ei wastrodi ond yn gwbl aflwyddiannus. Ni wyddys ar ba achlysur y canwyd y cywydd mawl hwn i gymeriad mor frith, ond y mae osgo'r gerdd yn gadael argraff o uchelwr rhinweddol a deilyngai fawl gŵr eglwysig.

Adran bwysig, ac efallai adran fwyaf diddorol ac amrywiol canu Syr Dafydd Trefor, yw ei farwnadau. Canodd ar farwolaeth Owain ap Maredudd ap Tomas o Borthaml (cerdd 4), canodd i'r Brenin Harri Tudur (cerdd 5), ac i Wiliam ap Gruffudd ap Dicws (cerdd 6). Gŵr ifanc oedd Owain, henwr o wladweinydd oedd Harri, a dyn a oedd eto'n fyw ac yn llond ei groen oedd Wiliam pan ganwyd iddo ffug-farwnad mor ysmala. Cadwyd blas ar amryfal weddau'r canu marwnad, yn ganu diffuant ac yn ganu tafod yn y foch, llawn hiwmor; y mae'r naill enghraifft a'r llall ymysg y gweddau mwyaf llwyddiannus ar gynnyrch y bardd.

Cywydd brud yw cywydd Syr Dafydd Trefor 'I'r ddraig goch' (cerdd 17) a dyma'r unig gywydd brud o'i eiddo a oroesodd. Serch hynny, y mae'n ddiddorol sylwi i'r bardd, yn ei gywydd marwnad i'r Brenin Harri Tudur, ganu rhediad sylweddol o'r gerdd honno hefyd yn nhermau brud. Y Mab Darogan oedd Harri Tudur yng ngolwg y beirdd a chyfeirir ato ym marwnad Syr Dafydd Trefor wrth nifer o dermau brud, yn eu plith tarw, ych, buwch gethin, milgi, llew, eryr du, gwiber, ceiliog, a llew coch. Gan mor ddiddorol yw ei gerdd 'I'r ddraig goch', sy'n proffwydo haf llidiog pan drechir y ddraig wen gan y ddraig goch, a chan ei bod cystal enghraifft â'r un o'r *genre*, y mae'n drueni na chadwyd rhagor o gerddi brudiol Syr Dafydd.

At yr uchod priodolir i Syr Dafydd Trefor un englyn serch, sef 'I ferch anhysbys' (cerdd 18), a chadwyd yr englyn 'I wynt y de' (cerdd 20), os ef a'i lluniodd.

O ran cynnwys ei gerddi ni chaed dim sy'n anghyffredin: gwelwyd bod Syr Dafydd Trefor yn fardd canol y ffordd, digon traddodiadol yn ei ddydd. Yr hyn sy'n ei osod ar wahân i'r rhelyw o feirdd ei gyfnod yw'r ffaith mai bardd amatur safonol ydyw. Yn offeiriad o ran proffesiwn, llafur hamdden oedd prydydda iddo. Ni chadwyd unrhyw wybodaeth swyddogol ynghylch ei addysg broffesiynol nac ychwaith ynghylch ei addysg farddol. Y mae yn ei waith, fodd bynnag, gyfuniad o ddysg ysgrythurol ei broffesiwn a gwybodaeth lenyddol y gŵr diwylliedig. Nid yn annisgwyl ceir ganddo gyfeiriadaeth at rai o gewri'r Beibl, megis Adda, Moses, Samson, Job, y Brenin Dafydd a'i ddau fab Absalon a Solomon, ynghyd â rhai o feddylwyr mawr yr Eglwys, megis Awstin Sant, y mwyaf o'r Tadau Eglwysig.

Ymysg ei gyfeiriadau llenyddol rhoir lle i Olwen, Esyllt, Tegau Eurfron, y Brenin Arthur a'i brif gynghorwr Caradog Freichfras, ynghyd â rhai o'i farchogion, megis Gwalchmai; gwyddai Syr Dafydd hefyd am y chwedl am waywffon Pedrog Sant. Cyfeiria at arwyr chwedlau megis Sibli Ddoeth,

Nudd Hael, Guy o Warwig o'r rhamantau Seisnig, Siarlymaen, ac Alecsander Fawr, ac enwir ganddo'r bardd Lladin, Fyrgyl. At ei gilydd, cyfeiriadau wrth basio yw'r rhain ac nid ydynt mor llachar arwyddocaol â chyfeiriadaeth beirdd sicrach eu gwelediigaeth. Eto y mae'n tynnu ar 'Chwedl Lludd a Llefelys' yn dra effeithiol yn ei gywydd 'I'r ddraig goch', ac y mae ei gyfeiriadau at arwyr hanesyddol megis Owain Tudur a'i ddau fab, sef Edmwnd a Siasbar, y Brenin Arthur, a'i gyfeiriadaeth at *esgyrn* ... / ... *Gadwaladr Fendigaid*,[81] yn dderbyniol ddigon.

Un o gryfderau mawr Syr Dafydd Trefor yw ei afael ar y traddodiad llafar a'i glust at ddiarhebion ac idiomau'r iaith. Gwelodd werth mewn defnyddio dihareb gynefin ar lafar gwlad i ddatgan yn gwta a chofiadwy ryw air o gyngor. Y mae'n sicr y gallai ambell un annoeth fentro cynnig cyngor i'r doeth drwy gyfrwng dihareb:

> Fo glyw'r byddar ddihareb,
> Mae'n wir, er nas coelio neb,
> Fo wnâi enau un annoeth
> Ar derm roi cyngor i'r doeth.[82]

Yn y cwpled dilynol y mae'n manteisio ar ei gyngor ei hun ac yn cynnig dihareb i Dr Wiliam Glyn (a'i wrthwynebydd) gnoi cil drosti: *Haws cau masg ar friw asgwrn / Â bys doeth nag wrth bwys dwrn* (1.71–2), sef bod bys doethineb yn well na dwrn wrth adfer heddwch rhwng ceraint. Y mae cerddi Syr Dafydd yn frith o ddiarhebion: *Breuddwyd gwrach y boreuddydd* am gred sy'n seiliedig ar ddymuniad yn hytrach nag ar ffaith (1.9); *coweth rhag cam* (1.53), sangiad sy'n cario'r ergyd 'Gwell cyfoeth nag angen' gan y byddai'n demtasiwn i'r dyn anghenus fynd i afael y gyfraith gan gryfed ei awch i ddiwallu anghenion byw; *Y dyn deuwell dan dewi / Fo wthia i'r allt fwy no thri* (2.37–8), sef mydryddiad o'r ddihareb 'Po callaf y dyn anamlaf ei eiriau'; *Am na bai fyw neb heb fai* (2.60).

Fel y gellid disgwyl, pwysa hefyd ar yr Ysgrythurau am eiriau o ddoethineb. Hoelia sylw ei gynulleidfa ar ddameg yr heuwr yn yr adran honno sy'n ymwneud â dysg ac â doethineb ei noddwr personol, Dr Wiliam Glyn (1.41–52). Cyplysir dameg yr heuwr â'r darlun o Eglwys Crist fel *y winllan bêr* (1.66), a gwrthgyferbynnu'r winllan honno â maes *y gwenwyn* (1.79) yn Llyfr Deuteronomium. Cyflwyno gwirionedd amlwg a phwysig ar ffurf dyfaliad yw'r nod, ac efallai guddio tu ôl i awdurdod amgen na'i awdurdod ei hun wrth wneud hynny. Adran arall sydd â gogwydd ysgrythurol gref iddi yw honno lle y mae'r bardd yn ceisio cymod â Rhisiart Bwlclai ac yn troi at y Beibl i restru tramgwyddwyr eraill a gafodd faddeuant rhad (2.53–68).

Bardd amatur, yn sicr, oedd Syr Dafydd Trefor ac y mae ei ymagweddiad

---

[81] 17.33–4.
[82] 1.67–70.

tuag at y mesurau caeth a'r gynghanedd yn un gweddol anffurfiol ar brydiau. Byddai'n dda gwybod b'le y cafodd ei addysg farddol, ac yn wir b'le y cafodd y beirdd amatur neu led broffesiynol eraill y dydd eu hyfforddiant. Ym marwnad Syr Dafydd enwir Lewys Môn, un arall o'r beirdd a oedd yn dilyn gyrfa amgen. Yn fardd cydnabyddedig, yn wir yn fardd proffesiynol, tybir ei fod hefyd yn of, ond o'i gymharu â Syr Dafydd Trefor yr oedd Lewys Môn yn fardd llawer tynnach ei grefft. Y mae angen trafodaeth lawn ar grefft y bardd amatur canoloesol,[83] ond am y tro bodlonir ar restru rhai nodweddion ar waith un esiampl o'u plith.

Rhag i'r nodiadau ar gerddi unigol fynd yn feichus o ailadroddus, nodir yma brif nodweddion patrwm cynganeddu Syr Dafydd Trefor. Y mae'n cynganeddu'n drwsgl ar brydiau, ar droeon yn wallus, ac weithiau hepgorir y gynghanedd yn gyfan gwbl. Lle y ceir cynghanedd, gall ei chyfatebiaethau fod yn wan, fel yn y llinell *Ac un o'r saith gefnder gwyn* (14.3), neu'n anfoddhaol, fel yn y llinell *Llawer och, felly 'roedd raid* (5.10) a'r llinell *Trown at Dduw teg a'n tre tad* (15.43) lle y mae'n anodd gwybod sut i egluro'r gyfatebiaeth: a gynigir yma'r gyfatebiaeth tr = t, ai ynteu tr = tr gyda'r diwedd yn berfeddgoll? Anfoddhaol hefyd yw ei ddull o gynganeddu rhan yn unig o'r llinell. Ceir hefyd gynganeddion gwreiddgoll ganddo, megis *Nis tyr o waith profiad hen* (3.36), *Ffrwyn na chebystr benchwiban* (9.58), *Sy o feirch sied i fro'ch sir* (10.40), *A wnelo lles heb y llall* (16.70). Y mae'n anwadal hefyd o ran ei driniaeth o eiriau sy'n diweddu mewn *w*-gytsain, megis *acw, cadw, galw*: weithiau y maent yn unsill, dro arall yn ddeusill, gan ddibynnu ar ofynion y mydr.

Dengys gryn flerwch wrth odli: cynigia'r llinell *Arian, fal yn sarn o sêr* (7.24) gynghanedd sain sy'n cynnwys yr odl *arian / sarn*; ffurfir cynghanedd lusg drwy odli *tâl / Absálon* yn y llinell *Mae tâl a gwallt Absalon* (16.9); y mae'r llinell *Gyda hwynt i'r helynt hon* (17.67) yn enghraifft o gynghanedd sain wallus lle yr odlir *hwynt* a *helynt*; nid oes cynghanedd yn y llinell *Mae Hywel y Pedole?* (16.31) oni bai fod yma gynghanedd lusg â phroest yn lle odl; esboniai hynny, yn rhannol, y llinell *Er y siarter o eira* (16.39) hefyd, sy'n gynghanedd lusg anfoddhaol ar gyfrif odli -*er* ac -*eir*; a sylwer ar yr odli anghyffredin rhwng *hunan* a *fam* ym mhrifodl y cwpled *Ni cherdda gam ei hunan, / Gedwch y ferch gyda'r fam* (9.65-6). Hepgorir cynghanedd yn y llinell *Mae'r dwbledau o sidan?* (15.31) oni bai fod ynddi gynghanedd sain wallus, gydag odl ond heb gyflythreniad, a lle y ceir y bai 'twyll odl' wrth odli -*ae* gydag -*au*; ac eto yn y llinell *Gynau sidan dan amod* (15.19) lle na cheir cynghanedd oni bai am gynghanedd lusg wallus sy'n odli -*an* ac -*am*, neu gynghanedd sain wallus gydag odl ond heb gyflythreniad. Nid oes math o gynghanedd yn y llinellau a ganlyn:

---

[83] Dafydd Johnston, 'Canu ar ei fwyd ei hun': *Golwg ar y Bardd Amatur yng Nghymru'r Oesoedd Canol* (Abertawe, 1997).

Ni rodia gam o'r faenol (9.47)
Rhoi bwyd a diod o dôn' (15.47)

Amrywia hyd ei linellau, ac y mae'n anghyson, fel y nodwyd, ynghylch hyd geiriau megis *garw* / *marw*, gan ddibynnu ar anghenion mydryddol y llinell. Y mae ei linellau'n berwi o lythrennau a oddefir heb eu hateb: *n* ac *r* berfeddgoll; *f* led-lafarog; *n*, *r*, *m*, ac *f* ganolgoll. Nodwedd aml ar ei linellau yw'r bai 'twyll gynghanedd':

Bu geiliog buddugolieth (5.57)
Ac i dai'r caws y dôi'r cŵn (6.72)
Gedwch y ferch gyda'r fam (9.66).

a cheir enghreifftiau o'r bai 'crych a llyfn':

O bai wir, gair y Bergam (17.8)
Gatrfawr gwta, a orfydd (17.72).

Nid mân lwch y cloriannau yw'r enghreifftiau uchod, ond tystiolaeth mai dyma strategaeth arferol y bardd wrth fynd ati i lunio cerdd. Nid oedd y llinellau a ddyfynnwyd uchod yn wallus yng ngolwg—neu yn hytrach ar glust—Syr Dafydd Trefor, nac ychwaith yn amhersain.

Eto i gyd y mae yn y blerwch cynganeddol gyfoeth trosiadol. Gwêl Syr Dafydd Trefor y ddau frawd, Rhisiart a Rowland Bwlclai, yn *deirw* a *rhychorion*, yn sylfeini i'r gymdeithas amaethyddol (cerdd 2). Yn eironig ddigon defnyddia aderyn gwyn, yr alarch, yn drosiadol i bentyrru clod ar Robert ap Rhys (cerdd 3); defnyddia ddarlun o blaned (7.47) i ddisgrifio darpar noddwr; ceir *gleisiad y glêr* (8.27) am ŵr eglwysig; a throsiad unigryw a grymus yw hwnnw lle y mae'r bardd yn delweddu Saith Weithred y Drugaredd fel saith bren (15.53) ac yn cryfhau'r ddelwedd drwy annog y crediniwr i godi cartref nefol i'w enaid gyda'r coed hyn. Pentyrrir trosiadau a chymariaethau wrth ddarlunio caseg a'i charennydd (cerdd 9), a sylwer ar natur anghyffredin y clwstwr cymariaethau a geir yn y gerdd 'I ofyn paderau gan Fargred ferch Wiliam o'r Penrhyn dros Sieffre ap Siôn' (cerdd 11) ynghyd â safon uchel y dyfalu wrth iddo ddisgrifio yn yr un gerdd dorch o aur a gemau (llau. 41–60). Darlun o berfformiad gan ddatgeiniad telyn a geir yn y trosiad *Cynnal dull* ... / *Cad Gamlan* (12.23–4); ceir personoliad hyfryd o'r delyn a'i chernau (12.50), a dychmygir yn synhwyrus y telynor brwdfrydig yn cosi gruddiau'r delyn.

Bardd ardal yn hytrach na bardd cenedlaethol oedd Syr Dafydd Trefor a naws ardal sydd ar ei waith. Fe'i gwelir ynglŷn â chynhenna lleol yng nghywydd cyntaf y gyfrol hon, yn canu i geisio ennyn cymod rhwng gŵr lleol ac uchelwr arall o'r un cynefin. O'r herwydd, blas gwlad Môn ac Arfon sydd ar y cywydd, fel ar gorff ei ganu'n gyffredinol. Ansawdd gartrefol sydd i'r farddoniaeth, yn llawn ffurfiau tafodieithol, idiomau (rhoi cas ar (1.57); dwg y bel (8.9); torri carchar (9.54)), diarhebion, a mydryddu adnodau cyfarwydd—ac y mae hyn i gyd yn rhoi lliw lleol i'r gwaith.

Ond er cryfed yw blas yr ynys ar waith y bardd, y mae benthyciadau o'r Saesneg yn britho'r llinellau, er enghraifft *comisiwn* (1.29), *fformasiwn* (1.39), *confocasiwn* (1.57), *soelio* '*absolve*' (6.34), *ysgwliwn* '*scullion*' (6.54), *ralai* '*rally*' (6.78), *misiff* '*mischief*' (7.6). Elfen arall a fyddai wedi taro'n chwithig i gynulleidfa o Fonwysion fyddai ei odli amhersain, er enghraifft *beth* / *Eleth* yn hytrach nag *Elaeth* (2.19–20), *ennill* / *gestyll* (15.16), *nyni* / *Gymry* (5.15), *Rhys* / *pris* (3.10). A thybed a oedd geiriau megis *hwpia* (2.40) a *bad* (9.48) yn gyffredin ym Môn ddiwedd y bymthegfed ganrif a dechrau'r unfed ganrif ar bymtheg, neu ai cyffyrddiadau o dafodiaith arall a glywir yma?

Fel chwa drwy'r cwbl y mae rhyw ddiddordeb cymdeithasol-hanesyddol sy'n greiddiol i'r cerddi ac sy'n rhoi blas i ni ar fywyd ym Môn yn union cyn y Diwygiad Protestannaidd. Wrth ei waith yr oedd Syr Dafydd Trefor yn gynefin â throedio strydoedd Llundain i gymryd ei le mewn cyfarfodydd rheoli ac i ddeddfu ar faterion eglwysig—cymaint felly nes bod ei farwnadwr yn cymryd yn ganiataol y byddai, yn y byd a ddaw, yn *riwlio bwrdd yr ail byd*. Gall Syr Dafydd gymharu sain organ neu glychau newydd arfaethedig Cadeirlan Bangor â chlychau neu organ Windsor.[84] Treuliai amser yng nghwmni gwŷr a gwragedd soffistigedig yr uchelwriaeth, merched tebyg i Fargred ferch Wiliam a oedd yn ddysgedig, yn ddefosiynol, yn ddeheuig â'i llaw ac yn feistres ar lunio brodwaith gain, yn gerddor, heb sôn am fod yn hardd, yn siriol ei phersonoliaeth, ac yn bwysicach na dim, efallai, o ach uchelwrol gyda'r fwyaf urddasol. Gyda'r bonedd a'u bywyd bras y mwynhâi Syr Dafydd dreulio'i amser, a chyda'u hoffter o bleserau'r byd hwn yr oedd yn ymdroi er iddo ganu i fyrdra bywyd a byrhoedledd ei wychder.

Offeiriad Catholig i'r uchelwyr oedd Syr Dafydd Trefor, ac er gwaethaf y ffaith fod Protestaniaeth ar y gorwel yr oedd yn gysurus ei fyd yn sgil y blodeuo diweddar ar Gatholigiaeth boblogaidd yng Nghymru, a'r cerddi hyn gan fardd amatur yn ychwanegiad bach at y lluniau a brydferthai'r eglwysi. Ar y Cyfandir yr oedd naws yr oes yn newid, a byd yr offeiriad Catholig yn un tra gwahanol. Yr oedd dirmyg cynyddol tuag at yr Eglwys Gatholig yn ei fynegi ei hun ar ôl 1517 yn y gwledydd hynny lle yr oedd y mudiad Protestannaidd ar gynnydd. Nid oes osgo o hynny yng ngwaith Syr Dafydd Trefor. Y gerdd olaf y gellir ei dyddio'n bendant yw ei gywydd i Ddeiniol Bangor ac nid oes arlliw o Brotestaniaeth ar yr un o'i llinellau: yn wir, nid oes unrhyw dystiolaeth i ddylanwad Protestaniaeth yng Nghymru gyfan cyn gynhared â 1527. Ni ellir ond casglu felly ei fod yn was da i'w Eglwys a hynny'n union ar drothwy'r Diwygiad Protestannaidd yng Nghymru. A phan ddaeth y Diwygiad o'r diwedd i Fôn, ni fu gwrthwynebiad gwerth sôn amdano.[85]

---

[84] 14.42.

[85] MAng 298. Gw. hefyd y bennod 'On the Threshold of Change' yn Glanmor Williams, *Wales and the Reformation* (Cardiff, 1997), 19–39; P. Heath, *The English Parish Clergy on the Eve of the Reformation* (London, 1969).

1

Moliant i Dr Wiliam Glyn o Lynllifon

Bu anwyl ar bawb ennyd,
Duw a roes bw dros y byd,
Braw, dechrau briw, a dychryn,
4   Llefain rhwng Llundain a Llŷn:
Garw y dygai oerwr
I'w genedl farw gychwedl gŵr.
Ei 'wyllys a ddeallwn,
8   Afrwyddid Duw freuddwyd hwn!
Breuddwyd gwrach y boreuddydd
I ben ni ddaw 'n ei byw ddydd:
Bwrw ei farw â'i breferod
12   Ac e'n fyw (da genny' ei fod).
Coelien' am ddiben ei ddydd,
Coeliais innau, mae celwydd.
Er dwyn cur dolur ar daith
16   O'i ddolur fo ddôi eilwaith.
Fo sai' fyth Iesu a'i fam
Ar wely'r Doctor Wiliam;
Dwynwen, oll awn dan ei nawdd,
20   Beuno deg a'i bendigawdd,
Baglan ac Eingian dan go',
Deiniel a'i freichiau amdano,
Gwnda a wylia ei wŷr,
24   Twrog a gatwo eryr.

Gŵr ac aur ar gyrrau ei gob
A rôi ysgol i'r esgob,
Rhuddin ar bob rhyw addysg,
28   O'r Glyn y dôi'r glain aur dysg.
Cymesur fydd comisiwn
I ŵr brau teg heb ryw twn;
A bod bob mis ddewisaw
32   Ni chawn well hwn uwch ein llaw;
Mae gair a haedd y gŵr hwn,
Oes, o foliant sifiliwn;
Llafur cynnar llyfr canon
36   A gad ar brelad gerbron;

Canon mewn cyfion cyfa,
Pen doeth ym mhob piniwn da;
Fo roed gras pob fformasiwn,
40   Fo heuwyd dysg yn het hwn.

Yr had êl cyn ei aredig
O fewn drain, yno fo drig;
Odid y tyf hedyn teg
44   A ro gŵr ar y garreg;
Ac os hau llwybrau fellýn
Â rhyw adar â'r hedyn;
A bron ir, o braenerir,
48   Ei thasg yw dwyn gwenith hir.
Dysgeidiaeth nid ysgydwa,
Ordor a dysg, ar dir da;
Felly, hyd y deallwn,
52   Yr heuwyd dysg ar hyd hwn.

Gorau peth, coweth rhag cam,
Meistrolaeth Mastr Wiliam,
Archddiacon sir Feirionnydd,
56   Ac Archddiacon gwlad Fôn fydd.
Mae 'nghas ar gonfocasiwn
O'm dyfyn, henddyn, i hwn,
Ond wrth un dyfyn nid a':
60   Mae ym bardwn mab i wrda!

Od oes anwes, dwys ennyd,
A barn yng ngolwg y byd
Neu ddig, Duw a'i trefno'n ddā,
64   Afraid hyn â'i frawd hyna';
Mae anghlod i'r ddau froder
Na baent fal y winllan bêr.
Fo glyw'r byddar ddihareb,
68   Mae'n wir, er nas coelio neb,
Fo wnâi enau un annoeth
Ar derm roi cyngor i'r doeth;
Haws cau masg ar friw asgwrn
72   Â bys doeth nag wrth bwys dwrn.
Aent hwy'n un wrth ddymuniad,
Nhw allen' les i'n holl wlad;
Os dysg, os ffortun, os da,
76   Os bonedd, hwy sy benna'.

Y Drindod, moes eu cymodi
Er gweled nerth i'n gwlad ni;
Gwna i faes y gwenwyn a fu,
80   Moes unwaith ymgusanu.

Ffynonellau

A—BL Add 14978, 30ᵛ B¹—BL Add 31085, 37ᵛ B²—BL Add 31085, 47ᵛ
C—Bodley Welsh e 7, 10ᵛ D—Card 2.114 [= RWM 7], 375 E—J 139 [=
RWM 14], 34 F—LlGC 552B, 70ᵛ G—LlGC 6471B, 1 H—Llst 123, 164
I—Pen 112, 138

Ymhellach ar y llawysgrifau, gw. tt. 235–46.

Darlleniadau'r llawysgrifau

1–16 [*CG*]. 1 *A* bv wb anwyl, *B¹* Wb wb anwyl. 3 *B²DEFHI* braw a dechre; *E*
briw dychryn. 5 *A* garwaidd i dygai oerwr, *B¹* Garwaidd i dygai'r oerwr. 6
AB¹ oi genedl; *B²DEFHI* gylchwedl. 8 *F* afrwyd tvw. 10 *E* byw/n/ ddüdd. 11
B¹ ar briferod. 12 *B¹B²EHI* geny fod. 16 *A* fo a ddaw, *B¹DEFI* fo ddaw. 17–18
[*G*]. 17 *A* fo a fai, *B¹* Fo fai; *C* byth. 18 *B²H* welu Doctor. 19 *B²DEFHI*
dwynwen awn. 20 *B¹* an. 21 *C* bai lan, *G* beülon; *B¹B²* da go. 22 *GI* Daniel; *E*
a; *AB¹CG* freichie dano. 23 *DI* gwrda, *B²H* gwn dâf; *B²H* i wiliaf, *C* awelia. 24
AB¹CG agatwo i eryr. 25 *B¹* Gwar ag. 26 *AB¹* aroy ddysc ir ddav esgob, *F* a
roe ysgol/r/ esgob. 28 *B²* [r] glain aur dysg, *F* r glan avr dysc, *G* r glain ar
du[ ]. 29–36 [*AB¹CG*]. 30 *B²H* braw. 31 *F* a bod mis i; *B²* dewissiaw. 37 *A–*
CGH kalon mewn kofion; *D* kyfaf. 38 *AB¹CG* ar bob piniwn, *B²DF* ym hob
ympiniwn; *DF* daf. 39 *A* fo a roed; *C–FHI* ffromassiwn. 40 *A* fo a havvyd, *B¹*
A hauwyd; *CG* yn hyd hwn. 41–2 [*AB¹CG*]. 42 *B²H* O fewn y drain. 43 *A–I* ty.
45 *AB¹* ag er hau, *C* ar havr, *G* er haü y. 46 *AB¹* fa ryw, *B²* Wna rhyw, *CDHI*
wa rrvw, *EFG* fo a rhyw. 47 *CG* ir. 49–50 [*AB¹CG*]. 49 *B²* wi ysgydwa, *D* yw
ysgydwa, *F* yw yscvdiaw. 50 *E* oerder i düsg; *F* ardiridaw. 51 *AB¹CG* yr vn
modd llei radroddwn. 54 *ACG* mistrolaeth y meistr wiliam. 55 *G* [sir]. 56 *G*
[Ac]; *A–CH* sir von, *G* [gwlad] fon; *G* y fudd. 57 *B²H* mae'n gas ar, *G* [ ] gas
y; *G* konfokasiwn. 58 *AB¹* am ddyfyn, *C* rrac ddyvyn, *E* mi fyn, *G* rhag
dyfün; *E* hymddyn; *E* a hwnn, *F* yw hwn. 59 *C* wrth ond vn ddyvyn, *G* [ ]th
ond vn dyfün; *AB¹C* nid af. 60 *C* mae ni; *AB¹* wrdaf. 63 *B¹* Na ddug Duw;
DEFI ddaf. 64 *DEFI* hynaf. 65 *DFI* i mae. 66 *F* bae; *DF* fel. 67 *F* fo glywir
byddar. 68 *AB¹CG* [mae] yn wir, *F* mae wir; *AB¹* er nach lowo, *C* er nas
koeliai, *G* er nas koelia. 70–80 [*B²*]. 70 *CG* ar drem; *E* i doeth, *F* [i'r] doeth.
71 *AB¹* basc. 72 *AB¹G* nag o bwys, *C* noc o bwys, *E* nag ar bwys. 73 *B¹*
Aentwy un, *C* os twy yn vn, *G* hwy yn vn. 74 *A* hwy aeill les, *B¹* Hwy ai lles;
AB¹CG ir. 75 *B¹* ffortyn nis da. 76 *B¹* hwy <u>Sepena</u>. 77 *AB¹CG* trindod; *E* moes
gymodi. 78 *E* [nerth]. 79 *A* gwna yn faes, *B¹* Gwna yn fˆoes; *G* [y].

Teitl

[G], A kowydd ir doktor william glyn pan ddoytwyd i farw yn lloygr, B¹ Ir Doctor Wiliam Glyn pan dd'wedwyd ei farw yn Lloegr, B² Cymod dros Wiliam Glyn; Archaiagon Meirionydd ai frawd hynaf, C ir docdor Wᵐ glyn, D llyma gowydd anwnaeth sir dd trefor ir doctor wiliam glyn pan friwyd ef yn llvndain, EF llymma gowüdd awnaeth Syr dd trefor ir doctor wiliam glynn pan friwied ef yn llyndain, H Cyw. cymod dros Wiliam Glyn Archiagon Merionydd ai frawd hynaf, I kowydd moliant ir doctor Wiliam Glynn pan friwyd ef yn llundain.

Priodoliad

[B¹B²], AE davydd trefor ai kant, CG dd trevor person llanallgo y mon ai kant, DFHI Syr davidd trefor ai kant.

Trefn y llinellau

AB¹ 1–28, [29–36], 37–40, [41–2], 45–6, 43–4, 47–8, [49–50], 51–2, 55–6, + mae i frig gwedi fendigaw (Mae frig *yn* B¹) / mae/n/ feistr ym ym foes draw (ym yn *yn* B¹), 53–4, 57–80 (*cf.* C, G).

B² 1–10, 14, 13, 11–12, 15–52, + Mae i frig wedı fendigaw / Mae'ıı feistr ym yn f'oes draw, 53–69, [70–80].

C [1–16], 17–28, [29–36], 37–40, [41–2], 45–6, 43–4, 47–8, [49–50], 51–2, 55–6, + mae i vric wedi vendigaw / mae yn veistr ym yn voes draw, 53–4, 57–80 (*cf. AB¹*, G).

DEFI 1–80.

G [1–18], 19–28, [29–36], 37–40, [41–2], 45–6, 43–4, 47–8, [49–50], 51–2, 55–6, + mae frig gwedü fendigaw / mae n feistyr ym yn foes dr[ ], 53–4, 57–78, 80, 79 (*cf. AB¹*, C).

H 1–52, + mae i frig wedi fendigaw / mae'n feistyr ym yn foes draw, 53–80.

2
I gymodi â Rhisiart Bwlclai, Archddiacon Môn,
a'i frawd Rowland Bwlclai

Y teirw teg eu tre tad
A all ddal yr holl ddwywlad,
Teirw a'u tyn at ryw'r taid,
4   Tew rychorion tyrch euraid.
Ynfyd i ychen ofnfawr
Anturio 'mysg teirw mawr.

    Lle cerdder, lle cluder clod,
8   Apla' clywir Bwlcleiod;
Dau froder, eglurder gwlad,
Dau arglwydd ar bedcirgwlad.
Un a wisgwyd yn ysgol
12   Pab a Nudd, pawb yn ei ôl;
Mastr Rhisiart rymus trosom
A wella'n byd yn lle bôm.
Awn ar ôl Mastyr Rolant
16   I'r gwin petai 'honom gant;
Awn i yfed yn nefol
Gwin yr aer, gwŷn ar ei ôl;
Trugarog, bywiog o beth,
20   Treulwin yw tarw Eleth.
Gŵr â seigiau gwresogion,
Drych mil ydyw padriarch Môn;
Gradd a dysg, gwraidd a dasga,
24   Gwrdd yw dysg y gŵraidd da.
Gwastad y seiliai gwestiwn,
Âi at y Pab ateb hwn.
Dysg y sêl yn llaw *p*relad
28   A'r tir y bu'r fam a'r tad;
Tir yw bywyd daearol
A wella nai oll 'n ei ôl;
Y da a ro hwn ar dir rhydd
32   Hap ydyw i fab bedydd.
Nid un goffr, nid un gyffion,
Nid un fwrdd un dyn o Fôn;

Os o stad, os ystudiaw,
36 Ni cha' le un uwch ei law;
Y dyn deuwell dan dewi
Fo wthia i'r allt fwy no thri;
Ni wyrir un o'i eiriau,
40 Ni hwpia un pen ei iau.

Wy' o'm sir am ei sorri
Yma oll ar fy mai i;
Ynfyd a ddygai'i anfodd,
44 Nychaf fyth oni cha' 'i fodd;
Gyrrwyd rhyngof a'm gorau
Athrodion ddigon i ddau:
Llai ym oedd 'mhob lle ym Môn
48 Drwg chwegwyr nag archiagon;
Pan bechais, syrthiais nos Iau,
'Y maich ydyw 'mhechodau;
I'w dai draw, onid wy' drwch,
52 Y do' i fwrw 'difeirwch.
Mair Fadlen a hi'n bennoeth
I ginio Duw gwyn y doeth
I 'mwrthod â'i phechodau,
56 'E fu dda i hon ufuddhau.
A llu aeth am ben y llall
Â cherrig, gwraig wych arall,
Ond ni chaen' neb a flaenai
60 Am na bai fyw neb heb fai.
Fo wnâi Beder enbydwaith
Draw wadu ei Dduw drydedd waith;
Dagrau, o'i garedigrwydd,
64 A'i troes i gael cymod rhwydd.
Adda, efô, ac Efa gynt
Heb achos fawr a bechynt;
Dirwesta a'r dŵr drostyn',
68 Ymhell y buon' am hyn.

Pardwn a dawdd purdan dwys,
Pryder oedd golli p'radwys:
Colli gwin, celli gwynion,
72 A medd llys Archiagon Môn.
Collais innau, gwall synnwyr,
Fy lles a'm daioni'n llwyr,

Ac fel Adda un flwyddyn
76   Mewn dŵr lle ni'm gwelo dyn,
Nes i eryr a sorres
Eto 'y nwyn ato'n nes.
Cael gras pan fo cula'r grudd
80   A wna' i ofyn yn ufudd;
Ni cha' nâg gan archiagon
Od archaf ras drach ei fron;
Gwnaf gyffes fal wrth Iesu,
84   Gwnaed yntau faddau a fu.

Ffynonellau
A—BL Add 14979, 113ʳ B—BL Add 31085, 30ᵛ C—Card 1.20, 38 D—
Card 2.114 [= RWM 7], 378 E—Card 4.110 [= RWM 47], 186 F—J 139 [=
RWM 14], 408 G¹—LlGC 552B, 40ᵛ G²—LlGC 552B, 58ᵛ H—LlGC
666C, 72 I—Llst 123, 162 J—Llst 169, 103 K—Pen 112, 141 L—Wy 1, i,
19

Ymhellach ar y llawysgrifau, gw. tt. 235–46.

Darlleniadau'r llawysgrifau
1 *CEH* teg pen y tre tâd. 2 *G¹G²* [a]. 3 *CEH* at rywiau taid. 5 *C* ychon. 7
ABIJK lle i kerdder; *ABDIK* lle i klvder, *CEH* llai cluder, *L* lle clywer. 8
ABDFG¹G²IKL apla i klowir. 11 *A–IKL* mewn ysgol. 13–48 [*L*]. 13 *B* mastr
Rissiart Kymru drossom. 14 *G¹* a wellha yn y byd; *ABJ* lle i bom, *F* ny lle
bom, *H* yn y lle bom. 16 *H* Ar gwin; *AB* pette [o] honon, *CEH* pedai o wyr, *J*
pe bai honom. 20 *CE* yw y, *H* yn y; *A* elneth, *B* elaeth, *G²* heleth. 23–30 [*A–*
IKL]. 26 *J* vo ai. 27 *J* brelad. 29 *J* tyrv bowyd. 30 *J* A wlla r nai. 31 *CEH* [a]
ro hwn ar, *DFG¹G²* a ro [hwn] ar, *K* o rhodd ar. 32 *ABDIK* ydiw yw, *CEH*
ydyw ei, *F* ydyw yn, *J* ydiw oi. 33 *F* ni yn goffr, *G¹G²* nid un gorffyr. 34 *G²*
nid fwrdd. 35 *F* os ystad, *G²* os stad; *BCEH* os o studiaw. 36 *CEH* na cha; *AB*
le i vn. 37 *ABDFG¹G²IK* fo dyn, *CEH* Edŷn. 38 *A* vo wthiw ir allt, *CE* Fe
wthia'r Iarll, *DG²* fo wthia irall, *H* Fe weithia'r Iarll. 40 *A* vn pen dy iau (vn
pen i iau), *CEH* un taer y pen tau, *G¹* vn ben iav, *G²* un ben i iau, *J* neb pen i
iav. 42 *CEH* A mwy a oll fy mai i. 43 *CEH* a ddygo anfodd. 44 *I* nycha i fyth;
CEH oni châf fôdd. 45–8 [*A–IKL*]. 51 *F* yn dai, *I* y dai, *L* oi dai; *F* oni dwy i
drwch. 52 *CEH* Do. 53 *C* Mair Fadlen edifeirwch. 55 *ABCE–H* [i] ymwrthod.
56 *ABDFG¹G²K* a fu. 58 *J* dyn wych. 59 *DE* na chaen; *H* na chae, *J* chaid; *G²*
[neb], *J* un. 60 *ABG²IKL* am na bai un heb ei fai, *CEH* Ni bu fâb un heb ei
fai, *DFG¹* am na baif vn heb i fai. 61 *D* [Fo] wnai beder, *C* Enwai Beder,
EFHL e wnae Beder, *I* wa am Bedûr; *B* ynvyd waith. 62 *FI* wadu [ei];
DFG¹G² ddvw r drydedd, *I* dûw drydyddwaith, *J* dduw y drydedd waith, *K*
Ddvw y drydydd. 63 *ABDFG¹G²K* a dagre, *C* Ddagrau; *J* drwy i. 65

ABDG¹G²I adda efog eva gynt *gydag* euog *yn amrywiad ar* efog *yn B*, *CEH* Adda gyd ag Efa gynt, *L* Adda ef ac Eva gynt. 66 *CEH* a fawr, *J* mawr a. 68 *CEF* buom, *H* buont, *J* bvant. 69 *L* pardwn doe or pûrdan. 70 *G²* prydd der; *CEHL* [oedd]. 72 *C* A medd yn llydd Arglwydd Môn, *EH* A medd yn llys Arglwydd Môn. 73 *ABDFG¹G²K* ine om gwall, *I* innau om gwan. 74 *CEH* Y llês, *DFG¹G²K* fy lle. 75 *CEH* Byddaf fel Adda flwyddyn, *D* fal adda vn flwynddyn, *FG¹G²IJK* A fal adda vn flwyddyn, *L* af val Adda vn vlwyddyn. 76 *CEH* Yn dwfr lle, *FJ* ir dwr lle. 77 *I* ir. 78 *ABCEHI* atto yn nwyn etto y nes. 79 *CEH* cula grudd. 80 *H* A i ofyn. 82 *CEH* Os archaf râs serch ei fron, *F* od archaf ras dyrch dy fronn, *J* od archaf ras dyrch i fron, *ABDG¹G²IK* odarchaf ras darch i fron.

Teitl
[*AL*], *B* I Risiart a Roland Bwclai, *CE* Cywydd Cymmod Risiart a Rowland Bulkeley D.T., *DFG²* kowydd kymod ir archiagon bulklay, *G¹* kowydd kymod awnaeth S dd trefor i ofyn kymod archiagon bwcklay, *H* Cymod Richard a Rowland Bwclai, *I* Cyw: i ofyn cymod Roland Bwlkley Archiagon Mon, *J* Co. i ofyn Cymod archiagon mon, *K* kowydd i Bwklai archiagon i erchi i gymod i Sʳ Dafydd Trefor effeiriad.

Priodoliad
ADFG¹G²IJK Sir davidd trefor ai kant, *BHL* Syr Dauidd Trefor, *C* Syr Dafydd Trefor Person Llanallys ym Môn ai Cant 1480, *E* Syr Dafydd Trefor Person Llanallgo ym Môn a'i Cant. 1480.

Trefn y llinellau
ABCEHI 1–22, [23–30], 31–44, [45–8], 49–70, 73–4, 71–2, 75–84.
DFG¹G²K 1–22, [23–30], 31–44, [45–8], 49–84.
J 1–36, 39–40, 37–8, 41–70, 73–4, 71–2, 75–84.
L 1–12, [13–48], 49–70, 73–4, 71–2, 75–84.

Moliant i Robert ap Rhys o Blas Iolyn

Drogenais fynd drwy *Gonwy*,
Droganwn hwnt drigo'n hwy;
I ymweled â'm alarch
4   Y*r* wyf yn mynd ar fy march
I blas gŵr a'i balis gwych
Sydd unb*e*n yn swydd Ddi*n*bych;
Prelad, ceidwad y côr,
8   Plas Ofydd fal plas Ifor,
Plas Siob, plas Mastr Robart
Ap Rhys i roi pris ar art,
Plas grisial, palis gryswyn,
12   I'w dŷ *p*ob doeth, pawb, a dynn:
Dyn o Fôn, dyn o Fynyw,
Groeso i bawb, gŵr o orsib yw.
Ni bydd wrth ŵr i'w barth êl
16   Dwysach, nac wynebisel;
Cawn wŷr acw'n cynired,
Byrddau, llieiniau ar lled,
Seigiau a ffres siwgrwin Ffrainc,
20   Sewers a chyrsers ifainc:
Lluniaeth gyda llawenydd,
*T*yrfa fawr deg tra fo'*r* dydd.
'E gâi esgob le i gysgu
24   A llai o barch yn lle y bu!
Maen grwndwal mewn graeandir,
Ni sylf yn hawdd sylfaen hir;
Maen rhywiogaidd mewn rhagor,
28   Maen y'i caid mwya' 'n y côr,
Maen saffir cywir y'i caid,
Perl ydyw 'mysg preladiaid.
Gradd ysgol nodol a wnaeth
32   Euro bonedd ar bennaeth;
Gramadeg dd*e*isyfreg sôn,
Grwndwal yn cynnal canon,
Ni thorres pen llythyren,
36   Nis tyr o waith profiad hen;

Dydd gŵyl, da oedd ei galyn,
Dydd gwaith, fy anrhydedd gwyn!
Di-gwymp ei ddadal a'i gof,
40 Diddetens bob dydd ataf;
P'le bynnag, ddoniag, ydd âi
Y profer gŵr, y prifiai:
Os at hedd, os at gleddef,
44 Os acw i'r Llyfr, sicra' llef.
Cedyrn, ceisian' y coedydd,
Coded ffon, ceidwad y ffydd!
Maelodd pawb ar a'i mole,
48 Colles o'm gormes ag e.
Llaw Robert gerllaw'r aberth,
Llaw farwn ir, llaw fawr nerth,
Llaw a ystyn, a llwysteg,
52 Mwnai a dyr mwy na deg;
Llaw gybydd oll a guddia
Ac o wall don a gyll da;
Llawgaead heb roi hadyd
56 Yn amau Duw ni med ŷd;
Llaw a *hea*'n alluol,
Oni thy' gwenith o'i ôl?
Llaw prelad disiarad sydd,
60 Llaw'r gweiniaid oll ar gynnydd.
Llu'r gwlith, pawb a'i bendithia,
Rhadlon fydd bendithion da.
Bendith ei dad llei gadodd
64 A'i fam a'i rhoes wrth ei fodd;
Diwarth, fal grawn i dywys,
Y daeth *i'w* ran fendith Rys;
Llaw Lowri, heb dorri dydd,
68 Ar ei ben a rôi beunydd;
Llwyddodd gwaith y llaw iddaw,
Poed iddo'r llwyddo rhag llaw.

Ffynonellau

A—Bangor 5945, 49 B—BL Add 31056, 162ᵛ C—BL Add 31085, 34ʳ

Ymhellach ar y llawysgrifau, gw. tt. 235–46.

Darlleniadau'r llawysgrifau

1 *ABC* gyni. 2 *A* hwynt. 4 *ABC* ydd. 6 *ABC* unban; *ABC* ddimbych. 12 *ABC* bob; *ABC* bawb. 13 *A* Dyn ofyn. 14 *A* worsip. 16 *A* Iesel. 17 *C* cymred. 21

ABC llv maeth. 22 *ABC* dyrfa; *ABC* fo dydd. 26 *A* syfl. 33 *ABC* ddi syfreg. 41 *C* ddoniog. 42 *A* ai prifiau. 46 *A* Cododd; *ABC* y ffon. 47 *AB* bawb; *ABC* molef. 48 *ABC* ef. 51 *AB* llvsteg, *C* llysteg. 54 *C* gall. 57 *AB* Llaw a haw na lluol, *C* Llaw a liaw na lluol. 58 *A* Wyn a thy gwenith oi ol, *BC* wyn a thy wenith oi ol. 59 *BC* brelad. 63 *A* gadwodd. 65 *C* ai dywys. 66 *C* [y]; *ABC* o ran; *A* bendith. 67 *A* heb dorru'r Dydd.

Teitl
A Cowydd Marnad Robt ap Rŷs, *B* Co. Mr Ro: ap Rys, *C* I Robert ap Rhys o Blas Iolyn.

Priodoliad
A Sr Dafydd Trefor a'i Cant, *BC* Sr Dauydd Trefor.

4
Marwnad Owain ap Maredudd ap Tomas o Borthaml

Ai ti, Angau, wyt yngod,
Garrau a gên, gŵr y god,
A'i sgrwd tyn o'*r* ysgrîn tau,
4 Gawell esgyrn a gïau?
Chwynnaist a lleddaist bob llu,
Chwannog wyf i'th ddychanu.
Tarewaist wŷr traw o'u stad,
8 Truan yw dy bortread;
Llawer a roist mewn llewyg,
Llwm yw dy gwrrwm o gig.
Dilawen, foelcen, ei fant,
12 Difrïaidd yw dy freuant.
Fy ngolwg ar fy ngelyn
Yn ledio i'r Dawns, leidr dyn:
Ledio'r Pab yn ddi'rabedd
16 A'i fwrw fo'n frau 'n ei fedd:
Dwyn 'r emprwr o dŵr ei dad,
Tynnu'r ymherodr tanad,
Ac ni pherchi gwedi gwin
20 Na barwniaid na brenin;
Y newyddian yn weddol
O'i grud a dynnud yn d'ôl;
Ti ei â'r balch tua'r bedd
24 I'r un rhod o'r anrhydedd.
Dyfynnaist hyd y fynwent
Bawb o'i radd, o'i bybyr rent:
Ni wn ba awr fawr yw'r fau
28 Y dyfynni di finnau.
Ym mhob cyfrith y rhithi,
Nid oes gallel d'ochel di;
Sefaist lle ni chroesawyd,
32 Swyddog anhrugarog wyd;
Treisiaist ferch am ei herchwyn
Do, ddwywaith, teirgwaith hyd hyn.

  Myned Owain Amhredudd
36 Ar d'ôl, gwae ei wraig o'r dydd:

Trwm Angharad wrth ado
Gwyn ei grys yn y gown gro,
Trom gistiaid, llonaid y llan,
40 Llenwi adail Llanidan.
Mae gwŷr Owain dan grio
Oll i'n cylch allan o'u co'.
Mae un i ddwyn mynydd iâ,
44 Pennaeth, am ei fab hyna':
Trwm yw gweled Maredudd
A'r deigr oer ar hyd y grudd:
Odid gormod yw'r adwy,
48 Siry' Môn, yn ei sir mwy.
Doe ducpwyd, plygwyd y plas,
Owain alawnt wineulas,
A rhyfedd gan wŷr heddiw
52 Paham y mae'i fam yn fyw;
Nofio mae calon Efa
Fal llyn oer a fai'n llawn iâ.
Moli Rhisiart mal rhosyn
56 A yrr y llif oer o'r llyn:
Od aeth cymar Angharad
Gyda Duw, a gado'i dad,
Mae'r aer arall mor wrol
60 Ag yr â'r gwŷr ar ei ôl.
Duw a ddug (on'd oedd ddygyn?)
Oddi ar ei dad ddewra' dyn;
Ni ddug ond oedd eiddo Fo,
64 Nid â â gwr ond a garo;
Y mae Mredudd yn bruddach
Nag y gwŷr un o'r gwŷr iach.
Oeres lle bu'r tes a'r tai
68 Mynwes holl gwmwd Menai.
Gwae fi na allwn ddial
Owain deg ei wên a'i dâl,
Glana' gwr, galon y gwin,
72 O lin Brân, ar lun brenin,
Dewra' o'r penaduriaid,
Geirwira' gwr ar a gaid.
Un Owain gynt wnâi ynn go',
76 Glyndŵr oedd glander iddo;
O choeliwn wr, ni chilie,
Awn yn ôl Owain i ne'.

Môn o'i herwydd mewn hiraeth,
80   Nid erys gwell dros y gwaeth.
Gwae Ddafydd o'r rhybudd! Rhys,
Siân a Lowri sy'n 'larus,
Eilio bron Wiliam, mae'n brudd,
84   A rôi ddŵr ar ei ddeurudd;
Ni welant, ân' i wylo,
O'i fath frawd fyth yn y fro.
Iesu freiniol sy frenin,
88   A'i gorff o fara a gwin,
A seilio hap i'r sawl hyn,
A ne' i Owain wineuwyn.

Ffynonellau
A—Card 2.114 [= RWM 7], 684   B—J 139 [= RWM 14], 14   C—Wy 1, i, 136

Dylid nodi bod rhai darlleniadau yn llawysgrif C yn aneglur oherwydd traul ar y llawysgrif. Ymhellach ar y llawysgrifau, gw. tt. 235–46.

Darlleniadau'r llawysgrifau
1 *A* Ai ti yw angav ywyt yngod, *B* Ai ti yw angau hwnt yngod *gydag* wyd *y testun yn amrywiad ar* hwnt. 3 *AC* oi ysgrin, *B* o ysgrin. 5 *C* lledaist. 14 *B* yn ledior dawns. 16 *A* ai fwrw fo yn frav fry yn i fedd, *B* ai fwrw fo frü yw fedd. 17 *B* dwyn emprwr. 19 *AB* ni fferchi di gwedi gwin. 21 *B* ag ni wyddian. 22 *B* grüd i dynnüd. 24 *B* er anrhydedd. 26 *AC* radd bybvr. 30 *C* oes allel. 31 *B* lle nith resafwyd. 34 *B* taerwaith. 35 *B* myned ag owain mredüdd. 37 *ABC* trwm yw yngharad. 40 *B* llan lidan. 42 *B* oll ny kylch. 46 *AB* oer rryd. 48 *B* sirri ymon. 52 *B* ymae fam. 53 *A* nofio i mae. 54 *C* val y llynn; *B* oer i fae, *C* oer vai. 56 *B* a yrr i llü. 64 *B* nid a gür ond i garo. 65 *A* mredd. 74 *B* ar i gaid. 77 *AB* ni chilief, *C* choelie. 78 *AB* nef. 81 *B* a rhybüdd. 82 *B* sian lowri. 90 *B* [a].

Teitl
[*C*], *A* llyma gowydd barnad i owain ap mredd ap thomas o borthamal, *B* kowüd marwnad i owain ap mredydd ap thomas o borth amal.

Priodoliad
AB Sir dauidd trefor ai kant, *C* Syr Davyd[   ].

5
Marwnad Harri VII

O rhoed daear ar Harri
Fo droes y môr drosom ni.
Llythyren o gorff Iemwnt
4   Fu *Ei* Ras mawr o Ris-mwnt.
Os gwir marw H gwrol
Mae un H mawr yn ei ôl.
Llawer calon, bron heb ri',
8   Brudd herwydd briddo Harri;
Llawer deigr, llai'r dugiaid,
Llawer och, felly 'roedd raid.
O Dduw, aruthr fu'r ddirwy,
12   Nid oedd raid fyth ddaered fwy;
Doe yn iach! (Nid yfwn win.)
Dan ein bron dwyn ein brenin.
Gwae nyni, Gymry hyd Gent,
16   Eisiau mynydd sy 'm mynwent.
Bu farw Mab y Forwyn,
Bu'r un Mab byw er ein mwyn;
Crynodd daear am Farwn
20   A duodd haul y dydd hwn:
Y goleuddydd, *o*'i gladdu,
O iawn ystad âi'n nos du.
Yr ail fu mynydd o Rôn
24   A goncweriodd gan coron;
Am y tarw y mae teiriaith,
Dan wylo, yn gwylio'r gwaith;
Duw a'i rhoes yn lle Moesen,
28   Gwae ni o'i ddwyn, Gwynedd wen!
Trwm yw'r byd tramawr heb win,
Heb ych gwaith na buwch gethin.
Cwympo a wnaeth ein campau'n is,
32   Ein calon a'n porthcwlis.
Gwŷn a wnâi, gwenwyn a wn,
Marw milgi mawr Maelgwn,
A'r llew cynnar, llai'r canu,
36   A'r aur dorch, a'r eryr du.

Gwae ni aros, gan orwedd,
Y wiber fawr obry i'w fedd.
Duw nef, ni wrandawai ni,
40   A roes cwymp y rhosgampi.

Ei 'lynion sydd lawenach,
Yn ferw y bônt, fawr a bach;
Oer iddyn', cedwyn' i'w co',
44   Ac yn ieuanc, ei gneifio
A'i ddeol gynt yn ddiwad
O'i dyrau teg a'i dre tad.
Y diwrnod y dôi arnun'
48   'E âi â'r het aur ei hun:
Llu Rhisiart, lle'r arhoson',
Bu eisiau ffens gan bwys ei ffon;
Doethon' yn llyfrion i'r lle,
52   Gwae galon eu gwegile!
Llu Percyn yn gofyn gwaith,
Llu'n wylo 'mhob llwyn eilwaith.
Llu Harri oll a'i herient
56   A'r llu trwch aeth yn llawr Trent.
Bu geiliog buddugolieth,
Bu lew coch yn y Blac-heth;
Fo welai Sin ôl ei sêl
60   Acw arnyn', frain Cornwel;
Nid âi un i adweddu
O'r giwed oll, na'r go' du;
Yr eryr du, eurwar daid,
64   Llawgoch, a dynn eu llygaid;
Fo welai bawb ôl ei big,
Mae arwydd hyd ym Merwig.
Er inni gynt oeri'n gwaed,
68   Cyn iaith Owain, mewn caethiwaed,
Ef a'n rhoddai yn rhyddion
Ac a rôi'n braint ger ein bron.

Harri Seithfed, ei feddiant
72   Y sydd gyda Harri Sant.
Awn ar liniau'n erlyniog
At Fair ac at grair y grog;
Wythfed ar ôl Seithfed sydd,
76   A dau Harri dw' hirwydd,

Ac na thorro'n Gwneuthuriad
Erioed dim o ras Ei Dad.

Ffynonellau
A—BL Add 12230 [= RWM 52], 81ᵛ B—BL Add 14966, 96ʳ C—BL Add
14978, 19ʳ D—BL Add 14979, 115ᵛ E—BL Add 15010, 135ʳ F—BL Add
24980 [= RWM 39], 26ʳ G—BL Add 31057, 125ᵛ H—BL Add 31059, 113ʳ
I—BL Add 31085, 8ʳ J—Card 2.114 [= RWM 7], 130 K—Card 3.4 [=
RWM 5], 88 L—Card 4.10 [= RWM 84], i, 593 M—JGD 2, 117 N—LlGC
165C, 119 O—LlGC 728D, 9 P—LlGC 3048D [= Mos 145], 279 (*llau. 1–
18, 29–49*) Q—LlGC 3049D [= Mos 146], 408 R—LlGC 11087B, 102ʳ S—
Llst 54, 39 T—Llst 120, 95ʳ U—Pen 155, 215 V—Wy 1, i, 22.

Ymhellach ar y llawysgrifau, gw. tt. 235–46.

Darlleniadau'r llawysgrifau
2 *ABF–JLMPQST* e droes, *D* I droes, *ENU* Fe droes, *O* /i/ troes [y], *R* A droes;
A–HJLMNPQRUV drossom i, *O* trossom /i/, *T* drosom mi. 3 *EN* o waith, *K* o
gorf, *V* o corph; *CST* Emwnt, *FIL* edmwnt, *R* Edmwnd. 4 *ABH* Afu/r H vawr
o, *CEFIJNO* fvr /H/ mawr o, *DLMPRUV* ywr H mawr o, *GK* Vur ras mawr
o, *Q* y /H/ mawr fv o, *ST* fu ras mawr in o. 5 *A–FHIJL–PRV* marw yr. 6 *A–
FHIJL–RUV* maer vn; *DMPQRV* mawr yn ol, *GT* mawr ari ol, *S* ar ei hol. 7 *I*
Llafur; *G* kalon a bron. 8 *DFIJORU* yn brvdd, *Q* prvdd; *MP* o herwydd. 9
ABHJOUV deigyr oll ir dvgiaid, *C* deigr llai for dvgiaid, *DFMPR* deigr llai
ywr dvgiaid, *EN* deigr Llai fu'r Dugiaid, *I* deigr llai yn dygiad, *L* deigr oll
yw'r Dugiaid (deigr oll o'r Dugiaid), *Q* deigr llai fvr dygiaid. 10 *B–FHIJLN–
ORUV* felly oedd, *GK* iroedd, *Q* felly o. 11 *A* aryth or, *BDFHIJLMOPRUV*
aruthr ywr; *MPQ* dirwy. 12 *FILO* ni roid vyth *wedi ei gywiro yn* nid oedd
raid fyth *y testun yn L*; *ABCEHJ(L)MN* dayred, *GL* daiared, *ST* ddirwy. 13 *A*
Doe fu(n) iach, *B–JL–QUV* doe fvn och, *R* Doe fu ein och, *ST* Doe fu in ôch.
14 *S* Tan. 15 *ST* Gymru en hyd Gent. 16 *MP* eisie mynyd; *A* fu ymynwent,
FIL y sy mynwent, *MPU* sy mynwent, *R* sy mewn monwent. 17–18 [*CENQ*].
17 *V* e vu varw; *K* mab mair vorwyn. 18 *ABHJO* fo fv rvn mab fyw, *F* bu yr
vn mab vyw, *I* Bu yr un mab duw, *V* vo vu r mab vyw. 19–28 [*DFIMOPRV*].
21 *ABCEHJNQU* mawr yw gobaith yn iaith ni, *G* ar golevddydd j gladdv, *K*
y gollevddydd i gladdu. 22 *ABHJU* at y gad etto /i/ godi, *CEN* at agad eto
gwedi, *G* o iawn ystad ai nos dv, *Q* at a gad etto i godi, *ST* Owein ystad ae
nos du. 23–4 [*ABHJL*]. 23 *CENQU* ar ail yw; *EN* mynydd a rôn, *GST*
ymynydd yron, *K* mynydd orron. 24 *G* a gwnkweria. 25 *CEN* tarw [y]; *AK*
mae yteirriaith. 26 *EN* Tan; *GST* gwilio gwaith, *Q* gwilio n gwaith. 27 *BHJL*
duw a roes. 28 *B* dwyn. 29 *FIMOPRV* trwm yw/n/, *J* trwm yw; *GOST* tramwy
heb win. 30 *MP* na boch genthyn. 31–2 [*CENQU*]. 31 *MP* kwympo naeth yn
kamp yn is. 32 *G* am borth kolis, *ST* an parcwlis. 33 *ABDHJMO–V* gwyn a

wnair, *FIL* i gwyn awnair; *I* gwenwyn [a wn], *MP* y gwenwyn iawn. 34 *MPV* marw milgi a; *EN* mawr ym Maelgwn, *L* Mawr Moelgwn, *MP* mawr maelgawn. 35 *ENU* a llew, *MP* ar lew; *L* (cynnwr); *MP* lair. 36 *I* Ar aur doeth; *MP* yr eryr. 37–40 [*CENQU*]. 37 *GST* gan i orwedd, *I* Gwna ni aros. 38 *FIL* oi vedd *gydag i'w y testun yn amrywiad yn L.* 39 *MP* Duw ni; *ADR* ni adawai ini, *BHJ* ni dawai i ni, *FI* ni dawr ini, *L* ni adawa i ni, *MP* nid aed a ni, *OV* ni dawe i ni. 40 *AGK* arros kwymp, *DFILMOPRST* A roes gwymp; *ST* ir; *A* ras campi, *MP* roes gampi. 41 *V* mae i elynion; *AQ* fu lawenach, *CN* yn lywenach, *E* yn Llawenach, *V* [sydd] Lawe[   ]. 42 *A–JL–V* yn feirw. 43 *A–FHIJL–RUV* er vddyn, *K* orrev ddim, *ST* Oer fu iddyn; *BIMP* cadwyn; *C* in kof, *E* yn Co', *MP* oi ko, *N* yn Co, *Q* in ko. 44 *C* i gneifiof, *DFIO* yw gneifio, *E* ei gneifio, *MP* oi gneifio, *R* yw cneifio. 45 *MP* ai ddial; *A–FHIJL–RUV* gynt oedd ddiwad. 46 *S* teg a thre dad. 48 *CU* i rai ar hett, *EN* I roi a Het, *G* yr ai ar hyd, *H* [yr] ai ar hett, *Q* yr ai a het, *ST* yr aei ar hed. 49 *ADFIJLMOPR* lle i rhoesson, *BH* lli i roeson, *CEN* oll arhoesson, *G* lle yr ar hosen, *K* lle ir arhoyssan, *QU* oll lle roesson, *V* yn lle rhoeson. 50–78 [*P*]. 50 *A* gwae i bais ffens, *BFHIOQV* gwae beissie ffens, *DLM* gwyr beissie i ffens, *J* gwae eissie ffens, *R* Gwyr beissie i ffens, *S* bu eu eisieu ffens; *CEMN* [gan] bwys i ffon, *QV* gann bwys ffonn. 51 *K* doythan; *ST* or lle. 52 *I* y gwegile. 53 *CENU* Bu Berkyn; *EN* gofyn y gwaith, *A* gofyn gwith. 54 *C* llu'n wylo ['mhob] llwyn, *U* llawn wylo mewn llwyn. 55 *E* oll a, *ST* [oll] ai; *G* yn herent, *ST* herent. 56 *CEGN* [A'r], *Q* y; *DR* [llu], *EN* Llu'r, *Q* llv oer; *I* trwyth; *Q* ai n, *V* a aeth yn; *N* Llawn. 57 *ADEFHJL–OQRUV* geiliog y bvgoliaeth, *B* geiliog y bvgoloeth, *C* geiliog ybygaliaeth, *G* gelioc yn bv goliaeth, *I* golwg y bugolieath. 58 *AC* yn blak hieth, *EN* yn y blagr Hêth *wedi ei gywiro yn* yn y blac Hêth *yn N*, *I* yn y black heath. 59 *ABDEFHIJLNOQRUV* fo wele swrn, *C* vo a wele swrn, *GT* fo weles swrn, *M* fo welodd swrn, *S* fo swrn. 60 *EN* Accw Cawn ni frain, *G* gwar vn o frain, *IQ* acw arnyn brain, *ST* agwar mun frain; *K* koronwel. 61 *AD* nid a vddvn, *BCFHIJLMORUV* nid da vddvn, *EN* Nid âd iddyn, *G* nid ai vddvn ont, *Q* nadai vddyn, *ST* nid aei iddyn i. 62 *A–JL–OQ–U* nar giwed; *M* gro. 63 *I* du [eurwar], *M* du eurawawr, *S* du ar war. 64 *ABDFHIJLOR* llewgoch, *CENQ* lliwgoch, *M* lew goch; *ABDFHIJLMOR* a dyno, *CENQUV* a dynne; *M* i lygaid. 65–6 [*DIMO–RV*]. 65 *ABHJLU* e wele, *C* fo awele. 67 *G* yr heini kyn oeiri i gweaed, *K* yrym gynt o rri yn giwaed, *ST* Er hynni cyn oer eu gwaed. 68 *CENQ* eithawon mewn kaethiwaed, *GK* ieithavoedd kaythiwed, *ST* yn eithafoedd caethiwaed, *U* eithawn mewn kaethiwaed, *V* cynn iaith Owain caethiwaed. 69 *CENU* fon rroddai i fyw yn rryddion, *I* Efe an rhodde yn rhyddion, *Q* ef an rhoddai i fyw n rhyddion. 70 *M* ag aron /n/ braint, *ST* a rhodde ein braint; *ST* rhac ein bron. 71 *I* seithbeth; *A–FHIJL–ORV* ofeddiant, *QU* ai feddiant. 72 *S* gyd. 73 *E* Awn a; *A* linie yr elyniog, *BDFHIJLMORUV* linnie yr lyniog, *C* liniavn arlyniog, *N* liniau n eilyniog. 74 *ABHLV* at vair ne at grair, *DFIJMOR* at fair ne grair. 75 *A–EHLMQRV* wythfed wedi/r/ seithfed sydd, *FJOU* wythfed wedir seithfed y sydd, *I*

Wythfed wedi seithfed sydd. 76 *IMORV* ado hari, *ST* a dau harri; *GST* dwys hir wydd, *R* duw hirwydd. 77 *ABCEHN* ag na thorro gwnethuriad, *DR* ac na thorro or gwneythvriad, *FIJO* Ac na thorro on gwnethvriad, *L* Ac na thorro'r gwneuthuriad, *M* ag na thorro vn gwnathiriad, *ST* na thorro ein gwneuthuriad. 78 *ABDF–JLMORTUV* oi ras dim a roes i dad, *C* oras dim aroes i dad, *EM* O ras Duw a Roes ei Dad, *Q* i ras dim a roes i dad, *S* oi ras dim ar aes ei dâd.

Teitl

[*GKSTV*], *A* Cowydd Marwnad am y brenin Harry Seithfed, *B* Cow. Marw. Harri Seithfed, *C* marwnad hari seithfed, *D* kowydd ir brenin henrie wythved, *EN* Cywydd Marwnad Harri VII Brenhin Lloegr, *F* Marwnad Brenin Hari Seithved, *H* Cowydd marwnad am y brenin harri sseithved o waith ssyr dd trevor, *IM* Marwnad Brenin Harri'r Seithfed, *JU* llyma farnad y brenin harri seithfed, *L* Cywydd Marwnad Brenin Hari 7ᶜᵈ, *O* kowydd marwnad ybrenin harri seithfed o waith Sir dd trefor person llan allgo, *P* C. mar: brenin Harri.7, *Q* marwnad harri VII, *R* Cowydd Marwnad brenhin Harri y Seithfed.

Priodoliad

[*P*], *ABFGIJKMOR–U* Sr Davydd Trefor ai kant, *CDEHLQV* Sr dd trefor, *N* Syr Dᵈᵈ Trefor ai Cant yr hwn oedd yn Berson Llan Allgo ym Mon.

Trefn y llinellau

ABHJL 1–22, [23–4], 25–32, 34, 33, 35–54, + llvr gwyddyl oll a gwyddiwyd / llv dethol iarll lingkol lwyd, 55–64, 66, 65, 67–74, 76, 75, 77–8, + hari avu hari yw fo / hari sydd hiroes iddo.

C 1–16, [17–18], 23–4, 19–22, 25–30, [31–2], 34, 33, 35–6, [37–40], 41–54, + llv gwyddyl oll a gvddiwyd / llv dethol iarll linkol llwyd, 55–64, 66, 65, 67–74, 76, 75, 77–8, + hari a fv hari a fo / hari sydd hiroes iddo.

DFIMORV 1–18, [19–28], 29–32, 34, 33, 35–54, + llv gwyddyl [gwyddel *yn M*] oll a gvddiwyd / llv dethol iarll lingkol lwyd, 55–64, [65–6], 67–74, 76, 75, 77–8 (cf. *P*).

EN 1–16, [17–18], 23–4, 19–22, 25–30, [31–2], 34, 33, 35–6, [37–40], 41–54, + Llu Gwyddil oll a gyddiwyd / Llu Dethol Iarll Lincoln Lwyd, 55–64, 66, 65, 67–74, 76, 75, 77–8, + Nwyf addas Nef fo iddo / A fu Harri wythfed a fo [[a] fo *yn N*].

GST 1–20, 23–4, 21–2, 25–54, + llv gwyddyl oll a gvddiwyd / llv dethol iarll linkol lwyd, 55–78.

K 1–78.

P 1–18, [19–28], 29–32, 34, 33, 35–49, [50–78] (cf. *DFIMORV*).

Q 1–16, [17–18], 23–4, 19–22, 25–30, [31–2], 34, 33, 35–6, [37–40], 41–54, + llv gwyddvl oll a gvddiwyd / llv dethol iarll linkol wyd, 55–64, [65–6], 67–

74, 76, 75, 77–8, + harri a fv harri fo / harri sydd hiroes iddo.

U 1–16, 23–4, 17–22, 25–30, [31–2], 34, 33, 35–6, [37–40], 41–54, + llv gwyddyl oll a gvddiwyd / llv dethol iarll lingkol lwyd, 55–64, 66, 65, 67–74, 76, 75, 77–8, + hari a fv hari yw fo / hari sydd hiroes iddo.

Am y llinellau *Harri fu, Harri a fo,* / *Harri sydd, hiroes iddo* a hepgorwyd o'r testun, gw. 'Cywydd i'r Brenin Richard a ddistrywiodd ei ddau nai, meibion Brenin Edward' yn GDLl 70 (25.69–70).

6
Marwnad Wiliam ap Gruffudd ap Dicws pan oedd ef fyw

Mae llef oer, mae llifeiriau,
Cwyn gŵr yng nglan Conwy gau,
Gormes a 'mdroches ar draeth,
4   Draw chwiliwyd am drychiolaeth:
Wil goeswan, wele'i geisio
(Wiliam, medd ei fam, oedd fo).
Bwriodd a rhyriodd â'i rwy'
8   Acw *en*wair 'r hyd Conwy;
Syrthiodd a llithrodd i'r llyn
A'i gorwgl mewn môr-gerwyn
A'i rodol bach a'i rwyde
12   A'i gwd a'i god gydag e
A'i nodwydd ddur, nid oedd well,
A'i gawellan a'i gyllell:
Tost oedd fod rhyw bysgotwr
16   A'i din a'i dâl dan y dŵr!
Moelrhon 'r hyd yr afonydd,
Mulfran ymsocian y sydd,
Crach-hwyad 'r hyd llygad llyn,
20   Oer yw dŵr i'r aderyn,
A'r gwynt uwch yr afon gau
A'i tynnodd drwy frig tonnau;
Nyddodd allan o'r noddyn,
24   Nofies 'r hyd llawes y llyn.
Fo gad ar doriad y dŵr
Ysbryd hen ysbrotiannwr:
Fo dynnwyd, ef adwaenir,
28   O aeliau'r don Wil i dir.
Ni wnaeth, ei din a noethai,
Gyffes, mewn sentes y sai';
Digiodd wrth ofyn degwm,
32   Mae 'n ôl anrhesymol swm;
Llaw'r Pab ni all ar y pen
Soelio oerwr sêl aren.
Doe cad, ar lawiad, i'r lan
36   Draw'r ellyll o'r dŵr allan;

I dai Robert, aur dribys,
Salbri o Leweni lys
Yno doeth gŵr a noethed
40   O'r llyn a'i ddeudroed ar lled
I gael gwres a chyffesu
A doedyd rhyw fyd a fu.
Fo lanwyd i Wil yno
44   Wyth ryw gwin, aeth awr o'i go'.
Fo rôi hyr, ar ei heri,
I bawb cyn ffraethed â'r bi.
O doef, Wil, â dyfaliad,
48   Hwyr y caen' roi acw'n rhad.
O'i rwysg i'r gegin yr aeth
Acw i gynnig coginiaeth;
Llun oerwr yn llawn iraid
52   I ferwi gŵydd fawr a gaid;
Ystelff ni ddaw nos i dŷ,
Ysgwliwn ni chais gwely;
Dwyn cig, bod yn was digri,
56   Dwyn gwêr a wna'r dyn i'w gi,
Deifio'i fol a dyfalu
Fal diawl neu'r dyfalwr du;
O'r bwrdd yr âi'r bardd ar ôl
60   A'i gwynos yn ei ganol;
Carol ewigol ogylch,
Cŵn a geist acw'n ei gylch;
Neidiodd mewn hen ffwrn odyn
64   Tros glawdd, doe torres ei glun.
Da, draw, gwedda'n dragwyddol
I galyn eirth ar glun ôl.
Gwae'r tŷ gwag lle mynagwn,
68   Gwae'r gell a gorau y gwn.
Lle dêl i gael ei wely
Ni chaid un tamaid yn tŷ;
Fo âi'n wâr i dŷ farwn
72   Ac i dai'r caws y dôi'r cŵn;
Da, da gan wyrda ei wedd
A drwg yr hafodwragedd.
Blin i'r wlad oedd ei adel,
76   Pla yw ar dŷ a'r plwy dêl;
Aruthr na chaid ei yrru
I law ddiawl a'i ralai ddu.

Ffynonellau
A—Card 2.114 [= RWM 7], 674 B—J 139 [= RWM 14], 290

Ymhellach ar y llawysgrifau, gw. tt. 235–46.

Darlleniadau'r llawysgrifau
2 *B* glau. 4 *B* drycholiaeth. 8 *A* akw i ynwair, *B* ackw ynwair. 9 *A* [a]. 10 *B* mor growyn. 11 *AB* rwydef. 12 *AB* ef. 17 *A* rrydd afonydd (rhyd yr afonydd). 20 *A* ywr. 23 *B* ny dodd. 24 *B* ['r]. 25 *B* [y]. 29 *B* ai noethai. 35 *AB* doe i kad. 42 *A* fyd ar a fv. 48 *A* hwyr i kae i rroi. 50 *B* [i]. 56 *A* oi (iw). 57 *A* oi dyfalv. 59 *A* yraer. 60 *AB* gwynas. 64 *AB* dros; *A* doe i torres. 67 *A* llei. 69 *A* llei. 74 *A* adrwg gen y rrafod wragedd (adrwg gen yr hafod-wrage[ ]). 76 *A* ar plwy i del. 78 *A* ai law; *B* ai irheledd ddu (ai ralai ddu).

Teitl
A kowydd barnad willm ap gruff ap dikws pen oedd ef fyw, *B* kowüdd marwnad i william ap gryffydd ap dickws pen oedd fyw.

Priodoliad
AB Syr dafydd trefor ai kant.

I ofyn almari gan Wiliam ap Maredudd ap Rhys
o Lanfairfechan dros Ddafydd ap Gwilym

Annwyl gen bawb ei wenith,
Duw a rôi bla draw 'n ei blith:
Brain ar ŷd fal brwyn ar ros,
4   Llygod o bell ac agos;
On'd tost gyda chost na chaid
Misiff ar y gormeisiaid?
On'd dygyn yw faint y gwnân'
8   Golled yn tŷ ac allan?
Eu dewis yn ei deiau,
Llygod i'w ddwygod i Ddai,
Cod ei harp oll a garpiwyd,
12   Cod fawr oedd yn cadw ei fwyd,
A gosod ar ei gaws da,
Turio'i fwlan trwy'i fola;
Myned â'i holl ymenyn,
16   O! Fair, gwaeth, a'i fara gwyn
A'i henyd wedi hynny,
A'i dorth i bared ei dŷ
A'i ewin gorn a'i awen
20   A'i dannau oll hyd y nen.

Onid yw dost nad â Dai
Draw â'i fwnws drwy Fenai?
Gwylied Wiliam dan goler
24   Arian, fal yn sarn o sêr,
Aer Mredudd, braffwydd yw'r brig,
Ŵyr Rhys a'i wewyr ysig:
Ni fu afael i'w fywyd,
28   Gefen llai nag Ifan llwyd.
Doeth yw Wiliam, detholiad,
A doeth oedd ei fam a'i dad,
Cellweirus, grymus yw'r gwraidd,
32   Heb ryw twn, a Brytanaidd,
Yn llew os digir, yn llon,
Yn gry'i aelod, yn greulon,

Yn oen llywaeth, yn llawen,
36 Yn bost onid gwynnu'i ben.

   Derw preiffion a dorrir,
Seiri da sy ar ei dir;
Wiliam, bwried ei olwg
40 Am drefn i 'mwrthod â'r drwg,
I gadw ei dŷ gyda dôr
A'i luniaeth i delynior;
Almari, Wiliam wrol,
44 A wnai, addaw Dai ei nôl.
Â Myfanwy 'mofynnwn
A galw ei help i gael hwn,
Planed Ifan Amhredudd
48 Fychan ddoeth, wych yn ei ddydd,
Ymddiried, a'i haeled hi,
Am eiriol yr almari.

   Yn llyfn o waith seiri llog,
52 Yn drachryf, bedwarochrog,
Ac o'i fewn y gofynnwyd
Allorau bach a lle i'r bwyd;
Tŵr pren fel derwen ei dw',
56 Twred ystyllod derw;
Blawd ar ei waelawd a wedd,
Chweugeintorth uwch ei gyntedd;
Lle acw sydd i'r caws hen,
60 Lle i'w gadw rhag llygoden,
Lle i gig, ef â llai o gŵyn,
Lle i fara rhag llaw'r forwyn
A hithau a rydd ar ei thro
64 Ochenaid am ei chinio;
Dur yw ei glasb a dôr gled
A chlo acw a chlicied
A'i bac megis nyth cacwn,
68 Fo ain ei hun o fewn hwn
A'i ddodren, llawen yw'r llwyth,
A'i delyn a'i holl dylwyth
A bwyd a da, boda dim,
72 A golud Dai ap Gwilym.
Ei fwrdd a'i siamber a fyn
Yn gynnes fal grugionyn.

O daw un gwestai i'w dŷ,
76   Llwyteg, er gofyn llety,
O fewn y ddôr ni fyn ddyn:
Rhodied, bid geiliog rhedyn!

Ffynonellau
A—Llst 125, 279 B—Pen 155, 212

Ymhellach ar y llawysgrifau, gw. tt. 235–46.

Darlleniadau'r llawysgrifau
7 *B* [yw]. 11 *A* [ei]. 14 *A* ['i] fola. 16 *A* a gwaeth mynd ai fara gwyn. 31 *A* cellweyrvs gwr grymvs gwraidd. 38 *A* seiri dâr. 44 *A* a ddaw. 47 *A* Ieuan Amrhedydd. 50 *AB* eirial. 61 *B* efa. 62 *B* far. 71 *A* da bedo dim.

Teitl
A Cyw: dychan Dai ap Gwilim tylyniwr o Dir Môn, *B* kowydd i ofyn almari.

Priodoliad
A Syr Dafydd Trefor ai cant, *B* sir dd trefor person llan allgo ai kant.

8

I ofyn bwa gan Syr Lewys ab Ieuan ap Tudur, rheithor Llanbedrog,
dros Syr Wiliam

Pa ryw sôn am bersoniaid
Ond yr un sydd draw 'n ei said?
Syr Lewys gymwys dan gob,
4 Dan ei ddysg deunydd esgob;
Llaw Iefan oll a ofeg,
Llafurwr ton y Llyfr teg;
Eryr o Dudur ei daid
8 Heb ryw twn, y Brytaniaid;
Dwg y bel fal Llywelyn
Oedd ddewr gynt yn ei ddur gwyn,
Neu Ddafydd, irwydd wrol,
12 Gethin, well nag wyth yn ôl;
Doed Cynfrig rhwng brig a bron
A gydlasa' 'ng Nghoedleision;
Syr Lewys, o Frutys frig,
16 Niwbwrch ydyw barchedig.
Dwg radd gyda Duw a'r grog,
Llun badriarch Llanbedrog.
Dygwch Frân, er eu digiaw,
20 Llywarch i'r drin lle'r aeth draw.
O waed henwr rhoed honno,
O dalaith gynt dêl i'th go'.

Clywch ar ymbil Syr Wiliam,
24 Bod â cherdd, bid iawn a cham,
Mab Ieuan, heb un bwa
Sy ar hyd trimis *yr* ha',
A'i fwriad, gleisiad y glêr,
28 Sy ar fwa syrfeier
(Doed a dâl!) cyd â dwylath,
Dwy fonc ynn weled ei fath.
Lle nyler yn llun olwyn
32 Llinyn o feinllin a fyn.
Un ffunud yw pryd y pren
Â thoriad tair llythyren:

Draw'n S yn y dwrn asw
36 A'r naill yn ei dynnu'n W,
Ff eilwaith, oni ffaeliwn,
O daro saeth ar draws hwn;
Os syth yw gyda saeth wen
40 'E ddaw eilwaith yn ddolen.
Os trada yw'r bwa bach
Syr Wiliam sy wrolach;
Ni thynnai, pan welai wen,
44 Yn llai weithiau na llathen:
Heb y pen a'r adenydd
Llathen a welen' o wŷdd.

Meddwn innau, 'Mae moddau
48 Ar y gŵr hwn yn gwarhau;
Twysennau yn gwau 'n y gwynt,
Pilwrnau heb blu arnynt.'
Medd yntau, 'Nid moldiau mân
52 Cyrs ydynt, cwyr a sidan.'
Chwithau, na luniwch weithian
Chwaith esgus, Syr Lewys lân,
Dyro'r bwa i'r diriwr
56 Ac arch a fynnych i'r gŵr;
Edrych ei ddanfon adref
A gad ei god gydag ef.

Ffynhonnell
LlGC 21248D [= Mos (heb ei rhifo)], 202^v

Ymhellach ar y llawysgrif, gw. td. 243.

Darlleniadau'r llawysgrif
12 na. 17 dwg gradd. 26 trimis ha. 34 dair.

Teitl
kowydd i ofyn bwa.

Priodoliad
Syr Davydd Trefor ai kant.

9

I ofyn caseg gan Siôn ap Robin o Eifionydd

O Fôn y dof i ofyn
Mamog luosog o Lŷn;
F'ewyrth Siôn uwch Eifionydd
4   Fab Robin rhwyddwin a'i rhydd,
Ŵyr Ruffudd, ddeurudd wrol,
Goch, yw'r aer gwych ar ei ôl;
Caradog, enwog union,
8   Freichfras, yn y sias yw Siôn,
Tŵr Ithel a Llywelyn,
Ach lân Ieuan Goch o Lŷn.
Rhoi'i fwyd i bob rhai a fyn
12   A chynnal tŷ a channyn;
Rhoi arian llydan i'r llaill
A rhoi aur i'r rhai eraill;
Nid rhaid hir soniaid o syrth
16   Ar gywydd nai ac ewyrth.
Wrth Farged ymddiriedwn
O hyder hon, haelder hwn,
Merch Ddafydd, am arch ddifai,
20   Ap Hywel Nudd, help a wnâi,
Cangen winwydden weddus
O fôn pren Ieuan ap Rhys;
Dwyn *ach* hon ni chaf ennyd,
24   Ach ni bu uwch yn y byd;
Lloer wen, llawer a rannai,
Llawn a theg lluniaeth ei thai;
Rhwyddach i mi fy rhoddion
28   O'i gair sad wrth ei gŵr Siôn.
Gair Morgan Fychan a fydd
Draw i'w adael yn drydydd;
Angel gwyn drostyn' y dring
32   Â phlu euraidd fal ffloring,
Cyw eryr mawr, câr i mi,
A'i blu'n aur, yn blaenori;
Wrth fodd Siôn, cyfion fo'r cân,
36   A Marged y bo Morgan.

Fy neges a fynagodd
Am famog rywiog o rodd.
Morwyn braff mewn marian bron,
40 Merch ordderch march o Werddon,
Fal rhiain y llusg ei rhawn llwyd,
Daw i ogylch ei dwy egwyd;
Iarlles ym mynwes mynydd,
44 Fflwch y rhed a'i ffluwch yn rhydd;
Llong burwen 'r hyd lletben Llŷn
Yn nofio Mynydd Nefyn,
Ni rodia gam o'r faenol
48 Ei hun heb ei bad i'w hôl;
Buan y rhed trwy'r rhedyn
I achub gwellt â'i chap gwyn,
A thrwy gors ni tharia, gwn,
52 Drwy'r gweundir draw i'r gwndwn,
Trwy y gwlith a'r gwenith gwâr,
Trwy'r ceirch pan dorrai'r carchar;
Gweddus oedd tido gwiddon,
56 Beth a dâl hual ar hon?
Nid â'n ei gwep, er dyn gwan,
Ffrwyn na chebystr benchwiban;
Da y cynnydd, neidio canol
60 A tharo dyn â'i throed ôl;
Y bore y tyr â'i brawd hir
Ei charennydd, ferch rawnir;
Os adde, y nos eddyw
64 Hort o'i thad! Hutarth yw!
Ni cherdda gam ei hunan,
Gedwch y ferch gyda'r fam
Ac yn ei hôl, saith ffolach,
68 Ysbort a wna'r hacnis bach.
O daw y rhain i dir rhydd,
I lawr Môn o liw'r mynydd,
Mae'n barod yn Llanallgo
72 Wellt a dŵr i wyllt a do'.
Mae'n fawrddaf gan Syr Dafydd
Y rhodd a'r ewyrth a'i rhydd.

Ffynonellau
A—BL Add 31085, 44ᵛ   B—Card 2.114 [= RWM 7], 230   C—J 138 [=
RWM 16], ii, 104   D—LlGC 1573C, 450   E—Llst 54, 36   F—Llst 120, 32ᵛ
Ymhellach ar y llawysgrifau, gw. tt. 235–46.

Darlleniadau'r llawysgrifau
1 *E* daf. 2 *E* lluoysog; *CD* /i/ lŷn. 3 *E* wrth Efionydd. 4 *D* ruddwin. 5 *E* Neur Ryffydd; *D* ddewrydd ŵrol. 6 *CD* Goch yw aer gwŷch /i/ rôl. 7 *B* kriadog, *CD* Kariadog; *D* unon (union). 8 *E* freihfras; *AE* ei sias. 9 *ABEF* twr o ithel a llywelyn, *CD* Twr /o/ Ithel Llywelyn. 10 *CD* a chlaim Ierwerth Goch /o/ Lŷn. 11 *A* i bo rhai. 13 *CD* llydain. 15 *A* soraid, *C* soniad, *E* sonaid. 17 *E* ymdiriedwn. 18 *A* [O]; *BEF* hyder ar hon, *CD* hyder ar [hon]; *E* halder. 19 *BF* merch dafydd am, *E* Merch ddam; [*A*]. 20 *C* ap Powel. 21 *A* Gangen. 22 *A* Ifan. 23 *A* [ach], *BCDF* iach, *E* ache. 24 *ABEF* iach; *A* yn ein byd. 25 *BEF* llawen ar nai, *A* llawer arnai, *D* a llawer a rannai. 26 *CD* llawen /a/ thêg llawn /i/ thai. 27 *CD* Rhwyddach ym /a/ fv /i/ rhoddion. 27 *E* i fi fy. 28 *CD* [ei]. 30 *CD* [i'w]. 32 *AC–F* kyw/r/ eryr; *AEF* cair imi. 39 *CD* ym arian bron. 40 *ABEF* merch o ordderch; *A* march Iwerddon. 41 *CD* mal. 42 *B* i dau egwyd. 44 *C* fflwch /a/ rêd, *D* flwch ai rhêd; *D* ai fflwch, *EF* a fflywch. 46 *E* yn nofi; *A* myne. 47 *A* Ni roddai, *EF* ni roddia; *E* gam ir faenol. 48 *D* heb [ei]; *ACD* bâd oi hôl, *E* bad o hol. 49 *CD* drwy redyn. 50 *C* chob, *D* chop (chob). 51 *A* tharia fal gwr, *BEF* tharia fel gwn, *CD* tharia/r/ gwn. 52 *A* gwndwr. 53 *A–F* gwlith ar gwenith. 54 *CF* doro/r/ karchar, *D* doro'r barchar. 55 *A–F* dido. 56 *CD* hval /i/ hon. 57 *A–F* gwp. 58 *CD* chebvst ffroenchwiban. 59 *A* Da cynydd, *CD* da /i/ kenfydd, *E* Du y cynnydd. 60 *AEF* thraed; *E* oel. 61 *CD* bore [y]; *E* tyr i brawd. 63 *ACD* heddyw. 64 *CD* hvrtaith. 65 *C* cherddai, *D* cherdai; *A* hunam. 67 *C* ag oi hol (ag yn/i hol); [*E*]. 68 *CD* ysbort yw/r/; *E* haccneit. 69 *CD* /o/ dir. 70 *A* i Lywio'r mynydd, *BEF* i lawior mynydd. 71 *A–F* llan allgof. 72 *ACF* dwfr; *AC–F* dof. 73–4 [*CD*]. 73 *E* fawr addef. 74 *E* yr rhod.

Teitl
[*E*], *A* Gofyn Caseg, *BCDF* kowydd i ofvn kasseg.

Priodoliad
[*A*], *B* S dd trefor ai kant, *CD* S^r dafydd ai kant, *EF* Sr dd Trefor.

10

I ofyn march gan Rydderch ap Dafydd o Fyfyrian dros Rys Cwg

Y du gwrol, dy gariad
A droes Duw lwyd dros dy wlad;
Ystod fraisg yw d'ystad fry,
4   Os du wyt, nos da yty;
Sadliw'n wir, nis edliw neb,
Ni staeni 'n oes dy wyneb.
Dy aur, Rhydderch ap Dafydd,
8   Dy gorff un dwf yw â'r gwŷdd;
Dra fych yn dy dai a'r fan,
Mae imi fara 'm Myfyrian;
Mae dy blas yn urddasol
12   A'th aer a'i cynnal i'th ôl.
Da ferch a ddygaist i Fôn,
(Da gennyf dy dai gwynion)
Mae aur ar gylch, nid mawr gam,
16   Ar ei choler, merch Wiliam:
Gorau gŵr hyd Gaer a gaid,
Gorau Siry' ei gwrṡeriaid.
Geirwira' 'm Môn, gorau merch,
20   Gorau gwreiddion, gwraig Rydderch,
Haelaf hyd lle try heulwen,
Grasusaf, gweddeiddiaf gwen.
Geiriau, lle'r erchid gorwydd,
24   Merch a wnâi roi march yn rhwydd.
Mae'ch nerth lle mynnych yn ŵr,
Mae gennych yma gannwr.
Dy air daf lle bu Dafydd,
28   Dy saig a'th win, da y sydd.

Mae i chwi wasnaethwr a chog
Ar waith bwlan, rwth boliog,
Rhys dewlwyd, rhostiai alarch,
32   Ni medd na chaseg na march.
Sir Gaer a glyw sawyr gwin
Ar Rys Cwg o ddrws cegin.
Dyn tirf, ar ddiwarnod teg
36   Dyn yn blino'n dwyn bloneg;

Dyn hoff gan bawb ei offis,
Dyn der ar dabler a dis.

    I chwi, Rhydderch, y rhoddir
40   Sy o feirch sied i fro'ch sir:
Nodwch un da o'ch ynys,
Brych ei rudd, bwriwch i Rys,
I ddobio ffordd yn ddiball
44   Tan Rys, ac o'r llys i'r llall;
A golchi bydd gylch ei ben
A hogi ei benhygen,
Golchi draw amgylch y dre,
48   Dwysawdl o boptu'i ase.
Taeru a wna gwatworus,
Gampau ar hwn, gwympo Rhys
Yn wysg ei ben, ni chennyw,
52   Yn wysg ei din, esgud yw.
O rhydd lam ni bo tramawr,
O rhusia'i led, Rhys â i lawr.
Pan neidio—pwy anadach?—
56   Pan dripio, syrthio fel sach.
Neidio a wna mewn adwy,
Ni neidia fuwch naid yn fwy.

    Rhydderch, rhyw yt roi rhoddion
60   Rhuddaur, y mab rhwydda' 'm Môn:
Mae'ch priod yn wybodus,
Mae a eirch roi march i Rys.
Na ddêl cur dolur ei dâl
64   I sefyll, na nos ofal,
Nes talu 'n lle dymunodd,
Byth yt, Rys, o bwyth dy rodd.

Ffynonellau
A—BL Add 14978, 169ʳ B—BL Add 31085, 41ᵛ C—Llst 122, 9 D—Wy 1,
i, 140

Ymhellach ar y llawysgrifau, gw. tt. 235–46.

Darlleniadau'r llawysgrifau
1 *B* Yr un gwrol. 3 *B* fraith. 4 *B* nas; [*C*]. 5 *ABD* sadliw n wr. 6 *D* nid ysdenni
'n. 8 *C* dy gorff yn dwf ar gwydd, *AB* dy gorff yn un dwf a'r gwydd. 9 *D*
tyrva vydd ir tai ar vann. 10 *A* fara ymyfyrian. 11 *D* mae ti blas. 12 *AB*

cynnyl. 13 *B* Dy ferch. 15 *D* ar grys. 17 *C* goav gwr, *D* gorev scwier. 20 *D* gwreiddin. 21 *D* haelaf ffordd i try heulwen. 23 *D* lle r arch ag arwydd. 25 *D* lle mynner. 27 *A–D* da; *AD* ddafydd. 31 *C* deilwyd; *B* rhostia. 34 *ABC* ar ddrws. 35 *A–D* ddiwrnod. 41 *AB* nedwch. 45 *ABC* golchi bydd amgylch i benn. 46 *AB* i fonhegen, *C* ei flonhegen. 48 *A* dwys adl y bobtv ai sodle, *B* Dwys adl o boptu sodle; *C* dwysodl y boltv yw asse. 49 *ABC* tevrv mae rrai gwatorys. 56 *ABC* rissio. 57–8 [*D*]. 58 *AC* ni neidie, *B* Ni neidiau; *AB* oedd fwy. 65 *AC* talv lle i, *B* talu lle. 66 *B* o bywyth.

Teitl
[*AD*] *B* I Rydderch ap Dafydd or Myfyrian, *C* Cyw: i ofyn march gan Rydderch ap Dafydd o Fyfyrian dros Rys Cwg.

Priodoliad
[*B*] *A* Syr dd trefor ai c 1480, *C* Syr Dafydd Trefor ai cant, *D* Syr Dauydd Trefor.

Trefn y llinellau
A 1–66.
B 1–8, 10, 9, 11–66.
C 1–3, [4], 5–66.
D 1–56, [57–8], 59–66.

11

Y ferch ŵyl, freichiau Olwen,
A'i hiad yn aur hyd y nen,
Mal Esyllt o'r main lysoedd,
4   Mawr ei gair da, Margred oedd,
Fur uchelwaed, ferch Wiliam,
Felen ei phleth fal yn fflam,
Ŵyr Wiliam a rywolai
8   Llin deg o ieirll Llandygái:
Eurwyd draw o'r war i'r traed
O'r ddau Wiliam urddolwaed.
Gwyn yw'r tâl gan euro'r taid,
12   Gad-dygiad â gwaed dugiaid,
Gwaed Idwal a gwaed Edwin,
Gwaed ieirll oll a gad o'r llin.
Mawr iawn yw dysg morwyn deg
16   O waed Rhotbert a'r Trowtbeg,
Ac ni bu â genau bach
Unbennes wyneb wynnach.
Mae llun hon i'm llawenhau
20   A'i molt agos mal Tegau;
Ffrins aur o'r ffair yn y Sieb,
Ffriw Non â phurwyn wyneb;
Daliai sir un dâl â Siân,
24   Dal golwg deuliw gwylan.
Da gwnïa merch, digon main,
(Di-blyg y daw i blygain)
Aur wniadau â'r nodwydd,
28   Arfer o'r siampler yw'r swydd.
Deg oreugamp, dug ragor,
Deuwell y cân dull y côr;
Buan y dywed, bryd ewyn,
32   Baled a ŵyr heb law dyn.
Oes un gamp, Iesu'n gwmpas,
Yn y byd, o ddyfn a bas,
Awgrym llaw na gwrym lliain,
36   Nas gŵyr merch ysgwïer main?

                Ei phrydydd Sieffre ydwyf
                (A basiai Nudd) fab Siôn wyf;
                Ni allai fod y llaw fau

40   Bedeirawr heb baderau;
                Gleiniau a roir, glân yr awran,
                Y Grawys mal egroes mân;
                Moelgrwn yw pawb mal grawn pysg,

44   Mal ag unlliw mân genllysg;
                Main a gwymp mewn i gwmpas,
                Marmwr yw'r glain mal môr glas;
                Deugain o fain o Fynyw,

48   Deg main gyda'r degwm yw;
                Pum nod mal rhod yn rhedeg,
                Pum olwyn tân, pum lain teg,
                Pum olwyn ffydd, pum lain ffêr,

52   Pwmpâu ydynt, pum pader.
                Af i uchod, wyf iachach,
                Ermin ar bawb o'r main bach;
                Main newyddion, mân oeddynt,

56   Marwor dorch mererid ŷnt;
                Main diosglog, mân, disglair,
                Ni bu un maen heb enw Mair;
                Main gorau eu gwaith mewn gair gwir:

60   Aed y main ar iad meinir.

Ffynonellau

A—LlGC 3048D [= Mos 145], 298 B—LlGC 3057D [= Mos 161], 274 C—
LlGC 6681B, 225 D—Pen 221, 16 (*llau. 1–2*) E—Stowe 959 [= RWM 48],
34ʳ (*llau. 1–2, 15–22, 25–8*)

Ymhellach ar y llawysgrifau, gw. tt. 235–46.

Darlleniadau'r llawysgrifau

1 *B* [Y]; *E* wyl o vraychay. 2 *E* ar iad. 3–14 [*E*]. 5 *B* vur yr vchelwayd. 3–60
[*D*]. 7 *C* wyr i Wiliam; *C* a rvwliai. 9 *A* ir hayd. 11 *C* evro taid. 13 *A* Odwal.
14 *C* gaid. 16 *E* ywnai gyrr yn u gareg *gyda ll. dros yr* u. 17 *E* by vn genay.
19 *E* mwy llynn. 21 *E* ffryns o ayr; *AC* ar ffair, *E* ywn ffair; *E* yn sieb. 22 *C* a
ffvrwen, *E* ay ffyrwyn. 23–4 [*E*]. 25 *A* da y gwnia, *B* da y gwniaf, *E* da y
gwni; *E* merch a digon. 26 *C* di blyc, *E* a di blyg; *C* i dowaid blygain. 29–60
[*E*]. 29 *C* Dvc orevgamp dec ragor. 31 *C* Brav dowaid. 32 *C* a wn. 33 *C* pes
vn gamp Iesui gwmpas. 35 *B* grwym. 36 *C* nis. 37 *B* geffryv. 38 *C* a basai
nvdd; *B* vab John, *C* ap Sion wy. 39 *C* ym llaw fav. 44 *C* main ac vnlliw mal

y genllysc. 46 *A* mynor ywr, *B* marmvl ywr, *C* marmvr yw; *C* glain mormor glas. 48 *C* deng maen. 49 *AB* pvmp nod; *A* fal. 50 *A* pvmp olwyn; *AB* pvmp lain. 51 *A* pvmp olwyn sydd, *C* pvm olwyn sy; *A* pvmp lain ser, *B* pvmp lain ffer, *C* pvm lain ser. 52 *AB* pvmp pader. 56 *C* marmor. 60 *AC* oed y, *B* odd y.

Teitl
[*D*], *A* Cow: i ofyn Paderau i Farged vch Wiliam ap Wiliam o Landygai, dros Sieffrav ap Sion. *B* kowydd i ofyn pedere i fargret vch Wm ap Wm o landegai *mewn llaw wahanol i'r un a gopïodd gorff y cywydd*, *C* kowydd i erchi Padere *gydag* erchi Padere *mewn llaw wahanol.*

Priodoliad
[*D*], *A* Syr Dafydd Trefor ai cant, *B* S dd trevor ai kant *mewn llaw wahanol i'r llaw a gopïodd y cywydd a chyda* Ni wn i pwy ai kant *oddi tan y priodoliad ac yn llaw copïydd y cywydd; y mae'n amhosibl darllen y llinell ddilynol gan ei bod wedi ei thorri i'r fath raddau fel mai dim ond brig y llythrennau sydd ar ôl,* *C* Owain ap Sion ap Rhys ap howel koetmor ai kant.

Trefn y llinellau
A–C 1–60.
D 1–2 [3–60].
E 1–2, [3–14], 15–16, 25–8, 17–18, 21–2, [23–4], 19–20, [29–60].

12
I ofyn telyn gan Edward Sirc dros Ddafydd ap Gwilym

Y cerddor ifanc irddoeth,
Ni bu yt ddydd na bait ddoeth!
Eryr rhwydd i roi rhoddion,
4   Edward Sirc o dir'waed Siôn.
Mae cariad, mewn tyfiad teg,
Ieirll it*i*, ŵyr y Llwyteg;
Aerwy sêr a roes Harri
8   A thwred aur i'th war di;
Prydydd ac awenydd *g*wych
A thelynor ffrwythlawnwych,
O'th ddwy gerdd cyfoethog wyd,
12   A di-dlawd mewn dadl ydwyd.
Ni bu raid ar dy daid ofn
Er cwlm no'r pedair colofn:
Gwin ydoedd ei ganiadau
16   Ac yn y brig digon brau.
Dy ffriw yw'r gwaith, deffro'r gerdd,
Dy bwnc a gad o bencerdd;
Da fu Iesu 'n dy fysedd,
20   Deced sŵn byrdwn, heb wedd;
Nid tebyg llawnfrig y llaw
Ond i'r angel yn dringaw;
Cynnal dull, canol y did,
24   Cad Gamlan, cadw ac ymlid;
Campus, trwsiadus ydwyd,
Cyfion a gwych, cefnog wyd.

Dy alw ydd wy', Dai Wilym,
28   Dy nerth yn benna' dyn ym:
Mae 'n dy gwrt, mwyn wyd a gwych,
Dair telyn, Edward haelwych.
Archaf a dygaf, yn d'ôl,
32   Un i'th gâr, pennaeth gwrol.
O cheir i Fôn y ferch ar faeth
Y mae yma ei mamaeth;
Cantor fyddaf i forwyn,
36   Calyn y delyn a'i dwyn;

Canu cerdd ag acenion,
Cweirio a dyhuddo hon.
Deg tant a wnaeth Duw'n gytûn
40 A gânt dyrnod gwynt arnun',
Ffordd 'Ddafydd Broffwyd' o'i phen
I gadw'r Affrig o driphren;
Clawdd esgyrn, coludd wisgaw,
44 Cwr cafn, corf llorf, cyfiawn llaw.
Ei chod a'i gwregys a'i cherdd
A'i chweirgorn yn ddichwerwgerdd.
Organ yw hon â'r gown hir:
48 Nes i gysgu nis gwisgir;
Dêl merch i'r dwylo mau,
Dyn chwyrn a dynn ei chernau.
Dy rodd ym, was dewr, a ddaw:
52 Dyn hael wyd yn ei hwyliaw;
Dwy neu dair a gair o'i gwedd,
Dyro, Edward, y drydedd.

Ffynonellau

A—Bangor (Mos) 11, 105   B—BL Add 14875 [= RWM 30], 144ᵛ   C—BL
Add 14966, 232ʳ   D—BL Add 31072, 108ʳ   E—Card 2.68 [= RWM 19], 751
F—Card 2.617 [= Hafod 3], 139ʳ   G—Card 4.156 [= RWM 64], 154ʳ   H—
LlGC 112B, 1   I—Pen 221, 188 (*llau. 1–2*)

Ymhellach ar y llawysgrifau, gw. tt. 235–46.

Darlleniadau'r llawysgrifau

1 *AC* cerddwr; *ACDEGI* hirddoeth. 2 *D* ddull (ddydd). 3–54 [*I*]. 3 *ACE* Eryr
oedd i. 4 *ACE* Awdyr waed Sion, *B* o dirwad sion, *DH* o dirnad Sion *gydag*
awdurwaed Sion *yn amrywiad yn D*, *F* o burwaed Sion, *G* o Irwaed Sion. 5
AC(D)E mewn teirgwlad teg. 6 *AC(D)* Ieirll yt wyd wr llwydteg, *EF* eirll yty
wyr y llwydteg *gydag* ieirll yti wyd wr llwydteg *yn amrywiad yn E*, *G* O Jeirll
itti ŵr lliwteg. 8 *G* ith râdd di. 9–10 [*ACE*]. 11 *ACE* a thwy gerdd. 12 *AC(D)E*
[a] didlodach, *G* [a] di dylodiaith. 14 *AE* er klwm y pedair kolofn, *C* er clwm
y pedwar colofn, *G* Er Cwlwm y pedair Colofn. 15 *G* Gwîn odiaeth ar
ganiadaü. 17 *ACE* deffroi/r gerdd. 18 *G* a gaid. 19 *C* da fy. 21 *ACE* ni wn dy
radd yn vnion draw, (*D*) Ni wn dy radd union draw, *G* Nid tebig llowenfrig
llaw. 25 *ACEG* drwsiadus. 27–8 [*ACE*]. 27 *B* dai o wilym, *F* dai o wilym, *H*
Daio Wilym. 28 *G* bena dim ym. 29 *B* gwrt mwynd wyt agwych, *AC(D)* gwrt
maendy gwych. 31 *G* Erchi rwyf i chwi ar fawl. 32 *F* bennaeth, *G* beniaith.
33 *G* [y]. 35 *AC(D)* cerddor fydda; *ACDEG* ir forwyn. 37–8 [*ACE*]. 38 *G*
Cripio i ddihuddo hon. 39 *G* wnaeth Duw gynt hŷn. 40 *A* o gant, *G* a gaem.

41 *DEG* Dafydd; *G* ar bren. 42 *ACE* a geidw/r affrig, *D* I gadw affrig, (*D*) geidw affrig. 43 *G* coledd. 44 *ACE* kwrr kafn llorf korf kyfiown llaw, *D* Cwrr cafn corf llaf cyfion llaw, (*D*) Cwrr cafn corf corv cyfion llaw, *G* Cwrr Cafn llerf Côr cyfiawn llaw. 45 *ACE* i chôd i, *G* ai chôd ai; *D* a cherdd. 47 *G* a gown. 48 *G* Nos. 49 *A* Dal; *AC(D)E* merch yn i dwylaw, *G* merch yn y dwylo. 51–4 [*F*].

Teitl
[*I*], *ACE* kywydd i ofyn telyn i Ed Sirck, *B* k: a barodd dd ap gwilim benkerdd i wnevthvr i ofyn telyn gan edwart Sirk penkerdd o Delynior y gwr hefyd yn i amser a ddvg yr arriandlws *gyda* nid y Bardd or Deheudir *mewn llaw ddiweddarach ar ymyl y ddalen*, *D* I ofyn Telyn gan Edward Sirk, pencerdd o delynwr; y Gwr hefyd yn ei amser a ddug yr ariandlws, *F* kowydd i ofyn telyn gan Edward Sirc pennkerdd o delynior, y gwr hefyd yn i amser a ddvg yr ariandlws, *G* Cowydd i ofyn Telyn i Howel Reinallt, gan Edwart ab Sion, *H* Cywydd a barodd Dafydd ab Gwilym bencerdd (nid y bardd o'r Deheudir) ei wneuthur i ofyn Telyn gan Edward Sirk pencerdd o Delynior; y gwr hefyd yn ei amser a ddug yr Ariandlws.

Priodoliad
[*FI*], *AC* Syr Dafydd Trefor ai Cant, *BG* howel Reinallt ai kant, *D* Howel Reinallt *gyda* Syr Davydd Trevor medd Hirwyn Twm or Nant *wedi ei ychwanegu mewn llaw ddiweddarach*, *E* Dybiaid mae Syr Davidd trefor a gw[ ] dd ap g[ ], *H* Hywel Reinallt.

Trefn y llinellau
ACE 1–8, [9–10], 11–26, [27–8], 29–36, [37–8], 39–54.
BGH 1–54.
D 1–30, 32, 32, 33–54.
F 1–50, [51–4].
I 1–2, [3–54].

13
I Ddwynwen

Y ferch wen o Frycheiniog
A'r chwarel aur ar ei chlog,
Merch annwyl ym mraich ynys,
4   Morwyn yn Llanddwyn a'i llys,
Merch ni ad amarch i ni,
Dwynwen, mam pob daioni,
Merch Frychan, gloyw arian glych,
8   Arglwyddwaed, eryr gwleddwych,
Santes, ym mynwes Menai
A'i thir a'i heglwys a'i thai,
Penrhyn, lle aml dyn da,
12   Llanddwyn mewn gorlliw hindda.
Rhandir a welir i wen,
Dinas a nawdd-dir Dwynwen,
Ffynhonnau, gwyrthiau dan go',
16   (Oer yw'r dyn ni red yno!)
Teml deg, tŷ aml dyn,
Minteioedd ym min tywyn:
Merched o amrafael wledydd,
20   Meibion fil fyrddion a fydd,
Cleifion rhwng ei ffynhonnau,
Crupliaid a gweiniaid yn gwau,
Bronnydd fel lluoedd brenin,
24   Pobl o'r wlad, pawb ar ei lin,
Taprau cwyr, pabwyr er pwyll,
Pibau gwin, pawb â'i gannwyll,
Crysau'n llawn brychau gerbron,
28   Miragl wrth godi meirwon!
Pob neges gan santes wen
A gaiff dyn wrth gyff Dwynwen:
Iechyd a golud a gaid,
32   Synnwyr a hawsáu enaid.

    Fo roed o'i brig glenigion,
Fo roed aur teg ar draed hon;
Botymau a gleiniau glân
36   Ar ei phais a orffwysan';

Chweugeiniau'n drylau a drig,
Noblau i gadw'n blygedig,
Gwryfiau a rydd gwŷr ifainc,
40   Grotiau 'r hyd ffrydiau o Ffrainc,
A'r saethau, dan greigiau'r Grwyn,
A fwrid draw i'r forwyn
A gaid ar dir gyda'r don
44   Parth â phen porth y ffynnon.
Y da, lle bo dwyll a bai,
Cyhoeddus y cyhuddai,
A lleidr ni all adael
48   Mwnai na dim man y dêl:
Hysbys y dengys ei dwyll
Â cheiniog bach a channwyll.

     Wrth edrych yn entrych ne'
52   I roi nod i'r eneidie,
Mae'n dda galw'n ddwy golon:
Iesu a'r ferch o sir Fôn.
Awn i Landdwyn at Ddwynwen
56   Â chwyr gerllaw Niwbwrch wen,
Awn ati a'n gweddi'n gu,
Awn â thus i nith Iesu,
Awn i ennill yn union
60   Nef o law merch lana' 'm Môn,
Awn ati ar ein glinie,
Awn dan nawdd Dwynwen i ne'.

Ffynonellau
A—Bangor (Penrhos) 1573, 211 B—Bodewryd 2, 352 C—Card 2.114 [= RWM 7], 278 D—Pen 112, 367 E—Wy 1, i, 34

Ymhellach ar y llawysgrifau, gw. tt. 235–46.

Darlleniadau'r llawysgrifau
1 *A* o fareiniog. 2 *AB* A chwarel. 3 *A* ym rych ynys. 6 *AB* mam y daioni. 7 *E* Brychan; *AB* garw arian. 8 *A* glowddwch, *B* glowdd:wych. 9 *B* Sainctes. 10 *A* eglwys. 11–14 [*AB*]. 15 *AB* ffynnonie a gwrthe. 17 *AB* deg lle Amal. 20 *AB* a meibion fil fyrddion fydd. 21 *A* klofion rwhng, *B* Cloffion rhwng. 22 *B* Cripliad a gweiniad, *C* krvplaid a gweiniaid. 26 *E* addeweidion yn ddidwyll. 28 *AB* godi/r/. 29 *B* sainctes. 30 *A* foi keiffe dyn, *B* Fo'i ceiph dyn. 32 *A* synwyr i howsay/r/ enaid, *B* Synwyr ei hawshau'r enaid. 33 *AB* rhoed ith frîg. 35–6 [*AB*]. 37 *AB* yn dyrole, *CD* yn drolav. 38 *A* noble ai gadw, *B* Noble

a'i cadw. 40 *A* a grotie rhyd fryde ffraingk, *B* A grotie rhyd ffrydie ffrainc. 41 *AB* [A'r]; *AB* saythe o ddiar; *BD* greirie. 42 *AB* fwriwyd. 43 *AB* a ddaw i dir gidar donn. 44 *AB* Pyrth a ffenn. 45 *AB* Y da lle bo drwy dwyll a bai, *CD* da lle bo dan bwyll, *E* da lle bydd dan bwyll. 46 *A* kowheddol, *B* Cowethol, *C* kywheddvs, *E* cyhoeddog. 47 *AB* Ar. 48 *AB* dym ym man. 49 *AB* dengys hi. 52 *AB* a rhoi nod; *A* yr y neidie, *B* ar eneidie. 53 *AB* galw am ddwyn golonn. 56 *AB* a chwyr a thrwy; *B* Newbrwch. 58 *B* 'i lŷs jesu. 59 *AB* awn i ddwr nef yn inion. 60 *AB* [Nef].

Teitl

[*E*], *AB* kowydd i ddwynwen, *C* llyma gowydd dwynwen, *D* kywydd moliant i Ddwynwen ferch brychan Brycheiniawg Santes yn llanddwyn yn sir Von.

Priodoliad

A–D Syr Dauidd trefor ai kant, *E* Syr Dauidd Trefor.

Trefn y llinellau

AB 1–4, 9–10, [11–14], 5–8, 17–18, 15–16, 21–2, 19–20, 23–6, 28, 27, 33–4, [35–6], + Pawb ai rhydd pvbvr rhyddavr / pob nwyth a rhydd pawb/n/ avr / dail evravd dyle i arwain / a roed ir ferch rowiog fain, 29–32, 37–62. *CDE* 1–62.

14

I Ddeiniol Bangor a'r Esgob Thomas Skeffington

Mae 'm Mangor drysor a drig
Yn gadarn fendigedig,
Ac un o'r saith gefnder gwyn,
4   Santeiddia' saith saint oeddyn',
Deiniel, ni wnaeth odineb,
(Fo fynnai na wnâi neb),
Meudwy ydoedd, meudwydy,
8   Pan fu ar fraich Penfro fry;
Duw Iesu a'i dewisodd
Yn dad i fil, daed ei fodd,
Ac ni wyddiad ein tad da
12   Ladiniaith olud yna;
Ni adwaenai garrai o'i gob
Oni wisgwyd e'n esgob;
Dywawd canu *Te Deum*
16   I gaerau Crist a'r gŵr crwm.
Gŵr mud a gâi ramadeg,
Bugail Duw yn dwyn bagl deg.
Mae'n falsamŵm neu flas mêl
20   Sôn dynion am Sain Deiniel.
Aml iawn yn fy mlaen i
Wyrthiau hwn wrth eu henwi:
Ychen gwâr i gyfarwr,
24   Lladron a'u dugon' o'r dŵr;
Deiniel yn lle'r eidionnau
A roes y ceirw i'r iau;
Rhoi'r lladron brychion eu brig
28   Acw i orwedd fal cerrig.
A bun, gwedi chwyddo'i bol
Gan wenwyn drwg wenwynol,
O ras y sant, pan roes hon
32   Yn ei phen ddŵr o'i ffynnon
Afrifed bryfed heb wres
Beiriog o'i chorff a boeres.
Galwn bawb rhag ein gelyn,
36   'Deiniel Sant, dy ras ynn.'

Codi'i ris, Cadair Iesu,
Toi'r eglwys fawr, tir glas fu.
Fy swydd, dan lythyr a sêl,
40   Caru dynion côr Deiniel;
Organ bêr, cân offeren,
Clych Bangor, ail Winsor wen,
Cantorion gwychion ar gân
44   Pob irgainc pibau organ.
Tomas ddulas a ddilid
Eidionnau Duw dan ei did;
Canu a wnân' acw'n ei ôl
48   Osber, adar ysbrydol;
Apla' sens, palis a sêl,
Apla' dynion plwy' Deiniel
A'i heglwys, b'radwys ei bro,
52   Mae Tomas i'w maentumio
(Ni bu am waith, ni beiwn,
Ysgafn tâl Ysgefintẃn);
Costiodd aur lonaid cist dda,
56   Gist Domas, fu'r gost yma;
Seiri a bwyd sy ar bâr
A llaw esgob 'wyllysgar;
Bwâu uchel a'u breichiau
60   O'r coed ar ei brigau'n cau,
A simwr hon, os mawr hi,
A glyw drwst y glaw drosti;
Cist drom yr Arglwydd Tomas
64   'N rhoi cap plwm rhag glaw i'r plas.
Da y'i cad yn adeiladwr,
Daed yw'r gwaith, da Duw i'r gŵr!
Ystod fawr yw ei stad fo,
68   Ei oes, Deiniel a'i hestynno
Nes cael ar fawr afael fry
Clych i uchder y clochdy!
Oed Duw gwyn yt i'w gynnal
72   Pan roi y pen ar y wal,
Pymthecant, gwarant dan go',
Hugain gyda saith hygo'.

Ffynonellau
A—Card 2.114 [= RWM 7], 686 B—J 139 [= RWM 14], 293 C—LlGC
552B, 39 D—LlGC 644B, 144ᵛ E—LlGC 3048D [= Mos 145], 342

Ymhellach ar y llawysgrifau, gw. tt. 235–46.

Darlleniadau'r llawysgrifau
3 *CD* gefndyr. 6 *D* fo a fynnai; *B* na nai i neb, *E* na wnelai neb. 10 *E* daed
fodd. 13 *CD* o gob. 15 *D* dwad ganv. 16 *D* [I] geiriav. 17 *A* gwr mvl, *B* gwr
mül (da). 19 *B* mae falsamwm, *C* mae/m/ falsamwm, *D* mae ein fal Simon.
20 *B* an. 21 *A* amyl iewn, *B* myl iawn. 25 *A* yn lloreidionav, *B* yn lle
eidioniaü, *D* yn lle roi eidionav. 26 *E* ceirw yn yr iav. 27 *CD* rroi lladron; *B*
brithion. 29 *CD* a bvon; *D* eu bol. 32 *B* ddwr i. 36 *D* duw ywr sant dy ras yn.
37 *B* kodir ris, *E* kodi rus. 39 *D* lythr a sel. 51 *B* [ei]. 56 *B* kyst domas; *B* kost.
57 *AE* ar y bar. 59 *BD* Bwa uchel; *E* beichiav. 60 *D* koed ai brigav, *E* coed ar
y brigau. 63 *B* krist, *E* gist; *ACDE* domas. 64 *B* rho kop. 66 *B* da ydiwr, *D*
day ed ywr. 68 *B* aysdyno. 69 *D* [afael]; *B* fü. 72 *D* roed; *D* [y] pen; *E* ar wal.

Teitl
ABC llyma gowydd i ddeiniel bangor a wnaed pen ydeiliadwyd yr ysgobty
yn oedran krisd 1527, *D* Llyma gowydd i ddainiel Bangor a wnaed pan
adeiladwyd yr yskobty yn oedran Krist 1524, *E* Cow: i Eglwys Sain Deiniel
ym Mangor Fawr pan adeiladodd Escob Tomas Scevington hi o newydd.

Priodoliad
A Sir dauid Trefor pson llan allgo yn y kyfamser ai kant, *B–E* Syr dd trefor
ai kant.

15
Yn erbyn caru'r byd

Gwn nad da, gwae enaid dyn
Draw goelio i dri gelyn:
Ei gnawd, un gan udone,
4   Ni ad un enaid i ne';
A'r cythrel yw'r ail gelyn
(Bwriad tost) a wna brad dyn;
Hudol yw'r byd hefyd hwn
8   Yma i'w ddal, o meddyliwn.
Pana wŷl gŵr, cyflwr caeth,
Mor ful y daw marfolaeth?
Yr hwya'i oes yn rhoi'i win,
12   Yn farwniaid, yn frenin,
Meddylied am wŷdd elawr,
Ni phery'r byd ennyd awr.
Mynnu tiroedd a mwnai,
16   Ennill o gestyll a gâi;
Mynnu gwneuthur tai meinin,
Seilio'r gwaith, selerau gwin;
Gynau sidan dan amod,
20   Meirch a chlêr mawrwych a chlod:
Pwy'n wych ei ddeudroed pan ân'
Yno'n haws yn un hosan?
Ac yno yn ei gynfas
24   I'r tŷ o glai â'r to glas,
A'i gywely fydd gwialen,
A chau ei borth uwch ei ben:
Gado'r golud, hud yw hwn,
28   A'r gwindai ar y gwndwn.
Mae yno y tai meinin?
Mae'r tyrau gwych? Mae tai'r gwin?
Mae'r dwbledau o sidan?
32   Mae'r gwin pêr? Mae'r gynau pân?
A gasglo oddyno o dda
Drwy gam, ef a drig yma,
A'i weithred wrth yr edef,
36   Coelia'n wir, a'i calyn ef.

Myned a wnawn i'r Mynydd,
Yno y down yn un dydd,
Y dyn a'i weithred i'w dâl
40 Yn dyfod dan ei ofal.
Ofned anghred a bedydd,
Mor gadarn yw'r farn a fydd!

Trown at Dduw teg a'n tre tad,
44 Yno dêl ynn adeilad;
Y Saith Weithred, o'm credan',
A'u troi i gyd at rai gwan:
Rhoi bwyd a diod o dôn'
48 Ac edryd clefyd cleifion,
Hebrwn corff o'r bryn i'r côr
A charu pob carcharor,
Rhoi llety a gwely i'r gwan
52 A dillad rhag bod allan.
Llyna'r saith bren a'u henwi
A dâl nef y 'deilwn ni,
A heliwn goed gwehelyth
56 A gwnawn dŷ a bery byth;
Awn yno at Dduw â'n hannedd
Ac yn Ei lys y gwnawn wledd;
Archwn i'r uchel Geli,
60 Lle prynodd Ef nef i ni,
Gael i ni oleuni'i wledd
A bodd Duw: ni bydd diwedd!

Ffynonellau

A—Bangor 1268, 58ʳ B—Bangor 7288, 212 C—Bangor (Mos) 6, 66ʳ D—BL Add 12230 [= RWM 52], 106ᵛ E—BL Add 14879 [= RWM 38], 122ʳ F—BL Add 14885 [= RWM 34], 35ᵛ G—BL Add 14900, 115ᵛ H—BL Add 14906 [= RWM 45], 24ᵛ I—BL Add 14966, 21ʳ J—BL Add 14975, 125ʳ K¹—BL Add 14979, 211ʳ (*llau. 1–44*) K²—BL Add 14979, 228ʳ L¹—BL Add 14984, 260ʳ L²—BL Add 14984, 321ᵛ M—BL Add 14985, 21ᵛ N—BL Add 15007, 6ᵛ O—BL Add 31058, 11ʳ P—BL Add 31060, 93ʳ Q—BL Add 31061, 178ᵛ (*llau. 1–23*) R—BL Add 31062, 89ʳ S—BL Add 31071, 110ʳ T—BL Add 31085, 21ʳ U—Card 2.4 [= RWM 11], i, 56 V—Card 2.13 [= RWM 34], 13 W—Card 2.26 [= RWM 18], 158 X¹—Card 2.68 [= RWM 19], 200 X²—Card 2.68 [= RWM 19], 368 Y—Card 2.114 [= RWM 7], 657 Z—Card 2.202 [= RWM 66], 346 a—Card 3.68, 94 b—Card 4.10 [= RWM 84], i, 578 c—Card 4.156 [= RWM 64], 39ᵛ d—Card 5.10, i [= RWM 48], 149 e—Card 5.44, 10ʳ f—Card 5.167 [= Thelwall], 19ʳ g—CM 5, 128 h¹—

CM 10, 175 h²—CM 10, 311 i—CM 22, 217 j—CM 40, 4 k—CM 454, 153 l—Gwyn 1, 163ʳ m—Gwyn 2, 130ʳ n—LlGC 16B, 105 o—LlGC 162D, 24 p—LlGC 279D, 17 q—LlGC 435B, 39ʳ r—LlGC 643B, 98 s— LlGC 970E [= Merthyr Tudful], 16 t—LlGC 3037B [= Mos 129], 321–2, 291 u—LlGC 3038B [= Mos 130], 454 v—LlGC 3040B [= Mos 132], 58 w—LlGC 3056D [= Mos 160], 482 x—LlGC 5273D, 2ᵛ y—LlGC 6706B, 163 z—LlGC 6735B, 83ᵛ A—LlGC 12443A, 183 B—LlGC 12873D, 49ᵛ C—LlGC 13061B, 134 D—LlGC 13064D, 45 E—LlGC 13068B, 3ᵛ F— LlGC 13072B, 209 G—LlGC 13079B, 4ʳ H—LlGC 13081B, 73 I—LlGC 13168A, 15 J—LlGC 13178B, 26ʳ K—LlGC 15543B, 35 L—LlGC 17114B [= Gwysanau 25], 542 M—LlGC 19901B [= J. Gwenogvryn Evans 1], 58ᵛ N—LlGC 21248D [= Mos (heb ei rhifo)], 198ʳ O—LlGC 21700D [= Heythrop], 158ʳ P—LlGC Mân Adnau 1206B [= Tanybwlch 1], 292 Q— Llst 15, 74 R—Llst 35, 28 S—Llst 42, 63 T—Llst 47, 46 U—Llst 55, 103 (*llau. 32, 47–8, 55–6, 59, 61–2*) V—Llst 133, 316 W—Llst 134, 4 X¹—Llst 145, 10ʳ X²—Llst 145, 44ᵛ Y—Llst 155, 92 Z—Llst 167, 72 a—Pen 137, 118 b—Pen 144, 258 c—Pen 153, 40 d—Pen 184, i, 106 (*llau. 1–18*) e— Pen 198, 27 f—Pen 221, 142 g—Pen 312, i, 4

Ymhellach ar y llawysgrifau, gw. tt. 235–46.

Darlleniadau'r llawysgrifau

1–31 [*U*]. 1 *o* Gan nad; *FHNSUX²Zcdh²jkmB* da gan enaid, *M* da gwae n enaid, *T* da gwne Enaid (da gwae Enaid), *c* da i enaid. 2 *AIL¹L²MPQVfpqILZ* draw a goelio yw dri gelyn, *BD* Draw a goiliai dri gelyn, *C– FJK¹K²OUWX¹bilnuw–AEFHM–PRSVX¹X²Ybf* draw agoelio i dri gelyn, *GH* draw a goilio oi dri gelyn, *N* Draw i golio i dri gelyn, *R* draw o gaelio i dri gelyn, *T* Draw i goelio dri gelyn, *Y* draw goelio yw dri gelyn, *agh¹eg* draw a goelio dri gelyn, *ch²* draw goelio ei dri gelyn, *eJTW* [draw] a goelo i dri gelyn, *oQ* Draw a goelia dri gelyn, *v* draw a goilio yw tri gelyn, *K* Draw a Goelio y tri Gelyn, *a* draw a goel yw dri gelyn, *c* [ ]w goelia y tri gelyn. 3–62 [*f*]. 3 *A* y knawd iw vn ay anudonef, *B* Cnawd yw vn gan ei donn-ef, *Cn* knawd vn gan udonef, *FHN–QWefgqswyCGJKLP–TWe* y knawd vn gan vdonef, *IX¹Zdh¹h²jrB* y knawd gan Anudonef, *L¹* I gnawd vn anûdonef, *VHI* y knawd vn o gnawn donef, *X²* y knawd gvan anvdonef, *a* I gnawd yn yn gwehyd one, *c* Cnawd llon an ûnion iawnnef, *km* Y cnawd yn un, gan anydonef, *o* Ai gnawd yn yn gwehyd one, *va* o gnawd un gan udonef, *D* Cnawd yw vn gan oi donn ef, *F* y knawd y son ydonedd, *VX¹X²* Cnawd yw un gau ei donef, *Y* I gnawd vn gan ynvdone, *c* [ ] gan aniodde. 4 *BEK¹K²L²MOPTYgilqt– yADEM–SVX¹X²Zadeg* ni chaid vn, *CWesCFJTW* o chaid un, *L¹* ni chad vn, *Q* ni aid un, *VHI* o keyd vn, *n* i kaid vn; *ADVHIc* enaid ir nef, *F* enaid y nedd. 5 *EK¹K²QTVfnHIL* y kythrel; *BDe* yw ail, *T* yw i ail, *P* yw'r tri; *ZcjK* elyn. 6 *BD* Fwriad tost a wnai frad dyn, *CX²dgmwBQRX¹Yc* brad dost a wna bwriad dyn, *Qp* byriaid tost a wna brad dyn, *VHI* Brwyday tost ywna brad dyn, *ao* sudd ai dwyll yn ceisio dyn, *yPe* i beri twyll a brâd dŷn, *z* bwriad tost awna bryd dyn (bwriad tost a wna brad dyn), *E* bwriad tost na brad tyn, *F* bwriad tost yna brad dün, *VX²* Fwriad tost a wna frad dyn, *W* bwriad tost a wnad frad dyn. 7 *u* hudol iw; *AQX¹Yh¹nqrFOY* byd hyfryd, *I* byd hyfyd, *d* byd ehyd. 8 *A* nine/i/ddail, *BD* yma iw ddail, *CVgwyHIP–SVX¹X²e* am i ddal, *D* yma ei ddail, *EFGK¹K²NOPT(Y)lpquvxZa* yma i ddail, *HL¹fEL* yma i ddiawl, *IX¹h¹r* am a ddêl, *Jbz* ai bethau, *L²itAGKMNbdg* fal mai ddail, *M* ym i ddail (pan i ddail), *Q* yma i ddaill, *R* Yma i dal, *Y* yma ne ddiawl, *ao* yma I dda oll, *esCJTW* yma ddail, *j* Yma ddal, *km* yma i dda, *n* minne i ddail, *F* yma ddial, *Q* val mai dail; *IX¹X²r* pei meddyliwn, *Jbz* na obeithiwn, *L²* os meddyliwn, *VgwGIKOSVX¹X²c* i meddyliwn, *c* oh meddyliwn, *dh¹h²B* pe meddyliwn. 9 *BD–GK¹K²NOTVWX²YZb–h²ikmpstwxyAC–FHIJLMNPRSTV–X²Zcdeg* pam na, *S* Am na, *GK* pam nad; *DHL²Pbnxz* wel, *STX²Zacdh²j kmoBOPYc* wyr, *GK* ystyr; *K* Gwr y, *d* wr; *AazZce* gyflwr, *L¹* cyfle; *c* gaeth. 10 *BDVX²* Mor wyl y daw, *D* mor fyr ei daw, *SN* Mor ful ydyw, *U* mor fvl ydiwr, *ao* mor fyl y fydd, *k(m)b* mor fvr y daw *gyda* ful *y testun yn amrywiad yn k, Y* mor ifvl y daw; *P* farfolaeth. 11 *C* yr hwya [ei], *M* Ar hwya ei, *b* y hwya ei; *HkmZ* oes yn rhoi gwin, *L¹* oes ymroi i win, *O* oes yn rhoi i dda, *VHI* oes yroe win. 12 *ABadoxBDPVX²* yn farwniad, *L¹* yw farwniaid, *cPVHI* o farwniayd, *j* Yn Farwnad, *lu* yn farwniaidd, *GK* ay varwniaeth, *X¹* yn farwyniaid; *Aj* ne/n/ frenin, *PVHI* y frenin, *c* ne frenin, *F* yn frein, *GK* yn vrenhin. 13 *CgwyP–SVX¹X²Zabe* meddyliwn, *Q* mddyllied, *VHI* meddylian, *F* Medylied; *ADGJPRbipxzAMg* am wedd elawr, *H* am fyd elawr, *Q* [am] wydd elawr, *ao* am I wedd Elawr, *fL* [am] awrwydd elawr, *N* am waedd elawr, *Y* am vod elawr. 14 *DFGJNRSablopxzCOb* na ffery/r/, *O* ni cheir or, *U* naffry/r/, *V* Nyffer, *Q* Ne ffery'r, *a* ni ffery['r]; *L¹OfL* byd ond enyd awr, *Sc* byd enbyd awr, *V* byb enyd awr. 15 *BCMQWeglnsuwyC–FJP–TV–X²e* myny arian a mwnai, *L¹* ynnill arian a mwnai, *P* ynill miliwn ofwnai, *T* Mynnu trioedd a mwnai, *VHI* mynay arian amwnay, *X¹X²Zdh¹h²kmrvBGKOZac* ynill tiroedd a mwnai, *Yx* mynny aur tir a mwnai *gydag* ynill arain nev fwnai *wedi ei groesi allan yn Y, z* mynnu tiroedd tiroedd a mwnai, *Y* ynyll tir a mwnai, *b* Mynny tiroed /a/ mwnai. 16 *Q* kynvll, *fL* ac ynnill; *esCFGJKTW* i gai. 17–18 [*ao*]; 17–20 [*P*]. 17 *BJL¹MYbiluzADEMVX²* mynv gweithio tai, *CEK¹K²QWgwyFPQRSX¹e* a myny gwaith tai, *FHN* mwyna gweith tai, *T* A mynnu gwaithiau [tai], *VHI* mynai gwaith tai, *esCJTW* mynny gwaith tai, *h²* Mynnu gwerthu'r Tai, *n* llinio turau a, *Ng* mynv y gwaith dai, *a* mynv ydeilad tai, *b* mynû gwneuthyd tai; *HO* meini, *MTNc* mennin, *c* mainwin, *k* meinwyn, *n* llinin, *C* manin, *NO* minion, *Z* main. 18 *AGIJL¹MP–TbdgilqrtuvyzAGHKMOQSX¹d* selio r gwaith, *FHNOD* seilio gwaith, *esCTW* soelo r gwaith, *fL* a selior gwaith, *na* selio gwaith, *J* sailo r gwaith, *N* seliotho ir gwaith; *MPStvF* selerav r gwin. 19–20 [*X²Zcdh¹h²ikmBc*]; 19–62 [*d*]. 19 *A* tynu sidan, *IX¹h¹r* A gwey sidan, *QesCJTW* mynny sidan, *VHI* mynay sidan, *ao* ar gynau sidan, *g* Gynau sida; *K*¹ Iawn ammod, *R* dau amod (dan amod), *gwyP–Se* heb ddanod, *h*¹ am ammod, *Ng* da ei amod. 20 *D–GIK*¹*K*²*NR–UX*¹*ah*¹*oprLb* meirch a chlych, *H* meirch a gweylch, *P* meirch a chylle[ ], *esvCJOTW* meirch a chledd, *f* merch achlych, *Y* meirch achilch, *Z* meirch a cledd, *a* meirch a clych; *H* mawrwych y glod, *N* mowrwych a clod, *WA* mawrwych achod, *Y* mowrich ichlod, *a* i chlod. 21 *BL*¹*MPYluDEVX*² pwy yn wych ar ddevdroed, *C* pwy nerth ir ddevdroed, *ISX*¹*X*²*Zcdh*¹*h*²*jkmrBYc* pan êl y ddevdroed, *N* [ ] ddwydroyd, *Q* pwy'n wych ai ddeudroed, *U* pen el iddevrtroed, *VHI* banerth yr ddwydroed, *W* pwn noeth y ddwy troed, *esCJTW* pwy noeth i ddwykoes, *gwyP–SX*¹*e* pa nerth ir ddevdroed, *n* pwy/n/ wych ai hydrych, *F* pwy'n wych y dwytroed, *GK* pwy'n wych ei ddwydtroed, *b* Pwy noyth i ddeydroed; *j* yn lan. 22 *D* yn anhaws, *FGIJQRX*¹*ah*¹*kmo rxzGKYab* yma yn haws, *HMSUX*²*Zdfh*²*lpuvBLOZc* yna yn haws, *VI* [Yno] yn haws, *c* yn hawsach, *D* yno haws; *ADF–JNP–SX*¹*X*²*Zbcdfh*¹*h*²*kmprxzBGKLac* mewn vn hossan, *aoZb* ir vn hosan, *j* i un hosan. 23–6 [*N*]. 23 *CgwyPQX*¹*e* ag vn fvd, *SUb* ag ynof, *VHIRS* ac ynfyd, *WesCJTW* y gofyd, *X*²*dh*²*B* ac ynaf, *Y* o ddyno (ac yno), *c* Dan gwynfan, *klmnpuxa* Ag yna; *W* yma gafas, *Y* mynd oi ddinas (yn i gynfas), *c* i den gynfas, *esCTW* yno a gavas, *J* yno gavas. 24–62 [*Q*]. 24 *BCHPegknswyCDJP–TX*¹*e* ar ty, *F* ai dy, *m* ar ir tuy, *Wv* or ty, *o* i dy, *b* yr tyf; *c* [o] glai; *F* ai do, *o* ar y to glas, *b* ar tof. 25 A i gowelu a fudd, *FGHPRVYkmqxFHINb* ai gowelu a fydd, *DIX*¹*X*²*Zcdegh*¹*h*²*jprswyBCJPQ–TWX*¹*ce* a gwely o hyd, *ao* ai gowaith a fydd, *n* ai gywelu iw, *a* a gwely vydd a; *SUb* gwiwlen, *X*¹ gwilien, *Z* gwalen, *h*¹ gwylien, *N* gwaialen. 26 *CEK*¹*K*²*PT W(Y)egqswyFJP–TWX*¹*e* a chav i bwll, *VYHI* achav y bedd, *n* a chau i ball, *C* a chav bŵll, *GK* a chaer bwth, *T* a gav i bwll, *c* a chau y porth. 27 *ABEIK*¹*K*²*MPTX*¹*X*²*Zdh*¹*–jlnruvxABDEMNOVX*²*Zabcg* A gado/r/, *K* gedyr; *V* glyd, *ao* gowlad, *b* byd; *BL*¹*MPX*¹*X*²*Zdh*¹*h*²*jlnruvBDEOVX*²*Zc* hyd hwnn, *T* hud yn hwn, *c* a hŷd hwn, *b* hefyd hwn. 28 *F* ai gwindai; *W* [ar]; *NE* [y], *z* ei. 29–32 [*PGK*]. 29 *AEFGJK*¹*RYbfh*¹*zL* yna maer tai meinin, *DIpxab* yna ple maer tai meinin, *H* yna maer tai meini, *K*²*X*²*Zdh*²*mBY* yno mae r tai meinin, *L*²*OitAMNg* mae yna y tai meinin, *N* [ ] mai yr tai meinin, *SU* yna mae r tir meinin, *T* Yno mae y tri meinin, *VWesCFHIJTW* mae yno i dai meinin, *X*¹*rO* ag yna mai yr tai meinin, *ao* yne ple mau tai meinwin, *c* mae r tai a'r mwynai maenwin, *j* Yno mae'r tai a main-in, *k* Yno mae'r tai meinion, *v* ag yna mae yr tai meini, *D* mae yno r ty meinin, *Z* A yna mae r tai a mein, *c* yno mae r tai menun. 30 *ABCE–L*²*NOPRTWX*¹*Ybefgilnq–ACDEHJMO–RTVX*¹*–Zbeg* mae y tyrav gwych mae r tai gwin, *Daop* ar tyrau gwych ar tai gwin, *M* maer tyrav gwych mae r tai gwna, *S* Ar tarw gwych ar tai gwin, *U* ar trav gwych ar tai gwin, *VIL* maer tyrav gwych mae tai gwin, *X*²*ZdB* mae r tyre gweilch mae r tai gwin, *c* mae'r tyrrau gweilch ar tai gwin, *h*¹ Mae Tyrau gwŷch mae Ty'r Gwîn, *h*² Mae Tyrau Gweilch, mae Tai'r Gwîn, *j* Mae Tyra Gweilch mae'r tai gwin, *k* mae'r tyrau gweilch, mae'r creulon (mae'r tyrau gweilch, mae'r beilchion), *m* maer tyrav gweilch [ ], *F* May y

dyrey gwych may dayr gwin, $\underline{N}$ maer tyre gwych ner tai gwin, $\underline{S}$ ar tyrau
gant ar tai gwîn, $\underline{W}$ mae r tyrau gwych mae r tai r gwin, $\underline{a}$ maer gwych maer
tai gwin, $\underline{c}$ mae r trin gweilch mae r tai gwin. 31–2 [$CX^1fgh^1rwy\underline{PRSe}$]. 31 O
mae yn, $\underline{b}$ Ple maer; K^2 ddwbledi, L^1L^2c ddwbled; T ar sidan, c sied o sidan,
$\underline{bc}$ [o] sidan. 32 O gwinoedd; $\underline{DE}$ ar gynav, $GK^2Ptz\underline{FQX^1}$ mae gownav, O
maer gown; $\underline{L}$ payn. 33–4 [ao]; 33–46 [$\underline{U}$]. 33 A a gasglodd a ddygodd /o/
dda, $BIL^1X^1X^2(Y)Zdlru\underline{DVX^2Yc}$ a gasglodd a ddenodd o dda, $Cgw\underline{QRSX^1}$ a
gasglodd yno o dda, $EK^1K^2T\underline{B}$ A gasglodd a ddenodd dda, Jbz a gasglo
oddiyno dda, L^2 a gasglo ynado o dda, M a gaslodd addenodd o dda,
$Oi\underline{AMNg}$ A gasglo ynddo o dda, P Agasclon ddynion o dda, $R\underline{K}$ a gasglo o
ddiyno o dda, S A gasglo a ddysgo o dda, U agasglo addygo oddaf,
$VWes\underline{CHIJTW}$ a gasglo yddo o dda, Yq a gasglo yno o dda, c a gasglaist
ddenaist o dda, $f\underline{L}$ agasglo adyrro da, h^1h^2j A gasglodd ddenodd o Dda, km
agasglodd a ddeiodd odda, n a gafas o ddyrras dda, t a gasglo yn ddofo o
ddaf, $v\underline{Za}$ A gasklo a ddvno o dda, $y\underline{P}$ a gasglodd o yno o ddâ, $\underline{E}$ a gasglodd
ddvnodd o dda, $\underline{F}$ y gasglodd yddo odda, $\underline{Q}$ a gasglo a fyddiyno o dda, $\underline{b}$ A
gasglodd ynof o ddaf, $\underline{e}$ A gasglodd o yno o ddâ. 34 $ABCIL^1L^2MOPV–$
$X^2Zcdeh^1h^2jlnqrsuvwy\underline{B–EHIJO–TV–X^2Zce}$ drwy gamwedd a drig, EK^1K^2Tx
drwy gammav a drig, $Nm\underline{Y}$ drwy gam a drig, Y drwy game fo drig, g drwy
gamwed a drig, k drwy gam a drŵg, $\underline{F}$ trwy gamwedd y trig, $\underline{GK}$ ar gam ve
dric, $\underline{b}$ dwrr ar gam fo drig. 35 $BIX^1h^1\underline{D}$ J weithred, D Ar weithred, M ai
weithwredoedd, $v\underline{ENZ}$ ai weithredoedd, $\underline{Q}$ a weithred; $v\underline{ETZ}$ wrth edef, $\underline{c}$ hyd
r edef. 36 C yn wir fydd, L^1 coel yn wir, M koilia yn ir, $V\underline{HI}$ yn wir yfydd, $W\underline{K}$
koyliwn oll, $es\underline{CFJTW}$ goelo n wir, $fgwy\underline{LP–SVX^1X^2e}$ koeliwn wir, h^1 Coeli'n
wir, n koeliwn ni, $\underline{GKN}$ koelio yn wir, $\underline{J}$ goeliwn wir, $\underline{Q}$ koel iawn wir; $CV\underline{FHI}$
yn y galyn ef, WK y kalvn ef, $es\underline{CJTW}$ a galyn ef, $h^1y\underline{Pe}$ ai kelyn ef, o [a'i]
canlyn e, $\underline{D}$ a Canlyn e, $\underline{N}$ ai akalvn ef, $\underline{c}$ ai galyn ef. 37–40 [$ASU\underline{GK}$]; 37–44
[$\underline{b}$]. 37 $Cgw\underline{R}$ myned fydd raid ir, I myned a wna ir, $Vny\underline{HIPQSX^1e}$ myned
sydd raid yr, X^1r Ag yna ir awn ir, $X^2dh^2\underline{Bc}$ yno ir awn ir, Zcj A myned dûa r,
h^1 Yna yr awn ir, $i\underline{A}$ Myne awn ir, $km\underline{Y}$ ag yno ir awn ir, $\underline{M}$ ninne awn ir. 38
$CEGK^1K^2NRTVYgkmtv–y\underline{FHIOP–SX^1YZe}$ ac yno i down, Dz yno ei down,
$Fi\underline{AN}$ yno down, I ag yma y down, O ag y daw, P ddiyno i down, X^1r ag yna
i down, $Zfg\underline{La}$ ac yno down, h^1 Yna y down, j Ar hwn y down, n yn enw
duw, q yno i ddon; $CVgwy\underline{HIP–SX^1e}$ gwn y dydd, FPZ yn yr vn dydd,
$HINX^1ch^1jrz\underline{Y}$ yr vn dydd. 39–40 [$DFGHNRaop\underline{a}$]; 39–44 [$Jbfvz\underline{LOZ}$]. 39
$IX^1X^2dh^1h^2mr\underline{BYc}$ A dyn, L^2 y dy, $\underline{VX^2}$ [Y] Dyn; $BVWes\underline{C–FHIJTVWX^2}$
weithred ny dal, $j\underline{S}$ weithred yn dal. 40 $i\underline{MNg}$ i ddyfod tan ei ofal, n yn treio i
ofid trwy ofal, x tra vfydd yw trwy ofal, $y\underline{Pe}$ daw/n/ vfydd dan /i/ ofal, $\underline{A}$ i
ddyfod tan i ofall. 41–2 [$V\underline{HI}$]; 41–4 [Z] ychwanegwyd y llau. hyn mewn llaw
ddiweddarach. 41 A ofned am /i/ gred, $B\underline{D}$ Ofn am gred, $Cgwy\underline{FPQSX^1e}$ ofni
anghred, IX^1h^1r Ag myn fyngred, P wrth fyned in chaned, W ofed angred,
$(I)X^2Zcdh^2j\underline{Bc}$ ni wyr na chred, $es\underline{CJTW}$ ofna anghred, $\underline{GK}$ koyled anghred,
$\underline{VX^2}$ Ofni am gred, X^1 Ofni ynghred; A ai fedudd, D a gwynydd, FHL^1Mlu a

gwledydd, *IX¹h¹r* am bedydd, *N* y gwledydd, *P* y bvdd, *X²Zcdh²jBc* na bedydd. 42 *RWesCJTW* gadarn y varn; *M* [a]. 43–4 [*DF–INRSUX¹X²Zacdh¹ h²jkmoprBYc*]. 43 *AEK¹K²L¹MPTluE* trown at hwnn in tre tad, *BVDHIJa* trown at ddvw ein tre tad, *L²* Down at dduw ne yn tretad, *OtANg* down i at dvw an tretad, *WF* Awn at dyw yn tref tad, *Y* trown i at hwn yn tre tad, *esCTW* trown at düw lle mae n tre tad, *i* down at dduw an tretad, *n* trown at dduw trif yn treftad, *q* down i at dduw an tref tad, *x* trown at ddûw tri, 'n tretad, *GK* yno y trown ni yn tref tad, *M* down at duw an tretad, *S* trown at Jon teg an tretad. 44 [*M*]. 44 *AEK¹K²T* yno i delom in deilad,*BD* yno delon i adeilad, *CgwyPRSVX¹X²e* dylwyth agwnawn adeilad, *L¹* yno i delom i deilad, *L²N* yno y deil yn ydeilad, *P* yno i dylen y deilad, *VHI* y dolwyth gwnawn adeylad, *WesCJTW* adolwyn gwnawn adailad, *Y* yn dolwyn yno i deilad, *l* [ ] dylwn adeilad, *n* dilesg a gwnawn ydeilad, *u* yno y dylwn adeilad, *x* a dilesg gwnawn adeilad, *E* y delon yn adeiliad, *F* ag yno y gwnawn o ganniad, *G* ac yno del ym deiliad, *K* Ac yno dêl i'n Daliad, *Q* Dylwyth a gwnaw adeilad, *a* yno a dal i ni ydeilad, *g* yno i dal yn ydeilad. 45–6 [*CVWegnswyCFHIJP–TWe*]; 45–62 [*K¹*]. 45 *L¹* Y su, *L²* Am saith, *ao* llyma saith, *c* [Y] saith, *h²* Mae Saith, *vOZb* a saith; *c* weithrediad; *A* /o/ gredan, *D* a gadarn, *FHNaox* a godan, *G(I)JRSUbfpzLab* o gadan, *IX¹X²ZcdjkmrBYc* sy gadarn, *L¹L²* am credann, *M* amgredan, *Ot* i kredan, *P* a gredan, *h¹* a gadwan, *h²* a ddwedan, *GK* or gadan. 46 *EK²L²TfiqALMNg* ai rroi i, *O* ai tri i, *Ch¹luBD* ai troi [i], *aor* ai tro i, *j* Ai try ar, *GK* y roddi, *a* i troi; *DFGHJNRSUabopxzb* gyd tyar gwan, *EK²TfqrL* gyd ir rrai gwan, *IX¹X²dh¹rc* gyd at yr vn gwan, *L¹kmvYZa* gyd at y gwan, *L²iAM* gyd ar yr rhai gwann, *Z* gyd at yr vn garn, *c* fydd at ûn a farn, *h²* gyd at wr gwann, *j* gais at 'run garn, *B* gyd at yr un arn, *GK* gyd ar y gwan, *Ng* gyd ar rhai gwan, *Q* gyd at yr rhai gwan. 47 *C* rroi bowyd, *VHI* Rhown fwyd, *c* bwyd dod, *h²* Porthi, *iAMNg* dwyn bwyd, *n* rhoi bwydydd; *Y* a dion, *h²* diodi, *n* diodydd, *o* a dydd; *VGIK* or don, *h¹* tra bon, *n* [o] don, *H* ar don. 48 *Aa* ag edrych klefrych kyleifion, *BWDVX²* edrych klefyd y kleifon, *C* gweled klefyd rrai kleifion, *DFGHL¹L²ONfkmpvzGKLNOZ* ag edrych klefyd kleifion, *IX¹X²dh¹rBc* ag edrych glwyfych gleifion, *K¹t* ac edrych klefyd gleifion, *M* ag edrvch kleych kleifion, *V* edrych klefydible achleifion, *Y* ag edrych y klefyd eigion, (*Y*) ag edrych y klefyd kleifion, *Zcj* ag edruch glwyfwych gleifion, *ao* ag edfryd clefyd cleifion, *esCW* edrychyd klevyd klaivon, *gQRSX¹* gwelyd klefyd rrai kleifion, *h²* Clau fawl ymwel'd a'r Cleifion, *iAMY* ac edrych klefyd y kleifion, *l* [ ]drych klefych kleifion, *n* ag ydruch klwyfuch kleifion, *q* Edrych klefyd drych kleifion, *u* ag edrych clefych cleifion, *w* gweled hefyd rai cleifion, *ye* gweled klafed y kleifion, *E* ac y edrych klefyrch kleifon, *F* a edryd klefyd kleifon, *H* edrych clefyd cleifion, *I* edrych klefyd achleifion, *J* edrychied klevyd y klaivon, *P* Gweled clafed y cleifion, *R* gwelych clefyd rhai cleifion, *T* edrychyd klevyd y klaivon, *U* ac edryd clefyd gleifion. 49–50 [*GJRz*]; 49–54 [*U*]. 49 *BMDEVX²g* Erbyn cyrph, *CDFHL²SUWbglpuwxyO–SX¹be* hebrwng kyrff, *EK²T* hebrwng y korff, *L¹* Derbyn kyrff, *Y* herbyn kyrff, *GKNa* erbyn corff; *CwRSX¹* obrv ir kor, *gyPQe* obrv yn kor, *n* or bwyn ir kor, *c* or bryn ir gor. 50 *P* achavr, *k* A caru; *U* bob; *D* Carcharon, *e* charcharor. 51–2 [*CWensCFJTWa*]. 51 *VHI* Rhoddi; *VI* llatty; *S* rho; *Mj* [a]; *ETcdh¹h²b* gwely/r/ gwann. 53 *AFMu* dyma/r/, *BGIJMORWX¹X²Ybh¹h²ik–npqrtxCDEJMOTV– WX²YZacg* llyma r, *C* y mae, *Da* Llyna, *HN* dyma, *L¹AGK* llyma, *PVHI* Dynar, *Zcj* Am y, *gowyP–SX¹be* dyna, *F* a thyna y; *L¹* beith, *M* [saith], *c* rhain, *n* gwaith, *A* sarth, *c* beth; *CGIL²* VX¹X²Zcdh¹–jrABFHIMNg ben, *U* breim, *WekmnsCJTWY* pen, *EGK* pren; *CIX¹X²Zdgh¹h²jkmrwyBP–SX¹Yce* yw henwi, *Sq* a henwi, *c* oi henwi. 54 *BDVX²* A dail nef, *CgwQRSX¹* yn y nef, *G* ar dol nef, *IX¹X²Zcdh¹h²jrBc* i tâl ef, *VHI* odduw nef, *YfLOZ* adal nef, *kmY* a dal ef, *n* er dal nef, *yPe* in dwyn /i/ nef, *K* Yn ardal Nef; *ADFGJL¹L²MOPRSUabilopqtuxzAEFGKMNbg* yr adeilwn ni, *C* addolwn i, *IX¹X²Zcdh¹h²krBc* y nef i ni, *N* a deiliwn [ni], *VHI* awyddolwni, *Y* ydolwn i, *c* o nef i ni, *esCJTW* ar dailiwn j, *j* a nef i ni, *km* yn y nef ini, *n* o dylwn ni, *yPe* o dawn ni, *Y* yn nef in ni. 55–8 [*K*]. 55 *BDUVX²* Ac eiliwn, *H* a heiliwn, *IsFJN* a hoeliwn, *P* [A] heliwn, *VI* Gwehiliwn, *eCJTW* o hoeliwn, *G* o heliwn ni, *H* Gwehiliw, *c* [ ] dilynwn; *D* goed wehelyth, *EK²TY* goed gwiw helyth, *S* goed yw helyth, *W* glod gwehelyth, *G* goed gwhelydd, *c* ged wuch helaith. 56 *D* a gwnawn yn dŷ, *VHI* [A] Gwnawn dy, *o* a gwnawn da, *G* ni nawn duy; *G* y bery bydd, *U* a bry byth. 57–8 [*X¹h¹rGU*]. 57 *AMPluE* down yno düw yn/i/ anedd, *BDVX²b* Down yno Duw ein hannedd, *CgwyPQRX¹e* i hwn i rawn anhanedd, *DRSUaop* dwyn yno att dduw ynanedd, *FHN* down yno at ddvw ymynedd, *G* dwyn yno at duw yn annedd, *IX²Zdh²jB* awn yn vn at dduw an hanedd, *JL²ObiqtzAN* down yno at ddvw an annedd, *VHI* ac yhwnw ni awn anhanedd, *W* dan yn yno down anedd, *Y* down yno duw yn an anedd, *c* ûnŵn att dduw ai annedd, *esCJTW* yno i ddown ann hannedd, *km* [ ] un at dduw an hanedd, *n* awn ar i ran an hannedd, *vQa* down yno mae dvw yn anedd, *x* down yno at duw yn annedd, *F* Ag yno y ddawn an hannedd, *S* ir hwn ir awn an hanedd, *Y* Awn at dduw an hanedd, *Z* down yno mae dvw an medd, *c* [ ]n yn vn at dduw an hannedd. 58 *A* lüs ni a gwn wledd, *BweuC– FJTVWX²* lys ni gawn wledd, *D* lys eu cawn wledd, *EK²L¹L²MTilnqsAMNRbg* lys ni a gawn wledd, *HN* lys i kawn wledd, *P* lvs ni agawn y wledd, *Y* lys i gwnawni wledd, *Z* wlad y gwnawn wledd, *v* lys i gwnawn y wledd, *P* lys a gwnawn wlêdd, *a* [ ]g yni lys y kawn wledd. 59–62 [*dB*]. 59 *CDFGIJNR– SUX¹gh¹prwyzP–SX¹ae* archaf, *HvOZ* archa, *ao* archoll, *cj* a chwŷn, *G* erchi ddwy, *K* Erchi ddwyfi; *L²ivAN* in vchel, *F* y ychel, *G* yw ychel, *K* [i'r] uchel, *M* ein vchel, *a* ir vchaf ir vchel. 60 [*U*]. 60 *CgwyP–SX¹e* llei barnodd ef, *IX¹r* lle rhanodd ef, *T* Lle i prynwyd ef, *VWI* lle barno ef, *esCJTW* lle bwriawdd ef, *h¹* Ple rhannodd ef, *F* lle byroedd ef, *H* lle y barno ef; *PX¹r* y nef, *k* tref. 61–2 [*Z*]. 61 *CgwHIQRSX¹* ag i ni, *FRv* gael yn, *L²GK* Roi i ni, *Pc* J gael i ni, *V* Ac ym, *YiAEMNa* kael i ni, *ao* caul I mi, *n* kael rhan yn i, *q* Gael o honomi, *r* A gael i ni, *Pe* Yn dwyn ni 'i, *b* roddi i ni; *DEGIJK²L¹ L²PRTX¹X²Zbfh¹h²iko–*

rvxzAL–OQRSUbcg oloevni r wledd, *NWEY* oleuni [ei] wledd, *VHI* oleyni ay wledd, *cF* goleini y wledd, *esCGJKTW* golaini gwledd, *j* oleuni'n wledd, *n* lan oi wledd. 62 *ACL¹bfgwyFPRSX¹be* a bodd duw yny bedd diwedd, *BDVX²* An dewis yn y diwedd, *FHNYQ* a bodd duw yn y diwedd, *G* a bod duw ni bydd diwedd, *IX¹X²rc* a bodd dvw kyn yn bedd diwedd, *J* a bodd dvw in bvdd diwedd, *L²ZcQ* a bodd duw kynn bedd diwedd, *M* adodd dvw or dvdd diwedd, *O* a bodd dvw erbyn yn diwedd, *PE* a bodd dvw or bedd diwedd, *VHI* a bodd duw y bawb or diwedd, *WJ* a bodd dyw bawb or diwedd, *diqtABM* a bodd dvw erbyn diwedd, *esCTW* a byw i ddüw heb ddiwedd, *h¹h²* A Bodd Duw cyn bydd Diwedd, *j* a bodd Duw bydd y diwedd, *lN* a bodd dûw ar bob diwedd, *n* a bodd duw kyn y bedd diwedd, *z* a bodd duw yn y dydd diwedd, *G* a bodd dyw y vo yn diwedd, *K* a bodd Duw fo yn y Diwedd, *L* a bodd duw ynay bedd diwedd, *U* a bodd Duw in bedd diwedd, *g* a bodd duw ar bob diwedd.

Teitl

[*CFGHMNPQVefsmEFGHIJKRTUYZacfg*], A Cowydd duwiol da, *BYaouDNSVX¹X²* kowydd duwiol, *DEK¹K²gpyQ* Cowudd i dduw, *I* Cow: ir tri gelyn ysbrydol, *Jzb* kowydd saith weithred y drigaredd, *L¹* Cowydd ir byd yn dangos yn tri gelyn ag i gedewir y da bydol ar ol ar gweithredoedd a ddylem i gwneithûr, *L²* Cowydd yn dangos yn gelynnion ni ag [ ] bydd pawb fairw ag i gadawant i [ ] bydol ar gweithredoedd a ddyliem i gwneithur, *O* kowydd yn koffau y tri gelyn yr enaid [ ] dwyn ar gof y saith weithred y drigar[ ], *R* 7 weithred y drugaredd, *S* Ir Byd, *TP* I Dduw, *UxAMO* cowydd ir byd, *W* kywydd, *X¹r* kywydd ir byd ar knawd ar kythrel, *X²d* kywydd yn erbyn y byd ar cnawd ar kythrel, *Zh²* Cywydd yn erbyn y byd, y cnawd ar cythrel, *b* Cywydd y 7 weithred o drugaredd, *c* Yn Erbyn y byd y cnawd ar cythrel, *h¹* Cywydd ir Bŷd, y Cnawd ar Cythraul, *i* Cowydd arall ir byd, *j* Cywydd yn erbyn byd y cnawd a'r Cythrel, *k* Cowydd i dri gelyn dyn, y Byd, y Cnawd a'r Cythrail, *l* Cowydd [ ], *n* K: yn dangos mor dwyllodrus iwr byd mor ddirym iw diwedd dyn ag mor gariadus i bu farw Krist in prynnu, *q* kowydd ir byd ag ir saith weithred y drigaredd, *t* kowydd yn erbyn karv y byd, *v* Songe made by notable and famyous wealshemen of syndrye shorttes, *w* k: dûwiol yn erbyn y byd, y cnawd ar cythrel, *B* Cywydd yn erbyn y byd ar cythrel ar cnawy, *C* kywydd yn erchi gogelyd y tri gelyn a gwnaethûr gwaithredoedd y drigaredd, *L* y saith weithred drvgaredd, *W* llyma gywy yn erchi gochelyd y tri gelyn: a gwnaethûr gwaithredoedd y drigaredd, *d* ko: duwfol, *e* Cowydd i Dduw ar tri gelyn ysbrydawl.

Priodoliad

[*QRfdfg*], A Thomas Dafudd ai kant *gydag* Iolo Goch medd eraill *mewn llaw wahanol*, *BL²bzD* Sion Cent, *CgwGKQRSe* Davydd meifod ai kant, *DZch²jno* Doctor Sion kent ai cant, *EK¹L¹O* syr dafudd trefor, *Fuc* dctor John kent, *G*

Doctor John Kemp, *HS* mredyth ap Rrs, *I* Dr Sion Kent ai Cant medd arall, Mrydd ap Rys, *JklvEHX¹X²* Sion kent ai kant, *K²* Sʳ Dafydd Trefor – offeiriad, *Mt* Sʳ dd trefor ai k, *NUiAM* myredyth ap Rs ai kant, *P* Doctor Sion kemp, *T* Syr Dafydd Trefor maen debyg i waith S: Kent, *VWI* John y kent ay kant, *X¹h¹* y Doctor Sion kent ai cant, *X²m* Sion y kent ai kant, *Y* Sir Davidd trefor ai kant *gyda* medd eraill jolo goch *mewn llaw wahanol, aqrQ* Doʳ John Cent ai Cant, *dB* John Cent, *esCFJTW* jolo goch ai kant, *p* Doctor Sion Kemp ai kaant, *x* Doctor sion cent, *yP* D[ ]fvdd meifod, *L* davydd trefor, *N* Mredydd ap Rys baintiwr ai kant, *U* Iollo goch, *V* Sion Cent a'i cant. Dafydd Meifod, *Y* John kent ai kant, *Z* doctoʳ kent, *a* John keri ai k, *b* Y dr Sion kent.

Trefn y llinellau

A 1–14, + afraid i lawen hyfrud / i awydd beinydd ir bud, 17–20, 15–16, 21–6, 29–34, 27–8, 35–6, [37–40], 41–62

BL²OilqtuADEMNg 1–62

C 1–30, [31–2], 33–44, [45–6], 47–50, [51–2], 53–62

D 1–10, + Ar ein hoedl na rown hyder / nid oes i fyw ond oes fer, 11–14, 17–20, 15–16, 21–6, 29–34, 27–8, 35–8, [39–40], 41–2, [43–4], 45–54, 57–8, 55–6, 59–62

EK²TY 1–14, + afraid i lawen hyfryd / i awydd bevnydd ir byd, 15–62

FHp 1–14, 17–20, 15–16, 21–6, 29–34, 27–8, 35–8, [39–40], 41–2, [43–4], 45–54, 57–8, 55–6, 59–62

GR 1–14, 17–20, 15–16, 21–6, 29–34, 27–8, 35–8, [39–40], 41–2, [43–4], 45–8, [49–50], 51–4, 57–8, 55–6, 59–62

IY 1–14, 17–20, 15–16, 21–6, 29–34, 27–8, 35–42, [43–4], 45–62

Jz 1–14, 17–20, 15–16, 21–6, 29–34, 27–8, 35–8, [39–44], 45–8, [49–50], 51–4, 57–8, 55–6, 59–62

K¹ 1–14, + afraid i lawen hyfryd / i awydd bevnydd ir byd, 15–44, [45–62]

L¹ + Tebig yw yr byd cyngyd caeth / i daeliwr ne hudoliaeth, 1–62

M 1–8, + pan i ddail om yddyliwn, 9–43, [44], 45–62

N 1–14, 17–20, 15–16, 21–2, [23–6], 29–34, 27–8, 35–8, [39–40], 41–2, [43–4], 45–54, 57–8, 55–6, 59–62

P 1–12, + Afraid I neb oiddebyd / I awydd beynydd ir byd, 13–16, [17–20], 21–8, [29–32], 33–6, 39–40, 37–8, 41–62

Q 1–23, [24–62]

SU 1–14, + Afraid i lawen hyfryd / I awydd beunydd ir byd, 17–20, 15–16, 21–6, 29–34, 27–8, 35–6, [37–40], 41–2, [43–4], 45–54, 57–8, 55–6, 59–62

VHI 1–16, 19–20, 17–18, 21–6, 33–4, 29–32, 27–8, 37–40, [41–2], 35–6, 43–4, [45–6], 47–56, 58, 57, 59–62

WensCFJTW 1–44, [45–6], 47–50, [51–2], 53–62

X¹r 1–14, 17–20, 15–16, 21–6, 29–30, [31–2], 33–4, 27–8, 35–42, [43–4], 45–56, [57–8], 59–62

$X^2Zch^1h^2jkm\underline{c}$ 1–14, 17–18, [19–20], 15–16, 21–6, 29–34, 27–8, 35–42, [43–4], 45–62

ao 1–16, [17–18], 21–8, 19–20, 29–32, [33–4], 37–8, [39–40], 41–2, [43–4], 35–6, 45–62

b 1–14, 17–20, 15–16, 21–6, 29–34, 27–8, 35–8, [39–44], 45–9, 51, 50, 52–4, 57–8, 55–6, 59–62

d$\underline{B}$ 1–14, 17–18, [19–20], 15–16, 21–6, 29–34, 27–8, 35–42, [43–4], 45–58, [59–62]

f 1–14, 17–20, 15–16, 21–6, 29–30, [31–2], 33–4, 27–8, 35–8, [39–44], 45–54, 57–8, 55–6, 59–62

gwyPRSe 1–2, + tri gelyn i ddyn a ddaw / i roi dyll ar i dwyllaw, 3–30, [31–2], 33–44, [45–6], 47–62

v$\underline{Q}$ 1–14, + Afraid i ddyn oi febyd / i awydd bevnydd yr byd, 17–20, 15–16, 21–38, [39–44], 45–62

x 1–14, afraid i lawen hyfryd / i awydd bevnydd ir byd, 15–54, 57–8, 55–6, 59–62

$\underline{G}$ 1–2, + tri gelyn y ddyn y ddaw / y roi dyll ar y dwyllaw, 3–6, 45–8, 51–2, 49–50, 15–22, 33–4, 27–8, [29–32], 23–6, 35–6, [37–40], 41–2, 7–14, 55–6, [57–8], 53–4, 43–4, 59–62

$\underline{K}$ 1–2, + Tri Gelyn i ddyn a ddaw / i roi dull ar ei Dwyllaw, 3–6, 45–8, 51–2, 49–50, 15–22, 33–4, 27–8, [29–32], 23–6, 35–6, [37–40], 41–2, 7–14, 53–4, [55–8], 43–4, 59–62

$\underline{L}$ 1–14, 17–20, 15–16, 21–6, 29–34, 27–8, 35–8, [39–44], 45–54, 57–8, 55–6, 59–62

$\underline{Q}$ 1–2, + Tri gelyn i ddyn a ddaw / I roi dyll ar i dwyllaw, 3–44, [45–6], 47–62

$\underline{U}$ [1–31], 32, [33–46], 47–8, [49–54], 55–6, [57–8], 59, [60], 61–2

$\underline{VX^1X^2}$ 1–2, + Tri gelyn i ddyn a ddaw / I roi dull ar ei dwyllaw, 3–62

$\underline{Z}$ 1–14, + Afraid i neb oi febyd / J a wydd bevnydd ir byd, 17–20, 15–16, 21–38, [39–44], 45–60 [61–2] *ond ychwanegwyd llau. 41–4, 61–2 gan law ddiweddarach*

$\underline{a}$ 1–14, + afraid i ddyn oi febyd / i awydd bevnydd ir byd, 17–20, 15–16, 21–38, [39–40], 41–50, [51–2], 53–62

$\underline{b}$ 1–14, 17–18, 15–16, 19–26, 29–34, 27–8, 35–6, [37–44], 45–8, 51–2, 49–50, 53–4, 57–8, 55–6, 59–62

$\underline{d}$ 1–18, [19–62]

$\underline{f}$ 1–2, [3–62]

16
I ddangos fyrred oes dyn

Pand angall na ddeallwn
Y byd hir a'r bywyd hwn?
Anair i ddyn roi'i fryd ar dda
4   A byrred fydd ei bara.

  Pana welir o hirynt
Mae'r gwŷr a fu yma gynt?
Mae Salmon? Nid oedd annoeth
8   O ddysg, a mae Sibli Ddoeth?
Mae tâl a gwallt Absalon
Deg ei bryd? Dwg ef gerbron!
Mae Samson golon y gwŷr
12   Nerthog? Pa le mae Arthur?
Mae Gwalchmai, ni ddaliai ddig,
Gwrol? Mae Gei o Warwig?
Mae Siarlas o'r maes eurlawr?
16   Neu mae Alecsander Mawr?
P'le mae Edward, plwm ydych,
Y gŵr a wnâi'r gaer yn wych?
Mae'i ddelw, pe meddylien',
20   Wych yn y porth uwch ein pen,
Yntau'n fud, hwnt yn ei fedd,
Dan garreg dew yn gorwedd.
Mae Fyrgyl ddiful o ddysg
24   A fu urddol o fawrddysg?
Fo feddodd saith gelfyddyd,
Fo fu ben awen y byd
A'i fwriad wrth fyfyrio
28   (Atebai lais Tubal O')
Cerdd dafod o geudod gwŷr,
Pibau miwsig pob mesur.
Mae Hywel y Pedole?
32   Mae'r llall â'r gron fwyall gre'?
Cwympason', ddewrion, bob ddau
Yn brudd oll, yn briddellau:
Oes a edwyn, syw ydych,
36   Bridd y rhain rhag priddo'r rhych?

Afraid i lawen hyfryd
Ryfyg er benthyg y byd,
Er y siarter o eira
40   Ag eira sêl mewn gwres ha';
Awstin a erchis ystyr
Beth ydyw hyd y byd byr.
Ein llygaid, ein henaid ni
44   Y sy yma i'n siomi;
Ni wn amod (awn ymaith!)
Ar fyw'n hir (ofer yw'n hiaith!):
Ni phery'r byd hoff hirwych
48   Mwy no'r drem ym min y drych;
Nid oes o deiroes i'r dall
Deirawr wrth y byd arall;
Rhodiwn, ceisiwn anrhydedd,
52   Rhodiwn bawb, rhedwn i'n bedd,
Rhodiwn dir, hir ar ein hw,
Rhodiwn fôr, rhaid ynn farw;
Yno ni cheisi unawr
56   Dy eddi 'mysg dy dda mawr.

A fynno nef i'w enaid
O'i feiau byth efô baid.
Rhaid yw gochel tri gelyn,
60   Sŵn tost, sy i enaid dyn:
Y cythrel dirgel ei dôn,
A'r cnawd, a'r cwyn anudon.
Tri meddyg safedig sydd,
64   O ran dyn o'r un deunydd:
Cardod o'i dda cywirdeb,
Ympryd yn enbyd i neb,
A chariad, gwych ei weryd,
68   Perffaith, ein gobaith i gyd;
Ni wn un, yn fy neall,
A wnelo lles heb y llall.

Awn i studio'n wastadol
72   O bwys a nerth be' sy'n ôl;
Mae corn o Frawd i'm cern fry
A'm geilw pan fwy' i'm gwely;
Mae y Farn mor gadarngref
76   A'r cri'n oer fal y crŷn nef;

Yno pan dduo'r ddaear,
Gwellt a gwŷdd, pob gwyllt a gwâr,
Llu eiddo Duw llaw ddeau dôn',
80   Llu du elwir lle delon'.
Iesu! Hyn a ddewiswn:
Awr dda a hap ar ddeau hwn
A'n ledio oll hyd liw dydd
84   O'r llaw yno i'r ll'wenydd.

Ffynonellau
A—Bangor 13829, 36 [Daeth llsgr. Bangor 24245, 1^r (sef **Y** yn y rhestr hon)
i law yn hwyr.] B—Bangor (Mos) 6, 94^v C—Bangor (Penrhos) 1573, 221
D—BL Add 12230 [= RWM 52], 106^r E—BL Add 14866 [= RWM 29],
222^v F—BL Add 14874 [= RWM 51], 260^r G—BL Add 14876, 32^r H—BL
Add 14879 [= RWM 38], 164^r I—BL Add 14880 [= RWM 36], 9^r (*trefn*: *9^r*,
9^v, *10^r hanner uchaf y ddalen, 12^r*) J—BL Add 14881 [= RWM 50], 54^v K—
BL Add 14894 [= RWM 40], 19^r L—BL Add 14906 [= RWM 45], 8^r M—
BL Add 14940, 90^v N—BL Add 14962, 13^r O—BL Add 14965, 188^v P—
BL Add 14966, 33^r Q—BL Add 14967 [= RWM 23], 80^r R—BL Add
14978, 112^r S—BL Add 14979, 105^v T—BL Add 14984, 152^r U—BL Add
14985, 11^r V—BL Add 15006, 62^r W—BL Add 15007, 4^r X—BL Add
15038, 101^r Y—BL Add 24980 [= RWM 39], 22^r Z—BL Add 31058, 69^v
a—BL Add 31062, 147 b—BL Add 31085, 4^r c^1—Brog (y gyfres gyntaf) 1,
19^r c^2—Brog (y gyfres gyntaf) 1, 185^r d—Brog (y gyfres gyntaf) 2, 266 e—
Brog (y gyfres gyntaf) 3, 440 f—Brog (y gyfres gyntaf) 5, 152 g—Card 1.5
[= RWM 23], 164 h—Card 2.13 [= RWM 34], 109, 118 i—Card 2.68 [=
RWM 19], 521 j—Card 2.114 [= RWM 7], 46 k—Card 2.202 [= RWM 66],
11 l—Card 2.619 [= Hafod 5], 123 m—Card 2.627 [= Hafod 17], 31^v n—
Card 3.37 [= RWM 20], 95 o—Card 4.10 [= RWM 84], ii, 813 p—Card
4.101 [= RWM 83], 181 q—Card 4.156 [= RWM 64], 24^r r—Card 5.10, i [=
RWM 48], 141 s—Card 5.44, 14 t—Card 5.167 [= Thelwall], 2^r u—Chirk
A 5, 1 (*darn*) v—CM 5, 96 w—CM 10, 423 x—CM 24, 52 y—CM 27, 30
z—CM 40, 5 A—CM 114, 230 B—CM 200, 7 C—CM 238, 35^v D—CM
325, 201 E—CM 452, 50 F—CM 454, 1 G—CM 552, 235 H—Esgair 1, 8
I—Gwyn 1, 25 J—Gwyn 2, 131^r K—J 101 [= RWM 17], 354 L—J.R.
Hughes 6, 417 M—LlGC 279D, 28 N^1 LlGC 435B, 30^r N^2 LlGC 435B, 79^v
O—LlGC 593E, 4 P—LlGC 643B, 117 Q—LlGC 644B, 29^v R—LlGC
727D, 261 S—LlGC 832E, 2 T—LlGC 970E [= Merthyr Tudful], 24 U—
LlGC 1024D, 19 V—LlGC 1579C, 94 W—LlGC 3037B [= Mos 129], 285
X—LlGC 3038B [= Mos 130], 49 Y—LlGC 3040B [= Mos 132], 60 Z—
LlGC 3047C [= Mos 144], 234 a—LlGC 3048D [= Mos 145], 340 b—LlGC
3050D [= Mos 147], 326 c—LlGC 3051D [= Mos 148], 425 d—LlGC
3056D [= Mos 160], 400 e—LlGC 4710B, 238 f—LlGC 5265B, 47 g—

LlGC 5272C, 32^v h—LlGC 5273D, 10^v i—LlGC 6681B, 388 j—LlGC
6706B, 78 k—LlGC 6735B, 116^v l—LlGC 9048E, 39 m—LlGC 9166B, 1
(*llau. 41–2, 55–84*) n—LlGC 10252D, 24 o—LlGC 10748D, 29 p—LlGC
11087B, 66^r q—LlGC 11115B [= copi ffotostat o lsgr. Llyfrgell John
Rylands, Welsh MS 2], 179, 185 r—LlGC 11816B, 81^v s—LlGC 12873D,
48 t—LlGC 13061B, 51^v u—LlGC 13079B, 37^v v—LlGC 13125B, 532
w—LlGC 13167B, 136 x—LlGC 13168A, 142, 153 (*llau. 1–51*) y—LlGC
17528A, 136 z—LlGC 19901B [= J. Gwenogvryn Evans 1], 37^v (*llau. 69–84*)
A—LlGC 21700D [= Heythrop], 152^r B—LlGC Mân Adnau 1206B [=
Tanybwlch 1], 647 C—Llst 6, 111 D—Llst 16, 39 E—Llst 47, 66 F—Llst
53, 458 G—Llst 117, 37 H—Llst 133, 323 I—Llst 134, 13 J—Llst 145, 30^v
K—Llst 156, 247 L—Llst 165, 122 M—Llst 167, 75 N—Llst 181, 68 O—
Pen 75, 185 (*llau. 57–84*) P—Pen 91, 7 Q—Pen 93, 103 R^1—Pen 97, 44
R^2—Pen 97, 70 S—Pen 103, 59 T—Pen 195, 19^v U—Pen 198, 144 V—Pen
221, 10 W—Pen 239, 186 Y—Bangor 24245, 1^r

Ymhellach ar y llawysgrifau, gw. tt. 235–46.

Dull cofnodi'r darlleniadau amrywiol
Y mae 131 o gopïau o'r cywydd hwn, ac fe'u rhestrir uchod. Gan fod y
gerdd yn digwydd mewn cynifer o lawysgrifau ni ddangosir darlleniadau
llawn o'r holl lawysgrifau yma. Codwyd darlleniadau llawn o bob llawysgrif
a ddyddiwyd i'r cyfnod cyn 1600; codwyd darlleniadau amrywiol o sampl o
linellau, sef llinellau 1–8, o lawysgrifau a ddyddir i'r cyfnod ar ôl 1600,
ynghyd â theitl y gerdd, priodoliad, a threfn ei llinellau. Dangosir isod drefn
llinellau pob copi, ynghyd â'r teitl a'r priodoliad lle y'u ceir.
    Dangosir darlleniadau llawn o lawysgrifau'r unfed ganrif ar bymtheg yn
unig, gan fod y darlleniadau eraill yn gopïau agos ohonynt. Ymranna'r 131
llawysgrif yn grwpiau. Sicrhawyd bod pob grŵp yn cael ei gynrychioli yn
narlleniadau llawysgrifau'r unfed ganrif ar bymtheg; lle nad oedd darllen-
iadau llawysgrif ddiweddar wedi eu cynrychioli, codwyd darlleniadau'r
grŵp i chwilio am ddarlleniadau arwyddocaol, a nodi'r hynodrwydd lle y'i
ceid. Os bernid bod llawysgrif ddiweddar fel petai'n cadw gwybodaeth
gynnar ac yn gofnod o hen lawysgrif, nodwyd y darlleniadau hynod.

Llawysgrifau'r unfed ganrif ar bymtheg
E—BL Add 14866 [= RWM 29], 222^v
O—BL Add 14965, 188^v
Q—BL Add 14967 [= RWM 23], 80^r
S—BL Add 14979, 105^v
X—BL Add 15038, 100^r
c^1 —Brog (y gyfres gyntaf) 1, 19^r
c^2 —Brog (y gyfres gyntaf) 1, 185^r

d—Brog (y gyfres gyntaf) 2, 266
j—Card 2.114 [= RWM 7], 46
l—Card 2.619 [= Hafod 5], 123
m—Card 2.627 [= Hafod 17], 31^v
t—Card 5.167 [= Thelwall], 2^r
I—Gwyn 1, 25^r
W—LlGC 3037B [= Mos 129], 284
Y—LlGC 3040B [= Mos 132), 60
b—LlGC 3050D [= Mos 147], 326
c—LlGC 3051D [= Mos 148], 425
f—LlGC 5265B, 47
g—LlGC 5272C, 32^v
l—LlGC 9048E, 39
C—Llst 6, 111
E—Llst 47, 66
G—Llst 117, 37
N—Llst 181, 68
O—Pen 75, 185
Q—Pen 93, 102
S—Pen 103, 59

Darlleniadau'r llawysgrifau

1–2 [*QSc²WYcGS*]; 1–4 [*N*]; 1–22 [*X*]; 1–56 [*O*]. 1 *c¹E* pond. 2 *E* nar bywyd hir nar byd hwn, *OlmlbfgE* y bowyd hir ar byd hwn, *c¹* y byt ta ar bowyd hwn, *d* y bowyd hael ar byd hwn, *j* nad bowyd hir mor byd hwn, *l* y bywyd hir ny byd hwn, *Q* y bowyd tec or byd hwn. 3 *Otfg* Anner i ddyn, *c¹* yr hwn a ddys, *c²mYbQ* Afraid i ddyn, *jG* Anir i ddyn, *Wc* O fer i ddyn; *E* na roi yn dda, *OjtWfgG* i rroi yn dda, *QC* roi yndda, *S* narydd dda, *c¹* ai rroi yndda, *c²* fryd ar dda, *dllE* na rhoi dda, *Y* arbed i dda, *b* i fryd ar dda, *c* fwrw i dda, *l* ae roi n δa, *Q* fryd i dda, *S* roi i dd. 4 *Yb* a byred iddo i bara. 5 *OSXc¹c²jllWbcfglCEQ* pam na welir. 6 *EOSc¹c²djlmlbfgQS* y gwyr, *Y* y gwr; *dl* da fy gymrv gynt. 8 *G* abyl o; *OQdjmtlbcfglS* ddysc ple mae, *Sc¹YGN* ddysc [a] mae, *l* ddysc y mae, *Q* ddysc ple maeai; *Q* sele doeth. 9 *c¹c²* mae gwallt athal, *l* mae talh a gwedd, *Yfg* tal y gwallt. 10 *dlE* deg o brvd, *YbNQ* teg ei bryd; *Q* twg ef; *Q* grarbron. 11 *OmYbCEN* galon, *l* goron. 12 *E* yn nerthol mae hen Arthur, *OQcfg* Nerthol a ffle mae Arthur, *SjmWbN* nerthol ble mae arthyr, *c¹* nerthol ple mae arethv, *c²* nerthol mae aerthyr, *d* nerthol ple mae i nai arthyr, *l* nerthol bl mae nai arthyr, *t* nerthol a phle mae Arthur, *I* nerthol ple i mae i nai arthyr, *Y* nerthol pyle mae Arthvr, *CE* nerthol ble mae nai arthyr, *S* nerthog a ffle mae arthvr. 13–14 [*OdllgC*]. 13 *l* Walchmai; *E* ddalai; *W* dig. 14 *j* wrol; *c²lG* may r gei, *E* mae Giy. 15–16 [*c*]. 15 *E* ar maes; *Ec²W* hirlawr, *SlCE* irlawr. 16 *YlCN* ble mae, *OSc¹c²djlmtlWbfgE* amae, *QS* mae mae. 17 *C* mae edwart. 18 *G* [Y]; *c¹* gwyr; *m* a wna; *OSWfgEQ* ['r] gaer, *l* i gaer, _b_ yn gaer. 19 _lEQ_ mae ddelw, _Y_ mae i delw; _OSfgN_ o meddylien. 20 _t_ wych ar y porth; _l_ ywch y pen. 21 _C_ hwnt yn yfed. 22 _SQ_ dan y garreg; _YN_ draw yn. 23 _Q_ mae vregvl ddivul i ddysc; _X_ mae vyrdsil oedd ddifyl o ddysc, _t_ Mae vygyl ddiwyl oddysc, _l_ mae vyrgil δwyl o δysc, _G_ mae vyrsil vyfyr o ddysg, _N_ mae furtul ddifyl o ddysc. 24 _XdlE_ yrddol ar, _c¹c²_ vrddol aroi, _mYNQ_ vrddol oi, _C_ arddel ar. 25–6 [_Q_]. 25 _OXg_ a feddodd, _c¹_ efaeth ar, _dm_ vo a feddodd, _IYl_ fe feddoedd y, _G_ aveddodd y; _S_ glyfyddyd, _CE_ kylfyddyd. 26 _OXc¹lgG_ avu, _d_ fo a fy, _j_ e fv; _l_ awenyδ byd. 27–8 [_l_]. 27 _c¹_ a bwrw wrth, _G_ ivwriad; _c¹c²_ ve ddylio, _C_ vyrddyrio, _N_ lyfyrio. 28 _c²_ atebai yw lais, _tl_ atebai i lais. 29 _YN_ oi; _l_ gyfnod; _Qt_ gur, _Y_ gwr. 30 _c_ pe bay mvsig. 31 _dE_ pedolav. 32 _X_ arall, _j_ ar llall, _l_ a mae/r/ llall; _Qc_ ai; _dE_ grav. 33 _G_ ddewrio. 34 _b_ yn brvddol yn. 35 _N_ oes a edwyn yn fyw ydych. 36 _OQSc¹c²djl_ _mtWcfglEGQ_ pridd, _S_ prvdd; _S_ ywr rrain; _EOQSc¹lmtlYbfgEGNS_ rrac pridd yrhych, _XdWcQ_ rhagor pridd y rhych. 37 _Y_ llawen. 38 _EOXfgl_ y ryvig er benthig byd, _Sc¹c²mtYbQ_ I ryfic er benthyg y byd, _dj_ ryfig er benthig byd, _C_ [ ]fic er benthic or byd, _G_ i rryddic ir benthic ybyd. 39–40 [_QXtlGQ_]. 39 _E_ mwy no siartar ar eiraf, _S_ oeris siarter o eiraf, _c¹_ yr vn siarter oi vara, _c²_ aros ysiarter oer af, _dlE_ er i siarter ai varia, _j_ cres siarter o eiraf, (_m_) er sy ar tyr o eiraf, _l_ er i siarter ai fara, _YbN_ aros siarter o eira. 40 _E_ yngoris haul yngwres haf, _OfgS_ a gorsedd havl a gwres ha, _S_ agario sel mewn gwres haf, _c¹_ ar iasel mewn gwres haf, _c²YbN_ ac aros havl agwres haf, _dll_ ag er i sel mewn gwres ia, _jWcE_ ag er y sel mewn gwres ha, _m_ ac er ia sel a gwres haf. 41 _O_ a archodd, _c¹_ a ddyfod, _dlE_ addywaid, _b_ [a] archis. 42 _QSc²jtcN_ py beth yw hyd, _dlE_ beth yw ennyd ny, _Y_ py byth yw hyd. 43–6 [_G_]. 43 _c¹l_ yn llygaid yw; _EQSXc²jmWYbcNQS_ an amnaid ni, _Oc¹dtfgl_ yn hamnaid ni, _E_ yn emnaid ni. 44 _cE_ a sy yma yn siomi. 45–6 [_XdllC_]; 45–50 [_Q_]. 45 _c¹_ nid oes amod; _E_ ni awn. 46 _jt_ i fyw yn; _E_ hir o fewn hiaith, _S_ hir ofer yn haith, _c¹_ hir o fewn yn iaith, _c_ ofer yw n haith. 47 _c¹jc_ ['r]; _l_ pryd hoff, _W_ ha [hoff]; _OXdmlbfg_ irwych. 48 _Qt_ yn hwy no drem, _S_ fwy nor drem, _dc_ mwy noi drem, _jmbfEG_ mwy no drem; _E_ y mannau drych, _Ofg_ y mewn y drych, _QmtYN_ ynny drych, _S_ avai yn y drych, _X_ o mewn ir drych, _c²_ ofewn ofewn y drych, _jWG_ ovewn ydrych, _l_ [ym] min y drych, _bS_ mewnydrych, _c_ oi mewn y drych, _l_ vai yn y drych. 49–50 [_G_]. 49 _E_ y dall. 50 _Q_ Bedeirawr. 52 _Q_ rrodiwn vor (vyth), _c¹G_ redwn bawb; _Q_ rredwn i vedd, _G_ rroduw in bedd. 53 _E_ dir yn hir yn harw, _OYbgN_ dir yn hir ar herw, _QS_ dir yn hir arnvn hw, _X_ dir hir ar hw, _c¹_ dir yn hir arvyn hw, _c²_ dyn hir ar fyn hwf, _d_ dir [hir ar ein hw], _jtc_ dir hir arnvn hw, _l_ dir hir yn hw, _m_ dir yn hir anhw, _W_ dir yn hir gida n hw, _f_ dir yn hir ar yn hw, _l_ dir yn hir ar hw, _E_ dir hir ar yn hwn, _G_ dir yn hir arnhw, _Q_ dir yn hir ynhw, _S_ dir yn hir anw. 54 _C_ [fôr]; _E_ rhaid yw yn; _E_ vairw. 55–6 [_c¹l_]. 55 _OQSc²jmtlWbfgQS_ ynna, _X_ o ddyno, _YN_ yma; _E_ ni chei di unawr, _X_ ni ddown vnawr, _c²_ nicheisiwn awr, _jE_ ny cheffy unawr, _W_ ni cheissie unawr, _YN_ ni cheisiwn vn awr, _G_ nicheisir vn awr. 56 _OjmtlYbcfgQS_ dveddv mysg, _Q_ dueddu mwy, _X_ vn dydd ymysg, _c²_ dyfeddw ymysc, _dE_ dyddiav ymysg, _l_ dydded ymysc, _W_ feddv y mvsk, *G* dy hevddv; *XY* yn da mawr, *t* y da mawr, _I_ ddy dda mawr, *S* da dda mawr. 57–8 [*X*]. 57 *j* a fynnof, *S* afyna; *S* nef vn enaid. 58 *ESc²jmtIWbcfgGNQS* ai veie *gydag* oi feiau *y testun yn amrywiad yn S, Q* A veie; *EOQdjmtbcfgEOQS* ef a baid, *Sc²IWGN* yvo abaid, *c¹* eyfo a bid. 59 *X* yn ochel; *G* dri glyn. 60 *E* ynni tost, *OdlIfgEO* swyn tost, _W_ a swn tost, *YN* gwyn tost; *E* [sy'], *dl* y sy, *E* a sy; *lE* [i]. 61 *X* [ei]. 62 *Oc¹c²jmYbcfgE* y knawd, *X* i knad; *X* ar byd sy enbyd son, *j* ar kwyn o nvdon. 63 *j* safedig safedig sydd, *t* safeddic y sydd, *IG* safedig y syδ. 64 *ESmI* ar ran, *Obfg* a ran, *Q* Ar an, _WQ_ i ran; *OXjltfgO* duw *gyda* dyn *y testun yn amrywiad yn j*; *EOXtIfgGS* ir vn, *j* o ran, _l_ yr yn. 65 *Q* kardon; *OXfg* o dda, *c¹* o dd; *Y* kowirdedd. 66 *c¹c²* ac ympryd, *dlIE* oy letü; *EQSXjcfl* anenbyd, *OmWgQ* nid an enbyd, *dlIE* ny nekü, *t* ni anenbyd, *YbOS* nidayn enbyd, *N* nida enbyd; *OdlWgQ* [i] neb. 67 *X* achariad o wych; *EOQSdlmbcfgYENOQS* a weryd, *X* wryd, *c¹c²* owryd, *jtIWlG* o weryd. 68 *C* pryffaith; *EOSXc²dlmIWYbcfglEG OQS* yw n, *Qjt* a, *c¹N* ywr; *c²* gobai. 69–70 [*dlICEQ*]; 69–84 [*c¹*]. 69 *m* ni van; *Q* vn yn yngall, *X* i yn ynyall, *G* vn ynynef allt. 70 *ESXmYbOS* a wna lles, *c²* ni bai les, *j* a wnai or lles, _WG_ ana mor lles, _c_ a wnai mor lles, _l_ a wna vawr lhes, *N* na wna lles; *E* heb ynn y llall, *X* vn heb yllall, *c²YN* mwy nor llall, _c_ heb mor llall. 71 *Otg* Af i; *Q* dvdio n; *j* wasdol, *C* wastadadol. 72 *Y* oll. 73–4 [*EQdlIE*]. 73 *G* y mae; *OSc²jmtcfg* corn y frawd, *XW* korn o vrad, *Y* korne frawd, _b_ korn farn, *G* korn ovyraw, *N* kerdd frawd, *OS* korn frawd, *Q* koron o fraw; *t* yn kern, *Y* ym kerne. 74 *OSc²jmYbcfgNOS* a eilw pawb oi wely, *t* a eilw pawb oi gwely, _W_ im galw yma om gweli, *G* i alw pawb oi wely. 75–6 [*OSfgS*]. 75 *EQXdjlmtbclEOQ* y mayr varn; *Q* gadargref. 76 *c²Y* mar kri, _c_ ar crio, _l_ ar korn, *N* mae kri, *Q* y mae/r/ kri; _l_ ['n]; *c²jtcGNO* oer modd y, *XmbQ* ol fal; *X* kryno nef, *IG* kryn y nef, _c_ krynn ef. 77 *c²* yn; *c²* poen ddyo, _b_ pan gryno/r/, _l_ pan elo yr, *E* pan ddüo a; *c²* oi wely. 78 *Otfg* y gwellt a gwydd, *Qc²WYcN* a gwellt a gwydd, *X* gwellt gwydd; *EXdlmIYE* a gwyllt a gwar, *OQSc²jtWYbcfgGNOQS* [pob] gwyllt a gwar, _l_ y gwylht ar gwar. 79 *E* llu dda duw llaw, *X* lly duw ar y llaw, *c²* llydd y ddo ddyw llaw, *l* lle aiddio düw llaw, _l_ lhy a eiδo duw lhaw, *G* llu i dduw ar y llaw, *Q* llv eiddo dvw ar [llaw]; *j* dde i don, *lE* dde don, *mtYl* δeheu y don, _c_ ddev i don, *G* iddo i don. 80 *EOIYbfgN* llu dy eilwaith, *Qc²mWlOS* llu du aelwir, *S* llv dv a eilw, *X* lly dy eilw, *d* llu [du] elwir, *t* llu du el yn, *G* ar llu du yn, *Q* a llv diawl ir. 81 *mbS* iessv i hvn a, _W_ Iessu oll a, _l_ Jessu dyhyn a. 82 *d* ar dda; *EOXc²dltIWYfgNQ* [a], _l_ o; *d* hav; *Q* ir ddav hyn, *S* ar ddiwedd hwn, *c²* ar yddehav hwn, *N* addeav hwn, *O* ir ddeav hwn. 83 *EjtIWfgO* in ledio oll, *O* ai ledio oll, *Qc* yn ledio oll, *X* ir llv da, *c²* ir ledio oll, *YN* J ledio oll, _l_ lhe don mae, *G* ac ymledio oll; *EQSc²jtIWYbcNOQS* ar liw dydd, *Og* wrth liw'r dydd, *X* myn lliw /r/ dydd, *df* wrth liw dydd, *m* ar liw ddydd, _l_ enw lhiw dyδ, *E* yn liw dydd, *G* am liw [   ]. 84 *OQIfg* or lle ynno, *SjO* ar y llaw yno, *Xt* or llv yno, *c²* A llaw yno, *mb* ar llaw yno, _W_ ai law yno, *Y* ar lan yno, _l_ ar lhe yno, _c_ oll i wyneb, *GQ* gar llaw yno, *N* ir llaw yno, *S* ir lle yno; _W_ i lywenydd, _c_ [i'r] llywenydd, *l* yw r lhewenyδ.

Teitl

[*CDHIKLQSVXc¹c²dhmstuKLMTVYcmnuxzACEM–PSVY*]; *yn llsgr. B ar frig ochr dde'r ddalen ceir testun a allai fod yn deitl ond oherwydd cyflwr y llsgr. y mae'n amhosibl ei ddarllen.* A Cywydd duwiol a gyfenwir Cywydd y Gorchestwyr, *E* cowydd y milwyr / ir byd ag i ddangos drwy siamplau fod pawb yn mynd ymaith oddima ag amhyny i dleid paratoi lle arall, *F* kowydd j ddangos fyrred oes dyn, *GMPfhorW* Cywydd ir byd, *Jp* cowydd i fyw yn dduwiol, *ND* Cy: yn dangos fyrred yw oes Dŷn, *Og* kowydd (ar fodd pregeth) or byd, *RU* kowydd y gorchestwyr, *T* Cowydd yn dangos feirw or cryfion ar cedyrn ar celfydd an thri gelyn, *U* kaowvdd ir milwvr, *V* kowydd ar fodd pregeth ir byd rhai ai geilw kowydd y milwyr, *Y* kowydd i byd, *Z* Syr dafydd trefor sydd yn dangos ofered ydiwr byd ag yn koffau i ni ifendio yn buchedd ag i ofyn meddeuaint am yn pechode trefom yn y byd yma, *a* Am Ddarfodogaeth y Byd / I movyn yr hen ddynion gynt, *b* Y byd / IR gwyr gorchestol gynt, *ejnObjkU* kowydd y milwyr, *g* Cowydd am farwoldeb dyn, *irw* kywydd ir byd ag i ddangos mor fyr fy para y gwyr gwcha, *k* Cowydd ir byd hwn, *l* gywydd yn dangos bod bob dyn yn daearol heb hir oes yddynt, *o* Cywydd y byd, neu y Milwr, *p* kowydd y milwyr a wnaed yn natvriol er nad oedd y gwr kyfodydd, *q* I ddangos byrdra oes dyn, *v* kowydd y milwr, *xL* kowydd y Milwyr afv gynt yn dwyn rhagorieth yn i hamser, *y* kowydd ir Milwyr ag o ystyrieth y bŷd, *z* Cywydd i'r milwyr yn dangos byred oes dyn, *A* stori or byd ar milwir, *BS* Cowydd o fyfyrdod ar y Byd ai wagedd, *CEXK* Kowydd duwiol, *F* cowydd yn dangos fyrred iw oes Dyn, ac mor ofer iw coelio i ddim ac sydd yntho, ac yn dangos na allodd un or milwir i gyd, estyn dim ar ei Hoes, *GQ* kowydd ir milwyr gynt a fvon feirw, *HZD* kowydd i ddvw, *I* Cowydd ir bŷd ai orwagedd, *J* Ko i ddangos byrder oes dvn, *N¹* Kowydd y milwyr modd i kalyn, *N²* kowydd i goffav diweddiad dyn or byd hwnn, *P* kywydd ir bŷd ag i ddangos fyrred yw para y gwŷr gwcha, *R* kowydd y milwyr ag i kynghori pawb, *W* kowydd o waith Sʳ dd trefor yn dwyn ar ddallt diwedd pawb gan alw am y gwyr gwrol aith ir pridd ou blaen / kowydd odieth o ddiwedd pawb, *a* cow: yn dangos fyrred y bowyd [   ] y byd yma, *d* k: ir byd yn dangos i fod yn Dwyllodrus ag yn anwadal, *e* Cywydd Byrder Oes Dûn, *fG* kowydd ymilwyr gynt, *i* Cowyδ ir Byd ag ir milwyr penna or byd, *l* kywyδ dwyvol, *q* Cowydd yn Dangos mor ofer rhoi hyder ar ddynion, *s* Cywydd ir byd ag iddangos morfyr fy para yr gwr gwcha, *t* kywydd ir hên wŷr gynt, *v* Cywydd am Ddarfodogaeth y Byd, *w* Cywydd Byrdeb oes Dûn, *y* Cowydd am farwolaeth Dyn, *B* Cywydd y milwr yn dangos [   ]ed oes dyn, *F* kow / o sample da ir byd, *HJ* Cywydd ynghylch gorwagedd a breuolder y byd, *I* llyma gywydd i movyn yr hen ddynion a vyont veirw, *Q* am yryfig y byd [   ], *R¹R²* llyma Cowydd ir byd, *T* [   ]ru r Gwir y[   ]a o wai[   ].

Priodoliad

[*hGQXnuxV*], *ABCFGHKLMP–SUVc²efjmnqtvxABFHJM–PSWY–bdfimABDGL NOQR²UY* Sr dd trefor ai kant, *DewK* Doctor Sion Kent ai kant, *ENOTVYZbgiprRghjrsFMPR¹ST* Sr Dafydd Trefor, *I* Syr dd trefor ai kant nei Sion y kent ykat, *Jp* Sr davydd trefor ai kant o lân allgo ym mon, *XlsTltvE* Sion y kent ai kant, *aL* Sion Kent, *c¹* syon a kaent ai kant, *dIK* Sion Kent ai kant *gyda* neu Sʳ Ddd Trefor *mewn llaw wahanol yn I*, *kC* Sion Dafudd Trefor ai cant, *o* Sʳ Dafydd Trefor person Llan Allgo, *t* syr dafvdd [   ], *w* Syr Dafydd Trefor a'i Cant Efe oedd Person Llaneugrad 1440, *y* Syr Dafydd Trefor ai kant medd rhai eraill a ddowyd mai/r Doctor Sion kent, *z* Syr Dafydd Trefor ai cant Offeiriad oedd ef. *D* D Trefor ai cant, *E* Sʳ Dafydd trefor ai Cant ag offeiriad oedd ef, *U* Syr Dafydd Trefor ai can't 1480, *V* Sʳ David Trevor lloyd ai cant, *cz* Sʳ davydd trevor o lann allgo y mon ai kant, *k* Sʳ dd, *oW* Dor Joⁿ kent, *q* Sʳ David Trefor ai canodd, *y* Sʳ Dafydd Trefor a'i Cant Person Llan Allco ym Môn, *C* John ykent ai kant, *H* Sʳ Dafydd Trefor Person Llanallgof ym Môn a'i cant, *I* Sion y kent ai kant *gyda* Sir Dav. Trevor medd copi arall. D. Meifod medd y Trydydd. *mewn llaw wahanol*, *J* Sʳ Dafydd Trefor Person Llanallgof ym Mon ai cant ynghylch y flwyddyn 1480.

Trefn y llinellau

ARU [1–2], 3–24, [25–6], 27–38, 45–6, 39–40, 47–50, 43–4, 51–4, 41–2, 55–84.

BYbok 1–38, 45–6, 39–40, 47–50, 43–4, 51–4, 41–2, 55–74, [75–6], 77–84.

CHW [1–2], 3–38, 45–6, 39–40, 47–50, 43–4, 51–4, 41–2, 55–84.

D 1–2, + Pottiau ydym paintiedig / priddion yn ddrychion a ddrig / Pottele llenie llownwin / gwydr ar gwymp gwedi/r/ gwin, 3–4, 37–8, 7–14, + Mae(r) fun euraid fain wryd / o ffraingc oedd yn decca ei ffryd, 15–16, + Mae Gwenhwyfar wawr hoewedd / ferch Gofran gawr gwawr ei gwedd / Mae tegfedd rhyfedd y rhawg / Coel verch Owain Cyfeiliawg / Mae ent hwy ai gwragedd heddiw / ai mowredd gwych ai modd gwiw / Ni wyr cennad weladwy / Na herod gynt ei hynt hwy / yr un dawns gwn ei wrantaw / i nineu yn ddieu a ddaw / Mae Afiason afaelion filwr / Ag a wnae gynt egni gwr, 17–36, 47–8, 43–4, 51–2, + Er eu callder medd gwerin / au mawr gelfyddyd au min / Er eu dewred wyr diriaid / au balchder anrhydedd rhaid / yn ddiddim awgrym o graff / ir pridd yr aethant wyr praff / Or pridd eu daethont er praw / ir pridd ir ant iw priddaw / Ai dolciog gorph ai dalcen / ai bwys o bridd ai bais bren / Ac wythgant meddant i mi / o bryfed yn ei brofi, 41–2, 57–60, 62, 61, 63–70, Pan ddel Christ poen ddial crêd / parth y gair porth y gored, 71–84.

E 1–4, pottiau ydynt peintiedig / pryddion drygion a drig / pottiau a lluniau llownwin / gwydr ar gwymp gwedi r gwin, 5–6, + mae'r byd oll? mawr by dwyllwr, / mae Addaf fu gyntaf gwr?, 7–38, 45–6, 39–40, 47–50, 43–4, 51–

4, 41–2, + rhaid i berchen anrhydedd / myn ynghrhed fyned yw fedd / a gorwedd yn y gweryd / a chaur bedd yniach ir byd, 55–68, + a ffydd ar dduw fyw a fo / heb law hyn, abl yw honno, 69–72, [73–4], 75–84.

Fl<u>HJew</u>R¹R² 1–12, [13–14], 15–44, [45–6], 47–68, [69–70], 71–2, [73–4], 75–84.

GM<u>gay</u> 1–2, + pwyntie ydyn payntiedig / pryddion yn drychion a drig / pottele llynne llownwin / gwydr a gwymp gwedi/r/ gwin, 3–38, 45–6, 39–40, 47–50, 43–4, 51–4, 41–2, 55–84.

I 1–2, [3–8], 9–10, [11–12], 13–30, [31–40], 41–2, 55–6, 49–50, 43–4, [45–8], 51–4, 57–80, [81–2], 83–4.

J<u>cp</u> [1–2], 3–10, 13–14, 11–12, [15–16], 17–38, 45–6, 39–40, 47–50, 43–4, 51–4, 41–2, 55–84.

K [1–2], 3–34, [35–6], 37–8, 45–6, 39–40, 47–50, 43–4, 51–4, 41–2, 55–84.

L 3–4, + pottie ydyn paintiedig / priddion drychion a drig / potelav llynav llownwin / gwyd^r a gwymp gweidir gwin, 1–2, 5–38, [39–40], 45–8, 43–4, 49–52, [53–4], 41–2, 55–84.

N<u>D</u> 1–14, [15–16], 17–38, 45–6, 39–40, 47–50, 43–4, 51–4, 41–2, 55–84.

OVg 1–12, [13–14], 15–40, 45–50, 41–4, 53–4, 51–2, 55–74, [75–6], 77–84.

Pirw<u>Pqs</u>T 37–8, [1–2], 3–6, [7–8], 11–12, 9–10, 13–14, + Mae/r fvn evrael fain wryd / o ffraink oedd decka i ffryd, 15–16, + Mae Gwenhwyfar wawr hoew-wedd / ferch Gogran gawr gwawr i gwedd / Mae Tegfedd rhyfedd yr rhawg / koel ferch Owain kyfeiliawg, 17–30, + darfod a wnaeth ar derfyn / fal i derfydd dŷdd pob dŷn, 31–6, 39–40, 47–54, 41–2, [43–6], 57–74, [75–6], 77–84, 55–6.

Q [1–2], 3–38, [39–40], 45–50, 43–4, 51–4, 41–2, 55–72, [73–4], 75–84.

SS [1–2], 3–38, 45–6, 39–40, 47–50, 43–4, 51–4, 41–2, 55–74, [75–6], 77–84.

T 1–6, + Potiau ydynt payntiedig / priddion drychion a drig / Potiau lluniau llawnwin / gwydyr ar gwymp gwedi yr gwin, 7–36, + pan weler ymysc cerig / fy esgyrn yn gyrn lle i bu gig / Pegeth[o] oedd [ ] yr gwaith hwnn / pwy a wyddiad pwy oedd wnn, 37–8, 45–6, 39–40, 47–50, 43–4, 51–4, 41–2, 55–84.

U 1–2, + pottie ydvm painttiedig / pryddion yn ydrychion adrig / potele llyne llownwin / gwedyr ar gweymp gwedir gwin, 3–8, 11–12, 9–10, 13–28, [29–30], 31–8, 45–6, 39–40, 47–50, 41–2, [43–4], 55–6, 51–4, 57–68, [69–70], 71–84.

W 1–2, pottie ydym payentiaday / priddion yn drygion a drig / pottela llyn[ ] / gwydr ar [ ], 3, [4–12], 13–38, 45–6, 39–40, 47–50, 41–2, [43–4], 55–6, 51–4, 57–68, [69–70], 71–84.

X [1–22], 23–38, [39–40], 41–4, [45–6], 47–56, [57–8], 59–84.

Z 1–6, 9–10, 7–8, 11–38, 45–6, 39–40, 47–50, 43–4, 51–4, [55–6], 41–2, 57–68, [69–70], 71–4, 77–8, 75–6, 79–80, [81–2], 83–4.

a<u>y</u> 1–12, [13–14], 15–30, + Mae gern ufelwern filoedd / Mynnwn a wnan y gan ar goedd / Mae milwyr oll mae moliant / Breiddwyd cof mae'r beirdd ai cant, 31–40, 45–50, 41–4, 53–4, 51–2, 55–74, [75–6], 77–84.

c^1 1–8, 13–14, 9–12, 15–38, 45–6, 39–42, 49–50, 43–4, 53–4, [55–6], 51–2, 47–8, 57–68, [69–84].

c^2VYAM [1–2], 3–38, 45–6, 39–40, 47–50, 43–4, 51–4, 41–2, 55–74, 77–8, 75–6, 79–84.

d 1–12, [13–14], 15–44, [45–6], 47–54, 57–8, 55–6, 59–68, [69–70], 71–2, [73–4], 75–84.

eB 1–28, 30, 29, 31–8, 45–6, 39–40, 47–50, 43–4, 51–4, 41–2, 55–84.

fmnpyBFOQRSb 1–38, 45–6, 39–40, 47–50, 43–4, 51–4, 41–2, 55–84.

h 1–5, [6], 9–10, 7–8, 11–38, 45–6, 39–42, 47–50, 43–4, 51, [52–84].

j 1–2, + pottie ydym paentiedig / priddion yn drychion adrig / potele llynne llownwin / gwydyr ar gwymp gwedir gwin, 3–8, 11–12, 9–10, 13–38, 45–6, 39–40, 47–50, 43–4, + ni wyr dyn a ordeinio / pa hyd yn y byd i bo, 41–2, 55–6, 51–4, 57–84.

kC 1–10, 13–14, [15–16], 11–12, 17–28, 30, 29, 31–8, 45–6, 39–40, 47–50, 43–4, 51–4, 41–2, 55–84.

qz 1–6, + pottiau ydym painttiedig / priddion yn drychion a drig / pottelau llynnaû llawnwin / Gwydûr ar gwymp gwedi r gwin, 7–28, 30, 29, 31–8, 45–6, 39–40, 47–50, 43–4, 51–4, 41–2, 55–84.

sLTtEI 1–38, 45–6, 39–44, 47–54, 57–8, 55–6, 59–68, [69–70], 71–2, [73–4], 75–84.

ti 1–38, [39–40], 45–50, 43–4, 51–4, 41–2, 55–84.

u 1–12, 15–16, 13–14, 17–35, [36–69], 70–4, [75–6], 77–84.

vdU 1–2, + pottie ydym paentiedig / priddion yn drychion adrig / pottele llyne llownwin / gwydyr ar gwymp gwedir gwin, 3–6, 9–10, 7–8, 11–38, 45–6, 39–40, 47–50, 43–4, 51–4, 41–2, 55–84.

x [1–2], 3–22, + dall mewn davaren dowllwg / dan draed ni wyr da mor drwg, 23–38, 45–6, 39–40, 47–50, 43–4, 51–4, 41–2, 55–84.

A [1–2], 3–12, [13–14], 15–25, [26–30], 31–8, [39–40], 45–50, 43–4, 51–4, 41–2, 55–84.

E 1–10, 13–14, [15–16], 11–12, 17–28, 30, 29, 31–8, 45–6, 39–40, 47–50, 43–4, 51–4, 41–2, 55–74, 77–8, 75–6, 79–84.

GQ 1–4, + pottie ydynt paintiedig / priddwn drychion a drig / Potelav llyniav llownwin / gwydr ar gwymp gwedir gwin, 5–38, 45–6, 39–40, 47–50, 43–4, 51–4, + ni wyr dyn er a ordeinio / pa hyd yn y byd i bo, 41–2, 55–68, [69–84].

I 1–12, [13–14], 15–44, [45–6], 47–50, 53–4, 51–2, 55–68, [69–70], 71–2, [73–4], 75–84.

K 1–12, [13–14], 15–31, [32–3], 34–44, [45–6], 47–54, 57–8, 55–6, 59–68, [69–70], 71–2, [73–4], 75–84.

M 1–2, + pottie ydyn paentiedig / prvddion yn drychion a drig / pottele llynne llawnwin / gwydr ar gwymp gwedir gwin, 3–38, 45–6, 39–40, 47–50, 43–4, 51–4, + ni wyr dyn er i ordeinio / pa fyd yn y byd i bo, 41–2, 55–

84.

*N*¹ [1–2], 3–22, + dall mewn davaren dowyllwg / dan draed ni wyr da na drwg, 23–31, [32–3], 34–8, 45–6, 39–40, 47–50, 43–4, 51–4, 41–2, 55–84.

*N*² [1–2], 3–34, 37–8, 45–6, 39–40, 47–50, 43–4, 35–6, 51–4, 41–2, 55–84.

X 1–8, [9–22], 23–6, [27–32], 33–8, [39–40], 45–50, 43–4, 51–4, 41–2, 55–84.

Z 1–12, [13–16], 17–34, [35–6], 37–44, [45–6], 47–68, [69–70], 71–2, [73–4], 75–84.

f 1–38, 45–6, 39–40, 47–50, 43–4, 53–4, 51–2, 41–2, 55–74, [75–6], 77–84.

h 3–4, + pottie ydyn paentiedig / priddion drwchion a drig / pottelav llynnav llownwin / gwydr ar gwymp gwedi r gwin, 1–2, 5–10, 13–14, 11–12, 15–38, 45–6, 39–40, 47–8, 43–4, 49–54, 41–2, 55–84.

j 1–2, + pottie ydym peintiedig / priddion yn drychion adrig / pottele llynne llownwin / gwvdr ar gwymp gwedir gwin, 3–6, 9–10, 7–8, 11–38, 45–6, 39–40, 47–50, 43–4, 51–4, 41–2, 55–78, 80, 79, 81–4.

l 1–6, 9–10, 7–8, 11–26, [27–8], 29–38, [39–40], 45–50, 43–4, 51–4, [55–6], 41–2, 57–74, 77–8, 75–6, 79–80, 83–4, 81–2.

m [1–40], 41–2, [43–54], 55–84.

n 1–10, 13–14, [15–16], 11–12, 17–28, 30, 29, 31–8, 45–6, [47–8], 39–40, 49–50, 43–4, 51–4, 41–2, 55–83, [84].

oW 37–8, [1–2], 3–6, [7–8], 11–12, 9–10, 13–14, + Maey r fv euraid fain wrvd / o ffrainck a oedd deca i ffrvd, 15–16, Mae Gwenhwyfawr wawr hoewedd / ferch Gogfran gawr gwawr i gwedd / mae tegfedd rhyfedd yr hawg / coel ferch Owain cyfeiliawg / Mae Silio Mae Gorufsvl / mae/r/ feirdd ywch ropia maer fil / Mae/n/ hwy ai gwragedd heddyw / ai mowredd gwych ai modd gwiw / ni wyr cenad coeladwy / na herod gu ynt i hunt hwy / yr vn dawns gwn i wrandaw / i ninav diav i daw / aniweiraf Ddafydd / Selef ddoeth salwa fu ddydd / Mae Siason afailion filwr / ag a wnay gynt egni gwr, 17–30, + Darfod a wnaeth i derfyn / fal a derfydd dydd pob dyn, 31–6, 39–40, 47–54, [55–6], + er i gallder medd gwerun / ai mawr gylfyddvd oi min / er i dewredd wyr diriaid / ai balchedd anrhydedd rhaid / yn ddiddim awgrym ograff / ir pridd ir aethon wyr praff / or pridd i doethant er praw / ir pridd ir ant er priddaw / Ai dolciog corph ai dalcen / ai bwys o bridd ai bais bren / ag wythgant meddant imi / o bryfed yn i brofi, 41–2, [43–6], 57–70, + Pan ddel Crist poen ddial cred / Parth y gair porth y gored, 71–4, [75–6], 77–84, 55–6.

r [1–2], 3–6, 11–12, 7–10, 13–14, [15–16], 17–38, 45–6, 39–40, 47–50, 43–4, 51–4, 41–2, 55–84.

u 1–6, 9–10, 7–8, 11–26, [27–8], 29–38, 45–6, 39–40, 47–50, 43–4, 51–4, [55–6], 41–2, 57–68, [69–70], 71–4, 77–8, 75–6, 79–80, [81–2], 83–4.

x 1–6, 9–10, 7–8, 11–38, 45–6, 39–42, 47–50, 43–4, 51, [52–84].

z [1–68], 69–84.

C 1–12, [13–14], 15–44, [45–6], 47–68, [69–70], 71–84.

DJ 1–12, [13–16], 17–44, [45–6], 47–52, [53–4], 55–68, [69–70], 71–2, [73–4],

75–84.

F [1–2], 3–38, 45–6, 39–40, 47–50, 43–4, 51–2, [53–4], 41–2, 55–68, [69–70], 71–4, 77–8, 75–6, 79–84.

G [1–2], 3–6, 9–10, 7–8, 11–38, [39–40], 47–8, [49–50], 51–4, 41–2, [43–6], 55–84.

H 1–44, [45–6], 47–84.

K 1–12, [13–14], 15–44, [45–6], 47–52, [53–4], 55–68, [69–70], 71–2, [73–6], 77–84.

L [1–2], 3–22, + dall mewn daiaren dowllwg / dan draed ni wyr da mor drwg, 23–32, [33–4], 35–8, 45–6, 39–40, 47–50, 43–4, 51–4, 41–2, 55–84.

N [1–4], 5–38, 45–6, 39–40, 47–50, 43–4, 51–4, 41–2, 55–74, 77–8, 75–6, 79–84.

O [1–56], 57–84.

P 1–4, 6, 5, 7–38, 45–6, 39–40, 47–50, 43–4, 51–4, [55–6], 41–2, 57–74, [75–6], 77–84.

Q 1–10, 13–16, 11–12, 17–24, [25–6], 27–38, [39–40], 43–4, [45–50], 51–4, 41–2, 55–68, [69–70], 71–84.

V 1–2, [3–84].

Y [1–51], 52–68, [69–70], 71–84.

17
I'r ddraig goch

Gwaith anorffen sy genni',
Caru Crist er curo ci;
Dilyn 'Y Broffwydolieth
4 Fawr' y bûm, ofer o beth,
Ac edrych, dywyllfrych du,
Brud hen, bu raid hynny,
A wnaeth heb gerddwriaeth gam,
8 O bai wir, gair y Bergam.

 Dwedyd y mae, *diwyd*, *maith*,
Y daw byd ennyd unwaith.
Dau froder, er llawnder llu
12 Erioed heb wir ddeirydu,
Y rhain a ddyry llawer rhôn,
Ymwasg sias, ymysg Saeson;
Un a dynn yn oed unawr
16 I'r gogledd, gymyrredd mawr,
A'r brawd arall, bryd wrol,
*D*yry aer, a daria'n ôl
Ac a rydd, dragywydd gas,
20 Dyrnod ar wanhau'r deyrnas.
Ni phery hwn, ni phair hedd,
Dewr *y blaenwr*, dair blynedd;
Yr ail haf fydd ar ôl hyn,
24 Hwyr, ofalus hirfelyn,
Ac yn wir Lloegr â'n wan,
Ill deuwedd oll y deuan';
Â'r brawd hen o'r Brytaniaid,
28 Eglur o Dudur ei daid,
O'r gogledd cyn diwedd ei dâl
I rodio gwlad yr Eidal;
Adre y daw i dorri dur
32 Yn ei wrthol, nai Arthur,
Ag esgyrn ei dëyrn daid
Digudd, Gadwaladr Fendigaid;
Yn Owain mewn damwain da
36 Diamau y daw yma;

Drwy'r Werddon mewn diclloni
Anturio a wna i'n tir ni,
Enwog grair, yna y crŷn
40　　　Trwy ddialedd tre Ddulyn:
Cyfyd rhyw ysbryd gwasbraff
Yno'n rhydd ohoni'n rhaff
A thân ffrewyll, deudryll dwrn,
44　　　A lysg yn ôl ei losgwrn
Ac a ennyn yn gannwyll
Dulyn yn dân, di-len dwyll;
Rhaid yw iddaw dreiglaw draw,
48　　　Myned i losgi Manaw;
Llychlyn, a fawr erfyn 'fo,
A gyfyd gydag efo
A dôn' wrth liw nos a dydd
52　　　Â llu o seithgant llywydd.
Seithgant ychwaneg, deg dw',
I Gent y daw ag hwyntw';
Minnau a'i gwn, Môn a'i gwŷl,
56　　　Ein hymwrdd yn ei hymyl;
I Filfwrdd mewn ymwrdd mawr
Y tirian' o fewn teirawr.
Anrheg o wartheg heb wedd
60　　　A'r ŵyn yna o Wynedd
'N ddi-wad i wŷr Llychlyn ddu,
Bid teilwng eu batelu;
A thrwy'r rhain, aruthr hanes,
64　　　Diwan lu, daw inni les.

Enwog gof, yno y cyfyd
Camwri gwŷr Cymru i gyd
Gyda hwynt i'r helynt hon
68　　　Am boen sias am ben Saeson;
Drwy Gamlan dreigiau ymladd
A gwaed a red gwedi'r wadd
A'r ddraig goch, gynddeiriog hydd,
72　　　Gatrfawr gwta, a orfydd
A'r ddraig arall a balla,
Wen, hir, nid ery un ha':
Yno y bydd, fal briwydd bron,
76　　　Dydd sias a diwedd Saeson.

Ffynonellau
A—BL Add 14892, 97ᵛ B—BL Add 31057, 67ʳ C—LlGC 3077B, 87

Y mae nifer o ddarlleniadau llawysgrif B yn amhosibl i'w darllen oherwydd traul ar y llawysgrif. Ymhellach ar y llawysgrifau, gw. tt. 235–46.

Darlleniadau'r llawysgrifau
1–6 [*B*]. 1–10 [*A*]. 8 *B* gair[ ] y ber[...], *C* gair o ber-gain. 9 *B* y [...] yn ddwy ddiwy[...], *C* y mae or gav iaith. 10 *C* y cyfyd ennyd vnwaith. 11 *AC* froder mewn llownder. 12 *A* ag heb wir. 13 *B* ayr llasv[...], *C* a dur llownder llon. 15 *A* enyd unawr. 18 *A* dirion iarll, *B* ddyru aer, *C* dewr yn i air. 19–24 [*A*]. 20 *C* wanhav i dyrnas. 21–2 [*B*]. 22 *C* dewr blaen gwr. 23 *B* ar ail haf ar ol hyn. 25 *A* ag yn wir lloegr yn wan, *C* yn wir a lloeger yn wan. 26 *AC* oll a dawan. 27 *C* brawd hwn. 29 *A* or gogledd ir â dvedd i dal, *C* ir gogledd yr â decka i dal. 34 *AC* o gvdd; *C* bendigaid. 36 *C* diomedd. 37 *C* o werddon mewn digoni. 38 *AC* wnan. 41–2 [*A*]. 41 *B* g?a[...], *C* wasbraf. 42 *C* yn rraf. 43 *B* [...]er drwc trwn, *C* a than amlwg dwy ddrwg dwrn. 44 *C* a lysg ymon i losgwrn. 46 *A* dilin dwyll. 47–8 [*A*]. 48 [*B*]. 49 *A* llychlyn a fawr; [*B*]. 51 *C* a ddaw wrth law; *B* a ddydd. 53–6 [*C*]. 53 *A* saith ynghwaneg deg i daw. 54 *A* ag i Gent gyda hwyntaw. 55–6 [*A*]. 56 *B* yn hymwrdd. 57 *C* amylfyrdd mwymyrdd mawr. 58 *C* yn tirio o. 60 *A* a ddaw yno o ddwy Wynedd, *C* a ddaw yno o wynedd. 61 *A* diwad, *C* diwid; *A* dv. 62 *AC* byd dilesg; *A* yw bitelu, *B* i batelav, *C* i bitelv. 63 *A* vthvr yw'r hanes, *B* arth [   ]. 64 *A* lv y daw yn lês. 65 *C* diwg kof. 68 *AC* o boen sias, *B* am boen sais. 69–76 [*A*]. 69–70 [*C*]. 71 *C* gynddeiriog cvdd. 74 *C* ni ffery naw ha. 75 *C* yna bydd llywenydd llon. 76 *B* dydd sais.

Teitl
[*ABC*].

Priodoliad
A dd llwyd ap llyn ap Gruff, *B* syr dd trefor ai kant, *C* Robin ddv.

Trefn y llinellau
    A [1–10], 11–18, [19–24], 25–40, [41–2], 43–6, [47–8], 49–54, [55–6], 57–68, [69–76].
    B [1–6], 7–20, [21–2], 23–76.
    C 1–14, 25–6, 15–24, 27–32, 35–6, 33–4, 37–52, [53–6], 57–8, 65–8, [69–70], 59–62, [63–4], 71–6.

18
I ferch anhysbys

Y chwi fun wiwlun, fain, olau,—buraidd
A barodd ym glwyfau;
Y chwi, f'enaid, och finnau,
Allai'n hawdd fy llawenhau.

4

Ffynhonnell
LlGC 6499B, 2

Ymhellach ar y llawysgrif, gw. td. 242.

Priodoliad
Syr D. Tref[   ].

Englynion amheus eu hawduriaeth

19
I Fair

Archaf i Fair ddiwair ddrem
Roi ysbryd ysbrydol ym
I gasáu cyneddfau cam,
4   I garu Duw'n fwy no dim.

Ffynonellau
A—BL Add 14999, 6ᵛ B—LlGC 3039B [= Mos 131], 355 C—Pen 85, ii, 9ᵛ

Ymhellach ar y llawysgrifau, gw. tt. 235–46.

Darlleniadau'r llawysgrifau
1 *A* ddiwair ddam, *C* diwair drem. 3 *B* kamwrddav (ymdduau).

Teitl
[*ABC*].

Priodoliad
[*BC*], *A* syr dafudd trefor (ond gw. y nodyn cefndir).

20
I wynt y de

A gasglo Mai, drai drylef,—o ddail
Ar ddolydd a hendref,
Gnawd i wynt hynt hydref
Fyned i gerdded ag ef.

4

Ffynhonnell
BL Add 14999, 6ᵛ

Ymhellach ar y llawysgrif, gw. td. 237.

Priodoliad
syr dafudd trefor (ond gw. nodyn cefndir cerdd 19).

Nodiadau

1

Cywydd mawl i Dr Wiliam Glyn ap Robert ap Maredudd ap Hwlcyn Llwyd, pan oedd yn Archddiacon sir Feirionnydd ac wedi ei benodi yn Archddiacon Môn (llau. 55–6), yw'r cywydd hwn.[1] Urddwyd ef yn Archddiacon Môn ar 6 Ebrill 1524 er y bu raid iddo aros tan 1525 cyn dechrau ar ei swydd, ac felly gellir dyddio'r cywydd hwn i rywbryd yn ystod y misoedd hynny o newid. Achosodd y penodiad gynnen rhwng dau deulu lleol, sef Dr Wiliam Glyn a Syr Rhisiart Bwlclai, dau ŵr a oedd hefyd yn ddau gefnder.

Aelod o deulu Glynllifon ger Llandwrog, Caernarfon, oedd Dr Wiliam Glyn. Nid enwir ef wrth ei enw llawn yng nghorff y cywydd hwn (cf. *Doctor Wiliam* ll. 18; *Mastr Wiliam* ll. 54) ond y mae'r llawysgrifau'n unfryd yn ei alw wrth yr enw Wiliam Glyn yn nheitl y gerdd hon. Teitl y cywydd yn y llawysgrif hynaf, sef Card 2.114 [= RWM 7], yw *llyma gowydd anwnaeth sir dd trefor ir doctor wiliam glyn pan friwyd ef yn llvndain*. Dyma'r genhedlaeth gyntaf o'r teulu hwn i gymryd eu cyfenw o enw'r cartref, Glynllifon, sef plant Robert ap Maredudd a fu farw tua'r flwyddyn 1509[2], ac Elen ferch Wiliam Bwlclai, Biwmares.[3] Y mae'n amlwg fod esgyniad y Tuduriaid i orsedd Lloegr yn 1485 a chwalfa'r hen batrwm cymdeithasol wedi agor cyfnod newydd i deuluoedd megis teuluoedd Glynllifon, yr Herbertiaid, y Wynniaid, y Mostyniaid, a theulu Bwlclai.

Crybwyllir dau bwnc trafod yn y teitlau a roddir i'r cywydd yn y llawysgrifau. Y cyntaf, fel y gwelir uchod, yw'r anap a ddigwyddodd i Dr Wiliam Glyn tra bu yn Llundain. Yn ôl BL Add 14978 daeth adroddiad i Gymru am ei farwolaeth yn y brifddinas: *kowydd ir doktor william glyn pan ddoytwyd i farw yn lloygr*. Credodd pawb y stori, yn eu plith Dafydd Trefor.

Yr ail destun trafod sydd i'r cywydd yw hwnnw a welir yn nheitl llawysgrif Llst 123 i'r gerdd, llawysgrif a gopïwyd dros ganrif ar ôl llunio'r cywydd, sef *Cyw. cymod dros Wiliam Glyn Archiagon Merionydd ai frawd hynaf*. Y mae'n amlwg fod gan Ddafydd Trefor feddwl mawr o'r uchelwr dysgedig hwn, uchelwr a oedd hefyd yn dal un o uchelswyddi'r Eglwys yr oedd Dafydd Trefor yn offeiriad ynddi. Tân ar ei groen oedd clywed am

---

[1] Ar gywydd mawl arall i Dr William Glyn, gw. GLD cerdd 6; A. Cynfael Lake, 'Dau Gywydd i'r Doctor Wiliam Glyn', TCHSG liv (1993), 91–105.

[2] 'The Glynnes and the Wynns of Glynllifon', AWH 160–77. Am ach teulu Glynllifon, gw. L. Dwnn: HV ii, 147–8; PACF 172.

[3] P.C. Bartrum: WG1 'Cilmin 6'; P.C. Bartrum: WG2 'Cilmin 6(A)'.

anghytundeb ymhlith brodyr, a cheisia'r bardd ei orau i siarad yn blaen gydag un a fyddai'n bennaeth drosto yn yr Eglwys yn y man.

Ond nid enwir y *brawd hyna'* (ll. 64) na'r *ddau froder* (ll. 65) yn y cywydd. Os mater teuluol oedd hwn yna Maurice Glyn LL D, Archddiacon Bangor o 1502 hyd ei farwolaeth yn 1525, a rheithor Llaniestyn yn sir Gaernarfon, a Llansadwrn, Llanddeusant a Llangadwaladr ym Môn, oedd y brawd hynaf.[4] Tybed beth oedd natur y cweryl rhyngddynt? Bu farw Maurice Glyn yn 1525[5] ac os ef yw'r cynhennwr arall dyma achos pellach dros ddyddio'r cywydd tua'r flwyddyn honno.

Ond os deellir y teitl yn llawysgrif Llst 123 i olygu cymodi'r ddau frawd ac archddiacon, William a Maurice Glyn, â rhywun arall, yn hytrach nag â'i gilydd, yna y mae'n rhaid troi sylw at deulu Bwlclai, Biwmares. Ac os gellir deall *brawd hynaf* mewn ystyr lac i olygu perthynas deuluol, o bosibl rhwng ewythr a nai, gallai hynny eto gyfeirio'r sylw at yr anghydfod rhwng teulu Bwlclai a theulu Glyn. Cododd cweryl rhyngddynt pan ddaeth yn bryd penodi Archddiacon Môn yn 1524.[6]

Tynnid yr Eglwys i mewn i ganol y cynhennau lleol ac ar ei thraul hi yr ymleddid y brwydrau. Digwyddodd hyn ym Mangor yn amser yr esgob Skeffington pan fu gwrthdaro rhwng ei ficer-cyffredinol, William Glyn, a Syr Richard Bulkeley. 'Roedd y cweryl ar dro mor gynnar â 1524 pan gododd camddealltwriaeth ynglŷn â hawl Glyn i olynu Richard Bulkeley arall, fel archddiacon Môn, pan ddaeth y newydd annhymig fod hwnnw wedi marw. Tystiodd Skeffington fod Bulkeley wedi cytuno cyn ei salwch i ymddeol yn ffafr Glyn, a ddisgrifir fel nai iddo a gŵr o fuchedd dda. Y flwyddyn ddilynol, pan fu farw Bulkeley mewn gwirionedd, coladwyd Glyn i'r archddiaconiaeth gan Skeffington dros ben Thomas Runcorn, y ceisiai Wolsey'r swydd iddo. 'Roedd yr esgob felly wedi troseddu Syr Richard Bulkeley a'r Cardinal Wolsey, dau nad oedd yn debyg o anghofio'r sarhad. Yn 1529 daeth Edward Johns, ficer North Crawley i'r esgobaeth â chomisiwn yn ei law oddi wrth Wolsey yn

---

[4] Ef, o bosibl, a fu'n gyfrifol am lun o Ddeiniol Sant ar un o ddwy ffenestr Eglwys Gadeiriol Bangor, 'over the Stalls, in one of these is discernable the Figure of St. *Daniel*, with his Name underneath, *viz.* Daniel Epus; and at Bottom this, Orate pro Bono Statu Mauricii Bangor Canonici Collegiat Castri Kebii qui hanc Fenestram ... Who this *Maurice* was I can't guess, unless it was *Maurice Glywn* [sic], who might possibly be preferr'd from a Canonry in this Church to the Archdeaconry of *Bangor*; which he held *An.* 1502, and dy'd possess'd of *An.* 1524', gw. B. Willis: Bangor 17.

[5] Gw. PACF 172; yn ôl B. Willis: Bangor *l.c.*, bu Maurice Glyn farw yn 1524; yn L. Dwnn: HV ii, 148 'died in 1524 or 1525'.

[6] Yr oedd William Glyn a Syr Rhisiart Bwlclai yn gefndryd uchelgeisiol a hyderus. Am ddisgrifiad o Risiart Bwlclai, gw. G. Williams, *Wales and the Reformation* (Cardiff, 1997), 65, 'His enemies accused him of overbearing pride and ambition, saying that he would "suffer no man to live in the country but himself".' Am William Glyn, gw. *ib.* 65–6, 'William Glyn, who, though a cleric, was described as a man of "stirring spirit", having "a hand in all the temporal affairs of the country as well as spiritual".'

gwahardd llenwi unrhyw swydd yn yr esgobaeth heb awdurdod y Cardinal. Heriwyd y comisiwn ar unwaith gan Glyn, yn enw Skeffington, ac aeth, ar un achlysur o leiaf, yn ymdaro llythrennol rhwng y ddwyblaid. Wrth weld pethau'n mynd yn erbyn Glyn brysiodd Syr Richard Bulkeley a Robert ap Rhys, un arall o gynrychiolwyr Wolsey, i fanteisio ar hynny, ond bu eu cynddaredd a'u pleidgarwch yn ormod hyd yn oed i Edward Johns. Nid oes dim i ddangos sut y daeth y ddadl i ben ond diau i ansadrwydd Wolsey a'i gwymp buan weithio yn ffafr Glyn. Cadwodd yntau ymddiriedaeth Skeffington hyd farwolaeth yr esgob yn 1534 ond daliodd ef a Bulkeley i bigo'i gilydd, a llaw Bulkeley sydd y tu ôl i'r cyhuddiadau o amlblwyfaeth ac o ymddygiad bradwrus y bu'n rhaid i Glyn eu hateb yn 1536. Ond cyn i'r achos gael ei alw 'roedd Glyn wedi marw, yn dal hyd y diwedd dwysged ddethol o fywoliaethau.[7]

Bu farw Dr Wiliam Glyn yn 1537[8] ond rai blynyddoedd cyn hynny, fel y sylwyd, bu si ar led fod ei rawd ddaearol eisoes wedi dod i ben. Efallai mai ar gyfrif yr achos a ddygwyd yn ei erbyn gan Robert ap Rhys y taenwyd y gosodiad hwnnw. Cyhuddwyd Dr Wiliam Glyn o sicrhau archddiaconiaeth Môn drwy dwyll, o dderbyn anrheg o bedair bywoliaeth eglwysig o law'r esgob pan ddylid eu cynnig dan nawdd y brenin, o gynnal llofruddion a oedd wedi osgoi cosb, ac o dderbyn £60 yn fwy na'r gofyn o esgobaeth Bangor yn ogystal â chymhorthdal y brenin. Aeth y ddwy garfan benben. 'In the ensuing scuffles between the rival parties, "some had broken elbows" '.[9] Ai at hynny y cyfeirir yn llinell 15?

Y mae pum adran i'r gerdd. Agorir y cywydd drwy wrthod y stori gelwyddog a oedd yn cylchredeg rhwng Lloegr a Llŷn fod Dr Wiliam Glyn wedi marw (llau. 1–16). Cydnabyddir iddo gael anaf o ryw fath ar ei ymweliad â Llundain a phriodolir y ffaith ei fod yn iach ei groen i ymyrraeth Crist a'r saint (llau. 17–24).

Y mae ail adran y gerdd yn ymwneud â dysg ac â doethineb, ac yn air o glod diamheuol i Dr Wiliam Glyn (llau. 25–40).[10] Cysyllta llinell 40 *Fo heuwyd dysg yn het hwn* â'r drydedd adran (llau. 41–52) sy'n seiliedig ar ddameg yr heuwr yn y Testament Newydd; daw'r adran honno i ben drwy aralleirio llinell 40 yn llinellau 51–2, *Felly, hyd y deallwn, / Yr heuwyd dysg ar hyd hwn.*

Fe'i dilynir gan ddau gwpled (llau. 53–6) yn canmol Dr Wiliam Glyn am

[7] G. Williams, *Yr Eglwys yng Nghymru o'r Goncwest hyd at y Diwygiad Protestannaidd* (Caerdydd, 1968), 147.

[8] L. Dwnn: HV ii, 148.

[9] G. Williams, *Wales and the Reformation*, (Cardiff, 1997), 44.

[10] Digwydd y gair *dysg* bum gwaith yn y gerdd (llau. 28, 40, 50, 52, 75) ac *addysg* unwaith (ll. 27). Addysgwyd William Glyn yn Rhydychen ac yr oedd yn amlwg yn ŵr o bwys ym maes addysg yn ei gyfnod.

ei statws a'i swydd o fewn yr Eglwys, yn ogystal ag am ei gyfoeth.[11]
Pwysleisir yma bwysigrwydd dysg a chyfoeth a glân ymddygiad i'r bardd.
Pwysleisir hefyd fod Dr Wiliam Glyn yn noddwr personol i'r bardd-offeir-
iad (llau. 57–60).

Annog cymod a wneir yn llinellau 61–80, a chloir y cywydd drwy droi at
y Drindod am ei nawdd i'r cymod hwnnw, ac ar iddi droi gwenwyn yn
gusan.

Ond tybed ar ba achlysur y câi'r cywydd hwn ei ddatgan? Pwy y mae'r
bardd yn ei gyfarch yma? Nid Dr Wiliam Glyn na'i frawd, wyneb yn wyneb,
gan y cyfeirir atynt hwy ill dau yn y trydydd person lluosog (llau. 66, 73, 74,
76) yn eu habsenoldeb. Yn y ddau gwpled olaf y mae ple uniongyrchol ar i'r
Drindod ymyrryd yn y ddadl felly daw'r cywydd i ben ar ffurf gweddi ond
ni luniwyd corff y cywydd yn yr un cywair.

2 **bw** Ar *bw* 'ofn, braw, dychryn', gw. GPC 350 d.g. *bw*[1] a cf. GGl[2] 161
(LX.39–40) *Eu dyrnau a'u cadernyd / A yrr bw ar wŷr y wlad.*

4 **Llundain** Prifddinas Lloegr a chanolbwynt sylw'r Eglwys yng
ngwledydd Prydain ac Ewrop yn ystod hanner cyntaf yr 16g. Ar hanes
y ddinas, gw. P. Ackroyd, *London: The Biography* (London, 2000). Diau
fod Dr Wiliam Glyn yn y brifddinas i ateb cyhuddiadau yn ei erbyn,
gw. y nodyn cefndir uchod.

  Llŷn Cantref yn cynnwys cymydau Cafflogion, Cymydmaen a Din-
llaen, gw. WATU 146. Yr oedd Dr Wiliam Glyn yn rheithor Llanengan
yn Llŷn.

6 **marw gychwedl gŵr** Ar *cychwedl* 'adroddiad', &c., gw. GPC 657. Â'r
ll., cf. GIG 16 (IV.9) *Marw gychwedl pencenedl coeth* ('Marwnad Tudur
Fychan'). Tystir yn llau. 5–6 i ledaeniad adroddiad celwyddog gan
oerwr 'dihiryn' fod Dr Wiliam Glyn wedi marw tra oedd ar ymweliad â
Llundain; achosodd y newydd fraw i gymuned dwy wlad (llau. 1–4).
Ategir y stori gan Lewys Daron, gw. GLD 21 (6.33) *Dy farw, yn wir,
doe, fu'r nâd.*

8 **afrwyddid** Dyma enghraifft o'r terfyniad 3 un.grch. yn -(*h*)*id*, cf. *elhid,
kedwid*, gw. GMW 129. Ar *afrwyddo* 'rhwystro, llesteirio, atal', gw.
GPC 45.

9 **Breuddwyd gwrach y boreuddydd** Am y ddihareb 'Breuddwyd gwrach
wrth ei hewyllys', gw. DiarC 42. Â'r ll., cf. GLGC 409 (186.60) *na
breuddwyd un boreddydd.* Yr ystyr yw 'cred sy'n seiliedig ar ddymuniad /

---

[11] Rhestrir enw William Glyn yn Archddiacon Môn, 'instituted to it *April* 6, 1524. He died
Anno 1537 possess'd of this and several other Preferments in this Diocess, *viz.* One of the
Shares of the Sinecure of *Llanddinam, Co. Montgomery*; the Rectory or Sinecure of *Clynocfawr*
in *Arvon*; the Prebend of *Clynoc Vechan*; the Rectory of *Llandwrog* in *Arvon*, and that of *Llan-
Eingan* in *Llyn*, all *Co. Carnarvon*', gw. B. Willis: Bangor 138.

breuddwyd yn hytrach nag ar ffaith', cyfeiriad at y stori gelwyddog am farwolaeth Dr Wiliam Glyn.

11 **breferod** Ni restrir y gair yn GPC 315 ond y mae'n amlwg mai amrywiad ar *breferad* (gyda'r terfyniad *–od*[2,3,4], gw. *ib.* 2616) ydyw. Ergyd y ll. yw 'Peri tybio ei fod wedi marw gyda'i baldordd,' sef baldordd y breuddwyd.

17–24 Offeiriad Catholig ym Môn oedd Dafydd Trefor ac adlewyrchir yma ei ddiddordeb yng Nghrist, y Forwyn Fair, a'r seintiau, yn gyfrwng gwarchodaeth dros unigolyn mewn angen. Rhestra'r bardd seintiau amlycaf y gogledd-orllewin, sef Dwynwen, Beuno, Baglan, Einion, Deiniol, Gwyndaf, a Thwrog, gan gredu eu bod yn noddi ac yn bendithio Dr Wiliam Glyn ym mhob rhyw sefyllfa ac y mae'n drawiadol fod rhai ohonynt, o leiaf, yn nawddsaint bywoliaethau a ddelid gan Dr Wiliam Glyn.

18 **Doctor Wiliam** Sef Dr Wiliam Glyn, gw. y nodyn cefndir uchod. Arwyddocâd y teitl yw ei fod yn Ddoethur mewn cyfraith ganonaidd, fel yr oedd ei frawd hynaf, Maurice, hefyd, gw. ll. 64, o bosibl. O ran ei ddiwinyddiaeth, yr oedd Dr Wiliam Glyn erbyn diwedd ei oes wedi cymryd safiad gwrthgatholig: 'Glyn had embraced, or assumed, markedly anti-Romanist attitudes', gw. G. Williams, *Wales and the Reformation* (Cardiff, 1997), 66.

19 **Dwynwen** Santes Dwynwen ferch Frychan o'r 5g., nawddsant cariadon Cymru. Cysylltir ei henw â Môn yn bennaf, yn enwedig felly ag eglwys Llanddwyn ac â Phorthddwyn. Canodd Dafydd Trefor gywydd mawl iddi, gw. cerdd 13, ac am gyfeiriadau ati yn y farddoniaeth gynnar, gw. G 404. Ymhellach arni, gw. LBS ii, 387–92; CLC[2] 204.

20 **Beuno** Beuno Sant, sant a gysylltir yn bennaf â Chlynnog Fawr yn y 5–6g., er bod tystiolaeth i'w gwlt mewn amryw fannau yng ngogledd Cymru, yn enwedig ym Môn a Llŷn. Cadwyd y copi Cymraeg cynharaf o Fuchedd Beuno yn Llyfr Ancr Llanddewibrefi (gw. LlA 119–27) ac am gyfeiriadau ato yn y farddoniaeth gynnar, gw. G 56; ymhellach, gw. CLC[2] 46; LBS i, 208–21; E.G.B. Phillimore, 'A fragment from Hengwrt MS No. 202', Cy vii (1886), 134.

21 **Baglan** Sef Baglan Sant. Bu dau o'r un enw, y naill (a enwir yma) yn Gymro ac yn fab i Ddingad ap Nudd Hael, a'r llall yn fab i dywysog Llydaw (arno ef, gw. LBS i, 192–4). Sefydlodd Baglan ap Dingad gymuned Llanfaglan ger Caernarfon yn y 6g. a thyfodd dihareb yn seiliedig ar fywyd y fynachlog honno, 'Ffordd Llanfaglan yr eir i'r nef'; gwelir amrywiad ar y ddihareb yn DiarC 100, *Ffordd Glanfaglan yd air y nef*; ymhellach ar Faglan Sant, gw. LBS i, 192.

Eingian Sef Einion Sant, a sefydlodd fynachlog Penmon a gosod ei frawd, Seiriol Sant, yn bennaeth arni; sefydlodd hefyd eglwys Llanengan yn Llŷn. Ymhellach arno, gw. LBS ii, 422–4. Ar yr amrywiadau ar yr enw *Einion*, gw. WG 168.

22 **Deiniel** Amrywiad ar Deiniol, sef Deiniol Sant ap Dunawd ap Pabo o'r 6g., sefydlydd mynachlog Bangor yn Arfon. Ef a ystyrir yn esgob cyntaf Bangor, ac y mae ffiniau esgobaeth Bangor yn seiliedig, yn fras, ar gylch ei gwlt yng ngogledd-orllewin Cymru. Canodd Dafydd Trefor gywydd mawl iddo, gw. cerdd 14, ac am gyfeiriadau ato yn y farddoniaeth gynnar, gw. G 296 d.g. *Danyel*[2]. Ymhellach, gw. CLC[2] 188; LBS ii, 325–31. Y mae'r ll. hon sillaf yn rhy hir oni chywesgir hi.

23 **Gwnda** Disgwylid yma enw sant, a'i bod yn nodwedd ar y sant hwnnw ei fod yn gwarchod ei bobl. Ar Gwnda, amrywiad ar Gwyndaf Sant, a oedd yn nawddsant Llanwnda yn sir Gaernarfon, gw. LBS iii, 228–9.

24 **Twrog** Twrog Sant, disgybl i Feuno Sant; cysegrwyd eglwysi iddo ym Maentwrog yn sir Feirionnydd; yn Llandwrog ger Clynnog Fawr yn sir Gaernarfon; ac yn ôl pob tebyg ym Modwrog ger Llandrygarn ym Môn. Ymhellach arno, gw. LBS iv, 279–82.

25 **Gŵr ac aur ar gyrrau ei gob** Dr Wiliam Glyn yw'r gŵr bonheddig y sonnir amdano yn y ll. hon. Edmygai Dafydd Trefor gyfoeth a dysg y gŵr hwn, fel y gwelir o'r ll. hon a'r ll. ddilynol.

26 **esgob** Sefydlwyd Thomas Skeffington yn Esgob Bangor yn 1509 a daliodd y swydd am chwarter canrif. Yr oedd hefyd yn Abad Beaulieu yn Hampshire, ac y mae'n debyg nad ymwelodd Skeffington ag esgobaeth Bangor am bedair blynedd ar ddeg o'r pum mlynedd ar hugain (1509–33) y bu'n esgob, gw. A.H. Dodd, *A History of Caernarvonshire 1284–1900* ([Caernarvon], 1968), 42. Fodd bynnag, apwyntiodd Skeffington Dr Wiliam Glyn yn Ganghellor iddo yn '1518, if not sooner', gw. B. Willis: Bangor 179; yn Archddiacon Meirionnydd yn 1518, gw. *ib*. 141; ac yna yn Archddiacon Môn yn 1524, gw. *ib*. 138. Ymhellach ar Skeffington, gw. *ib*. 17, 21, 96–8, 246–7; isod 14.45n.

27 **Rhuddin ar bob rhyw addysg** Â'r ll. hon, cf. *Cynfeirdd Lleyn: 1500–1800*, gol. J. Jones 'Myrddin Fardd' (Pwllheli, 1905), 169 *A rhidding pob rhyw addysc* (Morys Dwyfech o'i farwnad i Siôn Brwynog a fu farw yn 1562 yn ôl CLC[2] 669). Modelodd Morys Dwyfech ei l. ar y ll. hon. Deellir yma ystyr ffigurol *rhuddin*, sef 'hanfod, craidd, canol', gw. GPC 3101, a'r ll. yn glod i ymdrechion Dr Wiliam Glyn ym myd addysg y cyfnod; gw. hefyd y nodyn cefndir uchod.

28 **Glyn** Sef Glynllifon, plasty ger Llandwrog, Caernarfon, a chartref teulu Glyn: ymhellach arno, gw. CLC[2] 273–4; ar hanes datblygu'r ystad, gw. G. Roberts, 'The Glynnes and the Wynns of Glynllifon', AWH 160–77. Am ach teulu Glynllifon, gw. L. Dwnn: HV ii, 147–8; PACF 172.

34 **sifiliwn** Deellir yma ystyr gyfreithiol y gair, 'un sy'n ymarfer â'r gyfraith sifil neu'n hyddysg ynddi', gw. GPC 3274. Y mae byd y gyfraith yn clodfori Dr Wiliam Glyn: 'Y mae gair y mae'r gŵr hwn yn ei haeddu, / Oes, o foliant ...', a noder ei fod hefyd yn feistr ar y gyfraith eglwysig yn y cwpled sy'n dilyn.

35 **llyfr canon** Yr oedd Dr Wiliam Glyn wedi graddio yn y gyfraith sifil a'r gyfraith eglwysig 'B.C.L. and B. Canon Law', gw. D.R. Thomas: HDStA ii, 212. Ar yr ystyr *paragon, model of excellence, standard of perfection*', gw. GPC 2256, a cf. IGE² 164 (ll. 14) *Llyfr canon a deon dysg* (Rhys Goch Eryri am Ruffudd Llwyd); GDG³ 124 (46.2) *Llyfr canon llafur cynydd*.

40 **het** Ar sail llau. 55–6 deellir yr *het* yn benwisg esgob, ac yn ffigurol efallai swydd neu awdurdod esgob; yr ergyd yw fod Dr Wiliam Glyn yn siarad fel un ag awdurdod a dysg. Ar lafar yn y gogledd os yw rhywun yn 'siarad drwy ei het' yna y mae'n siarad lol ond y gwrthwyneb sy'n wir o siarad dan nawdd penwisg esgob. Sylwer hefyd ar ddebygrwydd llau. 40 a 52.

41–8 Seilir y pedwar cwpled hyn ar ddameg yr heuwr yn y Testament Newydd. Darlun o fyd natur sydd yma, lle yr adroddir hanes pregethu'r Efengyl i bedwar math o berson gan eu cymharu â phedwar math o dir. Esbonnir sut dderbyniad a gafwyd gan bob un yn ôl sut lewyrch a fu ar y cynhaeaf. Dim ond un person a ymatebodd yn gwbl foddhaol. Ymddengys dameg yr heuwr mewn tair o'r Efengylau, gw. Math xiii.3–9 (ac ar ei hesboniad, gw. *ib*. xiii.18–23); Marc iv.3–9 (14–20); Luc viii.5–8 (11–15).

41–2 **Yr had ... / ... fo drig** Mydryddir yma un o wersi dameg yr heuwr. Gellid aralleirio'r cwpled 'Yr had sy'n cwympo i blith drain cyn aredig, erys yno.' Ar y dehongliad ysbrydol, gw. Math xiii.22 *yr un sy'n derbyn yr had ymhlith y drain, dyma'r un sy'n clywed y gair, ond y mae gofal y byd hwn a hudoliaeth golud yn tagu'r gair, ac y mae'n mynd yn ddiffrwyth.*

43–4 **Odid ... / ... y garreg** Mydryddir yma hanes yr had yn syrthio ar le caregog. Er iddo ffynnu yn y dyddiau cynnar, gwywo fydd ei ddiwedd. Gellid aralleirio'r cwpled 'Go brin y tyf [yr] hedyn hardd / A roddo [heu]wr ar y [tir] carreg.' Ar y dehongliad ysbrydol, gw. Math xiii.20–1: *A'r un sy'n derbyn yr had ar leoedd creigiog, dyma'r un sy'n clywed y gair ac yn ei dderbyn ar ei union yn llawen. Ond nid oes ganddo wreiddyn ynddo'i hunan, a thros dro y mae'n para; pan ddaw gorthrymder neu erlid o achos y gair, fe gwymp ar unwaith.* Y mae cynghanedd ll. 43 yn wallus.

45–6 **Ac os hau ... / ... hedyn** Mydryddir yma hanes yr had yn syrthio ar lwybrau caled, lle nad yw'n gallu gwreiddio ac felly y mae adar yn ei gipio. Gellid aralleirio'r cwpled 'Ac os hau [ar] lwybrau fel hyn / Â rhyw adar â'r hedyn [ymaith].' Ar y dehongliad ysbrydol, gw. Math xiii.19:

Pan fydd unrhyw un yn clywed gair y deyrnas heb ei ddeall, daw'r Un drwg
a chipio'r hyn a heuwyd yn ei galon. Dyma'r un sy'n derbyn yr had ar hyd y
llwybr.

47–8 **A bron ir ... / ... gwenith hir** Mydryddir yma hanes yr had yn syrthio
ar dir da, yn gwreiddio ac yn dwyn ffrwyth. Gellid aralleirio'r cwpled 'A
llethr bryn gwyrddlas, os paratoir [y tir cyn ei aredig], / Ei swyddogaeth
yw cynhyrchu gwenith tal.' Ar y dehongliad ysbrydol, gw. Math xiii.23:
A'r un sy'n derbyn yr had ar dir da, dyma'r un sy'n clywed y gair ac yn ei
ddeall, ac yn dwyn ffrwyth ac yn rhoi peth ganwaith cymaint, a pheth
drigain, a pheth ddeg ar hugain.

53 **coweth rhag cam** Blas diarhebol sydd i'r sangiad hwn a'r ergyd yw
'Gwell cyfoeth nag angen' gan y byddai'r dyn anghenus yn cael ei
demtio i anghyfiawnder.

54 **Mastr Wiliam** Gellir deall ar sail y teitl hwn fod Dr Wiliam Glyn yn
glerigwr a chanddo radd, ac felly yn ŵr o ddysg yn ei gyfnod: 'Gorau
peth [yw] ... / Meistrolaeth Mastr Wiliam.'

55–6 **Archddiacon sir Feirionnydd, / Ac Archddiacon gwlad Fôn fydd** Ar
sail y llau. hyn gellir dyddio'r cywydd i 1524/5 pan urddwyd Dr Wiliam
Glyn yn Archddiacon Môn ond cyn iddo ddechrau ar ei swydd. Y
mae'r ddwy l. hyn yn wyth sillaf eu hyd os yngenir *Archddiacon* yn
bedair sillaf, ond tybed nad ynganiad llafar (teirsill) 'Archiágon' sydd
yma? Cf. 2.48.

57 **mae 'nghas ar** Ar yr idiom *rhoi cas ar* (rywun neu rywbeth) 'cymryd yn
ei erbyn, dod i'w gasáu', gw. R.E. Jones, *Idiomau Cymraeg: Y Llyfr*
Cyntaf (Abertawe, 1995), 95; WVBD 465.

confocasiwn Y tebyg yw fod yma gyfeiriad at gonfocasiwn talaith
Caer-gaint a bod Dafydd Trefor wedi ei wysio iddo fel cynrychiolydd
cabidwl Eglwys Gadeiriol Bangor—a'i fod yn disgwyl cael ei esgusodi
rhag mynd.

58 **henddyn** Ar ystyr ddiwinyddol y gair, sef 'dyn heb ei aileni', gw. GPC
1850, ond go brin fod hynny ymhlyg yn y cyfarchiad hwn. Y mae'n sicr
mai at Ddafydd Trefor y cyfeirir yma ac at y ffaith ei fod yn rhy hen i
deithio.

60 **mab i wrda** Bydd mab i ŵr bonheddig, sef Dr Wiliam Glyn a oedd yn
fab i'r uchelwr Robert ap Maredudd o Lynllifon, yn rhoi pardwn i'r
bardd os na fydd yn ufuddhau i'r wŷs i fod yn bresennol mewn
confocasiwn. Y mae'r ll. hon sillaf yn rhy hir oni chywesgir hi.

61 **anwes** Deellir yma yr ystyr 'soriant, anfodd, sarugrwydd, anniddig-
rwydd, anynadrwydd', gw. GPC 165; cf. GSCyf 4.45–6 *Disgwyl tâl am*
ofalglwyf, / Nes ei gael anwesog wyf (Sypyn Cyfeiliog). Nodir hefyd yr
ystyr 'maddeueb', gw. GPC 165; bu maddeuebau yn bwnc cynnen

pellach rhwng Dr Wiliam Glyn a Syr Rhisiart Bwlclai yn 1535–6.

63 **Duw a'i trefno'n dda** Gellid aralleirio 'Bydded i Dduw newid pethau er gwell.'

64 **brawd hyna'** Gellir, o bosibl, ddeall yma gyfeiriad at frawd hynaf Dr Wiliam Glyn, sef Maurice Glyn, LL D, a oedd yn Archddiacon sir Feirionnydd, ac yn rheithor Llaniestyn yn sir Gaernarfon o 1517 ymlaen, gw. B. Willis: Bangor 133, a Llansadwrn, Llanddeusant a Llangadwaladr ym Môn. Bu farw yn 1525, gw. PACF 172. Ond y mae lawn cyn debyced, os nad yn fwy tebygol, mai'r Archddiacon Rhisiart Bwlclai, a oedd hefyd yn ewythr i Dr Wiliam Glyn, yw'r *brawd hyna'* y cyfeirir ato yma, gw. y nodyn cefndir uchod. Er mai rhwng Syr Rhisiart Bwlclai a Dr Wiliam Glyn y mae'r cynhenna sydd ar glawr, ar gyfrif yr Archddiacon Rhisiart Bwlclai a'i swydd y bu'r ymddadlau.

66 **gwinllan bêr** Cyfeirir yma at Jer ii.21 *Plennais di yn winwydden bêr, o had glân pur*; *sut ynteu y'th drowyd yn blanhigyn afrywiog i mi, yn winwydden estron?* Cyffelybir Eglwys Crist i winllan yn aml yn yr Ysgrythurau ac meddai Iesu amdano ei hunan, '*Myfi yw'r wir winwydden, a'm Tad yw'r gwinllannwr*', gw. Io xv.1; ymhellach y mae'n dilyn mai ei ddisgyblion yw'r canghennau. Oherwydd hynny anogir y brodyr i gymodi â'i gilydd yn hytrach na pharhau dan gwmwl gwarth eu hanghydfod. Darlunnir llwyddiant yn yr Ysgrythur fel digonedd o win newydd, cf. Diar iii.10 *yna bydd dy ysguboriau'n orlawn, a'th gafnau'n gorlifo gan win.*

67 **dihareb** Traetha Dafydd Trefor ei ffydd mewn hen ddoethineb y gellid ei chodi oddi ar lafar gwlad fel safon ymddygiad. Er doethineb y diarhebion hynny parhâi rhai yn eu byddardod a'u dihidrwydd ohonynt. Drwy gyfrwng diarhebion, fodd bynnag, gallai ambell un *annoeth* (cyfeiria'r bardd ato'i hunan yma) fentro cynnig cyngor i'r *doeth* (sef Dr Wiliam Glyn a'i wrthwynebwr ffraegar). Ar y ddihareb, gw. llau. 71–2.

71–2 **Haws ... / ... dwrn** Am y ddihareb 'Haws cau â bys nag â dwrn', gw. DiarC 138. Gwelir yma Ddafydd Trefor y cymodwr yn ceisio cael y ddau ymrysonwr i bwyllo ac i ochel rhag ymgecru hyd at daro: llawer gwell fyddai iddynt ddiddymu'r elyniaeth rhyngddynt a chlymu rhwymyn cyfeillgarwch dros yr anghydfod drwy gyffyrddiad ysgafn bys doethineb na thrwy godi dyrnau. Gwelir yn ll. 72 adlais o'r ddihareb 'Gwell [bys] doethineb na nerth', gw. *ib.* 122.

71 **masg** Ar yr ystyr 'llygad rhwyd, magl neu fasgl rhwyd; pwyth (yn enw. wrth weu); ystof ac anwe, gwe brethyn', gw. GPC 2371 d.g. *masg²*.

74 **nhw allen' les** Gallai'r ddau frawd wneud lles dirfawr i'r holl wlad petaent yn rhoi'r gorau i'w cweryl.

77 **y Drindod** Sef Duw'r Tad, Duw'r Mab, a Duw'r Ysbryd Glân yn Dri Pherson ac yn Un sylwedd. Ar natur y Drindod, gw. ODCC³ 1641–2; T.F. Torrance, *The Trinitarian Faith: The Evangelical Theology of the Ancient Catholic Church* (Edinburgh, 1985); *id., The Christian Doctrine of God, One Being Three Persons* (Edinburgh, 1996). Yr oedd y Drindod yn destun canolog i'r ffydd Gristnogol, a thestun a oedd yn ganolog i waith y beirdd canoloesol, gw., e.e., GGLl cerdd 19. Y mae wyth sillaf yn y ll. hon ond gellid hepgor yr *Y* wrth gyfarch.

79 **gwenwyn** Gwrthgyferbynnir yma *faes y gwenwyn* â'r *winllan bêr* (ll. 66). Yma adleisir Deut xxxii.32–3 *Daw eu gwinwydd o Sodom ac o feysydd Gomorra; grawnwin gwenwynig sydd arnynt, yn sypiau chwerw. Gwenwyn seirff yw eu gwin, poeryn angheuol asbiaid.* Posibilrwydd arall yw *i faes* 'i ffwrdd'. Erfynnir ar y Drindod i weithredu cymod, a thynnu'r gwenwyn o'r gwin. Y mae'r ll. hon sillaf yn hir oni chywesgir hi.

80 **ymgusanu** Arwydd o gyfeillgarwch a pharch, gw. Salm lxxxv.10 *Bydd teyrngarwch a ffyddlondeb yn cyfarfod, a chyfiawnder a heddwch yn cusanu ei gilydd,* cf. *Cyfiawnder llym a hedd / Yn ymgusanu 'nghyd* yn *Llyfr Emynau y Methodistiaid Calfinaidd a Wesleaidd* (Caernarfon a Bangor, 1927), rhif 160 (Thomas Jones o Ddinbych). Heddwch yn seiliedig ar gyfiawnder yw angen y ddau frawd, fel oedd yn ymddygiad arferol rhyngddynt unwaith.

2

Cywydd cymod i Risiart Bwlclai, Archddiacon Môn, a'i frawd, Rowland Bwlclai, yn dilyn tramgwydd yw'r cywydd hwn. Ymddengys mai Dafydd Trefor yw'r troseddwr, ac y mae'n erfyn maddeuant yr archddiacon wrth gloi'r cywydd. Ni fanylir ynghylch natur y camwedd. Urddwyd Rhisiart Bwlclai yn Archddiacon Môn tua'r flwyddyn 1500 a bu yn y swydd hyd ei farwolaeth yn 1525.[1] Canwyd y cywydd, felly, cyn neu yn ystod y flwyddyn 1525. Os ar ddiwedd gyrfa Rhisiart Bwlclai y'i canwyd, tybed ai ar fater yr olyniaeth yn archddiaconiaeth Môn y bu'n rhaid i Ddafydd Trefor ymddiheuro i'r Bwlcleiod? Tybed a fu'n rhy lafar ei gefnogaeth i apwyntiad Dr Wiliam Glyn o Lynllifon yn olynydd i Risiart Bwlclai a hynny yn y cyfnod pan gredid (ar gam) fod Rhisiart Bwlclai wedi marw?[2]

Y mae pedair rhan i'r cywydd. Y mae'r adran gyntaf (llau. 1–6) yn drosiad amaethyddol lle y gwelir y ddau frawd, Rhisiart a Rowland Bwlclai,

---

[1] 'Richard Bulkeley, Archdeacon of *Merioneth* ... seems to have quitted that of *Merioneth* for this, about the Year 1500. He occurs *Anno* 1518, and, as I judge, died possess'd hereof about 1524', gw. B. Willis: Bangor 137. Ond cofier bod camddealltwriaeth wedi ei wneud ynghylch dyddiad marw Rhisiart Bwlclai, gw. nodyn cefndir cerdd 1; 'will dated, 1525, ob. 1526', yn ôl PACF 42.

[2] Ar yr anghydfod, gw. nodyn cefndir cerdd 1.

yn arweinwyr cymdeithas fel yr oedd *teirw* (ll. 1) a *rhychorion* (ll. 4) yn sylfeini i'r gymdeithas amaethyddol.[3] Y mae'r ail adran (llau. 7–40) yn glod hael i'r brodyr Bwlclai am eu hardderchowgrwydd o ran dysg ac uchelwriaeth. Yna y mae'r bardd yn syrthio ar ei fai am ddigio'r archddiacon (llau. 41–52) ac yn troi at y Beibl am esiamplau o droseddwyr eraill a gafodd faddeuant er anferthed eu bai (llau. 53–68). Addef colled, datgan edifeirwch, a gofyn maddeuant a wna'r bardd yn y bedwaredd adran (llau. 69–84).

Noder mai dim ond yn llawysgrif Llst 169 (a gopïwyd 1550–75, lai na hanner canrif ar ôl marwolaeth Dafydd Trefor *c.* 1528) y ceir llinellau 23–30, 45–8.

1 **teirw** Cyfeiriad at arfbais teulu'r Bwlcleiod sydd yma. Yr oedd pen tri tharw ar yr arfbais: 'Sable, a chevron between three bulls' heads cabossed Argent', gw. DWH i, 271, ffigur 80; *ib.* ii, 51; cf. TA 307 (LXXVI.64) *Tri o bennau teirw beunydd* (Marwnad Elin Bwlclai, gwraig Robert ap Maredudd o Lynllifon a chwaer Rhisiart a Rowland Bwlclai). Darlun o nerth a gyflwynir yma; defnyddir *tarw* yn ffigurol 'am bennaeth dewr neu arwr ffyrnig, ac fel enw ar y Mab Darogan', gw. GPC 3453. Dyfais o fyd y canu brud yw disgrifio arwr fel anifail nerthol ac estyniad ar hynny yw i'r bardd ei ddisgrifio'i hunan fel *ychen ofnfawr* (ll. 5) mewn gwrthgyferbyniad â grym y brodyr Bwlclai. Ar y canu brud, gw. H. Lewis, 'Rhai Cywyddau Brud', B i (1921–3), 240–55; R. Wallis Evans: Dar.

2 **dwywlad** Sef Cymru a Lloegr, fe ddichon, o gofio tras y brodyr.

3 **rhyw'r taid** Taid Rhisiart a Rowland Bwlclai oedd Rhisiart Bwlclai o Holcroft, gw. PACF 42; ar eu cyndeidiau yng nghyffiniau Caer, gw. PACF 45. Ar rywogaeth, neu uchel dras y Bwlcleiod, gw. PACF 42; P.C. Bartrum: WG2 'Bulkeley' 2.

4 **rhychorion** Defnydd ffigurol o'r ystyr 'ych neu geffyl sy'n cerdded y rhych wrth aredig (sef y gorau o'r pâr dan yr iau)', gw. GPC 3125; pencampwyr neu arweinyddion y gymdeithas oedd Rhisiart a Rowland Bwlclai, Biwmares. Ar safle a swyddogaeth y rhychor yn y wedd, gw. F.G. Payne, *Yr Aradr Gymreig* (Caerdydd, 1975), 156–7. Defnyddid *rhychwr, ?rhychor* ar lafar yn Arfon i olygu 'a good workman', a hefyd 'a masterful man', gw. WVBD 469–70.

5 **ychen** Gesyd Dafydd Trefor ei hunan gyda'r ychen, mewn safle o israddoldeb o'i gymharu â theirw'r Bwlcleiod, gw. ll. 1n.

8 **apla'** Gradd eith. yr a. *abl* 'nerthol, cryf', neu 'galluog, medrus, deheuig', gw. GPC 3. Gellid aralleirio '[Yn] ablaf [y] clywir'.

---

[3] Ar gerddi sy'n seiliedig ar alegorïau amaethyddol, gw. GGLl cerdd 15; F.G. Payne, 'Cwysi o Foliant Cyson', Ll xxvi (1946–7), 3–24.

Bwlcleiod Aelodau o deulu Bwlclai, Biwmares. Ymhellach ar y teulu, gw. D.C. Jones, 'The Bulkeleys of Beaumaris, 1440–1547', AAST, 1961, 1–20; E.G. Jones and B.D. Roberts, ' "History of the Bulkeley Family" (N.L.W. MS. 9080 E.)', AAST, 1948, 1–99; PACF 42; P.C. Bartrum: WG2 'Bulkeley' 2.

9 **dau froder** Sef Rhisiart a Rowland Bwlclai: 'The leadership of the family appears to have fallen mainly on the shoulders of Archdeacon Richard Bulkeley and Rowland Bulkeley, and in the period after 1490 the Bulkeleys gradually established themselves as one of the most important families in North Wales', gw. D.C. Jones, *art.cit.* 6.

10 **pedeirgwlad** Sef cyfeiriad at amryfal diroedd y ddau frawd mewn pedair sir.

12 **Pab a Nudd** Darlunnir Rhisiart Bwlclai, yr archddiacon a'r uchelwr, yma yn ffurf yr uchaf yn ei broffesiwn: yr archddiacon yn Bab, a'r uchelwr yn Nudd ei oes gan bwysleisio ei grefyddolder a'i haelioni. Ar Nudd yn un o 'Dri Hael Ynys Prydain', gw. TYP² 476–7.

13 **Mastyr Rhisiart** Sef Rhisiart Bwlclai (*c.* 1456–1526).

14 Camosodiad ll.n.b. = n.ll.b.

15 **Mastyr Rolant** Rowland Bwlclai (*c.* 1460–10 Gorffennaf 1537), etifedd ei dad (gw. ll. 18n), a brawd i Risiart Bwlclai, yr Archddiacon (gw. ll. 13n). Fe'i hyfforddwyd yn y gyfraith, a daeth yn Gwnstabl castell Biwmares ar 4 Gorffennaf 1502, gw. E. Breese and W.W.E. Wynne, *Kalendars of Gwynedd* (London, 1873), 122. A'i fys yn y brywes gwleidyddol, Rowland a roddodd ar ddeall i'w frawd, Rhisiart, ar 2 Mai 1536, am gwymp Anne Boleyn, gw. G. Williams, *Wales and the Reformation* (Cardiff, 1997), 66.

18 **aer** Bu farw brawd hynaf Rowland Bwlclai, sef Wiliam, yn ddietifedd yn 1516 a bu farw ei ail frawd, yr Archddiacon Rhisiart Bwlclai, yn ddi-blant yn 1525. Er nad yn gyntafanedig, felly, Rowland Bwlclai oedd etifedd ei dad, William de Bulkeley o Cheadle (*c.* 1418–90), gw. E.G. Jones and B.D. Roberts, *art.cit.* 15, 'Rowland Bulkeley of Bewmares Esqʳ: sonne and heyre of William'. At hynny, yr oedd Rowland yn briod ag Alice, merch ac aeres Syr William Beaconsal / Berkinshall, 'by which match the Bulkeleys gott fayre possessions in Lancashire, & their fifth Coate vizᵗ: Sable, a Crosse partee, Argent', gw. *ib.*

20 **treulwin** Â'r gymeradwyaeth hon, cf. GGIᵌ 205 (LXXVIII.17–18) *Gynt yr oeddynt oreuddawn / Dair Elen wych, dreulwin iawn.* Ar gyplysu anifail o statws â'r gair *treulwin* fel yma, cf. GGH 60 (15.58) [c]*arw treulwin* am Rolant Gruffudd o'r Plasnewydd.

Eleth Ai cyfeiriad at Elaeth, brenin, sant a bardd, sydd yma? Yn ei fywyd cynnar bu Elaeth yn frenin ar ardal yng ngogledd Lloegr, ond wedi colli ei deyrnas cafodd nawdd ym Môn a dod yn fynach neu'n sant ym Mangor Seiriol ym Mhenmon; sefydlodd hefyd eglwys Llan Elaeth Frenin, a adwaenir yn awr fel Amlwch. Ymhellach arno, gw. LBS ii, 425–6; HG Cref 19–21 (XI–XII) ac *ib.* 160–3; ac am gyfeiriadau ato yn y farddoniaeth, gw. G 466. Ond a fyddai'r ffurf lafar *Eleth*, sydd ei hangen ar gyfer yr odl, yn nodweddiadol o dafodiaith Dafydd Trefor?

22 **padriarch** Ystyrir *padriarch* yma'n ddwysill, cf. 8.18n d.g. *llun.*

28 **tir** Tiriogaeth fras y Bwlcleiod a'r cyfoeth a gynhyrchid o'i phlegid a gyllidodd fagu (*y fam a'r tad*) y ddysg a ddatblygodd i fod yn sêl yn llaw'r gŵr eglwysig o uchel radd.

30 **nai** Dylai *nai* gyfeirio at etifedd Rowland Bwlclai, a hawdd credu bod hwnnw'n *fab bedydd* iddo hefyd (gw. llau. 31–2). Yn ôl ewyllys Rowland Bwlclai dyddiedig 22 Mehefin 1537 ei etifedd oedd ei fab, Syr Rhisiart Bwlclai, *myn heyre apparant*, sef nai Rhisiart yr Archddiacon (ac y mae'n bosibl fod Syr Rhisiart hefyd yn fab bedydd i'r Archddiacon).

31–2 **Y da ... / ... fab bedydd** Os oedd Rowland Bwlclai yn gwario ei gyfoeth ar wella ei diroedd, yr oedd hynny'n ffortunus i'w fab bedydd, sef ei etifedd (gw. ll. 30n).

31 Y mae'r ll. hon sillaf yn rhy hir oni chywesgir *da a.*

33 **coffr ... cyffion** Amlygir yma gyfoeth ac awdurdod Rowland Bwlclai. Defnyddir *coffr* 'cist, yn enw. y math y cedwid trysorau ac eiddo ynddi' yn ffigurol am 'gronfa, trysorfa' yn gyffredinol, gw. GPC 539; ai cyfeiriad yw *cyffion* at awdurdod Rowland Bwlclai a oedd yn Gwnstabl castell Biwmares o 1502 ymlaen? Ond gall *cyff* olygu 'llinach' yn ogystal â 'coffr' ac y mae sôn am gyff Beuno yng Nghlynnog, a cf. 13.29–30 *Pob neges gan santes wen / A gaiff dyn wrth gyff Dwynwen.*

37–8 **Y dyn ... / ... fwy no thri** Am y ddihareb 'Po callaf y dyn anamlaf ei eiriau', gw. DiarC 235, gwireb yr oedd y beirdd yn hoff ohoni, gw. GLlF 6.83 *Ys da deint rac tauaʊd!* (Hywel ab Owain Gwynedd). Y darlun sydd yma yw o ych yn tynnu neu wthio coed wedi eu torri i fyny *gallt* 'llethr serth' (nid ym Môn o angenrheidrwydd), a'r wers yw y gallai un dyn tawel wneud mwy o waith na thri siaradus; gan hynny *hwpio* = 'gwthio' pen yr iau (ll. 40).

41 **o'm sir** Ar *sir* '(good) cheer', gw. GPC 3291. Y mae Dafydd Trefor yn aflawen oherwydd iddo ddigio Rhisiart Bwlclai a'i frawd. Posibilrwydd arall yw *sir* 'rhaniad tiriogaethol'.

45 **gorau** Dichon mai idiom debyg i *fy ngwell* sydd yma, sef cyfeiriad at yr archddiacon.

48 Cadwyd ll. y llsgr. er gwaethaf blerwch y gynghanedd. Diwygiodd I. George, 'The poems of Syr Dafydd Trefor', AAST, 1935, 98, y ll. yn *Na*

chwegwyr nâg archiagon.

53 **Mair Fadlen** Sef Mair Magdalen o dref Magdala yng Ngalilea. Credir gan lawer mai hi yw'r bechadures y sonnir amdani yn Luc vii.36–50, gwraig a olchodd draed yr Iesu â'i dagrau a'u sychu â gwallt ei phen (cf. *a hi'n bennoeth*). Ymhellach arni, gw. ODCC³ 1049–50.

54 **cinio Duw gwyn** Cyfeirir yma at ail berson y Drindod, sef yr Iesu. Yr oedd yn ciniawa yn nhŷ Pharisead pan ddaeth y wraig bechadurus yno i ofyn Ei faddeuant, gw. Luc vii.37.

56 Y mae'r ll. hon sillaf yn rhy hir oni chywesgir hi.

57 **y llall** Gwraig wedi ei dal mewn godineb oedd *y llall*. Yn unol â chyfraith Moses llabyddid gwragedd godinebus, ond meddai'r Iesu wrth ei chyhuddwyr, '*Pwy bynnag ohonoch sy'n ddibechod, gadewch i hwnnw fod yn gyntaf i daflu carreg ati.*' Aeth ei chondemnwyr ymaith ac meddai'r Iesu wrthi, '*Nid wyf finnau'n dy gondemnio chwaith. Dos, ac o hyn allan paid â phechu mwyach.*' Am yr hanes hwn, gw. Io vii.53–viii.11.

59 **blaenai** O'r be. *blaenu* 'arwain, tywys, blaenori', &c., gw. GPC 279. Nid oedd un o gondemnwyr y wraig yn barod i arwain y proses o'i llabyddio am nad oedd un ohonynt yn ddibechod.

60 **Am na bai fyw neb heb fai** Am y ddihareb 'Heb ei fai heb ei eni', gw. DiarC 138.

61 **Peder** Simon Pedr, un o ddisgyblion yr Iesu. Pan aethpwyd â'r Iesu gerbron yr Archoffeiriad, gwadodd Pedr deirgwaith ei fod yn un o ddisgyblion yr Iesu, gw. Math xxvi.69–75; yr oedd yr Iesu wedi rhagfynegi y byddai hynny'n digwydd, gw. Math xxvi.31–5. Ymhellach ar Simon Pedr, gw. ODCC³ 1260–1.

62 **Duw** Ail berson y Drindod a gyferchir yma, cf. ll. 54n.Y mae'r ll. hon sillaf yn rhy hir oni chywesgir hi.

63 **dagrau** Arwydd o edifeirwch yw dagrau, ac oherwydd edifeirwch Pedr, gw. Math xxvi.75, a charedigrwydd Crist, cafwyd cymod rhwng y ddau.

65 **Adda** Y dyn cyntaf, a grewyd ar y chweched dydd. Ei bechod mawr oedd bwyta o ffrwyth pren gwybodaeth da a drwg, yn groes i orchymyn Duw, gw. Gen iii.6. Ymhellach, gw. ODCC³ 15. Y mae'r ll. hon sillaf yn rhy hir.

Efa Y wraig gyntaf, a grewyd o asen Adda. Ei phechod mawr hi oedd hudo Adda i fwyta o'r ffrwyth gwaharddedig yng ngardd Eden, gw. Gen iii.6. Ymhellach, gw. ODCC³ 582.

66 **fawr** Fe'i treiglir yma am ei fod yn adferfol: 'Adda ac Efa gynt … [yn] fawr a bechynt'.

67 **dirwesta** Amrywiad ar *dirwestu, dirwest* 'ymprydio, ymatal rhag bwyd

a diod (cig, pleserau, &c.), ymgosbi drwy oddef eisiau', gw. GPC 1038.

dŵr drostyn' Yn dilyn ymprydio, yr oedd Adda ac Efa i gael eu golchi ac y mae'r golchiad hwnnw'n arwydd o gyflwyniad i Dduw. Cyfeiriad apocryffaidd sy'n y llau. hyn. Yn y testun 'Ystorya Addaf ac Efa ei Wraig' adroddir hanes Adda ac Efa, yn dilyn y Cwymp a'u hymadaw-iad o ardd Eden, yn penderfynu ceisio ffafr Duw drwy wneud penyd am eu pechod. Dewisasant sefyll hyd at eu gyddfau mewn dwy afon wahanol (Adda yn Afon Orthonan ac Efa yn Afon Teiber yn ôl testun Gwyddeleg y chwedl) er mwyn cael eu golchi a derbyn maddeuant; ymhellach ar y gwahanol destunau, gw. J.E. Caerwyn Williams, 'Pethau nas Cyhoeddwyd', Cylchg LlGC vi (1949–50), 170–5. Yn yr Hen Destament sonnir am amryw olchiadau, e.e. am Aaron a'i feibion yn cael eu 'golchi â dŵr' cyn cael eu cysegru'n offeiriaid, gw. Ecs xxix.4. Ond daeth Ioan, yn y Testament Newydd, i bregethu bedydd edifeirwch, cf. ll. 76 lle y nodir bod Dafydd Trefor yntau i gael ei olchi am ei bechod.

68 **ymhell** Yn dilyn cwymp Adda ac Efa fe'u bwriwyd ill dau allan o ardd Eden, gw. Gen iii.23.

70 **pryder oedd golli** Ar y treiglad i'r goddr. yn dilyn *oedd* yn y gystrawen dibeniad + oedd + goddr., gw. Treigladau 305–6.

71 **celli gwynion** Tybed ai enw cartref Rhisiart Bwlclai yw hwn? Neu un o dai'r Eglwys at ddefnydd Archddiacon Môn? Ond ni ddigwydd yr enw yn Archif Enwau Lleoedd Melville Richards yn Adran Llawysgrifau Prifysgol Cymru Bangor. Gan fod *celli* yn eb.un. tybed nad ll. *cwyn* sydd yma? H.y., 'oherwydd colli gwin a medd llys Archiagon Môn y mae cwynion yn y gelli', a bod *y gelli* naill ai'n e. lle neu'n e.c.

76 **dŵr** Gw. ll. 67n d.g. *dŵr drostyn'*.

77 **eryr** Fe'i deellir yn ei ystyr ffigurol 'arwr' yn gyfeiriad at Risiart Bwlclai.

79 **pan fo cula'r grudd** I'r beirdd yr oedd wyneb person yn ddrych o'i gyflwr emosiynol: po cula'r gruddiau, dyfnaf y gofid. Ond am y ddihareb *nychel grud kystud callon*, gw. R 1035.36; DiarC 184; I. Williams, 'Hen Ddiarhebion (Llyfr Du o'r Waun, td. 32)', B iii (1926–7), 26.

81 Os trinir y gair *archiagon* yn air deusill (fel yn llau. 48, 72) ceir ll. seithsill yma.

82 **trach ei fron** Ar yr ystyr 'ger ei fron', gw. GMW 210; M. Richards, 'Buchedd Fargred', B x (1939–41), 56 (llau. 20–1) *erchi a oruc Olibrius swydawc gyrchu Margret drach y uron ef.*

3

Er bod llawysgrif Bangor 5945 yn cyflwyno'r cywydd hwn fel cywydd marwnad i Robert ap Rhys o Blas Iolyn, nid felly mohono. Dyddiwyd ewyllys Robert ap Rhys i'r flwyddyn 1534[1] ond bu farw Dafydd Trefor (os ef a'i lluniodd) tua'r flwyddyn 1528.[2] Gan na phriodolir y cywydd i fardd arall, a chan fod cynifer o nodau Dafydd Trefor ar ei arddull a'i gynghanedd, derbynnir priodoliad unfarn y llawysgrifau. Ond ar ba achlysur y'i canwyd? Gall fod yn gywydd i ddathlu codi tŷ newydd (gw. isod), ond nid yw hynny'n rheidrwydd. Fe'i trafodir, yn hytrach, fel cywydd mawl syml, ar achlysur amhenodol, neu o bosibl yn gywydd a ganwyd ar un o'r tair gŵyl (cf. ll. 37), sef y Nadolig, y Pasg, a'r Sulgwyn.

Gorwedd corffddelwau drylliedig Rhys ap Maredudd (Rhys Fawr) o Blas Iolyn, ynghyd â'i wraig Lowri a'i fab Syr Robert ap Rhys, yn eglwys Ysbyty Ifan,[3] ac y mae'n amlwg, o blith plant Rhys Fawr, mai Robert oedd y mwyaf dylanwadol yn ei gyfnod. Elwodd Robert ap Rhys ar gysylltiadau teuluol rhwng ei dad a'r Goron,[4] ac ar yr etifeddiaeth lewyrchus a ddaeth i'w ran wedi dyddiau Rhys Fawr, ac ar ôl dyddiau Lowri, ei fam, a oedd hithau'n aeres gyfoethog.[5] Nid yw'n syndod, felly, fod Dafydd Trefor yn dotio at gartref ysblennydd Robert ap Rhys ym Mhlas Iolyn yn rhan gyntaf y cywydd hwn. Efallai mai dyma'r tŷ cyntaf ym Mhlas Iolyn,[6] ac yn sicr yr oedd yn un tra moethus. Y mae'r bardd yn dotio hefyd at ddeiliad y plas hwnnw, ac yn hael ei ganmoliaeth i'w ddysg eglwysig a secwlar, yn ogystal ag i'w ddawn ryfelgar. Yr oedd bendithion y wlad yn syrthio y naill ar ôl y llall ar Robert ap Rhys, meddir, ac yn enwedig felly ffafr ei rieni.

Fodd bynnag, y mae'r cofnodion swyddogol yn llawn sôn anffafriol am Robert ap Rhys. Fe'i penodwyd yn Ganghellor ac yn Ficer-Sieneral esgobaeth Llanelwy[7] a hynny a roddai iddo'r hawl i weinyddu'r gyfraith sifil a'r gyfraith ganon, oni bai fod yr esgob yn bresennol. Ac yntau'n sefyll dan gysgod a nawdd Cardinal Wolsey, nid oedd neb a allai gyffwrdd â Robert ap Rhys, waeth beth fyddai dyfarniadau ei lysoedd. Ceisiwyd droeon ddod

---

[1] E. Roberts, 'Teulu Plas Iolyn', TCHSDd xiii (1964), 62: 'Lluniodd ei ewyllys Medi 12, 1534, ac fe'i profwyd ar y pumed ar hugain o Ionawr dilynol. Bu farw, felly, rywdro yn niwedd 1534.'

[2] Dim ond i Ddafydd Trefor y'i priodolir yn MCF (16 Rhagfyr 2004); ni chynhwyswyd y cywydd yn Dafydd Trefor: Gw.

[3] Gw. *Bosworth a'r Tuduriaid*, gol. Dafydd Glyn Jones a John Ellis Jones (Caernarfon, 1985), 19, delwedd rhif 26.

[4] Cefnogodd Rhys Fawr a'i filwyr Harri Tudur ar Faes Bosworth, ac yn ôl J.Y.W. Lloyd y mae tystiolaeth mai Rhys Fawr a laddodd Rhisiart III, gw. HPF iii, 341. Ar y llaw arall, gall mai camgymeriad yw hyn am Rys ap Tomas, gw. Ralph A. Griffiths, *Sir Rhys ap Thomas and his Family* (Cardiff, 1993), 83.

[5] Ar deulu Lowri ferch Hywel ap Gruffudd Goch, gw. PACF 204, 290; P.C. Bartrum: WG2 'Marchweithian' 2(A4).

[6] E. Roberts, *art.cit.* 61.

[7] D.R. Thomas: HDStA i, 74.

ag ef i drefn, ond yn aflwyddiannus bob tro. Yn groes i reolau ei Eglwys bu i Robert ap Rhys wraig, Marged, ferch Rhys Llwyd ap Gruffudd ab Einion Fychan o'r Gydros, Llanfor, ac o leiaf un ar bymtheg o blant.[8]

1 Sylwer na chaledir d.d. yn y ll. hon.

3 **alarch** Y mae lle amlwg i'r alarch fel symbol o brydferthwch, urddas, ac anfarwoldeb mewn rhyddiaith, barddoniaeth, a mytholeg. Yn y traddodiad Cymraeg y mae'r defnydd o adar ac anifeiliaid gwynion yn drawiadol ac yn arwyddo'r byd arall, megis, e.e., helgwn Arawn yn y gyntaf o Bedair Cainc y Mabinogi. Trosiad sy'n pentyrru clod ar Robert ap Rhys yw hwn.

6 **swydd Ddinbych** Ym Mhlas Iolyn ym mhlwyf Pentrefoelas yn sir Ddinbych, gw. WATU 177, yr oedd cartref Robert ap Rhys.

7 Y mae'r ll., fel y mae, sillaf yn fyr.

8 **Ofydd** Y bardd Lladin a oedd yn enwog am ei gerddi serch (gw. OCD[3] 1084-7), ac y cyfeirid ato yn aml gan feirdd Cymru, gw. J.E.C. Williams, 'Cerddi'r Gogynfeirdd i wragedd a merched, a'u cefndir yng Nghymru a'r Cyfandir', LlCy xiii (1974–81), 101; y mae i'r gair ail ystyr, sef 'carwr', gw. GPC 2633.

Ifor Sef Ifor Hael o Fasaleg ym Morgannwg, pennaf noddwr Dafydd ap Gwilym ac un a ddaeth i fri cenedlaethol ymysg y beirdd am ei haelfrydigrwydd; am gasgliad o gerddi iddo, gw. GDG[3] cerddi 5–11.

9 **Siob** Ar Job, gw. ODCC[3] 879. Canmol Job ar gyfrif ei amynedd a wna'r beirdd gan amlaf (gw. Iago v.11 *Clywsoch am ddyfalbarhad Job*), ei ddoethineb (gw. Job xxxiii.33 *dysgaf ddoethineb i ti*), a'i olud (gw. Job i.1–3). Fe'i defnyddid yn safon ac yn batrwm wrth glodfori gwŷr mewn urddau eglwysig, cf. YEPWC 25 (6.13–14) *Siob helpiwr os ai i bulpyd / I bregethu i Gymru i gyd*.

9–10 **Mastr Robart / Ap Rhys** Haeddai Robert ap Rhys y teitl *Mastr* am ei fod yn offeiriad graddedig. Sylwer ar yr enw *Robart* er mwyn odli ag *art* yn y ll. ddilynol.

10 **art** Nid yn unig 'celfyddyd' a medrau ym maes celfyddyd gain, ond hefyd 'dysg yr ysgolion, yn enw. y saith gelfyddyd freiniol a ddysgid yn ysgolion yr Oesoedd Canol', gw. GPC 211. Yr oedd gan Robert ap Rhys radd yn y gyfraith, o Rydychen y mae'n debyg, gw. E. Roberts, *art.cit.* 53–4; dywed Dr Roberts ymhellach: 'Yn ôl Tudur Aled gwyddai Syr Rhobert y gyfraith sifil a'r gyfraith ganon; medrai dair iaith, Ebryw, Groeg a Lladin; yr oedd ganddo ddysg a nerth mewn "Difein ag art", h.y. yr oedd yn ddiwinydd ac yn ddysgedig yn y celfyddydau; a

---

[8] Ar ei ach, gw. P.C. Bartrum: WG2 'Marchweithian' 2(A5).

chyfranogodd o'r Ddysg Newydd, "iaith uwmana". Awgryma ei alw yn Cai Hir ei fod yn dalach, yn uwch fel ysgolhaig na holl ysgolheigion Rhydychen.' Sylwer ar y gynghanedd sain sy'n cynnwys yr odl *Rhys / pris.*

11 **cryswyn** Gwisga muriau Plas Iolyn grys gwyngalchog; ond y mae i'r gair *cryswyn* ystyr ffigurol yn aml, sy'n awgrymu mantell neu orchudd o urddas a statws cymdeithasol, megis pe byddai'n gwisgo ermin neu bân.

12 Twyll gynghanedd *d*, neu gynghanedd bengoll, neu draws fantach.

13 **Môn ... Mynyw** Dwy ardal, un ym mhob pen i Gymru, i gynrychioli hyd a lled y wlad ac i bwysleisio trylwyredd y sôn am haelioni Robert ap Rhys; Mynyw yw Tyddewi ym Mhenfro, gw. WATU 162.

14 **orsib** Ar (*g*)*orsib* yn ffurf amrywiol ar *wrsib* 'parch, addoliad, clod, anrhydedd' ac yn fenthyciad o'r S. *worship*, gw. GPC 1497. Y mae'r ll. fel y mae yn rhy hir o ddwy sillaf ond gellir cywasgu *Groeso i* ac *o orsib*.

15 **parth** Ar yr ystyr 'aelwyd', gw. GPC 2694–5. Twyll gynghanedd *dd*.

16 **wynebisel** Ni all olygu 'isel ei statws cymdeithasol' yma gan mai at Robert ap Rhys y cyfeirir, felly 'pruddglwyfus, di-hwyl'. Cynghanedd wallus.

20 Cyfatebiaeth -*w*- / -*f*- o dan yr acen (ond gellid *ieuainc*).

21 Diwygir er mwyn yr ystyr a'r gynghanedd.

22 Diwygir er mwyn y gynghanedd; ceir dwy gytsain yn ateb un, f.f. = f.

23 Y mae'r ll. fel y mae yn rhy hir o sillaf ond gellir cywasgu *le i.*

24 Awgrymir yma y caiff esgob fwy o barch ym Mhlas Iolyn nag yn ei blas ei hun, ac nag mewn unrhyw blas arall y bu iddo ymweld ag ef. Y mae'r ll. fel y mae yn rhy hir o sillaf ond gellir cywasgu *lle y.*

25 **Maen grwndwal mewn graeandir** Cynghanedd a ddaw'n naturiol i'r beirdd, cf. GGI² 52 (XIX.7–8) *O gwnaf dŷ, mae gennyf dir / A'i rwndwal ar raeandir*; GGH 229 (72.17–18) *Ein graeandir a'n grwndwal / Fu Siôn Llwyd, Foesen holl Iâl.* Gw. hefyd ll. 34. Ar *maen grwndwal* 'foundation-stone', gw. GPC 2307.

26 **sylf** Ffurf 3 un.pres.myn. y f. *sylfaf: sylfyd, sylfu,* amrywiad ar *syflaf: syflyd* 'symud, ystwyrian, hefyd yn *ffig.;* cyffwrdd (â theimladau rhywun), cael ei gyffwrdd (yn deimladol)', gw. GPC 3379–80.

29 **maen saffir** Ar *maen saffir* (*saffyr*) 'sapphire', gw. GPC 2308.

31 **ysgol** Treuliodd Robert ap Rhys gyfnod yn astudio yn Rhydychen, y mae'n debyg, gw. ll. 10n.

33 **deisyfreg** Deellir yma gyfuniad o *deisyf + rheg,* a'r syniad fod *gramadeg* yn 'rhodd i'w chwennych'.

35–6 Mawrygir dysg Robert ap Rhys drwy frolio na fu iddo erioed fethu â chynnal pob manylyn dysg yr ysgolion.

36 Ni cheir yma gynghanedd gyflawn, ond cynganeddir *tyr* / *-d hen*.

39 Twyll gynghanedd *l*.

40 **diddetens** Nis rhestrir yn GPC 967 nac yn EEW; cynigir yr ystyr 'di-ddal-yn-ôl', o'r S. *detent* '*detained*; *kept back*' (gair sydd bellach wedi darfod â bod), gw. OED² iv, 545.

41 **doniag** Ffurf ar *doniog* 'dawnus a hael', a fabwysiadwyd er mwyn y gynghanedd sain.

43 **hedd ... cleddef** Er bod Robert ap Rhys yn offeiriad yr oedd hefyd yn ymladdwr, ond gellid yma ddarlun ffigurol (er bod beirdd eraill hefyd yn crybwyll ei ddewrder). Ffurf wneud ar *cleddeu* yw *cleddef*, a fabwys-iadwyd er mwyn yr odl ag ail fraich y cwpled.

44 **y Llyfr** Y Beibl, y mae'n debyg.

45 **ceisian' y coedydd** Yr ergyd yw fod y *cedyrn*, sef y rhyfelwyr (traws), yn ffoi i'r coedydd pan fo Robert ap Rhys yn nesáu.

47 **maelodd** Ystyr y ll. yw: 'Y mae Rhys wedi anrhegu pawb / pob bardd sy'n ei foli.'

48 **Colles o'm gormes ag e** Deellir *colles* yn 3 un.grff.myn. *colli* a deellir *gormes* i olygu bod y bardd 'yn faich' ar Robert ap Rhys: 'Y mae Rhys ar ei golled yn sgil fy ymweliad' gan fod y noddwr wedi anrhegu Dafydd Trefor hefyd.

49 **aberth** Cyfeirir yma at ddyletswyddau eglwysig ac offeiriadol Robert ap Rhys; aberth yr offeren oedd y bara a gysegrid ac a ddyrchefid, ynghyd â'r gwin, yn yr offeren.

51 Llsgrau. AB *llvsteg*, llsgr. C *llysteg*.

52 **mwnai a dyr** Deellir *torri mwnai* i olygu 'rhannu arian'.

55–6 **Llawgaead heb roi hadyd / ... ni med ŷd** Mae blas diarhebol ar y ll. hon: y dyn crintach nad yw'n hau, nid yw'n medi ychwaith.

57–8 **Llaw a *hea*'n alluol, / *Oni* thy' gwenith o'i ôl?** Datgenir yma fod llaw Robert yn hau mor nerthol nes bod y gwenith (sef ei foliant) yn tyfu.

59 **disiarad** Yr awgrym yw fod Robert ap Rhys yn fwy hoff o weithredu nag o glebran.

66 **Rhys** Rhys Fawr, sef Rhys ap Maredudd, tad Robert ap Rhys.

67 **Lowri** Lowri ferch (ac aeres) Hywel ap Gruffudd Goch, arglwydd Rhos a Rhufoniog; hi oedd mam Robert ap Rhys.

torri dydd Sef torri apwyntiad neu oed, cf. DGG² 80 (XLII.55–6) *Breferad o'r wybr ferydd / A wnaeth i mi dorri dydd*, ond gall *dydd* hefyd olygu 'cymod' a thebyg mai dyna'r ystyr yma.

4

Cywydd marwnad i Owain ap Maredudd ap Tomas o Borthaml,[1] Llanidan, yng nghwmwd Menai ym Môn a geir yma.[2] Owain oedd mab hynaf (gw. ll. 44) ac etifedd Maredudd a'i wraig Efa ferch Rhys ap Maredudd: yr oedd y fam, felly, yn chwaer i Robert ap Rhys, gwrthrych y cywydd blaenorol. Priododd Owain â merch o'r enw Angharad (gw. llau. 35–8, 57–8) a bu farw'n ŵr ifanc, di-blant fe ymddengys. Ni restrir Owain yn yr achau, dim ond ei frawd, Rhisiart, a'i ddwy chwaer, sef Lowri a Siân. Enwa'r cywydd hwn dri brawd arall i Owain, hanner brodyr iddo o briodas gyntaf ei fam, sef Dafydd, Rhys, a Wiliam.[3]

Y mae dwy ran i'r cywydd, y rhan gyntaf (llau. 1–34) yn gŵyn wedi ei seilio ar Ddawns yr Angau, a'r ail (llau. 35–90) yn marwnadu mewn dull mwy traddodiadol.

Yr oedd traddodiad y *Danse macabre* yn Ffrainc a'r *Totentanz* yn yr Almaen yn bodoli, yn ffurf barddoniaeth, yng Nghymru er na wyddys am unrhyw ddelweddau gweledol o'r Ddawns a oroesodd yma. Yr oedd y ddawns hon yn un o destunau amlwg celf Ewropeaidd, lle y dangosid personoliad o Angau, yn aml ar ffurf ysgerbwd (anfanwl o safbwynt anatomegol), yn mynd i gyfarfod â gwahanol gymeriadau o bob oed a statws cymdeithasol ac yn eu harwain hwy, oll ac un, mewn dawns i'r bedd. Ceid peintiadau o'r ddawns mewn clasau a mynwentydd ledled Ewrop. 'The cycle in the Cemetery of the Innocents in Paris (1425; destroyed in the 16th cent.) served as a model for numerous similar series of wall-paintings in graveyards throughout Europe in the later Middle Ages.'[4]

I gymdeithas a oedd wedi ei magu ar y '*Dies irae, Dies illa*' a materion cysylltiedig, ni welid dim yn anghyffredin mewn myfyrio ar bwnc marwolaeth a'r bedd. Mewn oes o ryfeloedd a phlâu gellid cynrychioli mewn modd graffig y dynghedfen a osodwyd yn gysgod uwchben pob unigolyn, sef y

---

[1] Ar hanes teulu Porthaml, gw. E.G. Jones, 'Some notes on the principal county families of Anglesey in the sixteenth and early seventeenth centuries', AAST, 1940, 59–61; am ach y teulu, gw. P.C. Bartrum: WG2 'Llywarch ap Brân' 3C; PACF 12. Canodd Dafydd Trefor gywydd gofyn alarch i Faredudd ap Tomas, gw. I. George, 'The poems of Syr Dafydd Trefor', AAST, 1935, 90–1. Golygwyd 'Marwnad Owain ap Maredudd' yn Dafydd Wyn Wiliam, *Y Canu Mawl i Deulu Porthamal* ([Bodedern], 1993), 21–2, 64.

[2] Canwyd cywydd marwnad i Owain ap Maredudd ap Tomas o Borthaml gan Lewys Daron yn ogystal, gw. GLD cerdd 16.

[3] Ar y briodas honno, gw. P.C. Bartrum: WG2 'Carwed' 2(B); yno enwir Rhys, Wiliam, a Dafydd yn hanner brodyr i Owain, ond hefyd Huw a Nicolas (a oedd yn briod â merch o Drefaldwyn). Y mae'n debyg fod Huw a Nicolas wedi marw erbyn llunio'r cywydd hwn gan na chânt eu henwi yma yn alarwyr; nodir gan P.C. Bartrum, *l.c.*, fod y ddau wedi marw'n ddi-blant. Deellir llau. 85–6 *Ni welant, ân' i wylo, / O'i fath frawd fyth yn y fro* yn gyfeiriad at Ddafydd, Rhys, Siân, Lowri, a Wiliam.

[4] ODCC[3] 449; am gyfres o 41 o doriadau pren ar y thema hon, gw. *The Dance of Death: 41 woodcuts by Hans Holbein the Younger* (London and New York, 1971) gyda rhagymadrodd gan Werner L. Gundersheimer.

rheidrwydd i farw. Mater o bwys oedd rhybuddio dynoliaeth am erchyllterau posibl y proses hwnnw ac anocheledd yr orymdaith i'r bedd. Yn ddiddorol iawn goroesodd tystiolaeth sy'n awgrymu bod Dawns yr Angau nid yn unig yn fater i feirdd ac arlunwyr, ond hefyd i ddawnswyr ac actorion.

> In the archives of the cathedral at Besançon there is an article respecting the delivery made to one of the officers of Saint John the Evangelist of four measures of wine to be given to those persons who performed the Dance of Death after mass ... In 1449 a 'danse Macabré' was played at Bruges before the Duke Philippe le Bon of Burgundy.[5]

Dichon mai'r portread o Ddawns yr Angau a aeth â bri'r Cymry yw'r un a beintiwyd o gwmpas clas hen Eglwys Gadeiriol St Paul yn Llundain yn 1430.[6] Honwyd bod cyfeiriad ato yng nghywydd marwnad enwog Guto'r Glyn i Wiliam Herbert, Iarll Penfro, a ddienyddiwyd yn 1469 yn dilyn Brwydr Maes Bambri: *Dawns o Bowls, doe'n ysbeiliwyd, / Dwyn yr holl dynion i'r rhwyd.*[7] Os oedd Dafydd Trefor yn hen gynefin â theithio i Lundain ynglŷn â materion eglwysig, dichon ei fod yntau hefyd yn gyfarwydd â'r ddelwedd. Law yn llaw â'r delweddau yn y clas ceid, oddi tanynt, linellau o farddoniaeth foesegol i gyd-fynd â naws a neges y llun. Yn Ffrangeg y cyfansoddwyd y penillion gwreiddiol ond fe'u cyfieithwyd i'r Saesneg gan John Lydgate ar gyfer peintiad Llundain a daethant yn hynod boblogaidd. Yn y gerdd y mae Angau yn galw ato'r Pab (cf. ll. 15), yr emprwr (cf. llau. 17, 18), y barwniaid (cf. ll. 20), y brenin (cf. ll. 20)—yn wir geilw ato bob math o berson i Ddawns yr Angau.[8]

Ceir delwedd gymharol gyflawn o Ddawns yr Angau yn Roslin yn yr Alban, yn ogystal ag yn Llundain.

> To see a (relatively) complete dance of death in Britain we have to go to Scotland, to the famous mid-fifteenth-century chapel at Roslin, a few miles south of Edinburgh. Carvings on two roof ribs there show a scheme of human figures accompanied by cadavers, listed respectively as abbot, abbess, lady looking into a mirror, bishop, cardinal, courtier, king, ploughman, carpenter, gardener (with spade), sportsman, child, husband and wife, and farmer; knight with arms and helmet, monk (drinking), dandy, queen, seated lady, and lady at prayer.[9]

---

[5] *The Dance of Death*, ed. F. Warren (London, 1931), xi.

[6] E. Carleton Williams, 'The Dance of Death in painting and sculpture in the Middle Ages', *The Journal of the British Archaeological Association*, 1937, 230.

[7] GGl² 142 (LIII.1–2). Heriwyd y dehongliad hwn gan D.R. Saer yn 'Delweddaeth y Ddawns Werin a'r Chwaraeon Haf ym Marwnad Guto'r Glyn i Wiliam Herbert', THSC, 1969, 265–83: gwelai yn y llau. gyfeiriad at ddawns bawl, megis dawns y pawl haf.

[8] Am y gerdd yn llawn, gw. F. Warren, *op.cit.*

[9] A. Breeze, 'The Dance of Death', CMCS xiii (Summer 1987), 92; cyfeirir yn yr erthygl at y gweithiau a ganlyn: J. Thompson, *The Illustrated Guide to Rosslyn Chapel and Castle*

Dengys yr enghreifftiau hyn fod marwolaeth yn faich ar feddwl artistiaid a chrefftwyr yr Oesoedd Canol Diweddar yng ngwledydd Prydain yn ogystal â thrwy gyfandir Ewrop.[10] Trewir thema *memento mori* drosodd a thro yng nghanu'r beirdd hwythau. Myfyrdod ar freuder bywyd pob dyn byw yw llawer o waith y cyfnod, gyda'r pwyslais, y mae'n debyg, ar y didactig a'r rhybuddiol.

Casglodd Dr Andrew Breeze bum cyfeiriad at Ddawns yr Angau mewn llenyddiaeth Gymraeg ac ychwanegwyd un arall at y casgliad gan yr Athro D.J. Bowen.[11] Enghreifftiau Dr Breeze yw'r cwpled o waith Siôn Cent ar thema *ubi sunt?* (er ei fod yn cydnabod bod yr enghraifft yn amheus o gynnar);[12] dau gwpled o waith Guto'r Glyn lle y mae'r bardd yn poeni'n benodol am hynt ieirll yn yr Angau;[13] dwy enghraifft o waith Lewys Môn, cyfaill a chyfoeswr i Ddafydd Trefor;[14] a'r bumed yw'r enghraifft hon o waith Dafydd Trefor ei hunan. At yr enghreifftiau hyn, ychwanegodd yr Athro Bowen linellau o waith Siôn Tudur.[15] Ohonynt i gyd llinellau agoriadol y cywydd marwnad hwn i Owain ap Maredudd ap Tomas o Borthaml yw'r llawnaf a'r mwyaf effeithiol o ddigon.

Dengys y delweddau Cyfandirol o Ddawns yr Angau sut yr oedd dirmyg cynyddol tuag at yr Eglwys Gatholig, ac yn enwedig tuag at yr offeiriaid Catholig, yn ei fynegi ei hun yn y gwledydd hynny lle yr oedd y mudiad Protestannaidd yn ennill tir. Ni cheir adlewyrchiad o hynny yng nghywydd Dafydd Trefor, fodd bynnag, ac ni ellir ond casglu o hynny ei fod yn was da i'w Eglwys a hynny'n union ar drothwy'r Diwygiad Protestannaidd yng Nghymru.

Yn ail ran y cywydd hwn y mae Dafydd Trefor yn fwy traddodiadol ei farwnadu. Troir y llifolau ar deulu galarus Owain ap Maredudd: ar ei wraig, Angharad; ei rieni, Maredudd ac Elin; a'i frodyr a'i chwiorydd, sef Rhisiart, Dafydd, Rhys, Siân, Lowri, a Wiliam (deellir o'r cywydd i Owain farw'n ddietifedd). Cloir y cywydd drwy erfyn ar i Iesu baratoi ffawd dda neu fendith i geraint Owain, a derbyn Owain ap Maredudd i'r nefoedd.

Ni ddigwydd dyddiadau geni a marw Owain yn y dogfennau swyddogol

---

(Edinburgh, 1892), 60–2; A.H.F.H. St Clair-Erskine, *Rosslyn* (Kirkaldy, 1973), 31 a'r plât sy'n wynebu td. 49.

[10] Am restr o ddelweddau o Ddawns yr Angau drwy Ewrop gyfan, gw. E. Carleton Williams, *art.cit.* 255–7.

[11] A. Breeze, *art.cit.* 93–6.

[12] IGE² 271 (llau. 13–14) *A'r undawns, gwn ei wrandaw, / I ninnau, diau y daw.*

[13] GGl² 142 (LIII.1–4) *Dawns o Bowls, doe'n ysbeiliwyd, / Dwyn yr holl dynion i'r rhwyd. / Dawns gwŷr dinas y Garrai, / Dawns yr ieirll (daw'n nes i rai).*

[14] Yr enghraifft gyntaf yw marwnad Siôn Grae yn 1494, gw. GLM 298 (LXXXIII.73–80) *Oerllam êl ar y llw mau / i'r iangwr elwir 'Angau': / pob pennaeth, sywaeth, o'i swydd / a lusg yn ôl ei ysgwydd: / Diriaid ydyw'r aderyn; / dwyn sy fyw i'r dawns a fyn: / lladd Iarll hir, llaw ddeau'r llu; / llin brenin oll yn braenu.* Yr ail enghraifft o waith Lewys Môn yw ei farwnad i Syr Thomas Salisbury a fu farw yn 1505, gw. GLM 208 (LIX.1–2) *Para gwymp i ŵr y god? / Pa loes Angau Powls yngod?*

[15] GST i, 88 (22.67–8) *Dwyn cyw Emrys, dawn Cymru, / Dawns o Bowls i'r Dons y bu.*

ac ni wyddys union ddyddiad canu'r cywydd hwn. Yn sicr fe'i canwyd cyn 1519, dyddiad marwolaeth Rhys a enwir ymysg y galarwyr yma (gw. ll. 81). Yn ôl un ffynhonnell[16] bu farw Rhisiart yn 1516 ac Owain yn 1514. Os yw'r dyddiad 1514 yn gywir, gellir dyddio'r farwnad i'r flwyddyn honno. Fodd bynnag, tystia'r cywydd fod Maredudd ap Tomas yn Siryf Môn adeg marwolaeth Owain (ll. 48), ac yn ôl y rhestrau swyddogol[17] ymddengys mai Owen Holland a ddaliai'r swydd honno rhwng 2 Mawrth 1504 a 12 Ionawr 1527; o bwyso ar dystiolaeth y rhestrau siryfion, disgwylid i'r cywydd hwn fod wedi ei ganu cyn mis Mawrth 1504.

Yn ôl tystiolaeth y cywydd, bu farw Owain yn ŵr ifanc gan adael gweddw, ond dim plant, ar ei ôl. Yr oedd ei rieni, ei bedwar brawd a'i ddwy chwaer yn fyw, a'i dad yn Siryf Môn (ll. 48). Ni ddigwydd enw Maredudd ap Tomas yn rhestrau siryfion Cymru a Lloegr dan y rhestr berthnasol i Fôn.[18] Fodd bynnag, y mae bwlch yn y rhestr rhwng gŵyl Fihangel (29 Medi) 1482 a gŵyl Fihangel 1483, ac yna rhwng 1499 a 1502; y mae'n bur debyg mai yn ystod un o'r ddau gyfnod hyn y bu Maredudd ap Tomas yn *Siry' Môn*, ac mai dyna pryd y canwyd y cywydd marwnad hwn i'w fab. Serch hynny, ar 31 Hydref 1499 ceir tystiolaeth fod Robert Gruffudd, mab Wiliam Gruffudd Fychan, wedi ymosod ar Faredudd ap Tomas 'hurtyng and maymyng [him]';[19] a fyddai Robert Gruffudd wedi ymosod ar Siryf Môn?

2 **gŵr y god** Ar yr ystyr i) '*wealthy and generous man; treasurer*'; ii) '*tramp, pedlar, packman; bogey*', gw. GPC 1694. Yr ail ystyr sy'n gweddu orau yma.

3 **sgrwd ... ysgrîn** Ar gynganeddu *sgrwd* ac *ysgrîn*, cf. ll. Siôn Cent *Er ei sgrwd yn yr ysgrîn*, IGE[2] 291 (ll. 22).

11 **moelcen** Am yr ystyr 'moelni, pen moel', gw. GPC 2475. Gan mai ar ffurf ysgerbwd y portreedir Angau y mae'n naturiol ei fod yn foel, ond nid felly y portread o Angau a gyflwynir yn Nawns yr Angau ym Mynwent Neustädter, Dresden ac sy'n dyddio o'r flwyddyn 1534: yno darlunnir ysgerbwd a chanddo lond pen o wallt moethus, gw. E. Carleton Williams, 'The Dance of Death in painting and sculpture in the Middle Ages', *The Journal of the British Archaeological Association*, 1937, 244.

12 **difrïaidd** Gellid yma naill ai'r a. *difrifaidd* 'difrifol, sobr, swil, gwylaidd', gw. GPC 985, neu'n fwy tebygol ffurf gyfochrog ar yr a. *difrïol* 'yn difrïo, difenwol, dilornus, yn peri anfri', gw. *l.c.*

[16] Dafydd Wyn Wiliam, *Y Canu Mawl i Deulu Porthamal* ([Bodedern], 1993), 61.
[17] *Lists of Sheriffs for England and Wales*, Lists & Indexes No. IX (Public Records Office, London, 1898), 236.
[18] *Ib.*
[19] MAng 210.

14 **Dawns** Sef Dawns yr Angau, gw. y nodyn cefndir uchod.

15 **y Pab** Yn amlach na pheidio y Pab yw'r un sy'n cael ei ledio gyntaf i
Ddawns yr Angau yn ôl gweledigaeth y delweddau o fyd celf weledol fel
yma yn y farddoniaeth. Adlewyrchir y daearolion yn ôl eu pwysig-
rwydd, gan ddechrau â'r Pab, symud ymlaen at yr ymherodr (llau. 17,
18), ac yna'r barwniaid a'r brenin (ll. 20); nid arbedir hyd yn oed fabi
bach yn ei grud (llau. 21–2).

17–18 **emprwr ... / ... ymherodr** Ar ledio emprwr neu ymherodr i Ddawns
yr Angau, gw. y nodyn cefndir uchod, a ll. 15n. Y mae wynebau rhai o
gymeriadau Dawns yr Angau mor fyw ac mor llawn o bersonoliaeth fel
y cydnabyddir mai portreadau o unigolion penodol yw llawer ohonynt,
e.e. y portread o'r Ymherodr Siarl V, fe ddichon, a ddarlunnir yn
Nawns yr Angau ym Mynwent Neustädter, Dresden, gw. E. Carleton
Williams, *art.cit.* 244.

21 **newyddian** Nid yw'r plentyn newydd-anedig yn rhydd o afael Angau,
meddir, ac yn wir yr oedd nifer marwolaethau babanod newydd-anedig
yn uchel yn yr Oesoedd Canol Diweddar. Dengys y portread cynharaf o
Ddawns yr Angau yn y Swistir, sef y Klingental Totentanz yn Basel a
beintiwyd tua'r flwyddyn 1450, fe gredir, gyfres o 39 o ffigurau: y Pab
sy'n ledio'r orymdaith a baban yn ei grud sy'n olaf yn y rhes, gw. E.
Carleton Williams, *art.cit.* 249.

26 **rhent** Personolir Angau yn feistr tir sy'n derbyn daearolion yn rhent:
gall *rhent* olygu 'moddion, bywoliaeth', h.y. 'modd i fyw'.

31 Yr ystyr yw 'Sefaist lle ni chroesawyd [di].'

32 **swyddog anhrugarog** Ar y ddelwedd hon o Angau yn dal swydd
gyhoeddus ac yn ddidrugaredd ei awdurdod, gw. Douglas Gray,
Themes and Images in the Medieval English Religious Lyric (London,
1972), 198.

33 **am ei herchwyn** Cyhuddir Angau o fod wedi ymladd â merch am ei
gŵr a fu farw, a'i gipio i'w deyrnas; am *erchwyn* 'noddwr, amddiffyn-
nydd, cynhaliwr', gw. GPC 1229.

34 **dwywaith, teirgwaith** Y mae Angau wedi amddifadu Angharad o'i
rhieni, ac yn awr, yn drydydd, y mae'n cymryd ei gŵr.

35 **Owain Amhredudd** Arno, gw. y nodyn cefndir uchod.

37 **Angharad** Sef gwraig Owain ap Maredudd. Yn ôl cywydd marwnad
Lewys Daron i Owain, yr oedd Angharad yn ferch i ryw Einion, gw.
GLD 50 (16.34–6), 114.

38 **gwyn ei grys** Cyfeirir yma at Owain ap Maredudd, yr un gwyn ei grys,
a thebyg mai amdo yw'r crys gwyn y sonnir amdano.

40 **adail Llanidan** Safai plas Porthaml ym mhlwyf Llanidan yng

nghwmwd Menai yn ne Môn (gw. WATU 132) a chyfeiriad at yr eglwys yw *adail*.

41 Cyfatebiaeth m = n.

43 **mynydd iâ** Delwedd gref o eiddo'r beirdd yw gweld galar yn nhermau oerfel caled, disymud, cf. DN 24 (IX.61–2) *Aml cŵyn am i ddwyn, ni bydd awr—o'm cof. / Aml yr ia ynof mal eiry Jonawr.*

44 **mab hyna'** Owain oedd mab hynaf ac etifedd Maredudd ap Tomas cyn ei farwolaeth annhymig.

45 **Maredudd** Maredudd ap Tomas o Borthaml, tad gwrthrych y farwnad hon.

48 **Siry' Môn** Cyfeirir yma at Faredudd ap Tomas. Y siryf oedd prif swyddog gweithredol y Goron mewn sir, a chanddo gyfrifoldeb gynt am weinyddu'r gyfraith, gw. GPC 3293. Ni ddigwydd ei enw yn rhestrau swyddogol siryfion Môn ond y mae'n bosibl iddo ddal y swydd honno rhwng gŵyl Fihangel (29 Medi) 1482 a 1483, neu rhwng 1499 a 1502, gw. y nodyn cefndir uchod.

sir Ar *sir* '(*good*) *cheer*', gw. GPC 329. Go brin y bydd Siry' Môn yn ei hwyliau gorau mwyach, meddir, gan fod yr *adwy*, sef y golled a'r chwithdod yn dilyn marwolaeth ei fab cyntaf-anedig, yn ormod o faich iddo ei ddal. Ond cf. 2.41n a'r posibilrwydd mai ystyr *sir* yw 'rhaniad tiriogaethol'.

53 **Efa** Mam Owain ap Maredudd oedd Efa ferch Rhys ap Maredudd ap Tudur; priododd Efa yn gyntaf â Dafydd ap Gwilym o Lwydiarth (arno, gw. P.C. Bartrum: WG2 'Carwed' 2(B)) ac wedi marw Dafydd â Maredudd ap Tomas. Ar deulu Efa, gw. P.C. Bartrum: WG2 'Marchweithian' 2(A4).

55 **Rhisiart** Brawd Owain ap Maredudd, ac os bu farw Owain yn ddietif-edd fel yr awgrymir yma, yna Rhisiart fyddai'r *aer arall*, yr 'etifedd amgen' (ll. 59). Priododd Rhisiart Annes ferch Harri Salsbri, a hwy oedd rhieni Elen, aeres Porthaml, a briododd Wiliam Bwlclai, Biwmares, gw. PACF 12. Ar Wiliam Bwlclai, gw. P.C. Bartrum: WG1 'Cilmin' 6; P.C. Bartrum: WG2 'Cilmin' 6(A).

61 **dygyn** Gair unsill yn golygu 'eithafol ofidus neu lym, tra phoenus neu ddolurus, blin iawn, tost', gw. GPC 1131, ond y mae anghenion y mydr yn gofyn deusill yma, cf. 7.7.

62 Y mae'r ll. hon sillaf yn rhy hir oni chywesgir hi.

63 Y mae cynghanedd y ll. yn wan: (*N*)*i ddug ... eiddo* (*f*)*o*.

64 Deellir yma 'Nid yw [Ef] yn mynd â gŵr oni bai am ŵr a garo.'

72 **Brân** Sylfaenydd llinach Owain ap Maredudd oedd Llywarch ap Brân, gw. PACF 51, 83. Yr oedd nifer o deuluoedd yng nghwmwd Menai yn

hawlio bod yn llinach Llywarch ap Brân.

75–6 **Owain ... / Glyndŵr** Yr oedd Owain Glyndŵr yn arwr ac yn safon *glander* 'purdeb' i Owain ap Maredudd. Bu cefnogaeth gref i Owain Glyndŵr ym Môn, yn bennaf gan feibion Cynwrig ap Maredudd Ddu, eto o linach Llywarch ap Brân, gw. MAng 211. Â'r syniad hwn am *lander* Glyndŵr, cf. ll. o waith cyfoeswr i Ddafydd Trefor, gw. GLD 35 (11.46) *Â glander had Glyndwr hen*; gan fod treiglo ar ôl *oedd* yn gyffredin, gellid *clander / calander*—ond yr un fyddai'r ystyr, sef 'esiampl, patrwm'.

80 **Nid erys gwell dros y gwaeth** Deellir yr ystyr mai cyfnewid gwael am Owain oedd unrhyw un arall a gafwyd; yr ystyr lythrennol yw nad yw'r rhai *gwell* yn tario (ar y ddaear) yn hytrach na'r rhai *gwaeth*: h.y. y rhai da sy'n marw, nid y rhai drwg.

81 **Dafydd** Sef hanner brawd i Owain ap Maredudd o'r un fam ag ef.

Rhys Sef hanner brawd i Owain ap Maredudd o'r un fam ag ef. Priododd Rhys ddwywaith, y tro cyntaf ag Elen ferch Gruffudd, a'r eildro â Chatrin ferch Maredudd. Bu farw Rhys yn 1519 a gadael ewyllys, ddyddiedig 10 Rhagfyr 1519, gw. PACF 103.

82 **Siân** Chwaer Owain ap Maredudd, a gwraig Richard ap John, gw. P.C. Bartrum: WG2 'Llywarch ap Brân' 3(C).

Lowri Chwaer Owain ap Maredudd, a gwraig Harri ap Wiliam (o deulu Thomas Bold, teulu o fasnachwyr yng Nghonwy ac, yn ddiweddarach, yng Nghaernarfon), gw. *ib*. Ar blant Lowri, gw. L. Dwnn: HV ii, 245.

83 **Wiliam** Sef hanner brawd i Owain ap Maredudd o'r un fam ag ef; y mae'r galar ar ôl Owain yn *eilio* 'plethu, dirdynnu' bron Wiliam. Y mae cynghanedd y ll. hon yn anfoddhaol.

88 **A'i gorff o fara a gwin** Cyfeiriad at y Cymun Bendigaid a'r Offeren ar gyfrif y ffaith i Grist ei alw ei hun yn fara Duw, ac oherwydd i'r credinwyr fwyta bara ac yfed gwin i goffáu drylliad corff a thywalltiad gwaed Crist, gw. Marc xiv.22–4 *Ac wrth iddynt fwyta, cymerodd fara, ac wedi bendithio fe'i torrodd a'i roi iddynt, a dywedodd, 'Cymerwch; hwn yw fy nghorff.' A chymerodd gwpan, ac wedi diolch fe'i rhoddodd iddynt, ac yfodd pawb ohono. A dywedodd wrthynt, 'Hwn yw fy ngwaed i, gwaed y cyfamod, sy'n cael ei dywallt er mwyn llawer.'*

5

Ceir yma gywydd marwnad i'r Brenin Harri VII (a fu'n teyrnasu 1485–1509), cywydd sy'n gymysgedd o fawl ar gyfrif hyntoedd beiddgar Harri, a'r tristwch du o'i golli. Er bod y bachgen ifanc Harri Tudur ymysg yr wynebau anhysbys yng ngolwg uchelwyr Lloegr, i'r Cymry yr oedd ymhell o fod felly.

Edrychid arno fel Mab Darogan, ac fel cyfle euraid y Cymry i wireddu'r hen broffwydoliaeth y byddai Cymro o waed yn gwisgo coron Llundain ac yn rhyddhau Cymru o'i chaethiwed (llau. 69–70). Yn nhermau brud, felly, y canwyd rhediad sylweddol o'r gerdd farwnad hon. Cyfeirir at Harri Tudur fel tarw (ll. 25), ych (ll. 30), buwch gethin (ll. 30), milgi (ll. 34), llew (ll. 35), eryr du (llau. 36, 63), gwiber (ll. 38), ceiliog (ll. 57), a llew coch (ll. 58); canwyd hefyd mewn termau herodrol megis *porthcwlis* (ll. 32) ac efallai *rhosgampi* (ll. 40); a chanwyd yn nhermau symbolau awdurdod brenhinol a seremonïol, megis *aur dorch* (ll. 36), *het aur* (ll. 48), a *ffon* (ll. 50).[1]

O'r safbwynt Cymreig, yr oedd Harri Tudur yn disgyn o linach Cadwaladr Fendigaid;[2] yr oedd ei daid, Owain Tudur, yn llinach Ednyfed Fychan, distain Llywelyn Fawr;[3] o ganlyniad i berthynas Owain Tudur â Chatrin o Falois (m. 1437) yr oedd gan Harri Tudur gysylltiadau â theuluoedd brenhinol Ffrainc;[4] a phan briododd ei dad, Edmwnd, Iarll Rhismwnt, â Margaret Beaufort yr oedd gan Harri gysylltiad â theulu brenhinol Lloegr. Pa arweinydd gwell a geid?

Sonnir am Harri VII yn nhermau milwriaeth hanesyddol yn ogystal, ac y mae rhediad o linellau sy'n llawn cyfeiriadau at ei ymgyrchoedd tra chyffrous a llwyddiannus. Nodir yn benodol bedair brwydr arwyddocaol lle y bu Harri Tudur yn ogoneddus fuddugol, ac ar frig rhestr Dafydd Trefor daw (gellid tybio) Brwydr Maes Bosworth yn 1485 pan ddyrchafwyd teulu newydd i rym yn Llundain gan ddisodli awdurdod Rhisiart III a'r Iorciaid (gw. llau. 43–52); yn ail nodir camp Harri Tudur yn trechu byddin yr ymhonnwr Perkin Warbeck yn Taunton yn 1497 (llau. 53–4); yn drydydd nodir ymladdfa Stoke on Trent yn 1487, lle y trechodd Harri fyddin yr ymhonnwr Lambert Simnel (gw. llau. 55–6); ac yn bedwerydd canmolir gwaith Harri ym Mrwydr Blackheath yn 1497 pan drechodd fyddin o wŷr Cernyw (llau. 57–66).

Y mae tair rhan i'r cywydd. Galar cymdeithas ar ôl ei brenin yw testun llinellau 1–40, ac yn ogystal â mynegi'r prudd-der a'r hiraeth cymherir tranc y brenin ag angau Crist gan nodi rhyferthwy'r greadigaeth adeg y farwolaeth fawr honno (llau. 17–22). Buddugoliaethau Harri Tudur dros ei elynion yw testun llinellau 41–70, a mawrygir y rhyddid gwlad a ddeuai i'w ddeiliaid yn sgil pob concwest. Gwedd ddefosiynol sydd i linellau olaf y cywydd, llinellau 71–8, pan hyderir bod Harri Tudur gyda'i hynafiaid yn y byd a ddaw. Cymell ei gynulleidfa i ymostwng yn ddiolchgar i'r drefn a wna'r bardd, am fod i'r brenin a fu farw etifedd teilwng.

[1] Canwyd marwnad Edmwnd Tudur, Iarll Rhismwnt (m. 1456) a thad Harri VII, gan ddefnyddio teitlau cyffelyb, gw. GLGC 30 (10.21–4) *Y tarw a'r ceiliog o'r tiredd—oll gynt / a'r llew gwyn o'r gogledd / a gwennol Owain Gwynedd / o eitha'r byd aeth i'r bedd.*

[2] G.A. Williams, 'The bardic road to Bosworth: a Welsh view of Henry Tudor', THSC, 1986, 11, a'r cyfeiriadau pellach yno.

[3] P.C. Bartrum: WG1 'Marchudd' 4.

[4] *Ib.* 'Marchudd' 13.

Dewiswyd trefn llinellau llawysgrif K, llawysgrif a gopïwyd gan Elis Gruffydd yn 1527: dyma'r unig gopi a gadwyd o'r gerdd ac a gopïwyd yn ystod oes Dafydd Trefor.

1   **Harri** Harri VII, Brenin Lloegr, gw. y nodyn cefndir uchod.

2   **Fo droes y môr drosom ni** Daeth llanw o dristwch i orchuddio'r boblogaeth gyda marwolaeth Harri VII. Cyfeirir yma hefyd at y môr yn un o arwyddion Dydd Brawd, cf. GLlF 5.4 *Drychafael mor hyt awyr* (Llywelyn Fardd I); GBF 36.65 *Pony welóch chói'r mor yn merwinaó—'r tir?* (Gruffudd ab yr Ynad Coch). Sylwer ar y gyfatebiaeth m = m.n. o dan yr acen, ond y mae'n debyg mai *drosom-i* a yngenid, cf. Rhosier Smyth, *Crinnodeb o adysc Cristnogaul* (Paris, 1609), 63, *fal y dylemi ochel … bargenion anghyfreithlon.*

3   **Llythyren o gorff Iemwnt** Ffurf ar *Edmwnd* yw *Iemwnt*, cf. GTP 30; DN 41; DE 127 *d. ap iemwnt.* Y mae *Llythyren* yma yn gyfeiriad at *H*, felly cyferchir y llythyren H a oedd yn llinach Iemwnt, sef Edmwnd Tudur, Iarll Rhismwnt, a thad Harri VII; ar ach Harri Tudur ac ach teulu Penmynydd ym Môn, gw. L. Dwnn: HV ii, 11, 87–8. Gwelir yn y ll. gynghanedd lusg sy'n cynnwys yr odl *-en / Iem-*.

4   *Ei* **Ras** Sef Harri VII, gw. uchod ll. 1.

   Rhis-mwnt Sef Richmond yn Surrey, gw. EEW 236, 242, ond yn ôl E. Ekwall, *The Concise Oxford Dictionary of English Place-Names* (third ed., Oxford, 1947), 368 'the title was taken from **Richmond** YN', sef o swydd Efrog. Addaswyd yr ynganiad er mwyn sicrhau sillaf acennog i odli ag *Iemwnt*. Iarll Rhismwnt oedd Harri Tudur.

5   Twyll gynghanedd *c*.

6   **H mawr** Olynydd Harri VII, sef ei fab, Harri VIII. Manteisir yma, fel yn ll. 5 uchod, ar un o nodweddion y dull sibylaidd (wedi ei symleiddio) o ganu brud, sef cyfeirio at berson drwy ddefnyddio llythyren flaen ei enw yn hytrach na chyfeirio ato yn ffurf anifail neu aderyn, gw. EVW 16. Sylwer ar y cyfeiriadau at anifeiliaid yn llau. 33–8 *et passim*, eto dan ddylanwad y canu brud. Â'r *H mawr*, gthg. *R. bach*, sef Rhisiart III, a ddisodlwyd ganddo, cf. GDLl 69 (25.6).

9   **llai'r dugiaid** Lleihaodd nifer dugiaid y deyrnas oherwydd marwolaeth Harri.

10 Twyll gynghanedd *dd*.

11 **dirwy** Cf. TA 294 (LXXIII.15–16) *Tlawd a ŵyr talu dirwy, / Ni thelir math Lowri, mwy!* a'r cyfieithiad yn WG 45 'The poor are accustomed to pay forfeit; they will never more forfeit such a one as Lowri.'

12 **Nid oedd … ddaered fwy** Treiglir yma'r a.cmhr. 'ar ôl enw mewn gosodiad negyddol', gw. Treigladau 66–7. Twyll gynghanedd *d*.

13 **nid yfwn win**   Llifai gwin yn llysoedd yr uchelwyr: cf. TA 232
(LVIII.46) *Mae wyth win amheuthunion* yn llys Rhys ap Maredudd a'i
wraig Lowri. Cyplysid gwin â difyrrwch, cf. teitl awdl farwnad Rhys ap
Maredudd 'Yn iach oll win a chellwair' (gw. TA 294 cerdd LXXIII) ond
ar awr o dristwch ymddengys y rhoid ef heibio.

15 **Cent**   Swydd Gaint. Cynghanedd sain gyda'r odl *nyni / Gymry.*

16 **mynydd**   Defnydd ffigurol o'r gair, yn cyfeirio at urddas a maintioli
Harri VII (digwydd eto yn ll. 23), ond hefyd yn gyfeiriad penodol at ei
linach, sef teulu Plas Pen*mynydd* ym Môn a Rhis*mwnt.*

19–23 Cyfeirir yma at gryndod y ddaear ac at ddiffyg ar yr haul adeg
marwolaeth y *Barwn*; y mae'n debyg fod y llau. hyn yn cyfeirio at y
digwyddiadau aruthr a welwyd ar y ddaear adeg marwolaeth Iesu, gw.
Math xxvii.45, 51: *O ganol dydd, daeth tywyllwch dros yr holl wlad hyd
dri o'r gloch y prynhawn … Siglwyd y ddaear a holltwyd y creigiau.* Topos
yn y canu marwnad yw fod y ddaear yn duo ac yn crynu oherwydd
marwolaeth noddwr, cf. GIG 70 (XV.63–4) *Y ddaear ddu, dyrru dwst, /
Yn crynu …*; cf. hefyd GDEp 20.17–18. Dichon fod y topos yn seiliedig
ar yr adnodau uchod yn Math.

19 **Barwn**   Cyfeirir yma at Grist yn farwn, mewn termau o urddas daearol.
Yn llau. 23–6 cymherir y farwolaeth â marwolaeth Harri Tudur,
yntau'n farwn, a rhoddwyd yr un teitl i Owain Glyndŵr (ac yntau'n un
o Farwniaid Edeyrnion) gan Ruffudd Llwyd *barwn grym yw*, gw. GGLl
12.72. Yr oedd Maredudd ap Tudur, hen daid Harri Tudur, yn gefnder
i Lyndŵr a diau fod hynny ym meddwl Dafydd Trefor yma wrth
farwnadu un a fu'n Fab Darogan fel y bu Owain Glyndŵr yntau.

22 **ystad**   At Grist y mae'r cyfeiriad o hyd, ac ystyr *O iawn ystad* yw '*From
its proper condition*', h.y. iawn ystad dydd yw bod yn olau; y mae Crist,
o'i gladdu, yn troi dydd yn nos.

23–4 **Yr ail … / … gan coron**   Â'r cwpled hwn, cf. GDLl 169 (78.51–2)
Owain o Rufain yw'r Iôn / A gwncweria gan coron; *ib.* 39 (8.97–8) *Owain
fwyn, awen o Fôn / A gwncweria gan coron*; y mae'n bosibl mai ateb y
cwpled proffwydol hwn o waith Dafydd Llwyd a wna Dafydd Trefor
yma wrth bwysleisio bod y Mab Darogan, Owain wrth ei enw
daroganol, wedi gwireddu'r broffwydoliaeth honno. Ond sylwer nad
dim ond enw darogan oedd *Owain* i'r beirdd. Yn ôl Robin Ddu ap
Siencyn Bledrydd, y brudiwr o Fôn, Owain oedd yr enw a roed ar Harri
Tudur wrth ei fedyddio; Margaret Beaufort, ei fam, a newidiodd ei enw
yn ddiweddarach a'i alw wrth yr enw Harri, gw. E. Roberts, *Dafydd
Llwyd o Fathafarn* (Caernarfon, 1981), 19. Cynghora Dafydd Llwyd
Ruffudd ap Llywelyn Fychan i wylio'r moroedd yn ddyfal, oherwydd *O
Lydaw, y daw, ar des, / Cenau gwrdd, canwiw gerddor*, gw. GDLl 169
(78.30–1); byddai'r Mab Darogan hwn yn filwr grymus a fyddai'n

goresgyn can coron.

23 **mynydd o Rôn** Darllenir yma *mynydd o Rôn*, gan gofio bod 'tarw o Rôn' yn un o'r teitlau a roddid i'r Mab Darogan, gw. R. Wallis Evans, 'Trem ar y Cywydd Brud' yn HSt 162; wrth *Rôn* deellir talaith Rhône yn ne Ffrainc, gw. EEW 183; dewis I. George yn 'The Poems of Syr Dafydd Trefor', AAST, 1935, 101 yw *mynydd yr On*. Posibilrwydd arall fyddai diwygio, dan ddylanwad cwpled Dafydd Llwyd, a deall *mynydd o Rôm* i olygu cyfeiriad at 'arwr o Rufain', sef Harri Tudur a aethai cyn belled â'r Eidal ar encil; ar yr odl *Rôm / coron*, o ddewis diwygio, cf. y gynghanedd lusg yn ll. 3 sy'n cynnwys yr odl *-en / Iem-*. Ar *mynydd*, gw. ll. 16.

25 **tarw** Sef Harri Tudur; dyma un o'r nifer teitlau ar y Mab Darogan, ac fe'i priodolid i Fab Darogan teulu Penmynydd yn anad un, gw. R. Wallis Evans, 'Prophetic Poetry' yn GWL ii² 267.

teiriaith Sef tair cenedl, y Cymry, y Saeson, a'r Ffrancwyr. Yr oedd Harri Tudur yn disgyn o deulu Tuduriaid Penmynydd ym Môn; yr oedd iddo waed brenhinol Seisnig drwy deulu Margaret Beaufort, ei fam; treuliodd gyfnod hir o alltudiaeth yn Llydaw yn dilyn Brwydr Tewkesbury yn 1471, ac yr oedd ei nain, Catrin o Valois, yn Ffrances.

27 **Moesen** Hen ffurf ar enw Moses, y gŵr a arweiniodd yr Hebreaid o'u caethiwed yn yr Aifft. Tystir yn yr Hen Destament ei fod yn arweinydd gwrol, doeth a thirion: rhoddodd Duw arweinyddiaeth anrhydeddus hefyd i Harri VII.

30 **ych** Rhestra R. Wallis Evans yr 'ych' yn un o'r teitlau ar y Mab Darogan, gw. GWL ii² 267, gan ddweud mai at Siasbar Tudur, ewythr i Harri Tudur, yn frawd ei dad, y cyfeiria'r teitl 'ych' yn ddi-ffael; yma gwelir amrywiad ar yr arfer honno, ond wedi ei gyfyngu i'r un tylwyth. Cf. 'Yr *Ych Gwâr* a'r *Mab Gwyddelig*' yn R. Wallis Evans, 'Canu Darogan: testunau amrywiol', B xxxvi (1989), 88–9.

buwch gethin Rhestra R. Wallis Evans y teitl 'buwch gethin' yn un o'r teitlau ar y Mab Darogan, gw. GWL ii² 266.

31 Y mae'r ll. fel y mae yn rhy hir o sillaf ond gellir cywasgu *Cwympo a*.

32 **porthcwlis** Defnydd trosiadol yn dwyn yr ystyr 'amddiffynnydd'. Y mae yma hefyd ddefnydd herodrol o'r ddelwedd gan fod porthcwlis yn arwydd teulu Margaret Beaufort, Iarlles Rhismwnt, mam Harri Tudur, gw. 'Y *Milgi* a'r *Porthcwlis*' yn R. Wallis Evans, 'Canu Darogan: testunau amrywiol', B xxxvi (1989), 90. Yr oedd Margaret Beaufort yn berchen ar lawer o lestri aur ac arian, 'rhai wedi'u haddurno ag arwyddluniau a gysylltir yn arbennig â hi, sef porthcwlis teulu Beaufort, rhosynnau Lancastr, a blodau *Marguerite*, ac 'roedd yn berchen ar liain bwrdd â rhosynnau a phorthcwlis wedi'u gweu i mewn iddo', gw. Nia

M.W. Powell, 'Mam y Mab Darogan' yn *Bosworth a'r Tuduriaid*, gol.
D.G. Jones a J.E. Jones (Caernarfon, 1985), 56–7. Yn eglwys Pen-
mynydd gellir gweld, yn ffenestr Capel y Tuduriaid, y goron frenhinol
yn rhan uchaf y ffenestr, rhosynnau'r Tuduriaid yn y rhan ganol, a
phorthcwlis Beaufort yn y rhan isaf; am lun o'r ffenestr, gw. *ib.* 64,
delwedd rhif 97.

33–8   Y mae dylanwad y cywyddau brud ar yr adran hon (er bod esboniad
herodrol yn ogystal i rai cyfeiriadau) gan bentyrru teitlau'r Mab
Darogan ar Harri Tudur o linach Penmynydd; gw. hefyd lau. 25, 30, 57,
58, 63.

34   **milgi mawr Maelgwn**   Rhestra R. Wallis Evans y 'milgi' yn un o'r
teitlau ar y Mab Darogan, gw. GWL ii² 267, ac fe'i defnyddir yn
drosiadol yma am Harri Tudur. (Ond sylwer ar a ganlyn yn R. Wallis
Evans: Dar 98 wrth iddo gyfeirio at y cywydd hwn, 'Cafwyd y *tarw*, yr
ych, y *fuwch*, y *llew*, yr *eryr du*, y *ceiliog*, eisoes [mewn barddoniaeth
Gymraeg am y Mab Darogan]. Termau newydd yw *milgi, gwiber, llew
coch*.') Y milgi oedd hoff arfbais y Lancastriaid 'a phan greodd Harri
VI, ei hanner-brawd Edmund Tudur, tad Harri Tudur, yn Iarll
Ritsmwnd rhoes iddo'r hawl i osod y *milgi* brenhinol yn un o
gynheiliaid ei darian', gw. 'Y *Milgi* a'r *Porthcwlis*' yn R. Wallis Evans,
'Canu Darogan: testunau amrywiol', B xxxvi (1989), 90. Mewn darlun
ar banel yng Nghapel San Siôr, Windsor, y mae milgi, arwyddlun Harri
Tudur, yn cynnal yr arfbais frenhinol gyferbyn â'r llew, gw. delwedd
rhif 115 yn D.G. Jones a J.E. Jones, *op.cit.* 76. Gwyddys bod gan
Faelgwn Gwynedd, tywysog Gwynedd yn y 6g. a chyndad ei linach
frenhinol, nifer o filgwn a bod ei enw yn golygu 'tywysog a ci hela'.
Mewn cywydd i Fechell Sant adroddir stori amdano unwaith eto mewn
gwrthdrawiad â'r saint, *milgwn a gwyr Maelgwn gynt / a leddaist mor ffol
oeddynt*, gw. LBS iv, 433. Ymhellach ar Faelgwn Gwynedd, gw. TYP³
437–41; WCD 438–42; J. Wood, 'Maelgwn Gwynedd: A Forgotten
Welsh Hero', *Trivium*, xix (1984), 103–17; Thomas Jones, 'Gwraig
Maelgwn Gwynedd a'r fodrwy', B xviii (1958–60), 55–8; GSCyf 5.58. Y
mae'n ansicr a yw Dafydd Trefor yma yn honni bod Harri VII yn
ddisgynnydd i Faelgwn, ond ni welwyd sail i hynny yn yr achau.

35   **llew**   Rhestra R. Wallis Evans y 'llew' yn un o'r teitlau ar y Mab
Darogan, gw. GWL ii² 267.

36   **eryr du**   Rhestra R. Wallis Evans yr 'eryr du' yn un o'r teitlau ar y Mab
Darogan, gw.*ib.* 266; gw. hefyd isod ll. 63.

38   **y wiber**   Rhestra R. Wallis Evans y 'wiber' yn un o'r teitlau ar y Mab
Darogan, gw. *ib.* 266, ond gw. hefyd ll. 34n uchod; ond y mae *neidr* yn
cyfeirio at y gelyn, ac fel rheol Rhisiart III a olygir wrth y teitl hwnnw,
gw. *ib.* 268. Os yw *gwiber* yn gyfeiriad at y gelyn (a chofio bod *i'w / o'i*

yn ymgyfnewid yn y llsgrau.), digon ystyrlon fyddai: 'Gwae ni aros gan orwedd / Y wiber fawr obry o'i fedd'. Y mae'r ll. fel y mae yn rhy hir o sillaf ond gellir cywasgu *obry i'w*.

40 **rhosgampi** Cyfeiriad at Harri Tudur fel blodeuyn hardd sydd, ysyw-aeth, wedi syrthio; y pencampwr a oedd yn ymladd o dan arwydd y rhosyn coch. Rhestra R. Wallis Evans y 'rhosyn' yn un o'r teitlau ar y Mab Darogan, gw. GWL ii² 267. Am yr ystyr 'rhos (y) campau', cyf-addasiad o'r S. *rose-campion*, dan ddylanwad *rhos* 'rhosynnau; llwyni rhosynnau; llun o rosynnau, yn enw. fel dyfais herodrol' (gw. GPC 3095) a ?*campau* (ll. *camp* 'gorchest'), gw. GPC 3096. Am yr esboniad 'maes y brwydrau', ac am *rhos gampau* yn golygu, o bosibl, Ryfeloedd y Rhosynnau, gw. Dafydd Trefor: Gw 394.

43 **cedwyn'** Sef *cedwynt*, a ddeellir yn ffurf 3 ll.amhff.myn. y f. *cadw* (er bod GMW 120 yn cyfeirio at y terfyniad *-ynt* fel un hynafol). Posibilrwydd arall yw'r e.p. *Cedwyn*, un o'r saith gŵr a ddihangodd o Frwydr Camlan, gw. WCD 116; y mae'n llai tebygol mai cyfeiriad at Gedwyn Sant (gw. LBS ii, 98) sydd yma.

45 **deol** Yn dilyn marwolaeth Edward ym Mrwydr Tewkesbury yn 1471 a dienyddiad Harri VI yn y Tŵr yn sgil ei ddal ar faes y frwydr, aeth Harri Tudur yn alltud i'r Cyfandir gyda chymorth Siasbar Tudur, ei ewythr. Treuliodd Harri flynyddoedd gyda Francis II, Dug Llydaw, ymhell o'i dreftadaeth ei hun (ll. 46).

48 **het aur** Cyfeirir at goron aur y Brenin Harri Tudur yn GDLl 69 (25.4) yng nghyd-destun brwydro a choncwerio, fel yma. Edrydd Polydore Vergil hanesyn am adfer y goron aur, coron brenhiniaeth Lloegr, toc wedi lladd Rhisiart III yn ymladdfa Maes Bosworth a'i gosod ar ben Harri, 'y goron aur a ganfuwyd, yn ôl Vergil, gan Arglwydd Stanley ynghanol yr ysbail ar fryn cyfagos a elwid Crown Hill ger Stoke Golding i'r de o Fryn Ambien', gw. D.G. Jones a J.E. Jones, *op.cit.* 13, ac y mae'n ddigon posibl mai at stori o'r fath y cyfeiria Dafydd Trefor yn llau. 47–8. Posibilrwydd arall yw fod yma gyfeiriad at ei helm ddisglair mewn brwydr, cyfeiriad herodrol at arfbais hynafiaid Harri Tudur, sef teulu Goronwy Fychan o Benmynydd (m. 1382), un o ddisgynyddion Ednyfed Fychan, sef sieffrwn rhwng tair saeled (math o helm), gw. DWH i, 187, *ib.* ii, 130; gw. y ddelwedd ar swrcot y ddelw alabastr (m. 1382) o Goronwy Fychan yn eglwys Penmynydd, *ib.* i, delwedd rhif 35.

49 **Rhisiart** Y Brenin Rhisiart III (1483–5) a drechwyd gan Harri Tudur ar Faes Bosworth yn 1485.

50 **ffon** Y mae'n bosibl fod yma gyfeiriad at y deyrnwialen frenhinol y gwelir delwedd ohoni, ynghyd â'r goron aur (*het* ll. 48), yn ffenestr eglwys Penmynydd, gw. D.G. Jones a J.E. Jones, *op.cit.* 64; neu tybed ai

ffon 'cleddyf' a olygir yma? Y mae'r ll. fel y mae yn rhy hir o sillaf.

51 **doethon**' Myn y gynghanedd y ffurf *doethon*' ar 3 ll.grff.myn. y f.

53 **Percyn** Un o'r ymhonwyr i'r Goron, sef Perkin Warbeck a honnodd mai ef oedd Rhisiart, Dug Iorc, a'r gwir Risiart IV. Priododd berthynas i frenin yr Alban, Iago IV, ac yn 1497 hwyliodd i Gernyw ac fe'i cyhoeddwyd ef yn Rhisiart IV yn Bodmin. Dilynodd byddin o saith mil o filwyr ef i Taunton, lle y daeth wyneb yn wyneb â byddin Harri Tudur. Ildiodd Warbeck i'r brenin ac fe'i carcharwyd yn y Twr Gwyn a'i orfodi i gyffesu mai twyllwr (tra argyhoeddiadol) ydoedd. Credir mai mab Margaret, Duges Bwrgwyn, ac Esgob Cambrai ydoedd, ac os felly yr oedd yn gefnder anghyfreithlon i'r dyn yr ymhonnai mai ef ydoedd, gw. D.G. Jones a J.E. Jones, *op.cit.* 44. Ymhellach, gw. A.L. Rowse, *Tudor Cornwall: Portrait of a Society* (London, 1969), 128–35.

55 **Harri** Sef Harri Tudur.

56 **Trent** Cyfeiriad at Stoke on Trent, lle y bu brwydr rhwng byddin Harri Tudur a byddin Lambert Simnel ar 16 Mehefin 1487. Ymhonnwr oedd Lambert Simnel yntau a thwyllodd lawer i gredu mai Edward, Iarll Warwig, ydoedd. Cafodd groeso mawr yn Iwerddon, ac fe'i coronwyd yn Edward VI gan Esgob Meath yn 1487. Croesodd, gyda 1500 o filwyr yr Almaen, i swydd Gaerhirfryn ond aflwyddiannus fu ei ymgais i drechu Lloegr a gwasgarwyd ei fyddin gan lu Harri Tudur.

57 **Bu geiliog buddugolieth** Y mae'n bosibl fod yma gyfeiriad at un o wyth teitl a roddir ar y Mab Darogan yn y testun 'Proffwydoliaeth y Wennol', gw. R. Wallis Evans, 'Daroganau', B ix (1937–9), 315, sef llew, tarw, blaidd, oen, ych, lincs, gwennol, a cheiliog. Twyll gynghanedd *dd*; ceir enghraifft yma hefyd o odl lafar â'r ll. ddilynol: *buddugolieth / Blac-heth*.

58 **llew coch** Rhestra R. Wallis Evans y 'llew coch' yn un o'r teitlau ar y Mab Darogan, gw. GWL ii² 267 ond hefyd l. 34n uchod.

Blac-heth Ar Frwydr Blackheath, a ymladdwyd ym mis Mehefin, 1497, gw. A.L. Rowse, *op.cit.* 125–6. Achos y frwydr oedd gwrthwynebiad gwŷr Cernyw i'r dreth drom a gododd y llywodraeth i dalu am ryfela Harri Tudur yn yr Alban. Cefnogai'r Albanwyr Perkin Warbeck, ymhonnwr i'r Goron (gw. ll. 53n), yn hytrach na'r Brenin Harri Tudur, a bu anrheithio mawr ar y ffin â Lloegr. Nid oedd hynny o'r diddordeb lleiaf i wŷr Cernyw; yr hyn a'u poenai hwy oedd pwysau'r dreth, yn enwedig yng ngorllewin Cernyw o dan arolygaeth Syr John Oby, profost Coleg Glasney, ger Penryn. Ni chollwyd fawr o wŷr y brenin, ond a hwythau heb arfau digonol ac yn gymharol ddiarweiniad, bu'n galed ar fyddin Cernyw: 'they were with no great difficulty cut in pieces and put to flight', gw. *ib.* 126.

59 **Sin** Sef cyfeiriad at Sheen, y palas brenhinol yn Richmond yn Surrey.

60 **brain** Trosiad (cyffredin mewn barddoniaeth Gymraeg) am filwyr yr oedd eu gelynion yn ysglyfaeth iddynt ar faes y gad.

Cornwel Sef Cernyw, a fu'n ddraenen yn ystlys Harri Tudur droeon yn ystod ei deyrnasiad (gw. A.L. Rowse, *op.cit.*), nid yn unig yn ystod ei wrthryfel yn 1497.

62 **go' du** Un o'r ardaloedd cyntaf i godi yn erbyn y dreth ryfel oedd trigolion plwyf St. Keverne yn ardal y Lizard. Eu harweinydd yno oedd Michael Joseph, y gof, gŵr o argyhoeddiadau cryfion a gwrolder mawr. Yr oedd St. Keverne o fewn y diriogaeth lle yr oedd Syr John Oby (gw. ll. 58n d.g. *Blac-heth*) yn gasglwr y dreth, gw. A.L. Rowse, *op.cit.* 121–2.

63 **eryr du** Am yr 'eryr du' yn un o'r teitlau ar y Mab Darogan, gw. ll. 36n.

eurwar daid Taid Harri Tudur oedd Owain Tudur, a fu farw yn 1461; gall *eurwar* olygu 'aur' + 'gwâr', neu 'aur' + 'gwar' yn cyfeirio at gadwyn neu goler aur am ei wegil. Am *euro gwar* 'urddo'n farchog', gw. GDEp 9.27–8n, 12.29–30n. Eithr yn y farddoniaeth gall *taid* yn hawdd olygu 'hynafiaid'.

64 **llawgoch** Sef yr un 'a gwaed ar ei ddwylo' yn dilyn ei wrhydri a'i feistrolaeth mewn rhyfel. Efallai fod yma hefyd gyfeiriad at Owain Lawgoch (*c.* 1330–78), Mab Darogan arall a milwr cyflogedig a dreuliodd y rhan fwyaf o'i oes yng ngwasanaeth brenhinoedd Ffrainc yn milwrio yn erbyn Coron Lloegr, gw. CLC² 548–9.

65 **pig** H.y. pig yr eryr, sef Harri Tudur, gw. ll. 63n.

66 **hyd ym Merwig** Berwig (Berwick-upon-Tweed), ffin eithaf Lloegr. Newidiodd ddwylo rhwng Lloegr a'r Alban dair gwaith ar ddeg yn ystod y blynyddoedd 1147 ac 1482, cyn cael ei chydnabod yn derfynol, yn 1482, i bob pwrpas yn un o drefi Lloegr, ond yn swyddogol ' "of" the Kingdom of England but not "in" it'.

67–70 Gw. G. Williams, *Recovery, Reorientation and Reformation: Wales c. 1415–1642* (Oxford and Cardiff, 1987), 242–3, am y camau a gymerodd Harri VII i ddileu rhai o anfanteision cyfreithiol bod yn Gymro.

68 **Owain** Cyfeirir yma at y Mab Darogan, Owain wrth ei enw bedydd, ond yn ddiweddarach Harri Tudur, gw. llau. 23–4n. Y mae'r ll. fel y mae yn rhy hir o sillaf.

70 **braint** Yr ystyr fwyaf naturiol yn y cyd-destun hwn yw 'rhyddid', ond gellid hefyd 'urddas, anrhydedd' neu efallai 'hawl'.

71 Cynghanedd lusg yn cynnwys yr odl -*fed* / *fedd*-.

72 **Harri Sant** Sef Harri VI, Brenin Lloegr 1422–61 ac a ddaeth i'r orsedd drachefn yn 1470–1; fe'i llofruddiwyd yn 1471 yn Nhŵr Llundain.

Rhestra R. Wallis Evans 'sant' yn un o'r teitlau ar y Mab Darogan a dywed, '*y sant* invariably refers to Henry VI', gw. GWL ii² 268; gw. hefyd G. Egan, 'The London that records fail to show', *British Archaeology*, 16 (July, 1996), sy'n dangos sut yr aethpwyd ati i hyrwyddo cwlt 'Sant' Harri VI gan yr awdurdodau a oedd yn awyddus i sefydlu a chryfhau'r frenhiniaeth Duduraidd: 'The new authorities fostered the cult of "Saint" Henry VI, whose murder by the rival Yorkists half a generation earlier was central to a blend of religious and worldly propaganda put out on behalf of the new regime. The cult, based in nearby Windsor, was made familiar to Londoners by the mass-production of pilgrim souvenirs; and over 200 of these, featuring Henry in several different versions, have now been excavated in London.'

75 **Wythfed ... Seithfed** Wrth gyfeirio at frenhinoedd Lloegr y mae Dafydd Trefor yn defnyddio'r trefnolion fel pe baent yn enwau priod, cf. GLMorg 55.5 *Pan goded Seithfed dros wart.*

76 **hirwydd** 'Coeden dal', cyfeiriad at Harri VIII yma, y mae'n debyg, ond am yr epithet Harri Hir am Harri Tudur, gw. *Harri Hir a'i haid* GDLl 43 (11.48).

77 **Gwneuthuriad** Deellir yma yr eg. sy'n dwyn yr ystyr 'gwneuthurwr, crëwr', gw. GPC 1691 d.g. *gwneuthuriad*². Yn yr Ysgrythurau priodolir y gwaith o greu'r byd i bob un o dri pherson y Drindod a deellir eu bod yn cydweithio yng nghreadigaeth y byd; yma cyfeirir at Grist yn grëwr, cf. Col i.16 *oherwydd ynddo ef y crewyd pob peth yn y nefoedd ac ar y ddaear, pethau gweledig a phethau anweledig, gorseddau, arglwydd-iaethau, tywysogaethau ac awdurdodau.*

78 **Llsgr. K** *arrioed dim orras i dad.* Dewiswyd y ll. hon er gwaethaf y diffyg treiglad i *dim*, y gyfatebiaeth *-d d-* = *D-* o dan yr acen, a thwyll gynghanedd *s*; ond ceid ll. reolaidd o ddilyn darlleniad y llsgrau. eraill, llsgrau. a gopïwyd wedi dyddiau Dafydd Trefor ac sydd â naws cysoni a chywiro arnynt. Gellid yr ystyr 'Ei Dad', sef Crist yn cyfeirio at Dduw'r Tad, neu ddeall *ei dad* yn gyfeiriad at dad Harri VIII, sef Harri Tudur, ac mai ergyd y cwpled yw 'Na fydded i Grist leihau / gyfyngu ar fendith Harri Tudur [yn y nefoedd].'

6

Rhialtwch y tynnwr coes yw nodyn llywodraethol y ffugfarwnad hon ac y mae'n amlwg yn adleisio'r ffugfarwnad i Guto'r Glyn o waith Llywelyn ap Gutun.[1] Ni wyddys ach Wiliam ap Gruffudd ap Dicws, gwrthrych y cywydd

[1] Gw. GGl² 98–103 (cerddi XXXVII–XXXVIII). Am ragor o ffugfarwnadau, gw. W.J. Griffith, 'Marwnadau i ddynion byw', Beirn i (1911), 34–8; H.M. Edwards, 'Murnio marwnadau: golwg ar y ffug-farwnad yng nghyfnod y cywydd', *Dwned*, v (1999), 47–70.

hwn, ond nodir enw rhyw Wiliam ap Gruffudd ap Richard, y bu i'w fab, Gruffudd, briodi Catrin, yn achau Bartrum.[2] Os gwrthrych y gerdd hon ydoedd y gŵr hwnnw, yna yr oedd yn uchelwr. Tybed a oedd ganddo gartref yn agos i Lyn Conwy a'i fod yn hanfod o ardal Ysbyty Ifan (noder y cyfeiriadau mynych at Lyn Conwy, llau. 2, 9, 19, 24, 40); neu tybed a oedd yn westai i Robert Salsbri yr aeth Wil ato yn ei drallod i chwilio am loches? Ni ellir dyddio'r cywydd ddim nes nag i chwarter cyntaf yr unfed ganrif ar bymtheg, i'r cyfnod pan oedd Robert Salsbri, o deulu plas Lleweni, yn noddi eirchiaid yn ei gartref yn y Plas Isaf, Llanrwst, yn eu plith bysgotwr uchelwrol o fardd a aethai i drybini ar y llyn ac a fu mewn perygl am ei hoedl, os gwir y stori hon.[3]

Gall mai stori wneud a adroddir yma am yr uchelwr a enwir, yn ddilornus, Wil (ond Wiliam i'w fam, ll. 6) yn mynd din dros ben (ll. 16) i'r dyfroedd oerion cyn cael ei dynnu allan a'i lusgo i wres a chroeso'r Plas Isaf. Gan fod Glan Conwy (ll. 2) yn gyfuniad sefydledig (o leiaf yn enw'r plwyf Llansanffraid Glan Conwy) y mae'n bosibl mai ym mharthau isaf Afon Conwy y lleolwyd drama'r cywydd hwn. Tuedda Afon Conwy i ffurfio 'llynnoedd' (fel y daw'r llanw i mewn) wrth nesáu at y môr; hawdd fyddai i Wil lanio yn y Plas Isaf wedyn!

Os nad yw'r stori yn un gwbl ddychmygus yna y mae ynddi gryn orliwio. Yr oedd yn arfer gan y beirdd ddychanu person drwy adrodd stori gelwydd golau amdano. Portreedir Wil yn ddihiryn castiog, yn sgut am ei swper a'i gysur onid yn lwth, ac yn sicr yn ddyledwr i'r Eglwys (llau. 31–2). Blas y bwrlésg sydd yma. Pentyrrir straeon am y troeon trwstan a ddigwyddodd i Wil, a chofnodir sawl cam gwag a gymerodd: catalog o drafferthion ynfytyn ym marn unrhyw un arall, ond yn mennu dim ar Wil: *Fo rôi hyr, ar ei heri, / I bawb cyn ffraethed â'r bi* (llau. 45–6). Cryfhau'r cyfeillgarwch rhwng Dafydd Trefor a gwrthrych ei gerdd yw nod y cellwair hwn yn unol ag arfer Cywyddwyr y cyfnod, a dichon fod yma beth o'r hyn a ddisgrifiodd A.R. Radcliffe-Brown yn 'joking relationship':

> a relation between two persons in which one is by custom permitted, and in some cases required, to tease or make fun of the other who, in turn, is required to take no offense.[4]

---

[2] P.C. Bartrum: WG2 'Gruffudd ap Cynan' 6(B).

[3] Priododd Robert Salsbri a symud i fyw i'r Plas Isaf yn Llanrwst, sir Ddinbych. Ni wyddys dyddiad geni, priodi, na marwolaeth Robert Salsbri. Ni lwyddwyd i ddod o hyd i'w ewyllys yn Llysoedd Profiant Bangor na Llanelwy, nac ychwaith yn Llys Profiant Caer-gaint os bu iddo brofi ei ewyllys yn Llundain. Nid yw cofrestri plwyf tref Llanrwst yn dechrau tan 1613 (bedyddiadau), 1615 (priodasau), a 1615 (claddedigaethau) ac felly ni chafwyd gwybodaeth am ddyddiad claddu. Gw. hefyd lau. 37–8n.

[4] A.R. Radcliffe-Brown, 'On Joking Relationships' yn *Structure and Function in Primitive Society* (London, 1975), 90 ac a ddyfynnir yn J. Hunter, 'Cyd-destunoli Ymrysonau'r Cywyddwyr: Cipolwg ar "Yr Ysbaddiad Barddol" ', *Dwned*, iii (1997), 37.

Tybed ai marwnad uchelwr ai, efallai, farwnad bardd sydd yma?[5]

Cynnal y syniad o ddewrder a haelioni, rhinweddau uchelwriaeth, a wna'r farwnad draddodiadol ond cellwair llawen a digywilydd am lolyn trwsgl ac aneffeithiol, am y glwth a ddifâi fwyd a diod ei noddwr, yw'r ffugfarwnad hon. Pegynu rhwng llef o alar a llef o gysur bob yn ail a wna'r farwnad draddodiadol, ond bonllefau o chwerthin harti a glywir drwy'r ffugfarwnad hon.

1 Sylwer ar y tebygrwydd rhwng y ll. hon a ll. agoriadol 'Ateb i Lywelyn ap Gutyn', gw. GGl[2] 101 (XXXVIII.1) *Mae llef oer mal llifeiriaint*.

2 **Conwy** Ar Afon Conwy, gw. ELlSG 63, 98, ac ar Lyn Conwy ger Ysbyty Ifan, tarddiad yr afon honno, gw. *ib*. 93; cyfeiriadau at y llyn a geir yn llau. 9, 19, 24, 40.

   cau Dehonglir *gau* y testun yn ffurf dreigledig *cau* 'twyllodrus', gw. GPC 441 a cf. ll. 21.

4 **trychiolaeth** Ffurf amrywiol ar *drychiolaeth*; cf. *dreml/trem*, *druml/trum*, &c.

5 **Wil** Wiliam ap Gruffudd ap Dicws, gw. y nodyn cefndir uchod.

7 **rhyriodd** Nis rhestrir yn WVBD nac yn GPC 3142, ond cf. *rhyred* eb. 'cwrs cyflym, rhuthr, brys, ffrwst; gormodedd, rhysedd, traha, rhyfyg' a gellir tybio mai ffurf 3 un.grff.myn. y f. *rhyrio* gydag ystyr debyg i ystyr *bwriodd* ar ddechrau'r ll. sydd yma.

8 *enwair* Llsgrau. *ynwair*. Ni ddigwydd *ynwair* yn slipiau GPC ond ceir *anwair* ac *enwair* yn amrywiadau ar *genwair* 'gwialen bysgota', gw. GPC 1393.

15 **tost** Ar *tost* '*harsh, painful*', gw. WVBD 538.

18 **ymsocian** Y mae'n bosibl mai gwall am *yn socian* yw hwn, gan mai yn WS (1547) y mae'r enghraifft gynharaf a nodir yn GPC, gw. *ib*. 3314.

23 **Nyddodd allan o'r noddyn** Dygir i gof yma chwedl 'Culhwch ac Olwen' lle y mae Cacamwri ac Osla Gyllellfawr yn cael trochfa yn Afon Hafren wrth ymladd â'r Twrch Trwyth, gw. CO[3] 41 (1192–6) *Kacamwri, ual y tynnit ef y uynyd, y tynnei deu uaen ureuan ynteu y'r affwys. Osla Gyllellfawr ... ual y tynnit ef y uynyd y tynnei hitheu ef y'r affwys*. Gw. hefyd lau. 27–8 isod.

26 **ysbrotiannwr** O'r f. *sbrotian*, *sbrotio* 'chwilota, chwilmentan, turio; prowla; mân-ladrata', gw. GPC 3196.

30 **sentes** Deellir yma *sentens* 'dedfryd', a bod Wil yn sefyll dan gondemniad llys yr Esgob oherwydd iddo beidio â chyffesu ei bechod; er mwyn y

---

[5] Ar yr isfathau o farwnad, gw. Bleddyn O. Huws, 'Astudio *Genres* y Cywydd', *Dwned*, i (1995), 75.

gynghanedd defnyddiwyd ffurf amrywiol ar *sentens* a fyddai'n odli â *gyffes.*

31 **degwm** Degfed ran o incwm amaethyddol; fe'i telid i Eglwys Rufain i gynnal yr offeiriadaeth a'r grefydd sefydledig. Y mae'n amlwg fod Wil mewn dyled i'r Eglwys ar gyfrif taliadau degwm o ryw swm afresymol uchel. Gw. ODCC³ 1626; ymhellach, gw. E. Le Roy Ladurie, *Tithe and Agrarian History from the Fourteenth to the Nineteenth Centuries,* translated by S. Burke (Cambridge and Paris, 1982).

34 **soelio** Cynigir mai cywasgiad o **absoelio,* gair benthyg o'r S. *absolve* 'rhyddhau, rhoi pardwn i', yw hwn, cf. HG 32 (26.9c–d) *heb na gweddi nag ympryd / na phenyd nag ynsoelio* (Tomas ab Ieuan ap Rhys)

aren Gair mwys; gellid dewis yma rhwng yr ystyron 'ffraeth', 'digywilydd', neu 'doeth', gw. GPC 191, ond diau y byddai naws y cywydd yn mynnu ystyr ddifrïol.

35 **llawiad** 'Y weithred o ddefnyddio'r llaw', gw. GPC 2112 d.g. *llawiad*¹; rhestrir y ll. hon yn unig enghraifft o'r gair yn y farddoniaeth.

37 8 **Robert ... / Salbri** Bu i Tomas Salsbri (m. 1471), y cyntaf o'r teulu i gael ei ddisgrifio fel un o Leweni, bum mab, yn eu plith Robert Salsbri a ddaeth yn berchennog stad y Plas Isaf, Llanrwst. Ato ef yr aeth Wil am nodded. Priododd Robert Salsbri Wenhwyfar, ferch (a chyd-aeres) Rhys ab Einion Fychan o'r Plas Isaf, Llanrwst, gwraig a oedd yn werth mil o forciau (neu £667) y flwyddyn, gw. PACF 222; L. Dwnn: HV ii, 331; R.O.F. Wynne, 'The Wynne Family of Melai and Garthewin', TCHSDd v (1956), 78; iddo ef y canodd Huw ap Dafydd, gw. GHD cerdd 13. Yn ôl PACF 221 yr oedd Robert Salsbri yn 'Rector of Llansannan, Vicar of Corwen, and sinecure Rector of Llanrwst, 1537' ond y mae'n debyg mai camgymeriad am 1573 yw'r dyddiad yn PACF 221: cofnodir i ryw Robert Salsbri fod yn ficer Corwen rhwng 1573 a 1578, gw. D.R. Thomas: HDStA ii, 149, a'r tebyg yw mai ef (sy'n rhy hwyr i'r cywydd hwn) yw'r un y sonnir amdano yn y cofnod am Robert Salsbri yn PACF 221. Yn ôl TA 667 yr oedd Robert Salsbri y cywydd hwn yn dal swydd rhysyfwr; awgrymir iddo symud i fyw i Ruthun, neu gael tir yno a fuasai gynt yn eiddo i'w deulu, gw. TA 23 (IV.85–8), 557. Dyma'r Robert Salsbri a oedd yn daid i William Salesbury y mae ei ach yn P.C. Bartrum: WG2 'Salesbury' 5; bu tad William Salesbury farw yn 1520, gw. *Y Traddodiad Rhyddiaith (Darlithiau Rhydychen),* gol. G. Bowen (Llandysul, 1970), 27n1. Hefyd, gw. ll. 38n.

37 **aur dribys** Tybed ai cyfeiriad at arfbais teulu'r Salsbrïaid sydd yma? Fe'i disgrifir yn DWH ii, 516: 'Gules, a lion rampant Argent between three crescents Or'. Syr Tomas Salsbri, a ymladdodd ym Mrwydr Blackheath, 1497, *efe gyntaf a roddes dair lleuad aur yn ei bais arfau medd Tudur Alet,* gw. LlGC 7008E, 106 a ddyfynnir yn GST ii, 36.

38 **Lleweni** Plasty yn Nyffryn Clwyd (i'r gogledd-ddwyrain o dref Dinbych ac ym mhlwyf Henllan), a oedd yn gyrchfan beirdd, gw., e.e., I. Williams, 'Cerddorion a cherddau yn Lleweni, Nadolig 1595', B viii (1935–7), 8–10; ByCy 844–5. O gyff teulu Lleweni y deuai'r Robert Salsbri y cyfeirir ato uchod llau. 37–8: yr oedd yn fab i Tomas Salsbri a laddwyd ym Mrwydr Barnet, 1471, ac yn frawd i Syr Tomas Salsbri y bu'n ymladd ochr yn ochr ag ef ym Mrwydr Blackheath, 1497; ymhellach, gw. PACF 221, 222; P.C. Bartrum: WG2 'Salesbury' 1, 5.

44 **aeth awr o'i go'** Aethai amser yn angof i Wil wedi cael ei wala a'i weddill o wyth math o win yn y Plas Isaf, ynteu ai 'mynd o'i go am awr' a olygir?

45 **rhôi hyr** Ar *rhoddi hyr 'to challenge, defy'*, gw. GPC 3090 a cf. GDG³ 220 (80.31–2) *Rhoes hyr ym yn rhy sarrug, / Rhoes frath llawn yn rhawn yr hug.*

47–8 **O doef ... / ... acw'n rhad** Petai Wil yn dod â phos 'dyfaliad', annhebyg y câi neb ddianc heb roi rhywbeth iddo.

47 **doef** Deellir y ffurf hon yn gywasgiad o *dôi ef* (ond weithiau ychwanegir *-f* heb unrhyw sail ieithyddol at ffurfiau'n diweddu'n llafarog yng nghyfnod Cym.Diw. Cynnar).

54 **ysgwliwn** Benthyciad o'r S. *scullion*, 'gwas cegin, golchwr llestri', gw. GPC 3254 d.g. *sgwliwn*; ychwanegir yr *y-* epenthetig yma er mwyn hyd y ll.

56 **ci** Am y ddihareb 'Bolied ci a bery dridiau', gw. DiarC 41. Cyfeirir at gŵn yn llau. 56, 62, 72: noder bod iddynt safle isel ymysg anifeiliaid yr Oesoedd Canol oherwydd eu bod mor lwth: 'One of the most repeated medieval fables ... was that of the dog who loses the cheese he is carrying by reaching for his reflection in the water, and dogs were vilified for the greed that drove them to return to their own vomit (a characteristic that preoccupied medieval commentators)', gw. J.E. Salisbury, *The Beast Within: Animals in the Middle Ages* (New York and London, 1994), 133; cf. ll. 72 isod.

58 **dyfalwr du** Cf. GGLl 20.1 ac *ib*.n.

61 **carol ewigol** Naill ai yr oedd dawns egnïol yn cael ei pherfformio o amgylch Wil, neu yr oedd Wil ei hun yn ddawnsiwr; ar *carol* 'dawns[iwr]', cf. GGLl 6.5–6 *Carol maenol o'r mynydd, / Canmlwydd a'i swydd fydd oes hydd.*

66 **calyn eirth** Os deellir *calyn*, amrywiad ar *canlyn*, i olygu 'canlyn ar ôl, dilyn' ac *arth* yn ei ystyr lythrennol, y mae'n rhaid tybio mai at faetio eirth y cyfeirir yma, sef yr arfer o gadwyno eirth wrth bostyn wrth eu coes ôl i'w poeni gan gŵn. Yr oedd yn arfer boblogaidd gan bob dosbarth yn y gymdeithas nes ei gwahardd drwy gyfraith yn 1835. Gan

fod Wil wedi torri ei glun, byddai ca(n)lyn eirth (h.y. hebrwng eirth o gwmpas i'w baetio) yn alwedigaeth addas iddo. Ond o ddeall *eirth* yn ffigurol i olygu 'person garw anfoesgar a llidiog' (gw. GPC 212) yna gellid deall bod Wil yn cadw cwmni oferwyr. Ystyr frudiol *arth* yw person twyllodrus: '*arth* usually ... implied treachery and referred to [Henry Neville, the Earl of Warwick], whose banner was a Bear with a Ragged Staff' (gw. GWL ii² 268 ac a ddyfynnir yn GIBH 4.46n d.g. *arth*).

clun ôl Codai eirth i sefyll ar eu dwy goes ôl yn yr ymrysonau baetio eirth, yn ogystal ag yn ystod arddangosfeydd mewn ffeiriau lle y codai eirth ar eu coesau ôl i 'ddawnsio' neu symud yn rhythmig i gyfeiliant cerddoriaeth.

70 **yn tŷ** Cywasgiad o *yn y tŷ*, cf. GGrG At ii.26 *yn tân*, a gw. *ib.*n.

72 **tai'r caws** Cf. *tŷ llaeth* '*dairy*'. Hefyd, gw. ll. 56n. Twyll gynghanedd *c*.

78 **i law ddiawl** Ar y diafol, sef arweinydd yr angylion syrthiedig, gw. ODCC³ 474–5. Fe'i portreedir ym myd celf a llenyddiaeth y Gymru ganoloesol weithiau yn gyff gwawd, dro arall yn ffigur dychrynllyd. Yma y mae'n ymgiprys am enaid ac y mae Dafydd Trefor, y bardd cellweirus yn hytrach na'r offeiriad Catholig, yn deisyf gosod Wiliam ap Gruffudd ap Dicws yn llaw'r diafol. Ymhellach, gw. J.B. Russell, *Lucifer: The Devil in the Middle Ages* (Ithaca, New York, London, 1984).

ralai Nis rhestrir yn GPC 2973; fe'i deellir yn amrywiad ar *rali*, benthyciad o'r S. *rally* '*an angry scolding, wrangling*', gw. WVBD 453. Ond sylwer ar ddarlleniad llsgr. B *ai irheledd ddu*: Yr Heledd Ddu oedd yr hen enw ar Nantwich; cf. CLlH 227.

7

Cywydd i ofyn almari gan Wiliam ap Maredudd ap Rhys o Lanfairfechan yn sir Gaernarfon yw'r cywydd hwn. Dymunai'r telynor o Fôn, Dafydd ap Gwilym ap Dafydd (arno, gw. 7.10n), gael cwpwrdd gan ei noddwr gan nad oedd y god a oedd ganddo i storio ei fwyd, mwy na'r god a oedd yn dal ei delyn, yn cael llonydd gan bla o lygod a'u trachwantai. Cywydd dychan yw teitl y gerdd yn Llst 125 a chywydd gofyn ydyw yn ôl teitl llawysgrif Pen 155, ac yn wir y mae'r gerdd yn gyfuniad o'r ddeubeth.

Y mae pum rhan i'r cywydd hwn. Egyr drwy ddadlau achos Dafydd ap Gwilym ap Dafydd a dangos pa mor werthfawr iddo oedd ei wenith a pha mor drwyadl y difawyd ei eiddo gan frain allan yn y maes (ll. 3), a chan lygod *o bell ac agos* (ll. 4). Rhestru a phentyrru enghreifftiau yw dewis dechneg y bardd a rhestra'n fanwl yr hyn a ddifrodwyd (llau. 11–20). Y mae'r ail ran (llau. 21–36) yn disgrifio Wiliam ap Maredudd ap Rhys; y mae'r drydedd adran yn gofyn am nawdd Wiliam a'i wraig, Myfanwy ferch

Ieuan ap Maredudd Fychan (llau. 37–50), ac am anrheg a fyddai'n '*mwrthod â'r drwg* (ll. 40) a barai'r llygod. Yn y bedwaredd ran y mae'r bardd yn parhau â'i lifeiriant catalogaidd wrth ddisgrifio priodoleddau'r almari delfrydol, ynghyd â'i ehangder. Canlyniad y dull hwn o gyfansoddi yw rhedeg yn garlamus dros ben llestri gan ddod i uchafbwynt penysgafn o chwareus wrth restru'r hyn y gellid ei gadw yn y cwpwrdd hudolus hwn (llau. 57–62, 67–74). Cloir y cywydd gyda chic go egr i'r telynor, gan gyfeirio at ei ddiffyg lletygarwch (rhywbeth y dibynnai telynor crwydrol yn drwm arno) pe deuai'r rhodd hon yn eiddo iddo.

Awgrymwyd bod yn y gerdd adleisiau o'r stori enwog am bibydd Hamelin[1] (er na roddir enghreifftiau penodol o hynny), ond tybed a oedd Dafydd Trefor yn gyfarwydd â'r hanes hwnnw? Daeth y stori am y daliwr llygod yn boblogaidd yn ystod yr unfed ganrif ar bymtheg er bod sail hanes-yddol ymadawiad plant Hamelin yn perthyn i'r flwyddyn 1284.[2] Esbonnir y chwedl amlaf drwy ddweud bod ymadawiad y gwŷr ifainc â'r dref yn gysylltiedig â gwladychiad yr Almaenwyr yn y dwyrain. Efallai y dylid edrych tuag adref am y dylanwad llenyddol mwyaf ar y cywydd, a throi yn hytrach at Bedair Cainc y Mabinogi ac at hanes y llygod yn yr ŷd.[3]

1 **gen**   Ffurf dafodieithol ar yr ardd. *gan* a fabwysiadwyd er mwyn cyflawni'r gynghanedd lusg (ond gallai hefyd fod yn gynghanedd draws gyferbyn (lafarog)).

2 **rhôi**   Llsgrau. AB *duw a roe*; deellir yma ffurf amhff. y f. yn gweithredu fel grff., gw. W. Beynon Davies, 'Y Tymp Amherffaith', SC xviii–xix (1983–4), 278.

4   Dwy gytsain yn ateb un, g = g.g.

6 **misiff**   Benthyciad o'r S. *mischief* 'drygioni, anfadwaith; anffawd'. Dyma'r enghraifft gynharaf i'w chofnodi, gw. GPC 2466.

  gormeisiaid   Fe'i rhestrir yn ffurf l. *gormeisiad* 'gormeswr, ... rheibiwr', &c., yn GPC 1491. Cyfeirir at y llygod a oedd yn difrodi eiddo Dafydd ap Gwilym ap Dafydd.

7 **dygyn**   Cf. 4.61n.

9 **teiau**   Câi'r pla llygod ddigonolrwydd o fwyd yn nhai Dafydd ap Gwilym ap Dafydd, ond sylwer ar yr odl anfoddhaol rhwng *teiau* a *Dai* yn ail fraich y cwpled.

10 **dwygod**   Sef y god a ddaliai delyn Dafydd (ll. 11), a'r god a ddaliai ei

[1] Dafydd Trefor: Gw 74, lle y tynnir sylw at gerdd Robert Browning 'The Pied Piper of Hamelin', cerdd sy'n dyddio stori trychineb Hamelin i 22 Gorffennaf 1376; am y testun, gw. Robert Browning, *Bells and Pomegranates, iii: Dramatic Lyrics* (London, 1842), 257–75.

[2] *The poetical works of Robert Browning; vol. 3, Bells and Pomegranates I–VI*, ed. Ian Jack and Rowena Fowler (Oxford, 1988), 258.

[3] PKM 59–65.

fwyd (ll. 12).

Dai Sef Dafydd ap Gwilym ap Dafydd, telynor o deulu Llwydiarth, Llannerch-y-medd yng nghwmwd Twrcelyn ym Môn, ar ochr ei dad; ei fam oedd Elin, merch Llywelyn ap Hywel o Brysaeddfed, Bodedern, eto ym Môn. Dichon mai ar ei ran ef y canwyd y cywydd i ofyn telyn, gw. cerdd 12, a digwydd cyfeiriad pellach ato yn rhan o'r ymryson a ysbardunwyd gan gywydd Dafydd Trefor i ofyn alarch (gw. I. George, 'The poems of Syr Dafydd Trefor', AAST, 1935, 90–1). Ef oedd gŵr cyntaf Efa (merch Rhys ap Maredudd o Blas Iolyn), a briododd Faredudd ap Tomas, plas Porthaml yn Llanidan ym Môn, yn ddiweddarach. Am ach Dafydd ap Gwilym ap Dafydd, gw. PACF 103; P.C. Bartrum: WG2 'Carwed' 2(B). Gw. hefyd D.W. Wiliam, *Traddodiad Cerdd Dant ym Môn* ([Bodedern], 1989), 17.

16 **O! Fair, gwaeth, a'i fara gwyn** Llsgr. A *a gwaeth mynd ai fara gwyn*, llsgr. B *o Fair gwaeth ai fara gwyn*. Diwygiwyd yn *Ofer gwaith, a'i fara gwyn* gan I. George, gw. 'The Poems of Syr Dafydd Trefor', AAST, 1935, 95.

22 **drwy Fenai** Anogaeth i Ddafydd ap Gwilym ap Dafydd droi ei olygon am sir Gaernarfon, i gartref ei ddarpar noddwr, Wiliam ap Maredudd ap Rhys (gw. llau. 23–6), a'i wraig, Myfanwy (gw. ll. 45).

23–6 **Wiliam ... / ... / Aer Mredudd ... / Ŵyr Rhys** Wiliam ap Maredudd ap Rhys o Lanfairfechan yn sir Gaernarfon; am gyfeiriadau ato, gw. Pen 176, 277, 278; Pen 177, 111, 184.

24 Cynghanedd sain yn cynnwys yr odl *arian / sarn*.

25, 31 **brig / gwraidd** Delwedd gyffredin gan y Cywyddwyr yw darlunio teulu amlwg yn nhermau coeden, a nodi cenedlaethau'r teulu hwnnw o'r brig i'r bôn. Cf. GDEp 13–14.

27 **gafael** Disgrifir Ifan (arno, gw. ll. 28) yn gynheiliad bywyd Dafydd ap Gwilym ap Dafydd a gwelir yma hefyd air mwys sy'n golygu cord cerddorol wrth ganu telyn, gw. J. Morgan, *Mari Phylip* (Caernarfon, 1881), 20, 'Gafaelion y galwai hi y *chords*—gafael wyth, gafael pump, &c.' Posibilrwydd arall yw *gafael* 'tir, eiddo', &c.

28 **Ifan llwyd** Cyfeirir yma at Ieuan ap Maredudd Fychan, Bodwrda, Aberdaron, tad yng nghyfraith a chefnogwr i Wiliam ap Maredudd ap Rhys; am ach Ieuan, gw. P.C. Bartrum: WG2 'Trahaearn Goch' 3(B). Cyfeiria *llwyd* naill ai at urddas gwallt wedi britho, neu at dduwioldeb Ieuan.

32 **heb ryw twn** Cf. 1.30; a chyda'r ll., cf. 8.8n.

40 **drwg** Sef y niwed a barai'r llygod wrth fwyta drwy bopeth.

43 **almari** O'r S. *almarie*, *almary*, ffurf ddiflanedig ar *ambry*, yn golygu cwpwrdd neu gell (gw. OED[2] 352, 390), yn yr achos hwn ar gyfer cadw

bwyd a diod o afael llygod. Defnyddiwyd *almari* gan Iolo Goch yn drosiad am long, *hen almari môr* (gw. GIG 148 (XXXIII.42), a chan Ddafydd ap Gwilym yn ei gywydd 'Y Garreg Ateb', *hen almari hyll* (gw. GDG³ 348 (130.34)).

45 **Myfanwy** Myfanwy ferch Ieuan ap Maredudd Fychan, ac aelod o deulu Bodwrda, Aberdaron. Apelia'r bardd at Fyfanwy, gwraig Wiliam ap Maredudd ap Rhys, y noddwr, i'w gynorthwyo i ddwyn perswâd ar ei gŵr i ganiatáu'r rhodd.

47–8 **Ifan Amhredudd / Fychan** Gw. ll. 28n.

47 **planed** Trosiad lled boblogaidd gan y beirdd yn ganmoliaeth am berson, yn enwedig merch neu wraig, ond weithiau am ŵr, cf. GLD 12 (4.5) *Robert blaned Amhredudd* ('Moliant Robert ap Maredudd, Glyn-llifon').

54 Y mae'r ll. fel y mae yn rhy hir o sillaf ond gellir cywasgu *lle i'r*.

58 **chweugeintorth** Y mae Dafydd Trefor yn dechrau mynd i hwyl wrth ddisgrifio'r cyfan y gallai cwpwrdd newydd y seiri ei ddal; ar waelod y cwpwrdd byddai lle i storio blawd (ll. 57) ac uwchben y *cyntedd*, sef y fynedfa i'r cwpwrdd, gellid storio 120 o dorthau o fara. Cynydda'r rhestr fel caseg eira nes cynnwys yn y pen draw Ddafydd ap Gwilym ap Dafydd ei hunan, ei ddodrefn, ei delyn, a'i holl deulu.

59 Twyll gynghanedd *ll*.

61 **ef â** Llsgr. B *efa*. Gan mai Efa oedd enw gwraig Dafydd ap Gwilym ap Dafydd y mae'n anodd peidio â gweld ei henw yma, ond y mae'n llawer mwy tebygol mai *ef â*, sef *fe â* = 'fe fydd yn mynd', sydd yma. Posibilrwydd arall yw'r ardd. *efo* 'gyda', gw. GPC 1172; WVBD 204–5. Y mae'r ll. fel y mae yn rhy hir o sillaf ond gellir cywasgu *Lle i*.

62 Y mae'r ll. fel y mae yn rhy hir o sillaf ond gellir cywasgu *Lle i*.

63 Y mae'r ll. fel y mae yn rhy hir o sillaf ond gellir cywasgu *hithau a*.

67 **nyth cacwn** Defnyddir cymhariaeth o fyd natur i ddisgrifio clydwch y llwyth oddi mewn i'r cwpwrdd newydd, a phrysurdeb y sawl a fydd yn defnyddio'r gwrthrychau. Ond y mae yma hefyd awgrym o sain (ll. 70), a'r arfer o gymharu swn y delyn amhersain, heb ei chyweirio (ac yn enwedig y crwth), â swnian undonog a di-daw y gwenyn.

68 **gain** Llsgrau. AB *ein*; gwelir yma ffurf 3 un.pres.myn. y f. *genni* 'cael ei gynnwys, cael lle (yn)', gw. GPC 1380; WG 319, 323.

71 **boda dim** Ymadrodd adferfol yn golygu 'pob dim', gw. GPC 294 d.g. *bodo¹, boda, body*.

74 **grugionyn** Ffurf un. fachigol *grugion* 'morgrug', ac y mae'n debyg mai at y nythaid morgrug, yn hytrach na'r un morgrugyn, y cyfeiria'r gymhariaeth ond fod yr odl â braich gyntaf y cwpled yn mynnu'r

bachigyn.

76 **llwyteg** Fe'i deellir yma yn e.c. yn dwyn yr ystyr 'gwelw a glandeg', ond am yr e.p. neu ffugenw *Llwyteg*, gw. 12.6.

78 **ceiliog rhedyn** Nodwedd ar geiliog y rhedyn yw cyflymder symudiad.

8

Cywydd yn gofyn bwa o law Syr Lewys ab Ieuan ap Tudur,[1] gŵr a oedd yn dwyn cysylltiad â Niwbwrch ar Ynys Môn (ll. 16)[2] ac a oedd yn rheithor Llanbedrog (ll. 18), ar ran rhyw Syr Wiliam (ll. 23). Erbyn diwedd y bymthegfed ganrif a dechrau'r unfed ganrif ar bymtheg, gydag oes newydd yn gwawrio, tueddid i ofyn yn y cywyddau am arf newydd, a dymuno gwn yn hytrach na bwa.[3] Yma, fodd bynnag, gofynnir am arf a fu'n dra phwysig yn hanes milwrol y Cymry yn ogystal â bod yn arf cenedlaethol y Saeson, ac ar *fwa syrfeier* (ll. 28) y mae Dafydd Trefor wedi rhoi ei fryd.[4]

Y mae tair rhan i'r cywydd. Egyr drwy frolio ach Syr Lewys Niwbwrch, y darpar noddwr, ac ymhyfrydu yng nghampau rhyfelgar ei gyndadau (llau. 1–22). Ai gormodiaith sydd yma, ai disgrifiad o realiti profiad, y mae'n amhosibl dweud.

Y mae'r ail adran yn cyflwyno'r cais am rodd o fwa, gan fod yr eirchiad wedi bod heb fwa drwy dri mis yr haf (llau. 25–6). Synhwyrir bod cyfeiriad at ryw elfen storïol yn y datganiad hwnnw, stori sydd â'i manylion yn hysbys i'r noddwr ac nad oes raid eu hailadrodd. Tybed a oes rhywun wedi dwyn bwa Syr Wiliam? Yna rhoddir darlun o ystwythder y bwa a ddymunir, a'r gwahanol siapau y gall bwawr profiadol eu llunio ag ef wrth ymladd ac wrth hela; yn fwyaf penodol fe'i cymherir â thair o lythrennau'r wyddor, sef S (ll. 35), W (ll. 36), ac Ff (ll. 37).

Yna, yn y drydedd adran, cofnodir y darn deialog a fu rhwng y bardd a'r noddwr (llau. 47–52), cyn gorffen gyda gair cryf o anogaeth ar i Syr Lewys fod yn hael.

---

[1] Gw. P.C. Bartrum: WG2 'Cadafael Ynfyd' (B).

[2] Ni ddigwydd ei enw yn rhestr clerigwyr LlGC 1626C, ii, 519; y cofnod cyntaf o dan blwyf Niwbwrch, neu Rosfair, yw enw Hugh ap Roberts a sefydlwyd yn ei swydd ar 13 Ionawr 1540–1. Y mae'n amheus a fu Lewys Niwbwrch yn offeiriad yn Niwbwrch; y mae'n fwy tebygol mai brodor o Niwbwrch ydoedd.

[3] Ar hanes y gwn, gw. C.J. Rogers, 'The Military Revolutions of the Hundred Years' War', *Journal of Military History*, lvii (1993), 258–78; Esper Thomas, 'The Replacement of the Longbow by Firearms in the English Army', *Technology and Culture*, vi (1965), 382; D.F. Evans, '"Y carl a'i trawai o'r cudd": ergyd y gwn ar y Cywyddwyr', *Dwned*, iv (1998), 75–105; *id.*, ' "Gwlad y Gwn"?: Cymru, y Canon a'r Dryll hyd at ddiwedd oes Elisabeth I', *Cof Cenedl XVII*, gol. G.H. Jenkins (Llandysul, 2002), 1–32.

[4] Ar fedr y fyddin Gymreig mewn saethyddiaeth, gw. Robert Hardy, *Longbow: A social and military history* (Sparkford, 1992), 36–8; ar y bwa hir yn arf y Saeson, yn anad neb, gw. G.F. Laking, *A record of European armour and arms through seven centuries*, iii (London, 1920), 144. Ymhellach ar y bwa, gw. A.E. Hodgkin, *The Archer's Craft* (London, 1951).

2 **said** Sef 'carn (cyllell, &c.), coes, dwrn, colsaid; ?llafn', gw. GPC 3168 a cheir enghraifft o'r un ystyr yn CA 369, 'dwrn arf'; ond amheuir yr ystyr honno yn D. Jenkins, 'said: gwrmsaid, gwynsaid; yslipanu', B xxxv (1988), 55–61, sy'n sicr mai 'llafn' oedd ystyr wreiddiol y gair ac iddo ddatblygu'n ddiweddarach i olygu 'tangnefedd'; yn GDG³ 600 deellir *said* i olygu 'bôn y gwallt'. Er mai 'carn', ac efallai 'llafn', yw ystyr lythrennol *said*, y mae fel petai hefyd yn magu'r ystyr 'safle, y tir y sefir arno, y ddaear y plennir peth ynddo'; *yn ei said* felly yw 'yn sefydlog, yn ddisyfl'.

3 **Syr Lewys** Lewys ab Ieuan ap Tudur ab Einion Sais o Fodorgan, gw. P.C. Bartrum: WG2 'Cadafael Ynfyd' (B). Yr oedd Syr Lewys yn drysorydd esgobaeth Bangor. Olynodd Thomas David, a ddechreuodd ar ei swydd 23 Gorffennaf 1518 ond ni nodir dyddiad ei farwolaeth na dyddiad sefydlu Syr Lewys yn drysorydd yr esgobaeth: 'When he died I find not, nor the Institution of LEWIS NEWBURGH, who is the next that occurs: He is supposed to have been a marry'd Man, and therefore oblig'd in Queen *Mary's* Reign to quit it'; ildiodd ei swydd i William Roberts, Archddiacon Meirionnydd, a sefydlwyd yn drysorydd esgobaeth Bangor ar 2 Awst 1554, gw. B. Willis: Bangor 155. Y mae tystiolaeth fod Lewys Niwbwrch wedi marw erbyn Ebrill 1555, gw. A.I. Pryce, *The Diocese of Bangor in the Sixteenth Century* (Bangor, 1923), 14: penodwyd William Roberts yn rheithor Llanbedrog ar 6 Ebrill 1555 oherwydd marwolaeth 'Lewis Newburghe'; John Glynne oedd yn rheithor yno yn 1504, gw. *ib.* 81. Graddiodd Lewys ab Ieuan ap Tudur yn B.Cn.L. (Bachelor of Canon Law) ar 18 Ionawr 1526, gw. A.B. Emden, *A Biographical Register of the University of Oxford A.D. 1501 to 1540* (Oxford, 1974), 415.

5 **Iefan** Tad Syr Lewys oedd Ieuan ap Tudur, a'i fam oedd Margred ferch Llywelyn ap Dafydd Gethin; arni, gw. P.C. Bartrum: WG2 'Llywarch ap Brân' 6(B). Yn ôl ll. 6 awgrymir bod Ieuan hefyd yn glerigwr wrth ei alwedigaeth.

6 **y Llyfr** Sef y Beibl, cf. Eseia xxxiv.16 *llyfr yr Arglwydd.*

7 **Tudur** Taid Syr Lewys, gw. ll. 3n.

8 **Heb ryw twn, y Brytaniaid** Â'r ll. hon, cf. 7.32 *Heb ryw twn, a Brytanaidd.* Y Brytaniaid yw'r Brythoniaid, sef y Cymry, ac addefir yma fod i rai ohonynt *ryw twn* 'disgynyddiaeth doredig, ach doredig'; deellir *y Brytaniaid* yn gyfeiriad yn ôl at dad Lewys a'i daid.

9 **dwg y bel** Ar sail odl y gynghanedd lusg deellir yma *bel* (S. *bell* 'cloch') yn hytrach na ffurf dreigledig *pêl*. Ar ystyr yr ymadrodd *dwyn y bel* dilynir arweiniad GDG³ 475–6 'rhagori, bod ar y blaen' ac OED² ii, 89, lle yr esbonnir mai cyfeiriad at gloch y fuwch neu'r ddafad sy'n arwain

y gyr neu'r ddiadell yw'r gloch hon, a bod yr ymadrodd *to bear the bell* yn golygu '*to take the first place*', a *to bear or carry away the bell* yn golygu '*to carry off the prize*'. Gellir aralleirio'r ll. hon 'Ennill y fuddugoliaeth fel Llywelyn'. Ar sail cwpled o waith Tudur Aled y mae E.I. Rowlands yn hyderus mai dau ffigur gwahanol yw 'mynd â'r bêl' a 'mynd â'r gloch', gw. GLM 376. Cf. GDGor 7.80n sy'n barnu o blaid *pêl* (*barnu'r bêl*) yn hytrach na *bel*; a GSRh 11.72n sy'n pleidio, yn betrus, *bel* (*biau'r bel*). Gw. hefyd GPC 1130 d.g. *d*[*wyn*] *y gloch* '*to excel, carry the bell, take precedence over others, hold the prize*', a cf. TA 165 (XXXVIII.64) *Wrth roi i glêr, aeth a'r gloch.*

Llywelyn Yr oedd Llywelyn ap Dafydd Gethin yn daid i Syr Lewys, yn dad i'w fam, Margred, gw. P.C. Bartrum: WG2 'Llywarch ap Brân' 6(B). Clodforir ef am ei wrhydri mewn rhyfel ac am ei ddewrder yn ei arfwisg ddisglair. Ni wyddys ym mha ryfel(oedd) y bu'n brwydro ond y mae'n debyg mai tua chanol y 15g. y byddai Llywelyn yn ei gryfder.

11–12 **Dafydd ... / Gethin** Yr oedd Dafydd Gethin yn dad i Lywelyn, ac yn hen daid i Syr Lewys, gw. P.C. Bartrum: WG2 'Llywarch ap Brân' 6(B).

12 **wyth** Deellir yma y rhifol *wyth* yn hytrach na ffurf dreigledig yr e. *gŵyth* 'llid'; yr oedd dawn a gwrhydri Dafydd Gethin mewn brwydr yn fwy effeithiol na gwrthymosodiad wyth milwr.

13 **Cynfrig** Ni ddigwydd yr enw *Cynfrig* yn ach Syr Lewys Niwbwrch.

14 **cydlasa'** Fe'i deellir yn ffurf gywasgedig o *cydlafasai*; ar *llafasu* 'beiddio, ... anturio', gw. GPC 2068.

Coedleision Digwydd *Lleisiawn* droeon yng nghanu Cynddelw Brydydd Mawr a Llywarch ap Llywelyn 'Prydydd y Moch' wrth gyfeirio at wŷr Powys: tylwyth Lles Llaw Ddeog, un o hynafiaid tywysogion Powys (gw. EWGT 137) oedd y gwŷr hyn. Ond cofnodwyd dau gyfeiriad at *Coedleision* yng nghasgliad Melville Richards o enwau lleoedd, a gedwir yn yr Archif Enwau Lleoedd yn Adran Llawysgrifau Prifysgol Cymru Bangor; y mae'r naill ym mhlwyf Llangynwyd ym Mro Morgannwg a'r cyfeiriad hynaf ato yn dyddio'n ôl i 1630 (cyfeiriad map OS SS8588 a gw. WATU 131), a'r llall ym mhlwyf Pendeulwyn ym Mro Morgannwg ac yn perthyn i'r flwyddyn 1833 (cyfeiriad map OS ST0476 a gw. WATU 173). Diolchir i'r Athro Hywel Wyn Owen am y cyfeiriadau hyn. Diolchir hefyd i'r Parchedig Ddr Dafydd Wyn Wiliam am y sylw a ganlyn: 'Y mae'n sicr fod Lewis ab Ieuan, trwy ei fam, yn hanu'n uniongyrchol o Gadwgan ap Llywarch ap Brân. Gwaetha'r modd nid yw enwau gwragedd hynafiaid gwrywaidd y fam yn hysbys, hyn yn golygu na ellir profi cyswllt â *Leision*. Ond yr oedd teuluoedd Mysoglen a Myfyrian o gwmwd Menai yn olrhain eu llinach at Leision ... felly ... yr oedd cyswllt rhwng Lewis Niwbwrch trwy'i fam â Lleision ond ni ellir profi hynny oherwydd diffyg tystiolaeth.'

15 **Brutys** Sef Brutus, pennaeth chwedlonol y Brython. Cedwir y ffurf *Brutys* er mwyn yr odl â *Lewys*.

18 **llun** Awgryma'r treiglad yr a. 'lluniaidd' yn hytrach na'r e. 'gwedd'. Y mae'r ll. fel y mae yn rhy fer o sillaf. Nodir *padrïarch* fel amrywiad ar y ffurf *padriarch* yn GPC 2701 d.g. *patriarch*, a rhoddai hynny hyd cywir i'r ll., ond hefyd y bai 'crych a llyfn'.

padriarch Llanbedrog Ar Lanbedrog yn Llŷn, gw. WATU 104. Yr oedd Syr Lewys Niwbwrch yn rheithor plwyf Llanbedrog hyd 1535, ac yn ôl *Valor Ecclesiasticus* 1535, vi, xxxiii, 'It' I y^c sayd Lewis had a Relyk callyd Gwawe pedrok & the feryn therof was iiij^li & nowe I had nothyng but y^t it standyth yn Schurch by the comandement of the Ordenar', gw. LBS iv, 102–3, a 103n1, ' "Gwawe pedrok," no doubt, stands for "Gwaew Pedrog," his spear, whatever may be the legend.' Gw. hefyd ll. 3n.

19–20 **Brân ... / Llywarch** Ymhyfrydir yn y ffaith fod Syr Lewys yn hanfod o linach Llywarch ap Brân ar ochr ei fam, gw. ll. 5n; Llywarch ap Brân oedd pendefig un o Bymtheg Llwyth Gwynedd, a phendefig un o dri llwyth Môn, ynghyd â Hwfa ap Cynddelw a Gweirydd ap Rhys Goch.

20 Cyfatebiaeth ch = th.

23 **Syr Wiliam** Ni wyddys pwy yw'r Syr Wiliam y mae Dafydd Trefor yn ei gyfarch yma, ond y mae'n ddigon teg dyfalu mai clerigwr, yn hytrach nag uchelwr o farwn, ydoedd, ac yn sicr felly os ato ef y cyfeirir yn ll. 27 fel *gleisiad y glêr*. Go brin mai cyfeiriad at Syr William Gruffudd, trydydd Siambrlen Gwynedd, sydd yma, sef y gŵr y canodd Dafydd Trefor gywydd gofyn gordderch a thelyn o'i law, cywydd gofyn a droes yn sbardun ymryson (gw. I. George, 'The poems of Syr Dafydd Trefor', AAST, 1935, 96–7). Y mae'n bosibl mai Wiliam ab Ieuan oedd enw'r eirchiad—os felly, cf. A.J. Pryce, *op.cit.* 48 ac efallai P.C. Bartrum: WG2 136 'Bleddyn ap Cynfyn' 40 (C_1)—ond y mae'r dyddiadau'n broblem ddifrifol.

25 **mab Ieuan** Sef Syr Lewys ab Ieuan, gw. ll. 3n. Cyfatebiaeth n = m.

27 **gleisiad y glêr** Defnyddiai'r beirdd y darlun o'r eog ifanc ac iddo gefn glas ariannaid yn ffigurol am offeiriad neu ŵr eglwysig, cf. GLM 95 (XXVI.24) *mae'r gleisiad mawr eglwysig*, a gallai fod yn gyfeiriad at Syr Lewys neu at Syr Wiliam.

28 **bwa syrfeier** A yw hwn yn fath penodol o fwa, neu ai 'bwa addas ar gyfer syrfëwr' a olygir yma? Ar *syrfeier*, gw. OED² ii, 310–11 sy'n rhoi, ymhlith ystyron eraill, *principal magistrate of a town or district* a byddai'r swydd honno'n gweddu gyda swydd clerigwr. Ni wyddys pa

swydd yn union a olygir yma ond gallai olygu casglu cyllid y Goron, y mae'n debyg.

29 **dwylath** Yn 1836 arbedwyd dau fwa hir o weddillion y *Mary Rose*, llong a suddodd wrth ymladd â'r Ffrancwyr yn ymyl Spithead ar 18 Gorffennaf 1545, ychydig flynyddoedd wedi llunio'r cywydd hwn. (Darganfyddiad cynnar yw hwn, cyn ailgodi'r llong.) Hyd y bwâu hynny yw 6 troedfedd 4¾ modfedd ac y mae canol yr astell (*stave*) yn 4½ modfedd o drwch, gw. G.F. Laking, *op.cit.* 146. Ceir enghraifft arall o fwa hir (sy'n eiddo i'r teulu Spencer-Stanhope ac a gafodd ei arddangos yn Amgueddfa Dinas Wakefield) sy'n 6 troedfedd 7 modfedd (2 metr) o hyd, a chanol yr astell yn 5¼ modfedd, yn meinhau'n 1¾ modfedd ar bob pen, gw. Robert Hardy, *op.cit.* 54.

30 Y mae'n demtasiwn diwygio yn *Dwy forc*, sef 'uned ariannol a darn o arian bath gynt a oedd yn gyfwerth â deuparth punt', gw. GPC 2486.

31 **Lle nyler yn llun olwyn** Pan dynnid y bwa i anelu'r saeth plygai yn ffurf cylch; ar *nylu, enylu* 'anelu neu leflo, trefnu, byddino', gw. GPC 1224.

32 **meinllin** Sef llin, neu liain main. Yn ôl G.F. Laking, *op.cit.* 145, defnydd llinyn y bwa oedd 'hemp, flax, and silk', a cf. ll. 52.

33 **pren** Dyfynnir Roger Ascham (a ysgrifennai yn 1571) a ddywedodd mai pren yw oedd orau ar gyfer llunio bwa: 'Ewe of all other things is that whereof perfect shooting would have a bow made', gw. Robert Hardy, *op.cit.* 53. Byddai bwa o bren yw yn ddigon hyblyg i'w grymu i ffurf rhai o lythrennau'r wyddor, gw. y ll. ddilynol, a thybed ai dyna wneuthuriad y bwa hwn? Cf. y bwa yw a blygwyd i siâp y Groes yng nghywydd Lewys Glyn Cothi, gw. GLGC 460 (211.49–50) *Tebig i'r Groes Fendigaid / yw fy yw rhudd pan fo rhaid*, a gw. GGH cerdd 110 'I ofyn bwa yw gan Siôn Bwclai dros Forys Wyn o Wedir'.

34 **tair llythyren** Y mae'r bwa y gofynnir amdano yr un ffunud â siap tair o lythrennau'r wyddor Gymraeg, sef y llythrennau S (ll. 35), W (ll. 36) ac Ff (ll. 37). Arfer gyffredin oedd canolbwyntio ar ffurf y bwa, 'dro arall ar ei liw, ei sŵn, neu briodoleddau eraill nes boddhau o leiaf ddau o'r pum synnwyr', gw. Bleddyn Owen Huws, *Y Canu Gofyn a Diolch c. 1350–c. 1630* (Caerdydd, 1998), 173, ond ymddengys o'r cywydd hwn fod Dafydd Trefor yn fodlon ar un.

37 **Ff** Y mae'n bosibl mai'r llythyren sengl *F* a oedd gan y bardd yn ei feddwl o ran y ddelwedd, ond ei fod yn ei hynganu fel 'ff'.

41 **bwa bach** Ai bwa bach o'i gymharu â'r bwa hir, S. *longbow*, a olygir yma, ac os felly onid *bwa byr* a ddisgwylid? Neu a oes yma gyfeiriad at y Bwa Bach, sef y gŵr eiddig, o'i gymharu â gwrolder amgenach Syr Wiliam? Ar y Bwa Bach, gw. GDG³ xxviii–xxxxxi.

43–4 **Ni thynnai … / Yn llai weithiau na llathen** Awgrymir yma fod modd tynnu'r saeth yn y bwa i hyd at lathen o hyd, a fyddai'n rhoi pwysau ychwanegol i'r saeth wrth iddi adael y bwa gan leihau ei chyflymder, gw. P.L. Pratt, 'The arrow' yn Robert Hardy, *op.cit.* 227. Ond brolio'r bwa a'i effeithiolrwydd yw diben y cywydd a hynny drwy fawrhau maint y bwa a hyd y saeth. Am fwa'r teulu Spencer-Stanhope (gw. ll. 29n), dywedwyd, 'Since if it were drawn up it would certainly break, its weight can only be estimated, but it seems likely to have pulled a good deal more than 100 lb (45.4 kg) at 28 in (71.1 cm), and more again at the 30 in to 36 in draw that its enormous length would certainly have allowed', gw. Robert Hardy, *op.cit.* 54–5; nid gorliwio sydd yma felly, o angenrheidrwydd.

43 **pan welai wen** Ai cyfeiriad cellweirus at Syr Wiliam yn ceisio creu argraff ar ferch ifanc sydd yma?

45 **pen** Sef blaen y saeth: ffurfid bachau pigog ar ei blaen er mwyn anafu milwr a'i geffyl, dro arall defnyddid pen sgwâr fel mynawyd (gallai hwnnw drywanu drwy arfwisg ddur y 14g. a'r 15g.), a thro arall ben fel bidog; saeth ac iddi lafn a dorrai'n llydan a ddefnyddid ar gyfer hela'r anifeiliaid mwyaf, ac weithiau saeth ac iddi ben fel coronel er mwyn hurtio'r prae; saeth ac iddi ben fel bidog a ddefnyddid ar gyfer hela'r anifeiliaid lleiaf eu maint, gw. P.L. Pratt, *art.cit.* 229; G.F. Laking, *op.cit.* 144.

adenydd Darnau o adenydd wedi eu cysylltu â gwaelod saeth er mwyn cyfeirio ei hedfaniad; yn aml llunnid yr adenydd o ledr, a hyd yn oed o'r un coedyn â'r saeth ei hunan, gw. G.F. Laking, *op.cit.* 144.

46 **gwŷdd** Tystiolaeth Roger Ascham yn 1571 oedd y gellid llunio saeth o bymtheg math gwahanol o bren, yn eu plith pren Brasil, oestrwydden, bedwen, onnen, derwen, draenen ddu, a ffawydden. O'r rheini cymeradwyai Ascham saeth o bren onnen ar gyfer milwriaeth gan mai hi fyddai'n hedfan gyflymaf, ac a darawai galetaf: fe'i dyfynnir yn Robert Hardy, *op.cit.* 53.

47–50 Y mae'r bardd yn ceisio ateb dadl Syr Lewys y byddai rhoi'r bwa i Syr Wiliam yn beth peryglus i'w wneud am ei fod yn of mor nerthol, cf. llau. 27–46.

55 **diriwr** Sef 'anogwr taer', gw. GPC 1035. Yr enghraifft gynharaf o'r gair hwn a restrir yno yw'r un yn TW (Pen 228), 1604–7, ond dyma enghraifft lawer cynharach.

9

Cywydd gofyn caseg o law Siôn ap Robin, ewythr i'r bardd, yw'r cywydd hwn. Ceir esiamplau niferus o berthnasau yn cyfarch ei gilydd mewn cywyddau gofyn; o'r holl gyfneseifiaid posibl y berthynas rhwng ewythr a nai yw'r un sy'n digwydd amlaf.[1]

O blith y cywyddau gofyn, y dosbarth mwyaf niferus o ddigon[2] yw'r cywyddau gofyn am geffyl, boed yn farch, yn gaseg neu re o gesig, neu'n ebol. Teithiodd Dafydd Trefor bob cam *o Fôn* (ll. 1) at ei ewythr Siôn yn Eifionydd i ofyn am gaseg fagu'n rhodd. Pe byddai ei gais yn llwyddiannus y mae yma ddealltwriaeth anuniongyrchol mai'r bardd a fyddai'n gyfrifol am hebrwng y gaseg yn ddiogel i'w gartref yn Llanallgo (ll. 71) lle y paratôdd le ar ei chyfer.

Y mae dwy brif ran i'r cywydd hwn. Yn y rhan gyntaf (llau. 1–36) clodforir y tri darpar noddwr, gan ddechrau gydag ewythr y bardd, sef Siôn (llau. 1–16). Pwysleisir ei haelioni wrth rannu gwin (ll. 4), bwyd (ll. 11), a chyfoeth (llau. 13–14), yn ogystal â'i ehofndra mewn brwydr (llau. 7–8), a phwysleisir y berthynas agos a fodolai rhwng y bardd a'r darpar noddwr hwn. Yn ail clodforir gwraig Siôn, sef Marged, ar gyfrif ei llinach a'i haelioni (llau. 17–28); ac yn drydydd cenir clodydd Morgan Fychan, sydd hefyd yn berthynas (neu'n gyfaill agos) i'r bardd (llau. 29–36).

Yn yr ail ran (llau. 37–72) canolbwyntir ar y gaseg ei hunan, ynghyd â'i charennydd hithau. Dau ddarlun ohoni a gyflwynir; drwy bentyrru trosiadau a chymhariaeth fe'i gwelir yn ferch hardd: *Morwyn braff* (ll. 39), *Merch ordderch* (ll. 40), *rhiain* (ll. 41), ac *Iarlles* (ll. 43); yr ail ddarlun ohoni yw *Llong burwen* (ll. 45). Rhwng hynny a'r ymadrodd *â'i chap gwyn* (ll. 50) deellir mai caseg wen yw hon, a'i bod yn *famog rywiog* (ll. 38), sef o safon uchel, o frid pur. Er gwaethaf gallu Dafydd Trefor wrth ddisgrifio'r gaseg a'i gweld yn debyg i ferch o ran hyd ei gwallt a'i hosgo cyffredinol, y mae'n taro'n chwithig ei gael yn dod â'r gymhariaeth â'r ferch i'w huchafbwynt drwy nodi cyflymder y gaseg *Fflwch y rhed a'i ffluwch yn rhydd* (ll. 44) pan fyddai cymharu cyflymder ei charlam â chyflymder carw, dyweder, wedi bod yn fwy addas ac yn fwy cydnaws â theithi meddwl y beirdd. Y mae'r un peth yn wir i raddau am ei gymhariaeth â'r *Llong burwen* (ll. 45).

Daw'r cywydd i ben gyda chwpled clo gwerthfawrogol o'r rhodd, ac o'r ewythr a'i rhoddodd (llau. 73–4).

2 **mamog** Fel rheol deellir *mamog* i olygu dafad gyfoen, neu ddafad sy'n magu, ond yma yr ystyr yw 'caseg fagu, *brood-mare*', cf. GGH 299 (93.94) *Magu mwy mamogau meirch*.

3–6 **Siôn … / Fab Robin … / Ŵyr Ruffudd … / Goch** Ni ddaethpwyd o hyd i enw'r Siôn hwn (a oedd â'i gartref *uwch Eifionydd*, gw. ll. 3) yn yr

---

[1] Nid dyma'r unig dro i Ddafydd Trefor fynd ar ofyn ewythr iddo. Canodd gywydd gofyn geifr, gan ofyn am un afr gyfeb yn rhodd o law ei *ewythr*, Syr Morgan ap Hywel, *Gŵr dethol i Ddeiniolen*, gw. I. George, 'The poems of Syr Dafydd Trefor', AAST, 1935, 93, ond offeiriad Llanberis yn ôl A.J. Pryce, *The Diocese of Bangor in the Sixteenth Century* (Bangor, 1923), 82.

[2] Bleddyn Owen Huws, *Y Canu Gofyn a Diolch c. 1350–c. 1630* (Caerdydd, 1998), 66.

achau, er y rhestrir enw Siôn ap Robin ap Gruffudd Goch o'r Plas Ucha yn PACF 290 (yn frawd i Huw Conwy Hen) a gw. hefyd P.C. Bartrum: WG2 'Marchudd' 22(A); Nest ferch Gruffudd ap Hywel Coetmor oedd gwraig y Siôn hwnnw, nid Marged (cf. ll. 28 lle y mynegir yn eglur y byddai gair Marged *wrth ei gŵr Siôn* yn ennill rhoddion i'r bardd).

3 **ewyrth** Cedwir at y ffurf dafodieithol (yma ac yn ll. 74) er mwyn cysonder ag anghenion yr odl yn llau. 15–16.

Eifionydd De sir Gaernarfon, yn fras, gw. WATU 65.

7–8 **Caradog ... / Freichfras** Yn brif gynghorwr i'r Brenin Arthur, a chefnder iddo, y sonnir am Garadog Freichfras yn chwedl 'Breuddwyd Rhonabwy', gw. BRh 9 (llau. 5–6), ac yr oedd yn ŵr i Degau Eurfron ferch Nudd Hael, gwraig a oedd yn safon prydferthwch a diweirdeb i'r beirdd; ymhellach ar Garadog Freichfras, gw. J.E. Lloyd: HW³ 90; G 110–11; TYP² 299–300; WCD 102–4.

9 **Ithel** Ni ddaethpwyd o hyd i'w enw yn yr achau, ond aelod oedd o deulu Siôn ap Robin, a oedd yn llinach Ieuan Goch o Lŷn.

Llywelyn Ni ddaethpwyd o hyd i'w enw yn yr achau, ond aelod oedd o deulu Siôn ap Robin, a oedd yn llinach Ieuan Goch o Lŷn.

10 **Ieuan Goch o Lŷn** Ni ddaethpwyd o hyd i'w enw yn yr achau, ond yr oedd yn gyndad i Siôn ap Robin.

15 **soniaid** Ar *soniad* 'sôn, si, achlust, adroddiad, crybwylliad', gw. GPC 3319; cadwyd ffurf llsgrau. BF er mwyn y gynghanedd.

17–20 **Marged ... / ... / Merch Ddafydd ... / Ap Hywel Nudd** Ni ddaethpwyd o hyd i'w henw yn yr achau. Y mae'n debygol mai yn epithetig y dylid deall yr enw *Nudd*, a chanfod yma enw Nudd Hael fab Senyllt (y cyntaf o 'Dri Hael Ynys Prydain'), a'i haelioni diarhebol; arno, gw. TYP² 5–6, 476–7; WCD 509.

19–20 **Am arch ddifai / ... help a wnâi** 'Byddai hi'n fodlon rhoi help i ddeisyfiad di-fai.' Camosodiad p.l = l.p.

22 **Ieuan ap Rhys** Ni ddaethpwyd o hyd i'w enw yn yr achau ond yr oedd yn gyndad i Farged ferch Dafydd.

23 Twyll gynghanedd *d*.

29 **Morgan Fychan** Aelod arall o deulu Dafydd Trefor, *câr i mi*, gw. ll. 33, neu'n sicr gyfaill agos iddo. Ni ddaethpwyd o hyd i enw Morgan Fychan yn yr achau cyhoeddedig. Defnyddir dau drosiad wrth gyfeirio ato yn y cywydd, sef *Angel gwyn ... / Â phlu euraidd* (llau. 31–2) a *Cyw eryr mawr ... / A'i blu'n aur* (llau. 33–4); arnynt, gw. y nodiadau isod.

30 **trydydd** Erchir y gaseg gan Siôn a Marged, a chan Forgan Fychan *yn drydydd*.

31–2 **Angel gwyn ... / Â phlu euraidd** O nodi'r gymhariaeth â'r ffloring (ll. 32), efallai fod *angel* yn gyfeiriad at arian bath: 'a new coin, the angel, weighing 80 grains, took over in 1465 the original value of the noble, a half-mark or 6s 8d', gw. P. Grierson, *Coins of Medieval Europe* (London, 1991), 200; darn aur ac arno lun angel oedd y darn arian hwnnw.

32 **ffloring** O'r S. *florin*, gw. EEW 135, ac am *n* yn troi'n *ng* ar ôl *i*, gw. EEW 247. Yn wreiddiol 'darn o aur mâl a fathwyd gyntaf yn Fflorens yn y fl. 1252 ac a gylchredai ymysg marsiandwyr Prydain; darn o aur mâl gwerth chwe swllt ac wyth geiniog a fathwyd yn Lloegr yn 1344 yn oes Edward III ac a ddisodlwyd cyn pen y flwyddyn gan y nobl', gw. GPC 1297; yr oedd y ffloring honno mewn cylchrediad rhwng 20 Ionawr a 20 Awst y flwyddyn 1344, gw. D.S. Jones, ' "Fflwring Aur" Dafydd ap Gwilym', B xix (1960–2), 29–34.

33–4 **Cyw eryr mawr ... / A'i blu'n aur** Gall mai ergyd y ll. yw fod Morgan Fychan yn fab i *eryr aur*, sef 'arwr pwysig a dylanwadol', neu y mae'n bosibl fod yma gyfeiriad at arfbais deuluol Morgan Fychan. Â'r ll. (sydd â blas dihareb iddi), cf. GGDT 13.5–5 *Nid unwerth cywerth cyw iâr—ag eryr, / Gwrol frenin adar* (Trahaearn Brydydd Mawr). Ar *cyw eryr* fel term brud, gw. GDGor 5.34n.

37–8 Ymddengys fod Morgan yn gyfryngwr ar ran y bardd.

40 **Merch ordderch march o Werddon** Ystyr ddirmygus sydd i gyfeiriadau at Iwerddon a'r Gwyddelod yn amlach na pheidio, e.e. ar *Gwyddel hyll, tro gwyddelig 'a shabby trick'*, gw. WVBD 190–1; ar *gweld y Werddon amdano 'to be sick with waiting for it'*, gw. *ib*. 570. Cf. hefyd GGDT 12.9n lle y sonir am yr ystyr ddifrïol a welir i *Gwyddelyn* ac *Ulltach* ('Ulsterman') yn y farddoniaeth.

41 Y mae'r ll. fel y mae sillaf yn rhy hir.

42 **egwyd** Ar yr ystyron 'hual' ac 'y twddf neu'r chwydd ac arno dusw o flew sydd y tu ôl i goes ceffyl yn union uwchlaw'r carn, meinedd coes (ceffyl), meilwng', gw. GPC 1180; gair o glod i'r gaseg sydd yma, bod ei chynffon (*rhawn* y ll. flaenorol) yn hir. Y mae'r ll. fel y mae sillaf yn rhy hir ond gellir cywasgu *i ogylch*.

46 **Mynydd Nefyn** Mynydd sydd dros 700 troedfedd o uchder, gw. ELISG 86.

47 Nid oes cynghanedd yn y ll. hon.

48 **bad** Tybed a oedd y gair *bad* 'cwch, llong' yn gyffredin ym Môn ddiwedd y 15g. a dechrau'r 16g. neu ai tafodiaith y bardd a glywir yma?

50 **achub gwellt** Ar *achub 'to seize'*, a'r enghreifftiau *achub y cyfleustra 'to seize the opportunity'*, *achub y blaen 'to anticipate, forestall'*, *achub blaen y rhewia 'to forestall the frost'*, &c., gw. WVBD 6–7. Yma meddiannu

porfa Mynydd Nefyn a wneir. Cyfatebiaeth b = p.

cap gwyn Gellid yma yr eg. *cap* 'penwisg' yn drosiad am fwng y gaseg, neu, o bosibl, gellid deall *câp* 'clogyn, S. *cape*'. Am liw'r gaseg, cf. *Llong burwen*, ll. 45.

53 Llsgrau. A–F *drwyr gwlith ar gwenith gwar.* Yn I. George, 'The Poems of Syr Dafydd Trefor', AAST, 1935, 92 diwygiwyd y ll. yn *Trwy'r gwlith a thrwy'r gwenith gwar* er mwyn rheoleiddio hyd y ll.

54 **torrai'r carchar** Ar y priod-ddull *torri('r) carchar* '*to break out of prison*', gw. GPC 3532. Am ddefnydd *carchar* yng nghyswllt meirch, gw. GPC 423 d.g. *carchar* (b).

55 **tido** Llsgrau. A–F *dido*; be. o'r eb. *tid* 'cadwyn, tsiaen, rhaff, harnais, tres', gw. GPC 3497. Ergyd y ll. yw y byddai'n fwy cymwys harneisio *gwiddon* 'pryfetach', ond yn fwy tebygol *gwiddon* 'gwrach', nag y byddai i roi hualau ar y gaseg a erchir. Posibilrwydd arall yw mai trosiad am y gaseg yw *gwiddon*.

57 **gwep** Llsgrau. *gwp*. Diwygir yn *gwep* gan y disgwylid tr. llaes i *gwp* (cysefin *cwp*), gan mai sôn am y gaseg a wneir (*hon*, ll. 56).

58 Ni cheir yma gynghanedd gyflawn, ond cynganeddir *na chebystr benchwiban*.

59 **canol** Ai 'gwely afon, cerrynt, gwely'r môr', &c., a olygir yma (gw. GPC 414)? Posibilrwydd arall yw *cannol* (< *cant* + *ôl*). Y mae'r ll. fel y mae sillaf yn rhy hir ond gellir cywasgu *Da y*.

61–2 **tyr … / Ei charennydd** Ar *carennydd* 'perthynas (hyd y nawfed ach), cystlwn, tras', gw. GPC 426. Y mae natur wyllt y gaseg yn peri anghyd-fod teuluol rhyngddi hi a'i brawd. Fodd bynnag, syniad cyffredin yn y cywyddau i erchi tarw yw fod y creadur yn beichiogi ei fam a'i chwiorydd, sef y gwrthwyneb llwyr i'r drefn gymdeithasol a'i rheolau manwl ynghylch pwy a gâi briodi. Os gellir dehongli *torri carennydd* i olygu torri rheolau arferol y gymdeithas ynglŷn â pherthynas o fewn teulu, y mae'n bosibl mai'r un syniad sydd yma. Tybed a oes awgrym fod y gaseg a'i brawd yn cyplu yn y bore, a phe gâi gyfle y byddai'n cyplu gyda'i thad cyn yr hwyr (llau. 63–4)?

61 Y mae'r ll. fel y mae sillaf yn rhy hir ond gellir cywasgu *bore y*.

63 **os adde** Fe'i deellir yn ebychiad yn dwyn yr ystyr 'os gwir; *if truth be told*'.

eddyw Ffurf 3 un.prff.myn. y f. *mynd*.

64 **Hutarth yw!** Tad y gaseg wen oedd rhyw farch diegwyddor o Iwerddon (gw. ll. 40n) a enynnodd ddicter y bardd. O ddeall *arth* yn ffigurol yn derm o anghlod ('person garw anfoesgar a llidiog' (gw. GPC 212)) byddai pentyrru elfennau o gerydd a gwatwar am ben y march yn addas

yma. Ystyr frudiol *arth* yw 'person twyllodrus' (gw. 6.66n) ac efallai fod awgrym o hynny yma hefyd. Os felly ai'r *hut* sydd yn *hutan* 'hurtyn, twpsyn, ynfytyn, ffŵl, dylyn, llabwst, delff' (gw. GPC 1927) yw elfen gyntaf *hutarth*? Y mae'r ll. fel y mae yn rhy fer o sillaf ac ni ellir diwygio yn *ydyw* gan fod angen sillaf acennog.

65–6 **hunan / ... fam** Sylwer ar yr odli anghyffredin rhwng *hunan* a *fam* ym mhrifodl y cwpled hwn.

65 Nid oes cynghanedd yn y ll. hon fel y saif.

66–8 Nid yw'r gaseg yn cerdded cam ar ei phen ei hunan meddir yn ll. 65, felly daw ag un cyw benyw a saith cyw gwryw gyda hi: lluosog (ll. 2) yn wir!

66 Twyll gynghanedd *ch*; *r* berfeddgoll.

71 Nid oes cynghanedd yn y ll. hon fel y saif, ond gellid diwygio yn *Mae'n ddiball yn Llanallgof*, gw. I. George, 'The Poems of Syr Dafydd Trefor', AAST, 1935, 93.

Llanallgo Ar Lanallgo yng nghwmwd Twrcelyn ym Môn, gw. WATU 101. Enwir Dafydd Trefor yn rheithor Llaneugrad (y fameglwys) a Llanallgo (y capel anwes) mewn rhestr o glerigwyr esgobaeth Bangor yn 1504, gw. B. Willis: Bangor 172.

73 **mawrddaf** Peth lled gyffredin yw ychwanegu *-f* at *da* mewn Cym. Diweddar Cynnar, gw. GPC 867; yma y mae'n angenrheidiol i roi cynghanedd lusg, cf. 10.27.

Syr Dafydd Sef Dafydd Trefor, y bardd.

74 **ewyrth** Gw. ll. 3n.

10

O blith y cywyddau gofyn, y cywyddau gofyn march yw'r mwyaf niferus o ddigon.[1] Arwyddocâd hynny yw'r statws a roddid i farch yn yr Oesoedd Canol a'i ddefnyddioldeb yn anifail rhyfel, yn gyfrwng teithio'r wlad, yn ogystal ag yn anifail pwrpasol at waith amaethyddol.[2]

Y mae pedair rhan i'r cywydd hwn.[3] Mawl Rhydderch ap Dafydd o Fyfyrian ym Môn a'i wraig gyntaf, Marsli ferch Wiliam ap Gruffudd ap

---

[1] Am y cywyddau gofyn march, 'Maent yn cyfrif am 57.1 y cant o'r holl gywyddau sy'n ymwneud ag anifeiliaid,' gw. Bleddyn Owen Huws, *Y Canu Gofyn a Diolch c. 1350–c. 1630* (Caerdydd, 1998), 66.

[2] Sylwer mai oddeutu dyddiad llunio'r cywydd hwn y daeth arfer ceffylau mewn gwedd wrth aredig yn ffasiynol yng Nghymru, gw. Ffransis G. Payne, *Yr Aradr Gymreig* (Caerdydd, 1954), 181.

[3] Am olygiadau eraill o'r cywydd, gw. I. George, 'The Poems of Syr Dafydd Trefor', AAST, 1935, 91–2; DGGD cerdd 19; Dafydd Wyn Wiliam, *Y Canu Mawl i Deulu Myfyrian* ([Bodedern], 2004), 9–10, 90, 103–4.

Robin o Gochwillan yn Arfon, yw rhan gyntaf y cywydd (llau. 1–28). Dychanu Rhys Cwg, cogydd Myfyrian, a wneir yn yr ail ran (llau. 29–38), ac y mae'r drydedd ran yn ffraeth iawn ei disgrifiad o'r march trwsgl ac o'i ddarpar farchog anneheuig (llau. 39–58). Cloir y gerdd drwy annog Rhydderch i fod yn hael wrth ei gogydd a chaniatáu iddo'r march, a thrwy annog Rhys i ad-dalu'r rhodd (llau. 59–66). Byddai arabedd y cywydd yn sicr o beri chwerthin ymysg teulu a chydnabod Rhydderch ap Dafydd (fel y byddai ymysg cyd-weithwyr Rhys Cwg yntau) ar noson wamal ym mhlas Myfyrian (ll. 4). Ond serch hynny, nid yw cywair ysgafn y cywydd hwn yn cuddio angen dybryd Rhys am farch yn gyfrwng teithio.

Am gais arall ar haelioni Rhydderch a hynny o tua'r un cyfnod, sef yn nyddiau ei briodas gyntaf â Marsli, ac am yr un gymwynas, gweler cywydd Mathau Brwmffild 'Erchi march gan Rydderch ap Dafydd o Fyfyrian'.[4]

1 **y du gwrol** Awgryma Bleddyn Owen Huws ei bod yn debygol mai cyfeiriad at liw'r march a welir yma; felly hefyd yn ll. 4 *du* a ll. 5 *sadliw* isod (gw. Bleddyn Owen Huws, *Y Canu Gofyn a Diolch c. 1350–c. 1630* (Caerdydd, 1998), 133). Disgwylid i gywydd gofyn agor drwy ganmol y darpar noddwr, a gallai'r llau. agoriadol hyn gyfeirio, yn hytrach, at Rydderch ap Dafydd ar gyfrif lliw ei wallt, neu o bosibl ar gyfrif ei wrhydri diildio mewn rhyfel (cf. GGLl cerdd 20 'I'r dywalwr du'), ac at gadernid ei gymeriad a'i ddyfarniadau ym myd y gyfraith (cf. llau. 6 a 7 isod). Canodd Siôn Brwynog gywydd i Rydderch ap Dafydd yn clodfori ei allu mewn rhyfel, gw. Siôn Brwynog: C 51 (XXIII.29–32, 35, 43) *Rhoi dur brest am ŵr hydr bras, / Rhan ddwyfron Rhun ddiofras; / Dyn ffrom a dynni ei ffrwyth / Oni ostwng yn ystwyth: / ... / Da prifiaist drwy hap ryfel / ... / Llidiog allu, llew ydwyd.* Ond ni wyddys pa ran a chwaraeodd Rhydderch mewn unrhyw frwydrau penodol.

dy gariad Sef 'cariad atat ti'; y mae'r wlad i gyd yn caru Rhydderch ap Dafydd.

6 Gellid aralleirio 'Ni fydd dy anrhydedd / enw da yn cael ei lychwino yn dy genhedlaeth.'

7 **Rhydderch ap Dafydd** Rhydderch ap Dafydd ab Ieuan o Fyfyrian ym mhlwyf Llanidan ym Môn (gw. WATU 132). Nodir ei ach yn P.C. Bartrum: WG2 'Iarddur' 6(C); L. Dwnn: HV ii, 136–7; PACF 115, lle y dywedir iddo gael ei urddo'n Uchel Siryf Môn yn 1545, ac i'w ewyllys gael ei phrofi yn 1560; ond ar ddyddiad ei apwyntio'n Uchel Siryf, gw. *Lists of Sheriffs for England and Wales*, Lists & Indexes No. IX (Public Records Office, London, 1898), 236 sy'n nodi Tachwedd 1544. Daeth aelodau o'r teulu i enwogrwydd oherwydd eu sgiliau cyfreithiol, ac ymgartrefodd Ieuan ab Ednyfed (taid Rhydderch) a'i frawd, Gruffudd,

---

[4] GMBr (cerdd 3).

ym Môn wedi croesi cleddyfau â'r Brenin Harri V ar gyfrif eu cefnogaeth i Owain Glyndŵr. Priododd Ieuan ag aeres Myfyrian, a phriododd Gruffudd ag aeres Penhesgyn Isaf, Llansadwrn (gw. PACF 53). Parhaodd Rhydderch ym myd y gyfraith ac fe'i hapwyntiwyd yn Uchel Siryf Môn (o fis Tachwedd 1544 hyd fis Tachwedd 1545) pan oedd yn fargyfreithiwr yn un o lysoedd Llundain, gw. E. Breese, *Kalendars of Gwynedd* (London, 1873), 35. Awgryma Siôn Brwynog fod gan Rydderch droedle yn y llys brenhinol, gw. Siôn Brwynog: C 52 (XXIII.69–70), *Troedwaisg at Harri ydwyd / A gŵr tŷ yn ei gowrt wyd.*

8 **gwŷdd** Gellir deall ystyr ffigurol, sef 'llinach, tras, cyff', gw. GPC 1753, neu tybed nad cymharu Rhydderch ap Dafydd â choeden (braff) y mae Dafydd Trefor yma?

10 **bara** Dyma dystiolaeth uniongyrchol fod Rhydderch ap Dafydd yn noddi'r bardd ac yn *fara* 'cynhaliaeth' iddo.

Myfyrian Plasty bychan ym mhlwyf Llanidan ym Môn; er ei fychaned yr oedd yno win, moeth, a chroeso yn ôl y cywydd hwn. Gw. ymhellach Dafydd Wyn Wiliam, *Y Canu Mawl i Deulu Myfyrian* ([Bodedern], 2004).

12 **A'th aer a'i cynnal i'th ôl** Parhaodd aer Rhydderch ap Dafydd, sef ei fab, Rhisiart ap Rhydderch, i noddi beirdd ac eirchiaid. Priododd Rhisiart â Catherine, un o ferched Owen ap Meurig, Bodeon (gw. PACF 58), bu'n un o Iwmyn y Gard, a daeth yn Aelod Seneddol Môn yn 1541, gw. E.G. Jones, 'Some notes on the principal county families of Anglesey in the sixteenth and early seventeenth centuries', AAST, 1939, 65–6; *Richard ap David ap Hugh Jevan ap Geffrey* oedd Aelod Seneddol Môn yn 1541 yn ôl E. Breese, *op.cit.* 89. Bu Rhisiart ap Rhydderch farw yn 1576, yn ŵr uchel ei barch ym myd y gyfraith. Canwyd cywydd mawl iddo gan Siôn Brwynog sy'n cadarnhau barn Dafydd Trefor iddo ddilyn ôl troed ei dad a noddi'n hael, gw. Siôn Brwynog: C 56 (XXV.21) *lliw aur o'ch dwrn.* Am gofnod o Risiart ap Rhydderch (neu 'Justice Prytherch', fel y'i gelwid), yn codi plasty ac yn plannu coed a gosod gerddi, gw. R. Evans, 'Llanidan and its Inhabitants', AAST, 1921, 74, 92–3.

13 **Da ferch a ddygaist i Fôn** Gwraig gyntaf Rhydderch oedd Marsli ferch Wiliam ap Gruffudd ap Robin o Gochwillan ym mhlwyf Llandygái yn sir Gaernarfon, gw. P.C. Bartrum: WG2 'Marchudd' 6(D1); L. Dwnn: HV ii, 86–7; PACF 186. Am y canu i'r teulu hwn, gw. NBSG 222–47. Ail wraig Rhydderch oedd Efa, ferch Maredudd ap Rhys ap Hywel, Bodowyr, ym mhlwyf Llanidan ym Môn, gw. PACF 51.

15–16 **aur ... / Ar ei choler** Arwydd o statws barwn oedd coler aur. Gw. hefyd 5.63n.

16 **Wiliam** Sef Wiliam ap Gruffudd ap Robin o Gochwillan ym mhlwyf Llandygái. Urddwyd ef yn Uchel Siryf sir Gaernarfon 24 Medi 1485 yn

wobr am ei ffyddlondeb i Harri Tudur, ac am iddo ymladd o'i blaid ym Mrwydr Maes Bosworth (gw. PACF 186), a bu yn ei swydd hyd ei farwolaeth ym mis Mawrth 1500.

17 **Caer** Defnyddid Caer Lleon Gawr (Chester) i gynrychioli pegwn gogledd-ddwyreiniol Cymru yn y farddoniaeth.

18 **Siry'** Urddwyd Wiliam ap Gruffudd yn Uchel Siryf sir Gaernarfon, gw. ll. 16n.

27 **daf ... Dafydd** Sef Dafydd ab Ieuan, tad Rhydderch, a fu farw cyn canu'r cywydd hwn. Am y ffurf *daf*, er mwyn yr odl lusg â *Dafydd*, cf. 9.73n.

31 **Rhys** Sef Rhys Cwg, cogydd Myfyrian.

alarch Ar alarch yn flasusfwyd i'r uchelwyr, gw. E. Roberts, *Bwyd y Beirdd* (Cyhoeddiadau Barddas, 1976), 10.

33 **sir Gaer** Tybed ai swydd Gaer a olygir yma, ynteu sir Gaernarfon? Cf. Hywel Rheinallt: Gw 37 (13.1–2) *siryf ... /... sir Gaer* am sir Gaernarfon.

35 **diwarnod** Er na ddigwydd y ffurf deirsill *ddiwarnod* yn y llsgrau. eto teirsill oedd *diwarnawd* gan y Gogynfeirdd yn ôl G 376 ac y mae gofynion y mydr yn mynnu hynny yma.

38 **tabler a dis** *Tabler* oedd 'gêm fwrdd i ddau ac iddynt bymtheg o ddarnau bob un a symudir yn ôl tafliad dis(iau), ffristial, taplas, ?hefyd gynt am gemau eraill tebyg', gw. GPC 3404. Ar fanylion rhai o gêmau bwrdd y cyfnod, gw. F. Lewis, 'Gwerin Ffristial a Thawlbwrdd', THSC, 1941, 185–205, a P.C. Bartrum, 'Tri Thlws ar Ddeg Ynys Brydain', Études x, 472; gthg. i raddau DGG² 201 d.g. *gwerin*.

40 **sied** Daw o'r S. *escheat* 'dychweliad tir i arglwydd ffiwdal neu eiddo i'r wladwriaeth yn achos marwolaeth tenant neu berchennog heb etifedd cymwys, tir neu eiddo a ddychwelir felly, fforffed, atafaeliad', gw. GPC 3272. Yr awgrym yw fod Rhydderch yn derbyn holl feirch sied Sir Fôn. Penodwyd ef yn sietwr Môn ar 1 Tachwedd 1513, gw. *The Plea Rolls of Anglesey (1509–1516)*, ed. H. Owen (Llangefni, 1927), 28. Twyll gynghanedd *s*.

43 **dobio ffordd** Arfer y beirdd oedd dyfalu march drwy gymharu ei symudiad i ystum march delfrydol, a chlodfori bywiogrwydd a chyflymder symudiad. Y mae'r march hwn, fodd bynnag, yn pwnio'r ffordd yn galed, a chodwyd yr ystyr 'cerdded yn gloff, clunhercian' ar lafar yn y Gogledd yn 1861, gw. GPC 1068.

45 **golchi** Ai 'curo, dyrnu', &c., a olygir yma? Cf. ll. 47n.

46 **penhygen** Ffurf fachigol *pennog* 'ysgadenyn', gw. GPC 2750, 2755 d.g. *pennog*[1], ond tybed ai'n ffigurol am 'ysbardun' y dylid ei deall yma?

47–8 Ystyr *golchi* 'curo' yma yw 'ysbarduno', ac ergyd y cwpled yw mai marchog ciaidd oedd Rhys Cwg, cf. ll. 45. Sylwer ar yr odl lafar *dre / ase*.

51 cennyw Ffurf 3 un.pres.myn. y f. *cannwyf: canfod*, gw. GMW 145.

55 anadach Ar *anad* yn a. yn dwyn yr ystyr 'arbennig, hynod' a'r enghraifft hon yn enghraifft gynharaf, gw. GPC 104.

63–6 Dymuniad y bardd yw: 'Na foed i ofal dolurus am dalu / Aros [gyda Rhydderch], na phoeni yn y nos, / Nes [iddo] dalu'n ôl yn ôl ei ddymuniad / Yn derfynol iti, Rhys, yn gyfnewid am dy rodd.' Tybed a oedd y march wedi ei addo eisoes yn rhodd, neu'n gyfnewid am ryw gymwynas neu wasanaeth?

65–6 talu ... / ... o bwyth dy rodd Yr oedd yn arferol erbyn yr 16g. i ofyn pwyth, ad-daliad, o'r rhodd, a daeth yn rhan o batrwm cloi'r cywydd gofyn er nas defnyddid yn ddieithriad. Weithiau nodid yr hyn y dylid ei gynnig yn gyfnewid am y rhodd, ond anaml yw'r cyfeiriadau at dalu'r pwyth ag arian.

11

Cywydd yn gofyn am baderau, sef llaswyr,[1] o law Margred ferch Wiliam yw'r cywydd hwn, ac y mae Dafydd Trefor yn erchi ar ran Sieffre ap Siôn, un o'i beirdd (ond gw. llau. 37–8n).

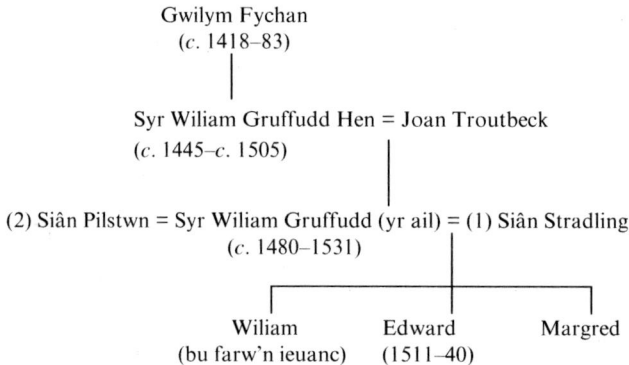

```
                  Gwilym Fychan
                   (c. 1418–83)
                       |
                       |
         Syr Wiliam Gruffudd Hen = Joan Troutbeck
             (c. 1445–c. 1505)
                                    |
                                    |
(2) Siân Pilstwn = Syr Wiliam Gruffudd (yr ail) = (1) Siân Stradling
                    (c. 1480–1531)
                       |              |              |
                       |              |              |
                    Wiliam        Edward         Margred
               (bu farw'n ieuanc)  (1511–40)
```

Yr oedd Margred ferch Syr Wiliam Gruffudd (yr ail)[2] o'r Penrhyn a

---

[1] Yn aml iawn ystyr *paderau* (yn y ll.) yw 'llaswyr' yn hytrach na 'gweddïau', gw. GPC 2666.

[2] Yr oedd tri Wiliam Gruffudd o'r Penrhyn, Llandygái, yn noddi beirdd. Y cyntaf oedd Gwilym Fychan (ganwyd 1418–19 a bu farw yn 1483); Syr Wiliam Gruffudd Hen (ganwyd *c.* 1445–50 a bu farw 1505–6); a Syr Wiliam Gruffudd (yr ail), (*c.* 1480–1531), gw. E.I. Rowlands, 'Tri Wiliam Gruffudd', LlCy ii (1952–3), 256–7. Ar y canu i deulu'r Penrhyn, gw.

thrydydd Siambrlen Gogledd Cymru (gw. yr ach uchod) yn ferch eithriadol o gyfoethog yn ei dydd, fel y byddai angen i rywun fod pe gofynnid iddi am raffaid o emau gwerthfawr yn gymorth i gyfrif paderau (S. *rosary*, *paternoster*).

Ymddengys mai am laswyr deugain carreg y gofynnir yn y cywydd hwn. Pwysleisir llyfnder (*Moelgrwn* (ll. 43), *diosglog* (ll. 57)), siâp a lliw (*rhod* (ll. 49), *olwyn* (llau. 50, 51), *pwmpâu* (ll. 52)) y cerrig gwerthfawr hyn. Arferai dynion, merched a phlant wisgo'r llaswyr yn amlwg, er enghraifft am y gwddf, neu'n crogi oddi wrth wregys am y canol, ac o'r herwydd daeth y llaswyr yn arwydd o safle cymdeithasol yn ogystal â bod yn arwydd o dduwioldeb. Nid yn unig fod i'r llaswyr werth ymarferol, yr oedd hefyd yn eitem ddrudfawr o emwaith—bron nad oedd yr eitem fwyaf drudfawr ym meddiant merch.[3] Gan fod i'r paderau werthoedd ymarferol, cymdeithasol, ac esthetig, yr oedd derbyn rhodd o rosari yn anrhydedd fawr. Awgrymai gyfeillgarwch a rhannu defosiwn, ac yr oedd yn rhodd bersonol iawn, yn arwydd o ymddiriedaeth ac o ffafr.[4]

Cadwyd tri chopi llawn o'r cywydd yn y llawysgrifau, a chadwyd y cwpled agoriadol mewn un llawysgrif arall, sef Pen 221. Priodolir y gerdd i ddau fardd, sef i Ddafydd Trefor yn llawysgrif LlGC 3048D [= Mos 145], a ddyddiwyd i ganol yr ail ganrif ar bymtheg. Yn llawysgrif LlGC 3057D [= Mos 161] a gopïwyd cyn 1563 y mae copïydd y cywydd yn datgan *Ni wn i pwy ai kant*; y mae'r llinell ddilynol wedi ei thorri fel mai dim ond brig y llythrennau sydd ar ôl ac y mae'n amhosibl ei darllen ond fe'i priodolir yn y llawysgrif honno hefyd i Ddafydd Trefor gan law wahanol, ddiweddarach. I Owain ap Siôn ap Rhys ap Hywel Coetmor y'i priodolir yn llawysgrif LlGC 6681B a gopïwyd gan John Jones, Gellilyfdy, yn ystod hanner cyntaf yr ail ganrif ar bymtheg; ni cheir priodoliad wrth droed y cwpled sy'n ymddangos yn llawysgrif Pen 221, sydd hefyd yn llaw John Jones.

O'r trigain llinell sydd i'r cywydd hwn, y mae'n dra diddorol sylwi bod tair ar ddeg o'r llinellau hynny (neu amrywiad arnynt) yn digwydd mewn cywydd yn dwyn y teitl 'Celfyddyd Merch', cywydd 34 llinell ei hyd a briodolir i Dudur Aled.[5] Fe'i golygwyd gan T. Gwynn Jones ac fel hyn y

D.J. Bowen, 'Y canu i Gwilym ap Gruffudd (m. 1431) o'r Penrhyn a'i fab Gwilym Fychan (m. 1483)', *Dwned*, viii (2002), 59–78; *id.*, 'Y canu i deulu'r Penrhyn o gyfnod y Tuduriaid hyd 1628', *Dwned*, ix (2003), 91–107.

[3] Ymhellach ar y llaswyr, gw. E. Wilkins, *The rose-garden game: the symbolic background to the European prayer-beads* (London, 1969); E. Maclagan and C.C. Oman, 'An English Gold Rosary of about 1500', *Archaeologia, or Miscellaneous Tracts relating to Antiquity* (Oxford, 1936), 1–22.

[4] 'The custom of making such presentations must account for the quite remarkably large stocks of prayer-beads listed in the inventories of some rulers. King Henry VI of England, having received from his brother the Duke of Gloucester a paternoster of chalcedony beads set in gold, in 1437 combined munificence with economy by passing it on to his gentleman of the bed-chamber as a New Year present', gw. E. Wilkins, *op.cit.* 51–2.

[5] Gw. TA cerdd CXXXVII, tt. 518–19.

dywed amdano, 'Ni welwyd onid un copi o'r cywydd hwn, ond ni ellir ameu ôl llaw Dudur arno.' Dim ond un copi o'r cywydd a restrir yn MCF (Medi 2005) hefyd, sef Stowe 959 [= RWM 48], yr un a gopïodd T. Gwynn Jones. Ond tybed ai 'llaw Dudur' yw'r llaw a'i lluniodd?

Yn betrus, derbyniwyd 'I ofyn paderau gan Fargred ferch Wiliam o'r Penrhyn dros Sieffre ap Siôn' yn rhan o ganon Dafydd Trefor er bod y rhediadau hir o gynganeddion croes sydd yn y cywydd yn annodweddiadol o'i ganu. Dylid nodi hefyd natur anghyffredin y clwstwr cymariaethau yn llinellau 41–6, ynghyd â safon y dyfalu drwyddo draw yn llinellau 41–60.

Y mae'r cywydd a olygir yma yn ymrannu'n ddwy ran. Yn yr adran gyntaf (llau. 1–36) pwysleisir tylwyth uchelwrol Margred a oedd yn hanfod o linach ieirll Llandygái (ll. 8), sef teulu Syr Wiliam Gruffudd o'r Penrhyn; y mae'r bardd hefyd wedi dotio at harddwch Margred, at ei phurdeb, ac at ei medrau. Daw'n amlwg o'r cywydd hwn eto mai gwaed uchelwrol, prydferthwch clasurol, a rhinweddau moesol clasurol a ddenai fryd Dafydd Trefor. Yn ogystal â bod yn gywydd gofyn y mae'r cywydd hwn hefyd yn ymdebygu i gywydd mawl i Fargred.

Testun yr ail adran (llau. 37–60) yw erchi cortyn o emau ar ran Sieffre ap Siôn yn gymorth iddo offrymu ei weddïau, ynghyd â dyfalu'r llaswyr hwnnw a ddefnyddid i gyfrif gweddïau'r defosiwn.

1 **breichiau** Cydgymeriad, yn gyfeiriad at wynder a llunieidd-dra cyffredinol Olwen, ond efallai y gellid deall *breichiau* yn ffigurol yn ogystal, i olygu 'cymorth, cynhaliaeth, sail hyder, cadernid', gw. GPC 307.

Olwen Sef merch Ysbaddaden Bencawr yn chwedl 'Culhwch ac Olwen'; fe'i cyfrifid gan y beirdd yn ddelfryd o brydferthwch, ac yr oedd gwynder ei chnawd, yn anad dim arall, wedi mynd â'u bryd. Ymhellach ar Olwen, gw. J.E. Caerwyn Williams, 'Olwen: Nodiad', YB vii (1972), 57–71; WCD 512–13.

3 **Esyllt** Enwir dwy Esyllt yn chwedl 'Culhwch ac Olwen', sef Esyllt Fynwen ac Esyllt Fyngul, gwragedd llys Arthur. Yr oedd hefyd ddwy wraig o'r enw Esyllt yn y chwedlau Ffrangeg am Drystan ac Esyllt. Ymhellach ar Esyllt, gw. TYP² 349–50; I. Williams, 'Trystan ac Esyllt', B v (1929–31), 115–29; R. Bromwich, 'The *Tristan* of the Welsh', yn *The Arthur of the Welsh: The Arthurian Legend in Medieval Welsh Literature*, ed. R. Bromwich, A.O.H. Jarman and B.F. Roberts (Cardiff, 1991), 209–28 a'r cyfeiriadau pellach yno. Posibilrwydd arall yw Esyllt, merch i Frenin Germania a chariad Locrinus yn 'Brut y Brenhinedd' Sieffre o Fynwy; yr oedd hi'n enwog am ei chnawd claerwyn: *Gvynnach oed y chnavd no'r echdywynedig asgvrn moruil ac no dim o'r a ellyt dyarhebu ohonav*, gw. BD 22 (llau. 11–12).

main Ffurf l. *maen* 'carreg' yma, y mae'n debyg. Sylwer hefyd ar lau.
45–8n, 54–60n, a cf. ll. 60.

4–5 **Margred ... / ... ferch Wiliam** Aelod o deulu'r Penrhyn yn Llandygái
(gw. ll. 8n). Margred oedd merch Syr Wiliam Gruffudd (yr ail); arno ef,
gw. P.C. Bartrum: WG2 'Marchudd' 6(B4), a'i mam oedd Siân
Stradling, gw. PACF 56. Priododd Margred deirgwaith, y tro cyntaf â
Phirs Mutton o Ruddlan, yr eildro â Thomas Gruffudd, a'r drydedd
waith â Simon ap Richard Thelwal, gw. P.C. Bartrum: WG2
'Marchudd' 6(B4). Amlygir yma hoffter Dafydd Trefor o olrhain ach
uchelwrol, a sylwer ar arfer y bardd o ailadrodd *gwaed* yn llau. 12–16;
sylwer hefyd ar y cyfansoddeiriau *uchelwaed* (ll. 5) ac *urddolwaed* (ll.
10).

7 **ŵyr Wiliam** Fe'i deellir i olygu 'wyres' ac yn ddisgrifiad o Fargred, sef
Margred *ferch Wiliam* (ll. 5) ... *Ŵyr Wiliam* (ll. 7); cyfeirir at y *ddau
Wiliam* hynny drachefn yn ll. 10. Posibilrwydd arall yw fod *Ŵyr Wiliam*
yn ddisgrifiad o'r Wiliam y cyfeirir ato yn ll. 5. Yr oedd *Wiliam* (ll. 5) ...
Ŵyr Wiliam (ll. 7), sef Syr Wiliam Gruffudd, tad Margred, yn ŵyr i
Wilym Fychan (*c.* 1420–83) ac yr oedd y Gwilym Fychan hwnnw'n
llywodraethu dros linach hardd o ieirll yn ôl y bardd. Yn 1440 rhydd-
hawyd Gwilym Fychan o afael y rheolau caeth a ddaeth i rym yng
Nghymru yn ystod Gwrthryfel Glyndŵr, ac yn rhannol oherwydd iddo
briodi'n ddoeth ar ddau dro daeth Gwilym yn ŵr grymus a
llywodraethol ym myd gwleidyddol ei gyfnod, gw. ByCyAt 96–7.
Urddwyd ei fab yn farchog yn 1489 a'i ŵyr yn farchog yn 1513, ac y
mae'n bosibl mai dyna arwyddocâd ll. 8.

rhywolai Sef 3 un.amhff.myn. y f. *rhywoli*, ffurf amrywiol ar *rheoli*
'llywodraethu', gw. GPC 3148.

8 **Llandygái** Cyfeiriad at leoliad y Penrhyn, cartref y teulu, yng
nghwmwd Arllechwedd Uchaf yn sir Gaernarfon, gw. WATU 109–10.

10 **dau Wiliam** Cyfeirir yma, y mae'n debyg, at Syr Wiliam Gruffudd (yr
ail), tad Margred (arno ef, gw. P.C. Bartrum: 'Marchudd' 6(B4)), a Syr
Wiliam Gruffudd Hen, taid Margred (arno ef, gw. P.C. Bartrum:
'Marchudd' 6 (B3); PACF 56); eurwyd Margred o'i gwar i'w thraed
oherwydd ei bod yn disgyn o'r ddau Wiliam. Ymhellach arnynt, gw. ll.
12n.

11 **taid** Sef Syr Wiliam Gruffudd Hen, taid Margred.

12 **cad-dygiad** Sef *cad* 'brwydr, ymladdfa' + *dygiad* 'dygwr' (gw. GPC
1131 d.g. *dygiad²*), felly 'dygwr brwydr, ymladdwr', neu o bosibl *tygiad*
yn amrywiad ar *tyciad* ac felly 'un sy'n tycio mewn brwydr'. Bu Syr
Wiliam Gruffudd Hen yn bleidiol i Harri Tudur ym Mrwydr Maes
Bosworth yn 1485 pan fu'n ymladd drosto yn erbyn Rhisiart III, gw.
PACF 186. Bu'n gyfyng arno droeon, ac yn enwedig felly yn ystod ei

dymor yng ngharchar Nottingham, ynghyd â'r Arglwydd Strange (mab Thomas Stanley, Iarll Derby), y ddau yn wystlon dros yr Iarll, gw. J.B. Smith, 'Crown and Community in the Principality of North Wales in the reign of Henry Tudor', Cylchg HC iii (1966–7), 160; Hywel Rheinallt: Gw 24 (9.1–14), 139. Yr oedd ei fab hefyd yn filwr diildio: gwasanaethodd Syr Wiliam Gruffudd (yr ail) yn Ffrainc yn 1513; brwydrodd yng ngwarchae Thérouanne ym Mrwydr yr Ysbardunau; ac yr oedd yn bresennol yng ngwarchae Tournai, eto yn 1513, gw. ByCyAt 97. Gw. hefyd E.I. Rowlands, 'Terwyn a Thwrnai', Cylchg LlGC ix (1955–6), 295–300.

13 **Idwal** Ar Idwal Foel ab Anarawd a ddaeth yn frenin Gwynedd yn 916, gw. WCD 382. Posibilrwydd arall yw mai Idwal Môn a olygir yma; cyfeirir ato yn GTP 58 (34.4) *Dal march a roes Idwal Môn* (Tudur Penllyn), ac yn GO 125 (XIX.8) *Ac o Idwal ac Edwin*; yn *ib.* 128 sonnir am *Idwal* 'peut-il s'agir de l'ancêtre de la dynastie des princes de Gwynedd …?'.

Edwin Edwin fab Ethelfrith, brenin Northumbria a gelyn Cadwallon yn y 7g.; arno, gw. J.E. Lloyd: HW³ 183–5 a throednodyn 99. Posibilrwydd arall yw Edwin ap Goronwy, brenin Tegeingl yn sir y Fflint yn yr 11g. a phendefig un o Bymtheg Llwyth Gwynedd, gw. G 442. Ceir mynych gyfeiriadau at y naill Edwin a'r llall gan y Cywyddwyr.

15 **dysg** Ar bwysigrwydd addysg i ferched uchelwrol yr Oesoedd Canol, gw. GP 16 (ll. 16) *Gwreicda a uolir o doethineb*; A. Matonis, 'Traditions of panegyric in Welsh poetry: the heroic and the chivalric', *Speculum*, liii (1976), 667–87.

16 **Rhotbert** Sylfaenydd teulu Cochwillan oedd Robin ap Gruffudd, sef brawd Gwilym ap Gruffudd a osododd sylfeini ffyniant teulu'r Penrhyn. Priododd Robin ag Angharad ferch Rhys ap Gruffudd, a'i ail wraig oedd Lowri ferch Grono ab Ifan. Cefnogodd Owain Glyndŵr ar ddechrau'r Gwrthryfel ond erbyn 1408 yr oedd yn un o swyddogion y goron yn sir Gaernarfon, gw. ByCyAt 171; PACF 186. Am y canu i deulu Cochwillan, gw. NBSG 222–47.

Trowtbeg Yr oedd cysylltiad trwy briodas rhwng Syr William Troutbeck a theulu'r Penrhyn: ei ferch, sef Joan Troutbeck (gweddw Syr William Butler o Bewsey, swydd Gaer) oedd gwraig gyntaf Syr Wiliam Gruffudd (1445–1505/6) a wnaed yn farchog gan Harri Tudur yn 1489 (gw. PACF 185). Deuai hynny ag anrhydedd achyddol i deulu'r Penrhyn gan fod mam Joan Troutbeck, Margaret, yn ferch i Syr Thomas Stanley (*c.* 1406–59), y barwn Stanley cyntaf, gw. ByCyAt 97. Yr oedd Joan Troutbeck yn nain i Fargred y cywydd hwn.

18 **wyneb wynnach** Profi gwarineb merch a wnâi cnawd gwelw ei hwyneb; cf. GLlBH 4.159 *llu gwelw difas* meddai Dafydd ap Gwilym am

drigolion Seisnig Caerfyrddin. Am y treiglad meddal i'r a.cmhr. mewn cymal neg., gw. Treigladau 66–7.

20 **Tegau** Canmol diweirdeb Margred a wneir yn y ll. hon drwy ei chymharu i Degau Eurfron, gwraig a oedd i'r Cywyddwyr yn safon diweirdeb ac a enwir yn Nhrioedd Ynys Prydain yn un o'r 'Tair Diweirwraig Ynys Prydain'. Ymhellach ar Degau, gw. TYP² 174–5, 512–14; G.C.G. Thomas, 'Chwedlau Tegau Eurfron a Thristfardd, Bardd Urien Rheged', B xxiv (1970–2), 1–9. Yr oedd Tegau yn ferch i Nudd Hael, a enwir isod ll. 38.

21 **Sieb** Cheap(side), ardal farchnata yn Llundain, gw. EEW 124; DGG² 171.

22 **Non** Canmol defosiwn Margred a wneir wrth ei chymharu â Non, mam Dewi Sant. Arni, gw. LBS iv, 22–5; VSB 150–70; E. Ernault, 'La Vie de Sainte Nonne', RC viii (1887), 230–301, 405–91; J. Cartwright: ForF 117–19 a *passim*.

23 **Siân** Gwraig gyntaf Syr Wiliam Gruffudd yr ail (*c.* 1480–1531) o'r Penrhyn oedd Siân Stradling ferch Syr Tomas Stradling ap Syr Harri Stradling o Sain Dunawd, Morgannwg, a'i ail wraig oedd Siân Pilstwn. Plentyn o'r briodas gyntaf oedd Margred (gw. PACF 56) a deellir yma ei bod yr un ffunud â'i mam, Siân Stradling, o ran sirioldeb ei phersonoliaeth.

24 **dal golwg** Priod-ddull gyffredin ar lafar yn Arfon ac o bosibl ym Môn yn dwyn yr ystyr 'syllu ar, rhythu ar, *to stare at*', gw. WVBD 158.

26 **di-blyg** Ni olygir yma fod Margred 'yn gwrthod plygu', ond yn hytrach fe'i deellir yn gyfeiriad at wisg Margred pan âi i weddïo. Gwisgai ŵn blaen ei thrwsiad i arwyddo ei duwioldeb a'i gwyleidd-dra, yn hytrach na ffrog ac iddi blygiadau ac addurniadau a allai arwyddocáu balchder. Cf. *Ful semely hir wimpel pinched was* meddir am benwisg y briores a lynodd wrth rai o'i phleserau bydol diniwed wedi iddi ymwrthod â'r byd a throi at yr eglwys, gw. S. Coote, *The Prologue to the Canterbury Tales* (London, 1985), 64 (ll. 151).

plygain 'Un o'r oriau gweddi canonaidd, yn wreiddiol am hanner nos, ond weithiau gyda'r wawr a'i dilyn gan foliannau', gw. GPC 2832. Ymhellach arno, gw. ODCC³ 1058–9 d.g. *Mattins*; F.E. Brightman, *The English Rite*, i (London, 1915), yn enwedig lxxxv–xcii.

27 **Aur wniadau â'r nodwydd** Tanlinellir yma uchelwriaeth, yn ogystal â medrusrwydd, y wniadwraig: 'In 1363 anyone with an income lower than 400 marks a year was not allowed to wear cloth of gold or embroidery, and in the fifteenth century statutes against the import of foreign cloths and embroideries were issued, thus proving that embroidery on costume ... was both popular and a sign of affluence',

gw. C. Howard, *Design for Embroidery from Traditional English Sources* (London, 1989), 72–5. Y mae'n bur debyg mai gwnïo ag edefyn aur wedi ei gordeddu o gwmpas edefyn sidan a wnâi Margred, yn unol ag arfer yr oes. Erbyn cyfnod Margred yr oedd oes aur brodwaith eglwysig, yr *Opus Anglicanum*, drosodd ond tybed nad testun eglwysig oedd testun ei *gwniadau* hithau gan ei fod yn cael ei nodi yng nghyddestun gofyn paderau? Ymhellach ar frodwaith proffesiynol a'r brodwyr, yn wŷr a gwragedd, gw. D. King, *Opus Anglicanum: English Medieval Embroidery* (London, 1963).

28 **arfer o'r siampler** Ar bwysigrwydd y grefft o wnïo a thrin defnyddiau i ferched (ac i raddau llai, i ddynion) yng Nghymru'r Oesoedd Canol, gw. M. Haycock, ' "Defnydd hyd Ddydd Brawd": rhai agweddau ar y ferch ym marddoniaeth yr Oesoedd Canol' yn *Cymru a'r Cymry 2000/Wales and the Welsh 2000*, gol. G.H. Jenkins (Aberystwyth, 2001), 41–70. Ar arwyddocâd patrymau sampleri, gw. V.R. Geuter, 'Women and Embroidery in Seventeenth-century Britain: the Social, Religious and Political Meanings of Domestic Needlework' (Ph.D. Cymru [Aberystwyth], 1997); *id.*, 'The Silver Hand: Needlework in Early Modern Wales' yn *Women and Gender in Early Modern Wales*, ed. M. Roberts and S. Clarke (Cardiff, 2000), 159–85. Ymddengys fod Margred yn dilyn *arfer*, sef dilyn 'trefn arferol' (gw. GPC 193), neu efallai mai 'ymarfer(iad)' yw'r ystyr yma, a'i bod yn efelychu cynllun cynharach, wrth weithio *o'r siampler*. Yn D dyry John Davies o Fallwyd yr ystyr 'Exemplar' i *Siampl, Siampler*, ac o dan *Exemplar -aris* esbonnir: 'Yr hwn neu'r peth y bo ynddo esampl i'w ganllyn. Cynllun, cynddelw, eilun' ac felly ymddengys fod gan Fargred lyfr patrymau neu ddarn enghreifftiol o wniadwaith wrth law; ond barna F.G. Payne, *Guide to the Collection of Samplers and Embroideries* (Cardiff, 1939), 22, mai ystyr *siampler* yma yw '*an embroidery*' a chyfieitha'r cwpled '*gold stitchings with the needle, the use of the sampler is the work*'.

30 **Deuwell y cân dull y côr** Llafarganai Margred ei phaderau ddwywaith gwell nag y llafarganai'r côr swyddogol yn yr eglwys. Yr oedd llafarganu drwy'r trwyn yn ddull boneddigaidd o gyflwyno'r gweddïau, ac yn fodd o osgoi rhoi straen ar y gwddf.

31 Y mae'r ll. fel y mae sillaf yn rhy hir.

32 **baled** Ceir tystiolaeth yma fod Margred ferch Wiliam yn medru naill ai adrodd neu efallai gyfansoddi baled, sef cerdd ysgafn, storïol yn y mesurau rhydd, heb gynhorthwy dyn. Tybed ar ba achlysur, ac i ba gynulleidfa, y digwyddai hynny? Cf. hefyd GLGC 90 (36.19) *a chaned faled i ferch* (1455–85), sef yr enghraifft gynharaf o'r gair a restrir yn GPC 252.

33–6 Yr awgrym yng nghwestiwn y bardd yw nad oes unpeth dan y nef nad yw Margred yn gallu ei gyflawni'n feistrolgar, cyn belled â bod y gamp honno'n dod o fewn cylch bendith yr Iesu.

35 **awgrym llaw** Ar *awgrym llaw 'deaf and dumb alphabet'*, gw. GPC 242.

gwrym lliain Y mae i *gwrym* ddwy ystyr a allai fod yn berthnasol yma, sef 'gwnïad, hem, godre gwisg, pleten', &c., a allai gyfeirio at sgiliau Margred fel gwniadwraig, ond dylid hefyd gadw mewn cof yr ystyr 'grym, effaith' (er mai ystyr eiriadurol yn unig yw honno yn ôl GPC 1741 d.g. *gwrym*[2]) a dylanwad gwnïad ei sampleri *lliain* fel negeseuon cymdeithasol, gw. ll. 28n.

37–8 **Sieffre ... / ... fab Siôn** Bardd Margred, a chanu ar ran y bardd hwn yr oedd Dafydd Trefor wrth ofyn i Fargred am baderau. Ni ddaethpwyd o hyd i enw Sieffre ap Siôn yn MCF (Medi 2005) ac ni wyddys am ddim o'i gerddi a gadwyd. Y mae'n rhyfedd fod y cofnod hwn mor foel, ac os Dafydd Trefor a ganodd y cywydd y mae'n rhyfedd nad yw yn ei enwi ei hun ac yn esbonio pam y gwahoddwyd ef i wneud y cais ar ran ei gyd-fardd. Y mae posibilrwydd cryf mai canu ym mhersona Sieffre ap Siôn y mae Dafydd Trefor.

38 **Nudd** Ar Nudd Hael fab Senyllt (y cyntaf o 'Dri Hael Ynys Prydain'), a'i haelioni diarhebol, gw. TYP[2] 5–6, 476–7; WCD 509, ond rhagorai Margred ar haelioni Nudd, hyd yn oed. Yr oedd Nudd yn dad i Degau Eurfron, a enwir yn ll. 20.

40 **pedeirawr** Yn ôl canonau Eglwys Rufain yr oedd yn angenrheidiol gweddïo'n rheolaidd ar yr awr weddi, gw. 'Liturgy of the Hours' yn *Encyclopedia of Catholicism*, gol. R.P. McBrien (London, 1995), 789–91. Cyfatebiaeth b = -b b-.

41–60 Yn y llau. hyn y mae Dafydd Trefor yn dyfalu torch o aur a gemau heirdd. Y mae'r gemau hynny fel *pum olwyn tân* (ll. 50), a gellir tybio mai rhuddemau, garnedau, cwrelau cochion, iasbis coch, neu'r cyffelyb ydynt. Wrth gyflwyno cameo o 21 o bererinion disgrifia Chaucer briores uchelwrol yn cario llaswyr o gwrel: *Of smal coral aboute hir arm she bar / A peire of bedes, gauded al with grene*, gw. S. Coote, *op.cit.* 64 (llau. 158–9). Yn yr Ysgrythur defnyddir meini gwerthfawr i ddangos amrywiol ragoriaethau Duw, yn enwedig ei ddisgleirdeb dwyfol, ac y mae'n dra phosibl fod yma gyffelybiaeth debyg rhwng y dorch werthfawr a'r sawl sy'n ei gwisgo. Am enghraifft drawiadol o ddyfalu paderau, gw. 'Cywydd i'r Paderau Main Crisial' gan Ieuan Rudd yn N. Scourfield, 'Gwaith Ieuan Gethin ab Ieuan ap Lleision, Llywelyn ap Hywel ab Ieuan ap Gronw, Ieuan Du'r Bilwg, Ieuan Rudd a Llywelyn Goch y Dant' (M.Phil. Cymru [Abertawe], 1993), 100–2 (cerdd 28), 198–202.

41 **gleiniau** Cyfeirir yma at gerrig gwerthfawr llaswyr Margred a'r paderau aml a buddiol y byddai'n eu cyflwyno gyda'u cymorth. Dargan-

fuwyd delw o ferch, Efa wrth ei henw, yn Eglwys Gadeiriol Bangor a honno'n dal llaswyr yn ei llaw. Y mae'n bur debyg mai Efa ferch Gruffudd ap Tudur, gwraig Gwilym ap Gruffudd ap Heilyn, ydoedd yr Efa hon; hi, felly, a fu'n rhannol gyfrifol am ddod â stad Cochwillan yn eiddo i deulu ei gŵr. Nid yr un llaswyr sydd yn llaw Efa â'r un a ddisgrifir yn y cywydd hwn, fodd bynnag, gan fod yn honno ddeuddeg carreg fawr a ddefnyddid wrth offrymu'r *Paternoster*, a'r rheini'n gwahanu tri ar ddeg o grwpiau o saith carreg fechan a ddefnyddid wrth offrymu *Ave Maria*, gw. C.A. Gresham, *Medieval Stone Carving in North Wales* (Cardiff, 1968), 235–7. Y mae'r ll. fel y mae sillaf yn rhy hir onis cywesgir.

42 **y Grawys** Ympryd yn ystod y deugain diwrnod cyn y Pasg, yn baratoad ar gyfer yr Ŵyl, gw. ODCC[3] 966.

egroes Diddorol yw nodi mai Madame Eglentyne oedd enw priores 'The Canterbury Tales'. Yr oedd hithau'n ymagweddu'n wraig fonheddig, a chanddi hithau laswyr o feini cochion, gw. llau. 41–60n.

43 **grawn pysg** Sef 'clwstwr neu grynswth o fân wyau a gynhwysir yn wygell pysgodyn, gronell, rhith pysgod: *roe, spawn (of fish)*', gw. GPC 1526; y mae newydd-deb y gymhariaeth hon rhwng y gleiniau a grawn pysgodyn yn drawiadol ymysg y cymariaethau ag *egroes mân* 'ffrwyth y rhosyn gwyllt' (ll. 42) a'r *mân genllysg* (ll. 44).

44 Twyll gynghanedd *l*, cf. ll. 46; ond cf. darlleniad LlGC 6681B.

45–8, 54–60 **main** Un o'r technegau barddol mwyaf cyffredin yw ailadrodd a bu'n nodwedd fynych a thra effeithiol ar farddoniaeth y Cywyddwyr. Hoffodd Dafydd Trefor y nodwedd hon, cf. *gwaed* (llau. 12–16), *pum* (llau. 49–52), a'i ddefnydd o'r gair *porth* yn ei gywydd i fferi Porthaethwy (gw. I. George, 'The poems of Syr Dafydd Trefor', AAST, 1935, 104). Sylwer hefyd ar l. 3n.

46 **mal môr glas** Tybed ai at liw ai at lyfnder y môr pan fo'n las ar ddydd o haf y cyfeirir yma? Neu tybed ai at allu'r môr i dreulio ymylon gro a cherrig mân yn llyfn? Crynder a llyfnder y cerrig llaswyr sy'n cael sylw'r bardd yn y llau. blaenorol. Twyll gynghanedd *l*, cf. ll. 44.

47 **deugain o fain** Ymddengys mai llaswyr deugain carreg oedd hon o eiddo Margred. Cynhwysa'r llaswyr modern 169 o fwclis, ond ni reoleiddiwyd y nifer mwclis a geid ar laswyr hyd ganol yr unfed ganrif ar bymtheg ac y mae llaswyrau'r Oesoedd Canol yn dra amrywiol eu maint, gw. E. Wilkins, *The rose-garden game: the symbolic background to the European prayer-beads* (London, 1969), 54.

Mynyw Tyddewi ym Mhenfro, gw. WATU 162. Ai'r awgrym yw fod Margred newydd ddychwelyd o bererindod yno ac wedi dod â'r llaswyr adref gyda hi? Adroddir hanes Edudful ferch Gadwgon yn mynd ar bererindod i Eglwys Tyddewi ac yn gadael offrwm yno; y mae Edudful hefyd yn ymweld ag eglwys Non i addoli'r *ddelw wen* ac i roi canhwyllau ar yr allor, gw. GLGC 371 (168.19–38). Cf. hefyd 'Pererindod Merch' sy'n adrodd hanes crefyddes yn teithio o Fôn i Dyddewi ar bererindod, gw. GDG³ cerdd 99. Ymhellach ar yr arfer o bererindota i Dyddewi, gw. G.H. Jones, 'Celtic Britain and the Pilgrim Movement', Cy xxiii (1912), 369–78.

48 **degwm** Gosodid setiau o ddeg carreg werthfawr mewn llaswyr i gynrychioli deg *Ave Maria*, a gwahenid y setiau o ddeg gan garreg *Paternoster* a oedd yn fwy ei maint ac a ddeuai o flaen cerrig yr *Ave Maria*, a chan garreg a gynrychiolai'r *Gloria Patri* a ddeuai ar eu terfyn; ymddengys mai'r term technegol am bob un o'r rhaniadau hyn ar y llaswyr yw'r degwm er na nodir yr ystyr honno yn GPC 916; ymhellach, gw. ODCC³ 459 d.g. *Decade*.

49–52 **pum** Gw. llau. 45–8n, 54–60n. Ar arwyddocâd y rhif *pump*, gw. ll. 52n ar *pum pader*.

49 **nod** Y mae'n debyg mai cymhariaeth â both olwyn a geir yma.

50 **olwyn tân** Cyfeiriad at liw'r gleiniau, a hefyd at grynder y llaswyr; yr oedd gweithio ei ffordd o gwmpas y mwclis yn debyg iawn i weithio troell droed.

50–1 **pum lain teg, / ... pum lain ffêr** Disgrifir yma bum glain, sef pum gem, a'r rheini yn deg ac yn *ffêr* 'hardd' (o'r S. *fair*). Ar dreiglo e. yn dilyn *pum*(*p*), gw. GMW 16.

51 **olwyn ffydd** Cyfeiriad arall at siâp y llaswyr, gw. ll. 50n.

52 **pwmpâu** Ffurf l. *pwmpa* 'afal (mawr', ?ffrwyth', &c., GPC 2941. Tybed ai cyfeiriad at bomgranadau sydd yma, ffrwythau orengoch eu lliw, yn cynnwys pwlp coch llawn hadau ac y gwe[n]ir gwin o'u sudd? Gorchmynnodd Duw Foses i baratoi mantell yr effod ar gyfer Aaron: 'O amgylch godre'r fantell gwna bomgranadau o sidan glas, porffor ac ysgarlad, a chlychau aur rhyngddynt' a'r fantell hon y byddai Aaron yn ei gwisgo wrth wasanaethu a gweddïo yn y Deml, gw. Ecs xxviii.31–5. Yr oedd dyfalu'r gemau i bomgranadau yn taro nodyn defosiynol ac ecsotig ar yr un pryd.

pum pader Yr oedd pymtheg testun myfyrdod ynglŷn â'r llaswyr, wedi eu rhannu'n dri grŵp o bum testun. Yn eu trefn briodol y mae'r cyfan yn grynodeb o fywyd Mair a Christ ond yn aml dim ond traean y llaswyr a ddywedid ar y tro mewn defosiwn preifat, ac felly fesul pum testun myfyrdod y byddid yn offrymu paderau, gw. ODCC³ 1417.

53 **Af i** Tybed ai gwall am *Afe* yw hwn ac a ddylid ei gyplysu ag enw Mair yn ll. 58?

54–60 Gw. llau. 45–8n.

58 **Mair** Yr oedd awdurdod ac anrhydedd *enw* Mair, yn ogystal â'r enw yr adwaenid hi wrtho, ar bob un o gerrig gweddïau'r *Ave Maria*; geiriau'r weddi honno yw *Ave Maria, gratia plena, Dominus tecum, benedicta tu in mulieribus, benedictus fructus ventris tui, Iesus* ('Henffych well, Fair, gyflawn o ras, y mae'r Arglwydd gyda thi, bendigaid wyt ymhlith merched, bendigaid yw ffrwyth dy groth, Iesu').

59 **gwaith** Gwaith y meini gwerthfawr oedd cyfrif paderau.

60 **main ar iad meinir** Ni ddaethpwyd o hyd i dystiolaeth sy'n awgrymu bod merched yn gwisgo llaswyr ar eu talcen nac o gwmpas y pen. Ond gan mai â dymuniad y cloir cywydd gofyn fel arfer a ellid deall y ll. fel a ganlyn: 'Bydded i'r wraig dderbyn [coron] o fain [gwerthfawr] ar ei phen [yn y nefoedd]'? Felly ai llaswyr, ai meini yn yr ystyr '*jewels*', a olygir yma? Cf. ll. 2.

12

Priodolir y cywydd hwn yn y llawysgrifau i ddau fardd, sef i Ddafydd Trefor yn llawysgrifau AC ac i Hywel Rheinallt yn llawysgrifau BGH; y mae llawysgrif D yn enwi Hywel Rheinallt yn gyntaf ac yna'n enwi Dafydd Trefor mewn llaw ddiweddarach; nid yw priodoliad llawysgrif E yn sicr, ond tybia'r copïydd mai Dafydd Trefor a luniodd y cywydd; nid oes priodoliad yn llawysgrifau FI. Cynhwyswyd y cywydd yn nhraethawd ymchwil Elsbeth Wendy Owen Davies ar Hywel Rheinallt mewn adran yn dwyn y teitl 'Cywyddau ansicr eu hawduriaeth'[1] gyda'r nodyn 'teimlid nad oedd y tystiolaethau'n ddigon cryf i dorri'r ddadl y naill ffordd na'r llall',[2] ond yn nhraethawd ymchwil Irene George ar Ddafydd Trefor fe'i cynhwyswyd gyda'r cywyddau sicr eu hawduriaeth.[3]

Yn ôl y copi hynaf a gadwyd o'r cywydd hwn, sef copi llawysgrif BL Add 14875 a gopïwyd rywbryd ar ôl 1570, y teitl a roddwyd i'r gerdd yw: *k: a barodd dd ap gwilim benkerdd i wnevthvr i ofyn telyn gan edwart Sirk penkerdd o Delynior y gwr hefyd yn i amser a ddvg yr arriandlws* (ychwanegwyd *nid y Bardd or Deheudir* mewn llaw ddiweddarach ar ymyl y ddalen).[4]

Os y teitl uchod oedd teitl gwreiddiol y gerdd (yn hytrach na bod yn deitl a roed arni'n ddiweddarach), ar sail y datganiad am benceirddiaeth Edward Sirc gellid dyddio'r gerdd i'r cyfnod 1523–8, sef i'r cyfnod byr o fywyd a oedd ar ôl i Ddafydd Trefor wedi 1523, blwyddyn urddo Edward Sirc yn bencerdd yn Eisteddfod Caerwys. Gellid hefyd ddiystyru hawl Hywel Rheinallt i'r cywydd gan iddo farw ymhell cyn 1523, dyddiad Eisteddfod Caerwys.

[1] Hywel Rheinallt: Gw cerdd 40.
[2] *Ib*. xv.
[3] Dafydd Trefor: Gw cerdd 7.
[4] Ar Ddafydd ap Gwilym y gerdd hon, gw. ll. 27n.

Ystyriaeth arall yw'r cyfeiriad at *bencerdd* yn llinell 18 y gerdd. Wrth gyfarch Edward Sirc dywed y bardd: *Dy bwnc a gad o bencerdd.* Yn y llinell hon awgrymir naill ai fod Edward Sirc wedi etifeddu ei ddawn gerddorol, a hynny, efallai, gan ei daid (gw. llau. 6n, 13–14n) a oedd yntau, o bosibl, yn bencerdd telyn, neu awgrymir bod *pwnc* 'cân' felys Edward Sirc wedi ymffurfio mewn pencerdd, a gellid deall hynny'n gyfeiriad at Edward Sirc ei hun, fod ei gân yn codi ohono ef ei hun, y pencerdd. Os cyfeirir yma at Edward Sirc yn bencerdd, yna y mae'n sicr nad Hywel Rheinallt yw awdur y cywydd. Ar y llaw arall, dyma unig gyfeiriad Dafydd Trefor, os ef a'i piau, at raddau'r urdd farddol yng Nghymru.

Ymddengys enw Edward Sirc ar restr graddedigion Eisteddfod Caerwys, lle y cadarnhawyd gradd pencerdd telyn iddo:

> Edwart Sirk / Thomas amhadoc / Edñ grythor / a morys llanvair / a raddiessid or blaen mewn neithiorav Reiol yn benkerddiaid ac yno I sikrawyd drwy I kanhiadv ai konffyrmio[5]

Ar gyfer graddio'n bencerdd dyma oedd y gofynion:

> Pencerdd neu athro a ddylai wybod deg ar hugain o glymau ymryson, ac o hynny o'r hyn lleiaf tair o'r colofnau, tair o'r cadeiriau.[6]

Enillodd Edward Sirc yr ariandlws wedi hynny mewn ymryson. Yr ariandlws oedd y brif wobr i'r telynor, sef tlws arian ar ffurf telyn, ac er mwyn ei ennill yr oedd yn rhaid mynd un cam ymhellach na'r pencerdd:

> rhaid yw iddo wybod ei bedair cadair a'r pedair colofn, a'r pedwar mesur ar hugain a'r pedwar cwlwm cytgerdd ar hugain arnynt; a dosbarthu pob gwahan a rhagwan, pob cynhwysiad a gorffwysfa, pob ysmudfa ar dyniad a chyweirdant; a dangos cerdd dant warantedig o'i waith ei hun yn bencerddaidd ac yn athrawaidd, fel y bo cydwybodus i bencerddiaid a doethion ei farnu a'i ddewiso yn awdur ac yn athro ar ei gelfyddyd; canys ni ddylai neb ddysgu ond gan athro pencerddaidd, neu gael ganddo farnu neu osod yn iawn a ddysgo gan arall. Ac os telynor fydd, rhaid yw iddo wybod trimwchl odidog, y cwlwm a raddiwyd gynt yn gyfuwch â deg cwlwm a deugain, pob colofn o'r pum (?pedair) colofn a raddiwyd yn ddeg cwlwm bob un, pob cadair o'r pedair cadair yn bum cwlwm bob un ... achos nid i neb i geisio gradd y cawsant y rhagorfraint hwnnw, nac y prisiwyd hwy felly yn gyfuwch o rifedi clymau, ond lle bai ddau bencerdd yn ymryson am ariandlws, neu ymryson arall am flaen a

[5] Dyfynnir y rhestr (o gopi Pen 155, 94 o lyfr Gruffudd Hiraethog i Risiart Mostyn) yn D.J. Bowen, 'Graddedigion Eisteddfodau Caerwys, 1523 a 1567/8', LlCy ii (1952–3), 130.

[6] Y mae'r testunau gwreiddiol ychydig yn gymysglyd ond codwyd darnau ohonynt yn T. Gwynn Jones, 'Cerdd Dant', B i (1921–3), 139–56; cyflwynir yma fersiwn golygedig E. Roberts, 'Marwnadau Telynorion', TCHSDd xv (1966), 87. Am un o'r fersiynau anolygedig, gw. Bethan E. Miles, 'Swyddogaeth a chelfyddyd y crythor' (M.A. Cymru [Aberystwyth], 1983), 543 sy'n gyfuniad o destun llsgr. LlGC 17116B [= Gwysanau 28], 47 gydag ychwanegiadau o destun llsgr. Pen 147, 187.

gosod a chadw rhagoriaeth rhwng pencerddiaid a disgyblion wedi cael eu graddau o'r blaen mewn eisteddfodau neu neithior reiol.[7]

Ymddengys fod Edward Sirc ymysg telynorion gorau ei ddydd, yn berchen ar dair telyn (llau. 29–30, 53–4) ac wedi cipio'r ariandlws mewn ymryson â phencerdd telyn. Treuliai Edward Sirc ei amser yng nghwmni ieirll a'i carai (llau. 5–6), ac yr oedd yntau ei hun yn uchelwr (llau. 7–8).

Nid hwn yw Edward Chirk (neu Edward Maelor), a dylid cadw mewn cof y cymysgu a fu rhwng Edward Chirk/Maelor, *fl.* 1567–1603,[8] ac Edward Sirc. Nid hwn ychwaith yw'r Edward Sirc arall, sef y crythor a wnaed yn gyff gwawd tua diwedd yr unfed ganrif ar bymtheg.[9] Yn hytrach, dylid edrych am ei dras, o bosibl, yn llawysgrif LlGC 15551C, 53ᵛ–54ʳ mewn llaw wahanol i'r achau eraill, sef llaw Edward Maelor, y mae'n debyg:

> Edward maelor ab sion ab ed sirk ab dd ab y llwydto ab sion ab grvdd maelor ab madoc amhredvdd ab pleddyn ap.[10]

Ach anghyflawn yw hon. Bu farw Madog ap Maredudd, ŵyr yn hytrach na mab Bleddyn ap Cynfyn, yn 1160, ac ni fu i Ruffudd Maelor fab o'r enw Siôn. Ond os oes coel ar yr ach hon ymddengys fod Edward Sirc yn daid i Edward Maelor. Yn y copi o'r cywydd hwn a briodolir i Hywel Rheinallt, gelwir Edward Sirc yn Edwart ap Siôn;[11] yn rhestr Gutun Owain o wŷr wrth gerdd nodir enwau *Edward Sirk* a'i dad *John Syrk*;[12] ac yn y cywydd hwn fe'i gelwir yn *Edward Sirc o dir'waed Siôn* (ll. 4) ac y mae'n debygol mai Siôn, yn hytrach na Dafydd, oedd enw ei dad. Ar sail tystiolaeth ymddangosiadol y cywydd hwn, dyma ach Edward Sirc: *Edward Sirc o dir'waed Siôn. / ... / ... ŵyr y Llwyteg* (llau. 4, 6).

Yn ogystal â bod yn bencerdd telyn yr oedd Edward Sirc yn grythor:

> Moses powell wrth Edd Sirk pan grogai Edw i grwth ar yr hoel, a ddevdai na buasse raid iddo moi grogi er a wyddai arno, yr attebai Edd ynte nac er addygasse o arian o bwrs ynte[13]

Y mae'r gerdd yn rhannu'n ddwy ran. Egyr drwy foli Edward Sirc, y noddwr, o ran ei dras, ei ddawn gerddorol ddiymwad, ac o ran ei

---

[7] Y mae'r testunau gwreiddiol ychydig yn gymysglyd ond codwyd darnau ohonynt yn T. Gwynn Jones, *art.cit.* 139–56; cyflwynir yma fersiwn golygedig E. Roberts, 'Marwnadau Telynorion', TCHSDd xv (1966), 87–8. Am un o'r fersiynau anolygedig, gw. Bethan E. Miles, 'Swyddogaeth a chelfyddyd y crythor' (M.A. Cymru [Aberystwyth], 1983), 543–4 sy'n gyfuniad o destun llsgr. LlGC 17116B [= Gwysanau 28], 47 gydag ychwanegiadau o destun llsgr. Pen 147, 187.

[8] Gw. GHCEM xxiii, sy'n rhoi ei ddyddiadau ychydig yn gynharach na ByCy 168 sy'n cynnig *fl. c.* 1580–1620.

[9] Arno ef, gw. B. Miles, ' "Pwt ar fys" neu "Ffarwél y Crythor" ', *Canu Gwerin*, xiii (1990), 35–7.

[10] Dyfynnir yr ach yn GHCEM xx.

[11] Gw. BL Add 14875 [= RWM 30], 144ᵛ.

[12] Daniel Huws, 'Rhestr Gutun Owain o wŷr wrth gerdd', *Dwned*, x (2004), 83, 85.

[13] Pen 188, 256, wedi ei ddyfynnu yn GHCEM xx.

amgylchiadau tymhorol (llau. 1–26). Yn yr ail ran (llau. 27–54) canol-bwyntir ar y delyn (un o dair sydd ym meddiant Edward Sirc) y dymunir ei chael yn rhodd, gan bersonoli'r delyn (ll. 33 *y ferch*, ll. 35 *forwyn*, ll. 49 *merch*) a'i *gown hir* (ll. 47). Canwyd y cywydd ar ran Dafydd ap Gwilym, telynor o Fôn (arno gw. ll. 27n).

4 **Edward Sirc** Sef un o'r penceirddiaid telyn y cadarnhawyd ei radd yn Eisteddfod Caerwys 2 Gorffennaf 1523, gw. y nodyn cefndir uchod. Ni ddaethpwyd o hyd i ach Edward Sirc yn y rhestrau cyhoeddedig ond nodir enw rhyw Edward Sirk yn ŵr i Elen ferch (anghyfreithlon) Tudur ap Gruffudd ab Ieuan, gw. P.C. Bartrum: WG2 'Sandde Hardd' 10(B).

tir'waed Siôn Ar *tirf* 'ffres, croyw, ir, ffrwythlon, toreithiog, ffyniannus', &c., gw. GPC 3505, ac ar ddefnydd Dafydd Trefor o'r gair *tirf*, gw. 10.35. Gellir tybio bod Siôn yn un o gyndadau Edward Sirc, o bosibl yn dad iddo, er mai Dafydd a nodir yn dad iddo mewn ach answyddogol yn llsgr. LlGC 15551C 53^v–54^r, gw. y nodyn cefndir uchod.

6 **ieirll** Tybed at bwy y cyfeirir yma? Un posibilrwydd yw awgrym Dr Llinos Beverley Smith (mewn sgwrs), sef Charles Brandon, Dug Suffolk (*c.* 1484–1545), un o ffefrynnau Harri VIII. Urddwyd ef yn farchog ar 30 Mawrth 1512; ymhen pedwar mis ar ddeg yr oedd yn is-iarll, ac ymhen naw mis wedi hynny ar 1 Chwefror 1514 fe'i gwnaed yn Ddug Suffolk. Bu'n Brif Ustus Gogledd Cymru o 10 Mawrth 1512 hyd 1525, a Chwnstabl castell Caernarfon, a Syr Wiliam Gruffudd o'r Penrhyn yn ddirprwy iddo; bu hefyd yn Brif Stiward arglwyddiaethau Maelor Gymraeg, Iâl, a Swydd y Waun, ac yn ddylanwadol yn stadau Lisle a Corbet. Collodd ei holl swyddi yng Nghymru adeg ad-drefnu llyw-odraeth Cymru yn 1525, yng nghyswllt anfon y dywysoges Mary i Lwydlo. Ymhellach ar Charles Brandon, gw. DNB^2 vii, 353–8; S.J. Gunn, *Charles Brandon, Duke of Suffolk, 1484–1545* (Oxford, 1988); *id.*, *Early Tudor Government, 1484–1558* (Basingstoke, 1995); *id*, 'The Regime of Charles, Duke of Suffolk, in North Wales and the Reform of Welsh Government, 1509–25', Cylchg HC xii (1985), 461–94. Ar ei ymwneud uniongyrchol â Dafydd Trefor, gw. uchod tt. 4–5. Posibil-rwydd arall yw awgrym Dr A. Cynfael Lake (mewn llythyr): 'Y mae'n bosibl mai'r ieirll yr oedd ganddynt fwyaf o gyswllt â Chymru yn hanner cyntaf yr 16g. oedd Ieirll Caerwrangon, sef Charles Somerset a'i fab a'i ddisgynyddion yntau. Yn anffodus (o safbwynt Dafydd Trefor) yn y de yr oedd tiroedd a grym y teulu, ond penodwyd Charles a'i fab yn stiwardiaid arglwyddiaeth Rhuthun yn gynnar yn y ganrif, a dyma'r unig gyswllt â'r gogledd. Bu sawl aelod o'r teulu hwn yn noddi Lewys Morgannwg; y mae ganddo ryw wyth o gerddi i'r teulu. Dyma un teulu blaenllaw felly a oedd yn noddi beirdd (a cherddorion, o bosibl).'

wŷr y Llwyteg Y mae'n dra thebygol mai enw personol, neu ffugenw, yw Llwyteg, ond gellid *llwyteg* yn e.c. yn dwyn yr ystyr 'yr un hawddgar â'i wallt wedi britho', a cf. 7.76 *llwyteg* 'gwelw a glandeg'. Yn llsgr. BL Add 14905, 22, sef llsgr. Robert ap Huw, telynor yn llys Siams I, ceir darn cerddorol dan y teitl 'Gosteg y Llwyteg'. Credir mai enw personol yw hwnnw ar sail, ymhlith dadleuon eraill, y cyfeiriad a ganlyn yn llsgr. LlGC 17116B [= Gwysanau 28], 61ᵛ *Y Llwydteg ach Kynverig Ben Kerdd*. Am ymdriniaeth ar y gainc 'Gosteg y Llwyteg', gw. Peter Crossley-Holland, *The Composers in the Robert ap Huw Manuscript: The Evidence for Identity, Dating and Locality* (Bangor, 1998), 13–17; yn yr un gyfrol (td. 79) awgrymir mai gŵr o'r Treuddyn yn sir y Fflint ydoedd y Llwyteg hwnnw, a'i fod yn ei flodau *c*. 1450–70. Deellir *y Llwyteg* yma yn gyfeiriad at daid Edward Sirc a gw. ll. 13n.

7–8 **Aerwy sêr ... / A thwred aur i'th war di** Awgrymir yma statws uchelwrol Edward Sirc; y mae'n bosibl fod *aerwy sêr* 'coler serennog' a *thwred aur* 'tŵr bychan eurog' am ei war yn golygu iddo gael ei urddo'n farchog rywbryd yn ystod teyrnasiad Harri Tudur, ond ni restrir ei enw ef yn W.R.B. Robinson, 'Knighted Welsh Landowners, 1485–1558: a Provisional List', Cylchg HC xiii (1987), 282–98; *id*., 'Knighted Welsh Landowners, 1485–1558: Corrigenda', Cylchg HC xix (1999), 517–25. Am drafodaeth ar arwyddocâd coler i wŷr y llys, 'The collar was a major item of masculine court adornment', gw. *Gothic: Art for England 1400–1547*, ed. R. Marks and P. Williamson (London, 2003), 327; am garreg fedd ac arni enghraifft o goler, gw. *ib*. 442, ac am lun o goler o hanner cyntaf y 14g., gw. *ib*. 44; gw. hefyd D'A.J.D. Boulton, *The Knights of the Crown* (Woodbridge, 1987). Sonia'r Cywyddwyr yn fynych am amryfal goleri, e.e. Rhys Goch Eryri wrth gyfarch Syr Gruffudd Fychan: *Aur teg ydwy'r coler tau*, gw. IGE² 319 (ll. 28); Gutun Owain yn ei gywydd marwnad i Guto'r Glyn: *Dwyn coler gwychder y gard / A nod y brenin Edward*, gw. GGl² 316 (CXXIV.19–20); cywydd Lewys Môn, 'Moliant Syr Tomas Salbri': *gŵr moel ag aerwy melyn*, gw. GLM 202 (LVII.78); am lau. Tudur Aled i Ieuan ap Llywelyn ab Ieuan ap Dafydd: *Dwy goler a gymeri, / Dwy wlad oll dan dy law di*, gw. TA 276 (LXVIII.19–20); am lau. Lewys Glyn Cothi i Owain ap Gruffudd ap Nicolas: *Iawn cael ar wŷr Nicolas / yr aerwy braisg o'r aur bras*, gw. GLGC 52 (17.5–6). Ond efallai mai'r goler debycaf i'r un y sonnir amdani gan Ddafydd Trefor yw honno y mae Guto'r Glyn yn cyfeirio ati: *Aerwy mawr o aur a main*, gw. GGl² 143 (LIII.34), sef coler o aur a gemau. Diolchir i Dr Llinos Beverley Smith am y cyfeiriadau uchod, ac am y sylw fod coler arian o bosibl yn arwydd o statws ysgwïer, a choler aur o bosibl yn arwydd o statws marchog. Gw. hefyd GDEp 9.27–8n ac am euro â sêr yng nghyswllt marchog, gw. *ib*. 9.25n.

7 **Harri** Sef y Brenin Harri Tudur.

9–10 **Prydydd ac awenydd gwych / A thelynor ...** Llsgrau. *wych.* Diwygiwyd yn *gwych* er mwyn gwella'r gynghanedd, a chan na ddisgwylid treiglad meddal. Er bod Statud Gruffudd ap Cynan yn gwahardd dyn rhag bod yn fardd ac yn delynor, ac yn cymell yr unigolyn i ddewis rhwng y ddwy grefft, yr oedd enghreifftiau o rai yn gwisgo'r ddwy het, megis Edward Sirc yma; cf. GLD 79 (25.47) *Pencerdd y ddwygerdd agos* meddai'r bardd yn ei farwnad i Dudur Aled. Cadwyd un cywydd, pedwar englyn, ac un pennill unodl wedi'i lunio â dau gwpled cywydd o waith barddol Edward Sirc, gw. Huw Ceiriog Jones, 'Testun beirniadol o farddoniaeth Huw Ceiriog, Ieuan Llafar ac Edward Maelor' (M.A. Cymru [Bangor], 1984), Atodiad.

11 **dwy gerdd** Cyfeirir yma at gerdd dafod (y grefft farddol) a cherdd dant 'crefft tannau' (y grefft o ganu offeryn(nau) a thannau iddynt, megis canu telyn a chrwth), dwy grefft yr oedd Edward Sirc yn dra hyddysg ynddynt. Yn ôl y dogfennau sy'n ymwneud ag eisteddfodau Caerwys 'gellir tybio y rhoddid yr un urddas ar gerdd dafod a cherdd dant', gw. E. Roberts, *art.cit.* 86.

12 **dadl** Canmolir Edward Sirc am ei ddoniau barddol a cherddorol, gan gadarnhau yn y ll. hon ei fod hefyd yn *ddi-dlawd*, sef yn gyfoethog neu'n alluog, mewn *dadl*. Ai 'ymryson' a olygir wrth *dadl*, naill ai ar gerdd dafod neu ar gerdd dant, ac ai ymryson yn llwyddiannus am yr ariandlws yn benodol a olygir? Cadwer mewn cof y dylai pencerdd telyn wybod deg ar hugain o glymau ymryson. Posibilrwydd arall yw mai ymryson yn yr ystyr 'cystadleuaeth datgan cerddi arbennig' megis yr ymryson y sonnir amdano yn Llyfr Aneirin sydd yma, gw. G. Thomas, *Eisteddfodau Caerwys* (Caerdydd, 1968), 44; yr oedd tlws arian ar ffurf tafod i'r datgeiniad gorau.

13 **taid** Ni welwyd enw taid Edward Sirc yn yr achau cyhoeddedig (ond gw. yr ach answyddogol yn y nodyn cefndir), ond y mae'n amlwg ei fod yntau'n delynor dawnus yn ei ddydd, ac nad oedd gofyn iddo bryderu ar gyfrif canu *cwlm* ar y delyn, na chanu'r *pedair colofn* (gw. ll. 14n). Ef, y mae'n debyg, yw'r *Llwyteg* y sonnir amdano yn ll. 6, a thybed a oes arwyddocâd i amser grff. y f. yn y ll. *Gwin ydoedd ei ganiadau* (ll. 15)?

14 **cwlm** Sef 'caniad o ryw fath arbennig mewn hen gerddoriaeth, cân, alaw, cainc, tôn', gw. GPC 640; digwydd *cwlwm, clwm* yn amrywiadau arno. Yn fanylach, gw. dadansoddiad E. Roberts o dermau cerdd dant yn *art.cit.* 98, lle y dywed fod cwlwm yn cynnwys 24 o geinciau telyn.

pedair colofn Ym maes cerdd dafod a cherdd dant, ystyr *colofn* yw 'prif fesur, prif ran neu gangen, mesur neu ran sylfaenol', gw. GPC 544. Yn ôl dadansoddiad E. Roberts yn *art.cit.* 98, ymddengys fod colofn yn cynnwys deg cwlm o geinciau, sef 240 o geinciau i gyd (gw. hefyd y nodyn cefndir uchod). Gwybod y pedair colofn, yn hytrach na thair o'r colofnau'n unig, oedd yn rhannu'r penceirddiaid telyn oddi wrth y sawl a enillodd ariandlws. Yn fanylach ar 'bedair colofn cerdd delyn', gw. Bethan E. Miles, 'Swyddogaeth a chelfyddyd y crythor' (M.A. Cymru [Aberystwyth], 1983), 679.

15 **caniadau** Term technegol ym myd cerddoriaeth i'r delyn, ac yr oedd gwybod 'ugain o glymau [gw. ll. 14], ugain o ganiadau' ymysg y gofynion ar gyfer gradd disgybl pencerddaidd, gw. E. Roberts, *art.cit.* 87. Y mae'n debyg mai casgliad o rhwng 13 a 17 o geinciau yw *caniad*, gw. *ib.* 98.

18 **pwnc** Yn ôl GPC 2942 'nodyn neu fesur cerddorol, cân'; yn fanylach, gw. E. Roberts, *art.cit.* 94–5.

pencerdd Graddiodd Edward Sirc yn bencerdd telyn yn Eisteddfod Caerwys 1523, gw. y nodyn cefndir uchod; gw. yno hefyd am drafodaeth ynghylch pwy yw'r pencerdd y sonnir amdano yma.

19 **Da fu Iesu 'n dy fysedd** Cyfeirir yma at darddell dawn gerddorol Edward Sirc gan bwysleisio ei bod yn darddell ddwyfol yn hytrach na dieflig; pwnc tebyg oedd hanfod yr ymryson rhwng Siôn Cent a Rhys Goch Eryri, sef fod dau fath o awen farddol ar waith yn y byd, sef yr awen sanctaidd a'r awen gelwyddog, gw. IGE[2] 181–6 (cerddi LX a LXI).

20 **byrdwn** 'Yr islais a genir i gydfynd â'r alaw, bas, tant ar offeryn yn cyfateb i'r bas', gw. GPC 365. Y mae'n bosibl mai cyd-destun cerddoriaeth eglwysig sydd yma, o gadw mewn cof gyd-destun y ll. a'r cyfeiriadau at yr Iesu yn ll. 19 ac at angel yn ll. 22. 'Daw "byrdwn" o *bourdon* neu *burden*, yn wreiddiol y sain isaf un gan offerynnau cerdd', gw. E. Roberts, 'Llys Ieuan, Esgob Llanelwy', TCHSDd xxiii (1974), 92. Ymhellach, gw. Bethan Miles and David R.A. Evans, 'Rhai Termau Cerddoriaeth Eglwysig yng Ngwaith y Cywyddwyr', *Welsh Music*, viii/9 (1986–9), 28–42 (yn enwedig tt. 30–1); R.E. Roberts, 'Welsh Music in the Tudor Period', THSC, 1925–6, 1–24 (yn enwedig tt. 10–11).

heb wedd Rhestrir dwy ystyr i'r gair yn GPC 1609, sef i. '*unsightly, ugly, deformed*'; ii. '*exceedingly*'; deellir yr ail ystyr yma.

21–2 **Nid tebyg … / Ond i'r angel yn dringaw** Cyfeirir at fysedd y *llaw* (ll. 21), eu bod yn dringo'r tannau wrth ganu'r offeryn fel y mae angel yn codi i'r uchelderau paradwysaidd. Cf. llau. 23–4.

23–4 Darlun o berfformiad gan ddatgeiniad telyn a geir yma, gyda'r dwylo yn *Cynnal dull* … / *Cad Gamlan*, sef *cadw ac ymlid* 'dal yn ôl a symud ymlaen'.

24 **Cad Gamlan** Brwydr Camlan oedd brwydr olaf y Brenin Arthur, a'i elyn oedd Medrawd; ymhellach ar Frwydr Camlan, gw. CLC[2] 83; TYP[2] 160–2.

cadw ac ymlid Sef 'gwarchod ac ymosod', a hynny yn ôl mydr pendant; cyfeiriad pellach at y *byrdwn* (ll. 20) yw *cadw ac ymlid*.

27–8 Y mae'r bardd yn llefaru drwy enau'r eirchiad: 'Yr wyf i, Dafydd ap Gwilym, yn dy enwi di [Edward Sirc, yn] dy nerth, yn noddwr pennaf imi.'

27 **Dai Wilym** Yn ôl dau briodoliad (sef yn llsgrau. BH), cyfeiriad sydd yma at bencerdd o'r enw Dafydd ap Gwilym, ond nid y bardd o'r deheudir. Dichon mai'r un Dafydd sydd yma â'r telynor hwnnw yr ysgrifennodd Dafydd Trefor gywydd ar ei ran i ofyn cwpwrdd gan ei noddwr, Wiliam ap Maredudd o Lanfairfechan (gw. cerdd 7), a'r un y cyfeirir ato yn rhan o'r ymryson a ysbardunwyd gan gywydd Dafydd Trefor i ofyn alarch (I. George, 'The poems of Syr Dafydd Trefor', AAST, 1935, 90–1). Er bod y Dafydd ap Gwilym hwn yn bencerdd telyn, ni nodir iddo ennill ariandlws, sef y wobr a roddid mewn cystadleuaeth rhwng dau bencerdd. Ymhellach ar Ddafydd ap Gwilym, gw. 7.10n. Gw. hefyd D.W. Wiliam, *Traddodiad Cerdd Dant ym Môn* ([Bodedern], 1989), 17.

32 **câr** Yr awgrym yw fod Edward Sirc a Dafydd ap Gwilym yn geraint.

33 **O cheir i Fôn y ferch ar faeth** Personolir y delyn yma (fel yn llau. 35 a 49), a darlunnir ei statws ym Môn, ddydd a ddaw, yn ferch faeth i Ddafydd ap Gwilym. Y mae'r ll. fel y mae sillaf yn rhy hir.

34 **mamaeth** Un sy'n magu plentyn person arall, sef yn yr achos hwn Dafydd ap Gwilym.

35 **cantor** A olyga Dafydd Trefor yma gantor tafod '*vocalist*' neu gantor y delyn? Ar *cantor* 'un hyddysg yn y gelfyddyd o ganu â'r llais neu ar offeryn', gw. GPC 418. Y naill ffordd neu'r llall, cyfeiriad at Ddafydd ap Gwilym sydd yma.

morwyn Personolir y delyn yn y ll. hon fel yn llau. 33 a 49.

39 **deg tant** Y mae acen y gynghanedd yn erbyn y ffurf *dectant* 'offeryn cerdd o wneuthuriad tebyg i delyn ac iddo ddeg o dannau, nabl', GPC 910. Ymddengys naill ai mai telyn ac iddi ddeg yn unig o dannau a ddymunai Dafydd ap Gwilym, neu fod deg bys yn taro deg tant gyda'i gilydd mewn harmoni, *yn gytûn*.

40 **dyrnod gwynt** Sef 'cyffyrddiad awel'. Ar yr ymadrodd *dyrnod gwynt*, gw. GPC 1147 '*the buffetting of the wind*'; mynegir yma pa mor felys (*cytûn* 'mewn harmoni') oedd sain y delyn, yn unol ag ewyllys Duw, pan fyddai'r awel yn chwarae drwy'r tannau. Cyfatebiaeth t.d = t.

41 **'Dafydd Broffwyd'** Y Brenin Dafydd, sef y gŵr a oedd yn frenin ar Israel, yn delynor, ac a arferai ganu'r delyn i'r Brenin Saul, gw. 1 Sam xvi.23. Arferai'r Cywyddwyr enwi'r Brenin Dafydd yn esiampl o ddyn duwiol yn canu'r delyn er lles, gw. H.M. Edwards, 'Dafydd Broffwyd',

LlCy xviii (1994), 129–30. Yr oedd eiconograffeg y delyn yn ystod yr Oesoedd Canol yn aml yn cyflwyno Dafydd naill ai'n dal telyn, yn cyweirio telyn, neu'n canu'r delyn, ac y mae ystyr symbolaidd i'r tair gweithred, gw. Martin van Schaik, *The Harp in the Middle Ages: the symbolism of a musical instrument* (Amsterdam-Atlanta, 1992). Yma, fodd bynnag, y mae'n bosibl mai alaw benodol o'r enw 'Cainc Dafydd Broffwyd' sydd dan sylw, cainc a gofnodwyd gan Robert ap Huw yn llsgr. BL Add 14905, 57. Er iddo dreulio cyfnod yn delynor yn llys Siams I treuliodd y rhan fwyaf o'i oes ym Môn, ac nid y gerddoriaeth ffasiynol a chwaraeid yn y llysoedd brenhinol a gofnodwyd yma, ond cerddoriaeth a berthynai i'r traddodiad cerdd dant Cymreig. Casglwyd papurau symposiwm 'Astudiaethau Robert ap Huw' yn *Hanes Cerddoriaeth Cymru*, iii (1999); gw. hefyd sylwadau A. Dolmetsch, 'An Analysis of the Harmonies and Forms of the Bardic Music', *The Consort*, iii (1934), 7–20. Cenir 'Cainc Dafydd Broffwyd' ar y delyn a hynny *o'i phen*, sef o'i dechrau i'w diwedd. Posibilrwydd arall yw mai trosiad am gerddoriaeth yn gyffredinol yw *Dafydd Broffwyd* ac mai dilyn 'llwybr cerddoriaeth o un pen i'r llall' sydd dan sylw yma.

42 **Affrig** Yr oedd gwledydd Affrica yn enwog am eu telynau: 'Nowhere is there a larger variety of harps than in Africa', gw. *The New Grove Dictionary of Music and Musicians*, x, ed. Stanley Sadie, excecutive editor John Tyrrell (second ed., London, 2001), 888, ond tybed nad ystyr symbolaidd sydd i *Affrig* yma? Y mae'n bosibl mai symbol am ehangder ydyw gan fod cymaint o'r cyfandir hwnnw'n ddiffeithwch eang, cf. GLGC 98 (40.21–2) *Y cae ehelaeth cylch tŵr Cyhelyn / ydiw y wen Affrig rhwng naw dyffryn*; ib. 258 (114.71–2) *Edwart a geidw cymydoedd— Affrica, / Europia, Asia, a'r ynysoedd*. Ai'r awgrym yw y byddai canu'r delyn (y *triphren*, gw. y nodyn canlynol) i'r safon yr oedd Edward Sirc wedi ei meistroli yn creu digon o gyfalaf i gadw holl dir Affrica? Yn sicr cysylltid gwledydd Affrica â llawnder, gw., e.e., TA 22 (IV.77–8) *Bron Salbri'n llenwi llownwin—gwŷdd Affrig / I ddyffryn Llanrhychwin*, ac â masnach a chyfoeth, gw. *ib.* 192 (XLVI.85) *Treth Affric*. Ond efallai mai cyfeiriad at siâp Affrica sydd yma. Tybed a wyddai Dafydd Trefor fod Affrica ar siâp telyn? Bu'r 16g. yn garreg filltir yn hanes cartograffeg ar gyfrif y cynnydd aruthrol a fu mewn gwybodaeth, technoleg, ac anturiaeth masnachwyr. Cyn hynny, fodd bynnag, pwysid ar waith Claudius Ptolemi, y Groegwr a drigai yn Alecsandria *c.* o.c. 150, ac a oedd yn gawr yn y maes: y mae'n fwy na thebyg mai ei fapiau ef, os mapiau o gwbl, a fyddai'n arwain dychymyg dyfalu Dafydd Trefor. Ymhellach ar hanes mapio cyfandir Affrica, gw. R.V. Tooley, *The Printed Maps of the Continent of Africa and Regional Maps South of the Tropic of Cancer (1500–1900)* (London, 1966).

triphren Tybed ai cyfeiriad at wneuthuriad telyn sydd yma, sef at dri phren gwahanol a ddefnyddid i'w llunio? Neu'n debycach, tybed ai cyfeiriad at siâp y delyn sydd yma, gan fod y delyn ganoloesol ar ffurf triongl? Y mae'n bosibl mai telyn *delta*, ar ddull siâp trionglog y bedwaredd lythyren yn yr wyddor Roeg, a ddisgrifir yma.

43 **clawdd esgyrn** Fe'i deellir yn drosiad am ddannau'r delyn, a'u gweld yn rhes o esgyrn (yr asennau, efallai?) yn amgáu'r corff a'i organau fel y byddai clawdd yn amgylchynu tir ac yn gwarchod ei gynnwys. Posibilrwydd arall yw'r *clawdd* 'rhes' gwrachod, sef y pegiau arbennig ar lun 'L' a ddefnyddid ar delyn unrhes, a'r pegiau hynny wedi eu lleoli ar waelod y tant er mwyn angori'r tant wrth seinfwrdd y delyn. Yr oedd rhes o begiau hefyd ar frig pob tant er mwyn tynhau'r tannau i gael hanner nodyn yn lle nodyn llawn: gellid mai'r rheini a olygir yma.

coludd wisgaw Gwisgwyd y delyn hon â thannau coludd (S. 'gut-strings') yn hytrach nag â thannau o fetel neu o efydd.

44 **cafn** 'Seinfwrdd neu fol telyn', gw. GPC 387; 'ochrau a thu ôl y blwch sain' ar y delyn, gw. A. Rosser, *Telyn a Thelynor: Hanes y Delyn yng Nghymru 1700–1900* (Caerdydd, 1981), 16.

corf Sef 'bwa cyfrwy' (gw. GPC 558) ond fe'i defnyddir yn drosiadol yma am gorff y delyn.

llorf Sef 'post (yn enw. y post unionsyth yn ffrâm y delyn)', gw. GPC 2209; piler neu golofn y delyn, 'y cynhalbren blaen', gw. A. Rosser, *op.cit.* 15. Yr oedd y llorf canoloesol yn hynod fwaog o'i gymharu â'r llorf modern.

45 **cod** Y god a ddaliai'r delyn, cf. 7.11 *Cod ei harp oll a garpiwyd* (am Ddafydd ap Gwilym).

gwregys Y belt neu'r strap ar y god a ddaliai'r delyn, er mwyn hwylustod wrth ei chario.

47–8 Y god yw'r *gown hir*, na roddir y delyn yndddi nes rhoi heibio ei chanu am y nos.

47 **organ** Offeryn cerddorol cyffredin yng Nghymru yn yr Oesoedd Canol. Y mae sôn am organ yn Llanelwy 'tua thri chwarter canrif yn gynharach na'r un a welodd Dafydd ap Gwilym a Gruffudd Gryg ym Mangor, rywdro cyn dyrchafu'r deon Hywel ap Goronwy i fod yn esgob, 1370. Gellid tybio fod Gruffudd Gryg yn llygad-dyst ohoni'n cyrraedd', gw. E. Roberts, 'Llys Ieuan, Esgob Llanelwy', TCHSDd xxiii (1974), 92n41. Yr oedd yr organ yn offeryn lle yr oedd pwysedd gwynt yn creu sain cerddorol, cf. ll. 40.

gown hir Y god, gw. ll. 45.

49 **merch** Sef yn ffigurol am y delyn (gw. llau. 33 a 35). Y mae'r ll. fel y mae sillaf yn rhy fer.

50 **cernau** Elfen ym mhersonoliad y delyn yw'r cyfeiriad hwn at ei *chernau* 'bochau', a'r darlun o'r telynor *chwyrn* 'cyflym, buan, chwim, bywiog' (gw. GPC 863) yn cosi gruddiau merch neu'n tynnu tannau'r delyn.

53–4 Y mae Edward Sirc yn berchen ar ddwy neu dair telyn ar wedd yr un a drafodwyd yn y gerdd; erfynnir arno i roi'r drydedd delyn yn rhodd i Ddafydd ap Gwilym.

13

Molawd i Santes Dwyn, neu Ddwynwen,[1] nawddsantes cariadon Cymru, yw'r cywydd hwn. Yn ôl y Calendrau Cymraeg a Lladin o'r bymthegfed ganrif ymlaen, dethlid dydd ei gŵyl ar 25 Ionawr ac felly y gwneir heddiw. Ond gesyd un calendr ddydd ei gŵyl ar 13 Gorffennaf,[2] ac yn *Brevddwyd y Mab o gywaeth Arwystl* nodir eto mai yn yr haf y dethlid dydd ei gŵyl: *nosswyl ddwynnwenn yn yr haf.*[3] Ymddengys fod Dwynwen yn un o wragedd hanesyddol y bumed ganrif.[4] Gwnaeth ei chartref ar Ynys Llanddwyn (gw. ll. 4) a chysegrwyd eglwys iddi ar yr ynys (y mae'r adfeilion i'w gweld heddiw). Lladineiddiwyd ei henw yn Donwenna, ac y mae tystiolaeth fod delw Dwynwen i'w gweld yn un o ffenestri lliw côr Eglwys Gadeiriol Bangor, yn dwyn y ffurf Ladin honno ar ei henw. Fe'i gosodwyd yno gan Richard Kyffin, Deon Bangor a rheithor eglwys Llanddwyn.[5]

---

[1] Arni, gw. LBS ii, 387–92; TWS 227–32, 343–4; CLC² 204. Fe'i henwir yn fynych gan y beirdd yng nghyd-destun y canu serch megis, e.e., yn y cywydd a ganodd Dafydd ap Gwilym iddi, 'Galw ar Ddwynwen', gw. GDG³ (cerdd 94) lle y dywed fod Dwynwen yn feistres ar y grefft o leddfu galar llanciau trallodus: *Da y gŵyr o gôr fflamgwyr fflwch / Dy ddelw aur diddoluriaw / Digion druain ddynion draw* (*ib.* 256 (94.2–4)). Diddorol yw sylwi bod y bardd yn galw ar Ddwynwen i'w gynorthwyo i ddenu Morfudd yn gariad iddo, sef i annog godineb, er bod Dwynwen ei hun yn ddiwair. Ategir hyn gan Ddafydd Llwyd o Fathafarn, gw. GDLl 174 (80.39) *Dwynwen ni ludd odineb*. Golygwyd y cywydd hwn yn Maredudd ap Huw, 'A critical examination of Welsh poetry relating to the native saints of North Wales (c. 1350–1670)' (D.Phil. Oxford, 2001), xliv–xlvii, 16–21, 243–50.

[2] Dyfynnir llsgr. Llst 117, 72 (llsgr. sy'n dyddio o ganol yr 16g.) yn J. Cartwright: ForF 183.

[3] Gw. llsgr. Pen 205, 19.

[4] Gw. EWGT 16; am y farn mai hen dduwies serch a wnaed yn santes gan yr Eglwys oedd Dwynwen, gw. W.J. Gruffydd, *Math vab Mathonwy* (Cardiff, 1928), 239: 'It is well known that many of the medieval saints, especially the patently non-historical ones, are ancient gods, particularly Celtic gods, re-named and re-commissioned for a new purpose. It is unnecessary to do more than mention Brân the Blessed, Dwynwen, and Dervel Gadarn from among the Welsh gods.'

[5] 'In the other Window are two Figures of She Saints, *viz.* St. *Donwenna* and St. *Katherine*, and at Bottom these Words, **Orate pro Bono Statu Magistri** Kiffin **Decani qui hanc fenestram fecit**. Which shews that it was made by Dean *Kiffin*: 'Tis probable these Figures were directed to be set up by him; the one in Memory of St. *Donwenna*, the tutelar Saint of *Llandwyn* Church, *Co. Anglesey*, of which he was Rector; and the other in Honour of St. *Katharine*, to whom he dedicated the Chantry, which he founded in the Cathedral. This plainly shews the Time of building and glassing the Choir', gw. B. Willis: Bangor 17–18. Ymhellach ar Richard Kyffin, Deon Bangor, a'r cyfoeth a bentyrrodd tua diwedd y 15g. yn sgil poblogrwydd eglwys Llanddwyn, gw. WCCR² 321–2.

Daeth Dwynwen a'i chwaer Cain, neu Ceinwen, i Fôn o Frycheiniog (gw. llau. 1, 7–8). Y mae angen trin gyda gofal dystiolaeth Edward Williams 'Iolo Morganwg' sy'n cofnodi sut y daeth Dwynwen yn nawddsant cariadon. Mynnodd ei chariad, Maelon Dafodrull, ffafrau rhywiol ganddi ond gwrthodai hi ei foddio a bu'n rhaid iddi wynebu ei ddialedd. Gweddïodd Dwynwen ar Dduw a rhoddodd iddi 'ddiod beraidd' a'i rhyddhaodd hi o'i chariad at Faelon; trodd Maelon yn lwmp o iâ dan ddylanwad yr un ddiod. Caniatawyd i Ddwynwen dri dymuniad: dewisodd fod Maelon yn cael ei ddadrewi, ei bod hi'n cael ei hurddo'n santes y cariadon, a'i bod yn cael byw yn ddibriod.[6] O ganlyniad i'w phrofiad dirdynnol, arferai'r sawl a ddioddefai dan bwys gwasgfeuon serch bererindota i'w heglwys i geisio'i chymorth, ac am hynny'n fwy na dim arall y'i cofir bellach.

Tyfodd ei henwogrwydd a'i llwyddiant gyda materion y galon i fri cenedlaethol, ac yn wir yr oedd iddi barch rhyngwladol am ei medrusrwydd wrth ddatrys problemau cariadon. Disgrifir yn y cywydd hwn y prysurdeb a oedd wrth Ffynnon Ddwynwen, a bod yno ferched o amryw wledydd (ll. 19) a llanciau ifainc *fil fyrddion* (ll. 20) yn heidio am ei nawdd.[7] Eglwys Llanddwyn oedd un o'r eglwysi cyfoethocaf ym Môn yn ystod y bedwaredd ganrif ar ddeg, a hynny oherwydd ei phoblogrwydd fel man pererindod. Yn 1535 yr oedd yr arian degwm a gasglwyd yn y plwyf yn llai na phunt tra bod 'offerynges of charitable peple to the Saynt in tymes past' yn £12 6s. 8d.[8] Y mae llawer o wirionedd yn haeriad Dafydd Trefor, felly, fod y pererinion yn hael eu rhoddion wrth goffr Dwynwen (llau. 33–40).

Erys olion o gwlt Dwynwen ym Morgannwg. Lleolir Ogof Dwynwen yn Nhresilian rhwng Llanilltud Fawr a Sain Dunwyd a deuai cariadon yno i selio eu tynged drwy daflu carreg dros fwa naturiol yn y graig, rhyw wyth neu ddeg troedfedd islaw to'r ogof.[9] Y mae'n bur debygol fod eglwys wedi ei chysegru i Ddwynwen ger Camelford yng Nghernyw, ac efallai fod cwlt iddi yn Llydaw (dan yr enw Santes Douine neu Twine)[10] lle yr oedd yn enwog am wella pob twymyn. Yr oedd iddi bwerau meddyginiaethol yng Nghymru hefyd yn ôl tystiolaeth y cywydd hwn (llau. 21–2) a'i ffynnon iachusol yn denu'r tyrfaoedd. Yn ôl llinellau olaf y cywydd gallai Dwynwen iacháu'r enaid yn ogystal â'r corff, ac ennill nefoedd i'r pererinion a oedd o dan ei nawdd.

Nid oes tystiolaeth fod nawdd ariannol i'r gerdd hon, ond y mae'n anodd gweld y byddai bardd canoloesol yn canu'n ddigefnogaeth. Efallai y dylid

---

⁶ *Iolo Manuscripts: A Selection of Ancient Welsh Manuscripts*, gol. Taliesin Williams (Llandovery, 1848), 84.

⁷ WCCR² 490.

⁸ Gw. *Valor Ecclesiasticus*, vi, xxiv, a ddyfynnir yn MAng 295.

⁹ LBS ii, 391, yn dyfynnu Taliesin Williams, *The Doom of Colyn Dolphyn* (London, 1837), 153–4; y mae angen trin y dystiolaeth hon yn ofalus.

¹⁰ LBS ii, 391–2.

edrych tua'r sawl a oedd yn gyfrifol am eglwys a ffynnon y santes i ganfod noddwr—wedi'r cyfan byddai arian sylweddol yn dod iddo o law'r pererin-ion. Ategir hyn yn gynnil gan sawl bardd a fyddai wedi bod yn yr un sefyllfa â Dafydd Trefor, yn eu mysg Dudur Aled:

> Tudur Aled leaves us in no doubt, either, that it was Abbot Thomas Pennant of Basingwerk, already a lavish patron of his poetry, who rewarded him for his superb poem to Gwenfrewi.[11]

Bid a fo am y rheswm dros ganu mawl Santes Dwynwen, yr oedd cynnwys y canu hwnnw'n bur eglur i'r beirdd. Yn ôl 'Gramadegau'r Pen-ceirddiaid' yr oedd yr hyn a gynhwysid yn y gerdd yn benodedig eisoes:

> Seint a uolir o'e gleindyt, a'e santeidrwyd, a'e nerthoed ysprydolyon, a'e gwyrtheu, a'e gwenhyeitheu, a'e nefolyon weithredoed, a'e gogonyant dwywawl, ac o betheu ereill ysprydawl anrydedus.[12]

Ac yn ôl y fformwla honno y canodd Dafydd Trefor.

Er y dystiolaeth i boblogrwydd Dwynwen ymhell ac agos, hyd yn ddiweddar nid oedd dim ymwybyddiaeth o unrhyw ddeunydd defosiynol, megis darn o destun offeren neu wasanaeth eglwysig, a ddefnyddid ar ei dydd gŵyl. Yn ddiddorol iawn daeth tair gweddi a offrymid yn ystod offeren Santes Dwynwen i olau dydd a'u cyhoeddi yn 1991, darnau a gofnodwyd yn wreiddiol mewn llyfr offeren (fersiwn Sarum) a oedd yn eiddo i Richard Peicke (Peak, yn ôl Bartrum), ficer Conwy, cyfoeswr i Dafydd Trefor.[13] Cyhoeddir cyfieithiad Cymraeg ohonynt yma.[14]

Oracio [gweddi ar ddechrau'r offeren]
O Dduw a beraist i dy forwyn fendigedicaf Dwynwen oherwydd ofn y Brenin Maelgwn groesi o Iwerddon i Gymru ac yno ei hanrhydeddu ag amryw o wyrthiau, erfyniwn arnat fel y bydded inni trwy ei theilyngdod, ei gweddïau a'i heiriolaeth hi ddod allan o hyn o ddyffryn dagrau a chyrraedd at borth iachawdwriaeth sef yw Crist wedi ein glanhau o aflendid ein pechodau. Trwy ein Harglwydd [Iesu Grist sydd gyda thi yn undod yr Ysbryd Glân yn byw ac yn teyrnasu yn oes oesoedd. Amen.]

Secreta [gweddi a ddywedir yn dawel wedi'r offrwm]
Offrymwn iti gan lawenhau, O Arglwydd, weddïau a rhoddion er anrhydedd y santes Dwynwen dy forwyn di: erfyniwn arnat fel y bydded inni wrth ddod ynghyd i gyflawni hyn gael iachâd tragwyddol. Trwy ein Harglwydd ...

---

[11] G. Williams, 'Poets and pilgrims in fifteenth- and sixteenth-century Wales', THSC, 1991, 83. Gw. hefyd sylw Siôn ap Hywel am y modd y bu Pennant yn adeiladu capel i'r santes, gw. GSH 18.42–5.

[12] GP 15 (llau. 23–5).

[13] D. Huws, 'The Earliest Bangor Missal', Cylchg LlGC xxvii (1991), 113–30.

[14] Diolchir i Mr Daniel Huws am lunio'r cyfieithiadau Cymraeg.

Postcommunio [gweddi wedi'r cymun]
O Dduw a wnaeth i'r fendigedig Ddwynwen gerdded ar y môr a gorchfygu yn wyrthiol y gormeswr Maelgwn, erfyniwn arnat fel y bydded inni trwy ei theilyngdod a'i gweddïau hi gael ein trosglwyddo o ddrygioni i rinwedd ac o drueni'r byd i deyrnas nefol. Trwy ein Harglwydd ...

Y mae'r tair gweddi hyn yn taflu golau newydd ar fywyd Dwynwen.

That Dwynwen was to be accounted among his [Maelgwn Gwynedd's] victims was not otherwise known, nor anything of an Irish sojourn (why in order to escape Maelgwn she should have fled from Ireland to Wales rather than vice-versa is puzzling, to say the least), nor a miraculous walking on the sea (St Bridget and St Modwenna both crossed the Irish Sea on pieces of turf). Behind these prayers there no doubt lies a lost *vita*, probably not one of very old construction.[15]

Yn Llyfr Oriau Llanbeblig, sy'n dyddio o ddiwedd y bedwaredd ganrif ar ddeg, enwir yn y calendr ddau sant Cymreig na ddigwydd eu henwau yn fersiwn Sarum o'r llyfr offeren, sef Deiniol a Pheblig, a digwydd enw Dwynwen yn y litani.[16]

1 **Brycheiniog** Ardal enedigol Dwynwen, gw. llau. 6–7. Ymhellach ar hanes cynnar Brycheiniog, gw. Theophilus Jones, *History of the County of Brecknock* (Brecknock, 1805–9); Charles Thomas, 'The Brychan Documents' yn *And Shall These Mute Stones Speak? Post-Roman Inscriptions in Western Britain* (Cardiff, 1994), 131–62 a'r cyfeiriadau pellach yno.

2 **chwarel** O'r S. Can. *quarelle*, sef 'saeth bwa croes' (gw. EEW 71; GPC 844 d.g. *chwarel*²) a dyna'r ystyr a dderbynnir yn GDG³ 573 wrth esbonio'r ll. *Angau a'i chwarelau chwyrn*, ib. (106.8); ond gwell yma fyddai'r ystyr 'paen o wydr ysgwâr neu ar lun diemwnt' (gw. GPC 633 d.g. *cwarel*², 844 d.g. *chwarel*²) a chymryd hynny'n ffigurol am faen gwerthfawr neu dlws; *r* berfeddgoll.

4 **Llanddwyn** Ynys Llanddwyn (yn fanwl, gorynys ydyw), yng nghwr eithaf plwyf Niwbwrch ar Ynys Môn; y mae ddwy filltir ar draws y tywyn o bentref Niwbwrch, gw. ll. 56. Ymhellach ar Landdwyn, gw.

---

[15] *Ib*. 123. Ceir golygiad o'r cywydd hwn i Ddwynwen yn D.J. Jones, 'Cerddi'r Saint a'r Bucheddau Cyfatebol', (M.A. Cymru [Aberystwyth], 1929), 96–7, ond ni nodir ffynhonnell buchedd i Ddwynwen yn y traethawd.

[16] *Ib*. 119. Llawysgrif arall y gallai Dafydd Trefor fod yn gyfarwydd â hi oedd un arall o ysgrifeniadau Llanbeblig: 'the fragmentary fifteenth-century Stonyhurst MS 61, comprising the penitential psalms and prayers, originally perhaps another Book of Hours, has in its calendar three non-Sarum Welsh saints, Deiniol, Beuno and Peblig, with Dwynwen, among many others, in the litany', gw. *l.c.*

llau. 11–12n.

5 **ni ad** Ffurf 3 un.pres.myn. y f. *gadu* 'caniatáu' yw *gad*: ni fydd Dwynwen yn caniatáu i'r pererinion oddef dianrhydedd na gorthrymder o unrhyw fath.

6–7 **Dwynwen ... / Merch Frychan** Sef Brychan Brycheiniog fab Anlach, sylfaenydd teyrnas Brycheiniog, gw. EWGT 14. Yr oedd yn dad i ddeng mab (efallai un mab ar ddeg) ac yr oedd ganddo gynifer â phedair merch ar hugain, yn eu plith Dwynwen. Ar ei ferched, gw. T. Thornley Jones, 'The Daughters of Brychan: their importance in the history of Breconshire', *Brycheiniog*, xvii (1976–7), 17–58. Ymhellach ar Frychan Brycheiniog, gw. J.E. Lloyd: HW[3] 270–2 ynghyd â throednodyn 237; TYP[2] 288–9; WCD 64–7; G.P. Jones, 'Brychan', Arch Camb vi (1926), 363–76. Hefyd, gw. ll. 1n.

7 **gloyw arian glych** Cynigia GPC 502 ddwy ystyr i *clych* a fyddai'n addas yma, sef i. yr ystyr ffigurol 'rhywbeth ar ffurf cloch, yn enw. bwrlwm neu fwmbwl ar ddŵr' a gellid deall yma ddŵr byrlymus Ffynnon Ddwynwen; ii. 'gwobr' ac y mae 'gwobrau o arian gloyw' yn fwy addas yng nghyd-destun clodfori llinach Dwynwen, yn enwedig os cyfeiriad at Frychan yw'r sangiad hwn.

9 **Menai** Yr oedd Niwbwrch yng nghwmwd Menai, gw. WATU 155.

11–12 **Penrhyn ... / Llanddwyn** *Santes ... / Penrhyn ... / Llanddwyn* (llau. 9, 11–12) oedd Dwynwen a dewisodd y safle hwn ar drwyn hir o dir (cf. *ym mraich ynys* ll. 3) yn neheudir Môn i sefydlu ei chartref. *Dwyn* y'i gelwir yn y 'Cognatio de Brychan', fersiwn Vespasian, ac felly y'i cofféir yn yr enwau *Llanddwyn* a *Porthddwyn*, ei heglwys a'i phorthladd ym Môn. Hefyd, gw. ll. 4.

13 Gwelir mai eiddo'r ferch, sef Dwynwen, yw'r rhandir, sef penrhyn Llanddwyn.

14 **dinas a nawdd-dir** Deellir dinas yn ffigurol, sef 'amddiffyn, nodded, noddfa' (gw. GPC 1019) a gwelir yma enghraifft o bâr o enwau cyfystyr sy'n cytseinio.

15 **ffynhonnau** Ar bwysigrwydd pererindota at ffynnon a gysegrwyd i sant, gw. J. Rattue, *The Living Stream: Holy Wells in Historical Context* (Woodbridge, 1995), *passim*. Lleolir dwy ffynnon ar Ynys Llanddwyn. Y mae safle Ffynnon Ddwynwen (neu Ffynnon Fair fel y'i gelwir yn aml, a hefyd Ffynnon Dafaden) yn ymyl eglwys Llanddwyn, 'i lawr ar y creigiau uwchlaw'r môr. Ffynnon fechan gwbl naturiol yw hi', gw. E. a K. Lloyd Gruffydd, *Ffynhonnau Cymru, Cyfrol 2: Ffynhonnau Caernarfon, Dinbych, Y Fflint a Môn* (Llanrwst, 1999), 103. Ffynnon arall a gysylltir â Dwynwen yw Crochan Llanddwyn, tua milltir i'r gogledd o wddf Llanddwyn, gw. *ib.*, wedi ei henwi felly am fod dŵr byrlymus y

ffynnon fel petai'n berwi. Dywedid bod yng Nghrochan Llanddwyn bysgod a allai broffwydo tynged cariadon drwy eu hosgo a'u symudiad drwy'r dŵr, gw. H. Owen, *Hanes Plwyf Niwbwrch ym Môn* (Caernarfon, 1952), 64, ynghyd â throednodyn 207; F. Jones, *The Holy Wells of Wales* (Cardiff, 1992), 111. Gw. hefyd R.I. Daniel, 'Y Ffynhonnau yng Nghanu'r Cywyddwyr', *Dwned*, vii (2001), 65–81.

gwyrthiau dan go' Sef 'gwyrthiau a gofir' neu 'gwyrthiau a gedwir yn y cof'.

16 **Oer yw'r dyn ni red yno!** Yr oedd beirdd Cymru bob amser yn gyfforddus yng nghwmni'r saint brodorol, ac yn eu hystyried yn hen ffrindiau: dim ond dyn isel ei ysbryd a fedrai ymatal rhag rhuthro i gwmni Dwynwen.

17 Cyfrifir *teml* ac *aml* yn eiriau deusill.

19 Y mae'r ll. hon sillaf yn rhy hir oni chywesgir *o amrafael*.

21–2 **Cleifion ... / Crupliaid a gweiniaid** Mewn oes pan oedd gofal meddygol yn syml iawn, tyrrai cleifion at ddulliau goruwchnaturiol o sicrhau adferiad iechyd. Amhosibl yw dweud i ba raddau yr iacheid y cleifion hynny, os o gwbl, ond y mae'n amlwg fod atyniad rhyngwladol i'r math hwn o feddyginiaeth. Denid pobl ac arnynt bob math o afiechydon i Landdwyn, mewn llawn hyder y caent adnewyddiad iechyd. Nodir yn J. Rhŷs, *Celtic Folklore Welsh and Manx*, i (Oxford, 1901), 361, 'the prevalent belief, that every well with healing properties must have its outlet towards the south'.

24 Twyll gynghanedd *l*.

27 **Crysau'n llawn brychau gerbron** Am yr awgrym fod yma, efallai, enghraifft o'r hen arfer Geltaidd o osod carpiau ger ffynhonnau, gw. R.I. Daniel, *art.cit.* 77, er nad yw Francis Jones yn gyfarwydd â'r arfer yng Nghymru hyd yn ddiweddar yn y 18g., gw. F. Jones, *op.cit.* 94. Disgrifir y ddefod yn J. Rhŷs, *op.cit.* 355: 'a man with a wound, which he explained to mean a cut, would go and stand in the well within the wall, and there he would untie the rag that had been used to tie up the wound and would wash the wound with it: then he would tie up the wound with a fresh rag and hang the old one on the tree.' Am amrywiadau pellach ar y drefn, gw. *ib.* 354–62, ynghyd â'r esboniad 'that the rag was regarded as the vehicle of the disease of which the ailing visitor to the well wished to be rid' (*ib.* 358), pa ddolur neu glefyd bynnag fyddai hwnnw. Awgryma'r ll. fod y crysau yn llawn brychau 'staeniog', sef yn waedlyd neu'n grawnllyd efallai. Ymhellach, gw. E.S. Hartland, 'Pin-Wells and Rag-Bushes', *Folk-Lore*, iv (1893), 451–70.

28 **Miragl wrth godi meirwon!** Digwyddiadau o hirbell oedd llawer o'r gwyrthiau a briodolid i'r saint, digwyddiadau yr adroddid amdanynt ar

bererindodau yr ymgymerid â hwynt yn dilyn cyflawni gwyrth. Haerid yn aml fod sant penodol wedi gweithredu'n gyflym, o hirbell, yn achos babanod a phlant, gan achub eu bywydau pan ddioddefent salwch difrifol, neu'n dilyn damwain. Yma dywedir bod Dwynwen wedi atgyfodi mwy nag un a oedd yn ymddangosiadol farw, ac y mae'n fwy na thebyg mai enghreifftiau o'r gwyrthiau a gyflawnid o hirbell fyddai'r rhain.

30   **cyff Dwynwen**   Rhestrir yr enghraifft hon dan yr ystyr 'blwch, coffr, cist' yn GPC 727, gan ddeall, y mae'n debyg, y blwch a ddefnyddid ar gyfer casglu'r offrwm a gyfrennid gan y pererinion yn dâl am wasanaeth Dwynwen. O gofio'r ll. flaenorol, sy'n haeru bod pob math o gais a ofynnid o law'r santes fendigaid yn dod i feddiant yr unigolyn, nid yw'n syndod fod incwm eglwys Llanddwyn cyfuwch ag ydoedd, gw. y nodyn cefndir uchod. Fodd bynnag, nid ymddengys fod *cyff* 'blwch' yn digwydd yn y farddoniaeth gynnar (gw. G 220) a dyma'r unig enghraifft o'r ystyr yng nghanu'r Cywyddwyr a restrir yn GPC 727. Ond y mae'n debyg mai cyff Beuno yng Nghlynnog yw'r gynsail.

31–2   **Iechyd a golud a gaid, / Synnwyr a hawsáu enaid**   Y mae'n amlwg yma fod iechyd corfforol, cyfoeth, doethineb, ac esmwythder eneidiol i gyd i'w cael o law Dwynwen. Credid yn yr Oesoedd Canol fod anhwylderau corfforol yn ganlyniad pechod ac felly nid yw'n syndod fod pererinion yn deisyfu dau fath o iachâd o law'r saint, sef iachâd o afiechydon y corff a'r enaid.

33–4   **brig ... / ... traed**   Cyfeirir yma at ddelw Santes Dwynwen a oedd, o'i phen i'w thraed, yn glwstwr o roddion gwerthfawr.

37   **chweugeiniau**   Darnau o arian bath a oedd yn gyfwerth â hanner sofren yr un. Yn ystod teyrnasiad Harri Tudur (1485–1509) gwelwyd am y tro cyntaf rai o nodweddion arian bath modern: 'The first of these was the striking in 1489 of a double noble or sovereign worth £1', gw. P. Grierson, *Coins of Medieval Europe* (London, 1991), 200.

yn drylau   Ar y ffurf lafar *yn dryla* '*in crowds*', gw. WVBD 553; gw. hefyd GPC 3626 d.g. *trwl[1]*, *trŵl*.

38   **noblau**   Ar *nobl* 'uned ariannol a darn o aur bath gynt a oedd gan amlaf yn gyfwerth â thraean punt', gw. GPC 2587 d.g. *nobl[2]*. Yn ystod teyrnasiad Harri Tudur yr oedd nobl, 'now called a rose noble because of the great Tudor rose forming its reverse type', yn werth deg swllt, gw. P. Grierson, *op.cit.* 200–1.

plygedig   Gellir deall bod y noblau ynghadw ym mhlygion gwisg y santes ond dylid hefyd gadw mewn cof fod camu neu blygu arian yn dod â lwc dda, cf. GHS 29.17, ac y byddid yn plygu ceiniogau cyn eu hoffrymu wrth ffynnon sant, gw. D.J. Bowen, 'Nodiadau ar waith y Cywyddwyr', LlCy xviii (1994–5), 369–70.

40 **grotiau** Ar *grôt* 'darn o arian bath cyfwerth gynt â phedair ceiniog a fethid yn y cyfnod rhwng 1351 a 1663', gw. GPC 1535. Y mae'n sylweddol llai ei werth na'r chweugeiniau (ll. 37) a'r noblau (ll. 38) a deflid, ac o hynny deellir bod nawdd Dwynwen ar gael i bob gradd ar berson. Ymhellach ar y grotiau Seisnig, gw. P. Grierson, *op.cit.* 118–19, 155–6, 200. Ond cofier hefyd am grotiau Ffrainc, sef y *gros*, sy'n bosibilrwydd cryfach yma. Y mae gwedd ryngwladol i'r darlun hwn o geiswyr nawdd, nodwedd a gryfheir o ddeall *y Grwyn* yn enw La Corunna yn y ll. ddilynol, yn hytrach na *grwyn* 'penrhyn'. O daflu offrwm i'r môr gellid sicrhau nawdd Dwynwen, hyd yn oed o fannau cyn belled i ffwrdd â Ffrainc a Sbaen.

o Ffrainc Ai grotiau o Ffrainc, sef y *gros*, ynteu ffrydiau o Ffrainc a olygir yma? Y mae'n deg casglu y gallai grotiau o Ffrainc gael eu cario gyda llif a rhediad y cerrynt o gyfeiriad Ffrainc tuag Ynys Dwynwen.

41–4 Deellir yma fod y saethau a deflid draw at Ddwynwen o greigiau'r Grwyn yn dod i dir gyda'r llanw tua phwynt uchaf porth y ffynnon, sef Ffynnon Ddwynwen (neu Ffynnon Dafaden, fel y'i gelwir).

41 **saethau** Yn ei ystyr ffigurol gallai olygu'r hyn a anfonid draw o'r Cyfandir i dir Dwynwen: offrwm o arian, yn ôl pob tebyg.

y Grwyn Deellir yma La Corunna yn Galicia, ar arfordir gogledd-orllewinol Sbaen, cyrchfan boblogaidd i bererinion yn ystod yr Oesoedd Canol, a phorthladd y byddai pererinion o Gymru yn ei ddefnyddio'n aml wrth deithio i Santiago de Compostela, gw. T. Roberts, 'Cywyddau Pererindod', Traeth xcix (1944), 29. Cyfeirid at y Grwyn gan amryw o'r Cywyddwyr, yn eu plith Dudur Aled a wnaeth sylw o'r grawnwin (ac felly'r gwinoedd) a gynhyrchid yno, gw. TA 6 (I.76) *grâbs o'r Grwyn*. Posibilrwydd arall yw fod *grwyn* yn fenthyciad o'r S. *groyne* ac yn golygu 'fframwaith o goed neu fur o gerrig a godir allan i'r môr er mwyn atal symud y tywod oddi ar y traeth', gw. GPC 1539, ond ni chofnodwyd enghraifft Gym. o'r gair hyd yr 20g., a hynny yng Ngheredigion. Deellid [c]*reigiau'r Grwyn* felly i olygu'r rhagfuriau a'r gwrthgloddiau a oedd yn amddiffynfa gadarn i'r dref, cf. GLGC 444 (203.38) *mor gref â thref y Grwyn*.

44 **porth y ffynnon** Er y gallai hwn fod yn e. lle y mae'n bosibl mai cyfeiriad at Borth yr Ogof, sef porth bychan ar lan orllewinol Ynys Llanddwyn, yn agos i Ffynnon Ddwynwen, sydd yma. Y mae dwy gilfach arall ar lan ddeheuol yr Ynys, sef Porth Tŵr Mawr a Phorth Tŵr Bach, a phedair cilfach eto ar yr ochr ddwyreiniol, sef Porth y Peilats, Porth y Clochydd, Porth yr Halen, a Phorth y Cwch, gw. H. Owen, *op.cit.* 58.

45–50 Yr ergyd yma yw y byddai Dwynwen yn cyhuddo, yn gyhoeddus, y sawl a oedd wedi crynhoi cyfoeth drwy dwyll a chyfeiliornad, ac yn eu galw i gyfrif. Pe deuai lleidr at Ddwynwen i offrymu arian neu unrhyw offrwm arall, byddai ei geiniog a'i gannwyll yn gwneud ei dwyll yn wybyddus i bawb.

52 **nod** Wrth offrymu gweddïau dros y meirw, sef yr eneidiau hynny sydd yn uchelder y nef, y mae'n gofyn am *nod* iddynt, drwy gymorth dau gynheiliad y bardd, sef Crist a Dwynwen; gall mai'r nod a sicrhâi gadwedigaeth yr enaid ar Ddydd y Farn yw hwn, gw. Eurys I. Rowlands, 'Dydd Brawd a Thâl', LlCy iv (1956–7), 80–9 ynghyd â nodyn pellach Saunders Lewis, 'Inc ar y tâl', *ib.* 177; cf. hefyd *Y dyn a'i weithred i'w dâl*, 15.39n.

53 *m* wreiddgoll.

56 **Niwbwrch** Enw arall ar Niwbwrch yw Rhosyr, yng nghwmwd Menai ar Ynys Môn, gw. WATU 165.

58 **tus** Un o'r peraroglau gwerthfawr a roddid yn anrheg anrhydeddus, ac a oedd yn arwyddo offrwm sanctaidd, peraidd i Dduw.

nith Iesu Sef Santes Dwynwen.

61–2 Sylwer ar yr odl lafar *glinie* / *ne'*.

14

Canwyd y cywydd hwn ar achlysur adnewyddu ac ychwanegu at Eglwys Gadeiriol Bangor. Mawrheir ei hesgob cyntaf, Deiniol, yn sgil mawrhau'r esgob a barodd gynnydd yr Eglwys Gadeiriol yn ystod oes Dafydd Trefor ac a dalodd am y gwelliannau o'i boced ei hun, sef Thomas Skeffington. Dwy brif adran sydd i'r cywydd felly, a nodir yn y cwpled clo y dyddiad pan ddymunai'r bardd weld gorffen toi'r clochdy, ac efallai ddyddiad canu'r cywydd.

Agorir gyda mawl Deiniol Sant fab Dunawd Fawr fab Pabo Post Prydain.[1] Yn ôl tystiolaeth y cywydd hwn bu Deiniol yn fynach yn sir Benfro, cyn symud i Wynedd a sefydlu yno fynachlog Bangor Fawr yn Arfon. Yn Llanilltud a chyda Maelgwn Gwynedd yr addysgwyd Deiniol. Dan nawdd Maelgwn Gwynedd dyrchafwyd mynachlog Bangor i statws esgobaeth,[2] ac ystyrir Deiniol yn esgob cyntaf Bangor; yn ôl Llyfr Llandaf, Dyfrig a'i hurddodd yn esgob.[3]

---

[1] Ar ach Deiniol, gw. 'Bonedd y Saint' yn EWGT 56, ond sylwer ar dystiolaeth wahanol ByCy 154–5.

[2] Am ffiniau daearyddol cwlt Deiniol, gw. LBS ii, 329–30, 331.

[3] LL 71, 337. Ymhellach ar Ddeiniol, gw. LBS ii, 325–32; TWS 187–8; ByCy 154–5; CLC² 188. Ni thrafodir Deiniol yn nhraethawd D.J. Jones, 'Cerddi'r Saint a'r Bucheddau Cyfatebol' (M.A. Cymru [Aberystwyth], 1929). Ond gw. golygiad o'r cywydd hwn yn Maredudd ap Huw, 'A critical examination of Welsh poetry relating to the native saints of North Wales (c. 1350–1670)' (D.Phil. Oxford, 2001), 35–41, 269–77.

Dydd gŵyl Deiniol Sant yn y calendrau cynharaf ac ym mhob merthyr-draeth gynnar yw 11 Medi,[4] er bod cryn gymysgu dyddiadau mewn ffynon-ellau diweddarach. Ni chadwyd odid ddim llyfrau gwasanaeth eglwysig o'r Oesoedd Canol yng Nghymru, ac y mae'r hyn a gadwyd o gylch Bangor yn brin. Ond rhestrir Deiniol yng nghalendr saint Llyfr Oriau Llanbeblig, ac yng nghalendr saint llawysgrif arall o Lanbeblig, sef Stonyhurst 61. Hefyd cadwyd gweddïau ar gyfer gŵyl Deiniol Sant yn Llyfr Offeren Bangor.[5] At hynny, cadwyd yn llawysgrif Pen 225 destun Lladin yn ffurf llithoedd neu *lectiones* sy'n rhoi hanes Deiniol, ynghyd â gweddi ar derfyn pob llith. Canolbwyntir yn y testun hwnnw ar y traddodiadau a oedd yn hysbys amdano yn hytrach nag ar ffeithiau hanesyddol, ond yr oedd iddynt ddigon o hygrededd i gael eu defnyddio yng ngwasanaethau'r Eglwys Gadeiriol ym Mangor.

Yn y cywydd hwn y ceir y cyfeiriad hwyaf at Ddeiniol yn y farddoniaeth.[6] Cofnodir yma ddwy o'i wyrthiau (llau. 23–34). Croniclwyd y gyntaf ohonynt yn seithfed o'r llithoedd, ac fe'i dyfynnir yma:

Rhyw noson pan oedd y gŵr santaidd hwnnw yn trigo ar y mynydd ym Mhenfro, daeth dau ddyn drwg eu hewyllys yno i ladrata'r ychen a fenthyciwyd i'r gŵr santaidd er mwyn iddo aredig ei dir, a chan gymryd yr ychen dechreusant eu harwain ymaith. Pan glywodd y gŵr santaidd yn ei gell fechan sŵn dynion ac anifeiliaid a gweld drwy'r ffenestr y lladron yn arwain ymaith yr ychen, aeth allan a gweiddi: 'Gobeithiwch, gobeithiwch yn unig yn yr Arglwydd.' Eithr pan glywsant hwy ei lais, rhedasant yn gyflymach. Gwnaeth Deiniol Sant arwydd y grog i gyfeiriad yr ychen fel na châi'r sawl a'u rhoes ar fenthyg, golled am ei weithred glodfawr, ac yn ddisymwth trowyd y lladron yn y fan a'r lle yn ddwy garreg sydd yn sefyll yno ar ddelw dynion hyd y dydd heddiw. Cyfeiriwyd yr anifeiliaid ar y llaw arall at eu cynefin borfeydd.[7]

Nid yw cofnod y llith yn union yr un fath â chofnod y cywydd. Nid Deiniol, o reidrwydd, oedd y [c]*yfarwr* (ll. 23) y sonia Dafydd Trefor amdano, ond yn ôl y llith y mae'n eglur mai oddi ar Ddeiniol y dygwyd yr ychen ac mai ef oedd yr aradrwr. Yn ôl y bardd rhoddodd Deiniol geirw dan yr iau yn lle'r ychen a ddygwyd, ond nid oes sôn am geirw yn y llith; ac y mae'r llith yn disgrifio'r lladron yn sefyll yn ddwy garreg yn hytrach na [g]*orwedd fal cerrig* (ll. 28), ys dywed y cywydd. Yr ymffrost yw fod dau leidr profiadol, yn eu hoed a'u hamser, wedi cael y trechaf ar sant a dau ych, ond fod y sant ifanc wedi cael y fuddugoliaeth derfynol ar y drwgweithredwyr.

⁴ S.M. Harris, 'Liturgical commemorations of Welsh saints', *Journal of the Historical Society of the Church in Wales*, v (1955), 6–8.

⁵ Fe'u cyhoeddwyd yn D. Huws, 'The Earliest Bangor Missal', Cylchg LlGC xxvii (1991), 121.

⁶ Am gyfeiriadau at Ddeiniol yn y farddoniaeth gynnar, gw. G 296 d.g. *Danyel*².

⁷ J.E. Caerwyn Williams, 'Buchedd Ddeiniol Sant', TCHSG x (1949), 131.

Y mae'r ail wyrth a nodir yn y cywydd (llau. 29–34) yn cofnodi stori am wraig a oedd wedi llyncu gwenwyn ac a fyddai wedi marw pe na bai wedi yfed dŵr iachusol o Ffynnon Ddeiniol; y funud y gwnaeth hynny poerodd allan bryfed dirifedi o'i chorff. Nid adroddir yr hanes hwn yn y llithoedd.

Ni chadwyd llawer am fywyd Deiniol, ond bu farw yn 584 yn ôl yr 'Annales Cambriae', ac fe'i claddwyd ar Ynys Enlli yn ôl Gerallt Gymro.[8]

Wedi moli Deiniol y mae'r cywydd yn symud at ganmol ei eglwys. Yr oedd cadeirlan Bangor ar ei gwychaf tua chanol y bedwaredd ganrif ar ddeg:

> llosgwyd tŵr y groes eglwys ym Mangor yn 1309 ac ni chafwyd dim yn ei le hyd y ganrif ddiwethaf [sef y bedwaredd ganrif ar bymtheg], a'r esgob Skeffington, yn 1532, a gododd y tŵr gorllewinol. Ond ail bethau, ychwanegiadau yw'r rhain. Yr oedd y rhannau hanfodol at gynnal y gwasanaethau, y gangell a'r côr a'r brif allor, y breichiau gyda'u gwahanol gapeli, wedi eu cwblhau, a hynny, efallai, gyda cheinder na welwyd mo'i debyg byth wedyn. A barnu oddi wrth y gweddillion a oroesodd, a'r darnau a adferwyd gan Syr Gilbert Scott 1866–80, yr oedd yr eglwys a atgyweiriwyd ac a ehangwyd gan y ddau esgob Anian ym Mangor (Anian I 1268–1305, Anian II 1307–25) yn em bach o geinder gyda'r pileri gosgeiddig ar y cynhalbyst, fframwaith cymhleth y ffenestri, y teils lliwgar herodrol ar lawr y gangell, a delw Sant Deiniol yn ei gilfach fechan addurnol uwch ben drws y deau. Yr oedd Capel Ioan yn y fraich ogleddol, a Chapel Mair i'r dwyrain o'r fraich ddeheuol, pob un gyda'i drysorau gwerthfawr.[9]

Urddwyd yr abad-esgob Thomas Skeffington yn Esgob Bangor yn 1509; yr oedd eisoes yn Abad Beaulieu yn Hampshire, ac yno yr oedd yn byw. Dywedir nad ymwelodd Skeffington ag esgobaeth Bangor am bedair blynedd ar ddeg o'r pum mlynedd ar hugain (1509–33) y bu'n esgob arni[10] a cheryddwyd ef gan Thomas Wolsey am ei absenoldeb, ond y mae'n amlwg fod Dafydd Trefor yn helaeth ei glod i haelioni ei bennaeth eglwysig. Diddorol yw sylwi bod Thomas Skeffington wedi llunio ewyllys ar 10 Mai 1533 yn cymynnu ei enaid i Grist, ei gorff i Beaulieu, a'i galon i Fangor:

> my body to be buryed in the Quyer of Beaulieu, nighe unto the Place where the Gospell is redde, above my Tombe. And my Harte to be caryed to Bangor, there to be buryed in the Cathedrall Churche, before the Pictour of Saint Daniell, and a Stone to be layed thereupon, with a Scripture engravid, mentioning that here lyethe the Harte of Thomas

---

[8] *Gerallt Gymro: Hanes y Daith trwy Gymru*, cyf. Thomas Jones (Caerdydd, 1938), 127.

[9] E. Roberts, 'Llys Ieuan, Esgob Llanelwy', TCHSDd xxiii (1974), 99. Ymhellach, gw. RCAHM (Caernarvonshire), ii, 1–9.

[10] A.H. Dodd, *A History of Caernarvonshire 1284–1900* ([Caernarvon], 1968), 42.

late Byshopp of Bangor.[11]

Gwireddwyd dymuniad yr Esgob Skeffington.[12]

Y mae'n bosibl mai Maurice Glyn, Archddiacon Bangor o 1502 hyd ei farwolaeth yn 1525, a fu'n gyfrifol am y llun o Ddeiniol Sant y cyfeirir ato uchod. Fe'i gwelir ar un o ddwy ffenestr Eglwys Gadeiriol Bangor:

> over the Stalls, in one of these is discernable the Figure of St. *Daniel*, with his Name underneath, *viz*. **Daniel Epus**; and at Bottom this, **Orate pro Bono Statu** Mauricii **Bangor Canonici Collegiat** Castri Kebii **qui hanc Fenestram** ... Who this *Maurice* was I can't guess, unless it was *Maurice Glywn* [*sic*], who might possibly be preferr'd from a Canonry in this Church to the Archdeaconry of *Bangor*; which he held *An*. 1502, and dy'd possess'd of *An*. 1524.[13]

Yn ewyllys Thomas Skeffington rhoddir hefyd fanylion ynghylch y gwelliannau a oedd ar waith yn Eglwys Gadeiriol Bangor dan ei arweiniad ef, ond a oedd heb eu gorffen adeg canu'r cywydd hwn nac ar adeg llunio'r ewyllys. Dyma'r cyfarwyddiadau a nododd Thomas Skeffington yn ei ewyllys (rhoddwyd caniatâd i brofi'r ewyllys honno ar 21 Awst 1533):

> I will that the Steeple and Lofte of *Bangor* Churche where the Bells doo hange be fynished, and the *three Bells* hanged up, and a *furthe Belle* agreeable to them be providid and hangid there, and that the Roofe of that Steple to be well made, coverid with Leade, and the Windowe in the said Steple over the Doore to be well barride with Yron and glased.[14]

Canwyd y cywydd er mwyn canmol gwasanaeth Thomas Skeffington i esgobaeth Bangor yn adnewyddu rhannau helaeth o'r Eglwys Gadeiriol, ac yn benodol yn ail-doi'r adeilad â *c[h]ap plwm* (ll. 64), ar ei draul ei hun. Yn ôl teitl y gerdd mewn pedair llawysgrif (teitlau sy'n ddiweddarach na'r gerdd ei hun, fe dybir), cododd hefyd lys esgob, eto o'i boced ei hun. Gofynnir am hir oes i'r Esgob Skeffington er mwyn iddo fedru gwireddu ei fwriad i osod clychau newydd yn y clochdy, eto ar ei draul ei hun. Ategir yr haelioni hwn gan Browne Willis:

> he became a most magnificent Benefactor thereto, by building the Steeple and entire Body of the Church, from the Choir downwards to the West End ... He also rebuilt great Part of the Episcopal Palace.[15]

[11] Gw. B. Willis: Bangor 246.

[12] '... which *A. Woods* says, (who informs us that he died in *June* 1533) was perform'd accordingly, and a Stone afterwards laid over the Place, shewing it was his Heart. This Image of St. *Daniel* was painted, as I take it, in the middle Window on the South Side the Choir; so the Stone (tho' there is nothing now remaining of it) seems to have been laid in the Middle Space between the Stalls', gw. *ib*. 98.

[13] *Ib*. 17.

[14] *Ib*. 246.

[15] *Ib*. 97.

Yn nau gwpled olaf y cywydd hwn nodir y flwyddyn 1527 yn ddyddiad pan *roir y pen ar y wal* (ll. 72), sef y dyddiad pan ddymunai'r bardd weld gorffen toi clochdy'r gadeirlan, neu'n wir union ddyddiad gorffen y gwaith.[16] Yn sicr canwyd y cywydd naill ai yn 1527 neu'n fuan iawn ar ôl hynny. Ar wal y tŵr gorllewinol y mae arysgrifen yn dangos mai yn 1532 y'i codwyd,[17] ar gais Thomas Skeffington, ac fe'i disgrifir gan Browne Willis:

> The Steeple or Tower, from the Top of the Battlements to the Ground, including the Pinnacles, is about double the Heighth of the Church, that being 61 Foot, and the Pinnacles 7 Foot and an half ... It was design'd to have been carry'd up to double the present Heighth, as appears by the Thickness of the Walls, but on Bishop Skevyngton's Death, his Executors immediately cover'd it, and so left it, as 'tis reported.[18]

1 **Bangor** Bangor Fawr yn Arfon. Ar yr enw *Bangor*, gw. J.E. Lloyd: HW³ 192–3.

3–4 **saith gefnder / ... saith saint oeddyn'** Yr oedd traddodiad am Ddeiniol yn un o saith cefnder a oedd oll yn saint: *Llyma hennwav y Saith Gevynder Gwynvydedic: Bevno vab Hinsi, Kowrda vab Kriadoc, Deinniel vab Dynnawd vawr, Seirriel vab Owain dannwn, Dewi vab Sanck, Kybi vab Sele*, gw. EWGT 71, ond yn ôl MA² 423, dyma'r saith: *Y saith Gefnder sant / Dewi a Chybi achubant beunydd / Dwyn Beuno yn Warant / Dingad Cynfarch a barchant / A Deinioel a Seirioel sant*. Ni chrybwyllir hwy yn y *lectiones*.

5 **Deiniel** Amrywiad ar *Deiniol*, a gw. llau. 20, 25, 36, 40, 50, 68.

6 Y mae'r ll. hon sillaf yn rhy fer oni chyfrifir *gwnâi* yn ddeusill (*gwnaai*). Ceisiodd y copïwyr gywiro'r diffyg, gw. 'Darlleniadau'r llawysgrifau' uchod.

7 **meudwydy** Cyfeiriad at gell Deiniol ym Mhenfro, gw. ll. 8n.

8 **Penfro** Yn ôl y *lectiones*, treuliodd Deiniol beth o'i ieuenctid yn feudwy ar bentir Penfro. Rhestrir ffynnon a gysegrwyd i Ddeiniol yn agos at eglwys Penalun ar fraich Penfro yn agos i Ddinbych-y-pysgod, ac os gwraig o Gaeriw a iachawyd gan ddŵr y ffynnon honno (gw. llau. 29–34n) diau y gallai fod wedi cerdded yr ychydig filltiroedd o bellter rhwng y ddau le. Tybed a wreiddiwyd y traddodiad am ysbaid Deiniol ym Mhenfro yn ardal Penalun? Hefyd, gw. ll. 32n.

---

[16] Dylid nodi bod y dyddiad a roddir yn RCAHM (Caernarvonshire), ii, 9n16, yn gam-arweiniol; haerir yno mai 1525 yw dyddiad y cywydd a dyddiad yr adnewyddu.

[17] 'Under bishop Skevington the present nave arcades were built; the W. tower was added with his inscription dated 1532; and apparently the transepts were partly rebuilt with windows of uncusped tracery, as those of the tower, or as the large S. window of the presbytery, which is likely to be his work also', gw. RCAHM (Caernarvonshire), ii, 3.

[18] B. Willis: Bangor 21–2.

9–10 **Duw Iesu a'i dewisodd / Yn dad i fil** Ail Berson y Drindod a fu'n gyfrifol am alw Deiniol i'r offeiriadaeth.

10 **daed** Unsill yw *daed* yma ac yn ll. 66.

12 **Lladiniaith** Cyfeirir yma at ddiffyg addysg Deiniol Sant pan alwyd ef i'r offeiriadaeth; ni fedrai Ladin. Yn y pumed o'r *lectiones*, dywedir iddo ryfeddu'n fwy nag y gellir ei gredu pan ddaeth negeswyr ato i Benfro i'w gyrchu'n esgob ac yn fugail ar eglwys Bangor: 'Pa fodd y gall hyn fod—eich bod yn honni ddarfod fy ethol i'n esgob a minnau'n ŵr cwbl anllythrennog a heb wybod unrhyw wybodaeth lenyddol', gw. J.E. Caerwyn Williams, 'Buchedd Ddeiniol Sant', TCHSG x (1949), 129. Ond wedi i Ddeiniol weddïo wrth brif allor yr eglwys a chanu'r *Te Deum Laudamus* (gw. ll. 15 isod), 'fe'i llanwyd ef gymaint â gwybodaeth eglwysig o bob llên fel nad oedd neb ym Mhrydain yr adeg honno yn ymddangos yn debyg iddo mewn gwybodaeth a llenyddiaeth', *ib.* 131. Gw. ll. 15n.

13 **Ni adwaenai garrai o'i gob** Nid oedd Deiniol yn gyfarwydd o gwbl â mantell clerigwr nes daeth yn esgob ei hun, gw. y ll. nesaf. Y mae'r ll. hon sillaf yn rhy hir oni chywesgir hi.

14 **Oni wisgwyd e'n esgob** Yn ôl Llyfr Llandaf, Dyfrig a urddodd Deiniol yn esgob, gw. LL 71, 337, ond y mae nodyn diweddarach ar ymyl y ddalen yn honni mai braint Teilo fu hynny, gan mai Teilo oedd piau Penalun (gw. WCD 605–7, yn enwedig 607, ynghyd â ll. 8n uchod). Cysylltir Deiniol â Dyfrig hefyd ym muchedd Dewi Sant, lle yr adroddir hanes y ddau yn ymweld â Dewi ac yn ei berswadio i fynd i Senedd Brefi yn Llanddewibrefi, rywbryd cyn 569, efallai yn 545, gw. BDe 14 (ll. 22)–15 (ll. 22).

15 *Te Deum* Emyn Lladin i'r Tad a'r Mab, mewn rhyddiaith fydryddol. 'Its use in the offices is already referred to in the Rules of St Caesarius of Arles and of St Benedict, and in the RC Church it has remained an integral part of Mattins (now of the Office of Readings), at least on greater festivals', gw. ODCC[3] 1592–3. Arwyddocâd y weddi yw'r ffaith i Ddeiniol weddïo'r weddi hon wrth brif allor eglwys Bangor ac yn ganlyniad iddi fe'i llanwyd â'r *Ladiniaith olud* (gw. ll. 12): 'Yna arweiniodd clerigwyr yr eglwys honno Ddeiniol ei hun at brif allor yr eglwys, a chan ganu'n ddihewydus iawn "Te Deum Laudamus," molasant drugaredd y Gwaredwr', gw. J.E. Caerwyn Williams, *art.cit.* 130–1.

16 **gŵr crwm** Cyfeiriad, o bosibl, at y Crist o Fostyn yng nghadeirlan Bangor, gw. P. Lord, *Diwylliant Gweledol Cymru: Gweledigaeth yr Oesoedd Canol* (Caerdydd, 2003), 163–4, 281n56, a'r cyfeiriadau pellach yno.

17 Cyfeirir yma at fudandod y Deiniol ifanc, a'r tro ar fyd a ddaeth wedi iddo fedru'r iaith Ladin a'i gramadeg, gw. ll. 12.

18 **bagl** Sef ffon swyddogol esgob, ynghyd â'r awdurdod yr oedd yn ei gynrychioli.

19 **balsamŵm** Y mae'r sôn am Ddeiniol Sant fel balsam, sef 'sudd persawrus yn nawsio allan o'r coed balm, ystor neu olew meddygol at wella clwyfau a lliniaru poen', gw. GPC 252.

21 Bai 'crych a llyfn' onid acennir *yn.*

23–8 **Ychen gwâr ... / ... fal cerrig** Adroddir hanes y wyrth hon yn un o'r *lectiones* ond nid yw'r manylion yn union yr un fath yn y cywydd hwn, gw. y nodyn cefndir. Ymddengys mai yn ystod cyfnod Deiniol ym Mhenfro y digwyddodd y wyrth hon.

27 **brychion eu brig** Sef 'brith eu gwallt'.

29–34 **A bun ... / ... a boeres** Nid adroddir hanes y wyrth hon yn y *lectiones*, ond dywed y *Legenda novem lectionum de S. Daniele Ep'o Bangoriensi* yr argraffwyd ei ddechrau a'i ddiwedd yn RWM i, 1051–2, mai gwraig o Gaeriw yng nghyffiniau Penfro ydoedd a deellir o hynny mai yn ystod cyfnod Deiniol yno y digwyddodd y wyrth hon. Adroddir yma hanes gwraig a oedd wedi llyncu gwenwyn ond pan yfodd ddŵr o Ffynnon Ddeiniol cafodd ei hiacháu a phoerodd bryfed dirifedi o'i chorff.

32 **o'i ffynnon** Cyfeirir at Ffynnon Ddeiniol yn agos at yr eglwys ym Mhenalun ym Mhenfro yn LBS ii, 330; ni restrir honno yn F. Jones, *The Holy Wells of Wales* (Cardiff, 1992), 32, ond nodir pump o ffynhonnau eraill a gysegrwyd i Ddeiniol, yn eu plith un ym mhlwyf Bangor, gw. *ib.* 148; am ffynhonnau eraill a gysegrwyd iddo, gw. *ib.* 157, 172, 178, 190. Gw. ll. 8n ynghyd â'r nodyn cefndir.

34 **peiriog** Nis rhestrir yn GPC 2719 ond fe'i deellir yn a. o *pair* yn dwyn yr ystyr 'byrlymus, cynhyrfus'; yr awgrym yw fod y pryfed yn berwi yng nghorff y wraig. Posibilrwydd arall yw mai cyfuniad o *bâr* 'llid' + *-iog* sydd yma = 'cynddeiriog'.

36 Y mae'r ll. hon sillaf yn rhy fer oni dderbynnir y ffurf *Deinïel Sant*; twyll gynghanedd *l* gydag *n* ac *r* berfeddgoll.

37 **Codi'i ris, Cadair Iesu** Sef codi statws Eglwys Gadeiriol Iesu un radd, neu fynd â hi gam ymlaen mewn anrhydedd.

38 **tir glas** Ymddengys fod y gadeirlan wedi bod yn ddi-do am beth amser a'r gwelltglas wedi gwreiddio ar led.

39 **Fy swydd, dan lythyr a sêl** Swyddogaeth y bardd, a hynny drwy awdurdod llythyr ac arno sêl i'w ddilysu, yw caru'r cynulliad o grefydd-wyr a gyfarfyddai yn eglwys Deiniol ym Mangor. Yr awgrym pendant yw fod Dafydd Trefor yn ymateb i gais yr awdurdodau eglwysig wrth ganu'r cywydd mawl hwn.

41–2 Deellir yma frawddeg enwol, a bod *organ* + *cân* + *clych* yn hafal i'r ddarpariaeth yn Winsor.

41 **Organ bêr, cân offeren** Yn llau. 41–4 disgrifia Dafydd Trefor elfennau cerddorol bywyd yr Eglwys Gadeiriol ym Mangor. Awgrymir yn y ll. hon mai cyfeiliant i gerddoriaeth leisiol yw'r organ, neu o leiaf fod yr organ a'r llais yn cydberfformio. Canodd Gutun Owain l. debyg yn ei gywydd i Abad Glynegwestl, *Organ y kaid ar gân côr*, gw. GO 151 (XXIV.31). Cyfeiria Dafydd ap Gwilym at organ Bangor yn dra chanmoliaethus yn ei awdl 'I Hywel ap Goronwy Deon Bangor', *Tŷ geirwgalch teg ei organ*, gw. GDG³ 42 (15.11); cyfeirir ati ymhellach gan Ruffudd Grug yn ei ymryson â Dafydd ap Gwilym (gw. *ib.* 396 (149.35–40)) gan bwysleisio'r ymdrech a wnaed i dalu amdani: *Pawb o'i goffr a rôi offrwm / O'r plwyf er a ganai'r plwm* (*ib.* llau. 39–40). Yr oedd lle i'r organ mewn gwasanaethau eglwysig er y 10g. Gwella ansawdd y gwasanaethau oedd ei diben a diau fod addolwyr cyffredin yn cael sŵn yr organ yn ddeniadol, onid yn hudol, gw. B. Miles a D. Evans, 'Rhai Termau Cerddoriaeth Eglwysig yng Ngwaith y Cywyddwyr', Traeth cxlii (1987), 135–7.

42 **clych Bangor** Gosododd Thomas Skeffington dair cloch yn Eglwys Gadeiriol Bangor ar ei draul ei hun, a chymell bod pedwaredd yn cael ei phrynu atynt, eto ar ei draul ei hun. Nid oedd clychau wedi eu gosod yn y tŵr gorllewinol pan luniodd yr Esgob Skeffington ei ewyllys ym mis Mai 1533, ac nid oedd clychau yn y clochdy ar adeg canu'r cywydd hwn, gw. llau. 67–70n.

ail Winsor Sef Windsor: y mac organ neu glychau arfaethedig (gw. y nodyn uchod) Eglwys Gadeiriol Bangor gystal o ran sain â chlychau neu organ Winsor. Crybwyllir Winsor droeon yng nghanu Lewys Glyn Cothi, a chan Hywel Swrdwal yn ei gywydd 'Urddo Wiliam Herbert Ieuanc yn Farchog o'r Badd' yng nghastell Winsor, gw. GHS cerdd 6. Ond tuag adeg canu'r cywydd hwn yr oedd cryn siarad am Gapel San Siôr yng nghastell Winsor. Codwyd côr y capel a'i ystlysau erbyn 1483, codwyd corff yr eglwys erbyn 1496, ond ni orffennwyd y celloedd tanddaearol i gladdu'r meirwon hyd 1528. Diau fod cryn ddathlu'r achlysur tuag adeg canu'r cywydd hwn i ddathlu adeiladu Eglwys Gadeiriol Bangor, a byddai cymhariaeth ffafriol rhwng y ddwy eglwys yn plesio awdurdodau esgobaeth Bangor.

45 **Tomas** Sef Thomas Skeffington a sefydlwyd yn Esgob Bangor yn 1509 ac a ddaliodd y swydd am chwarter canrif. Fe'i ganwyd yn Thomas Pace, yn Skeffington, swydd Caerlŷr, a'i addysgu yn Rhydychen. Treuliodd y rhan fwyaf o'i oes yn Beaulieu, yn abad yno, ond yr oedd ar yr un pryd yn noddwr hael i esgobaeth Bangor. Yr oedd hefyd yn noddwr hael i eglwys Skeffington ac y mae ei arfbais ar un o'r ffenestri

yno, 'being *Argent, a Cheveron Sable, between three Gillyflowers proper, with this Inscription underneath it, Orate pro Thoma Pace, Episcopo Bangor*', gw. B. Willis: Bangor 98. Bu Thomas Skeffington farw ym mis Mehefin 1533. Gw. hefyd 1.26n.

dulas Ar *dulas* '*dark blue, purple*', gw. WVBD 109; fe'i deellir yn gyfeiriad at wisg esgobol Thomas Skeffington.

dilid Ffurf 3 un.pres.myn. y f. *dilid* 'dilyn'.

46 **eidionnau Duw** Sef clerigwyr yr Eglwys Gadeiriol.

dan ei did Y mae *eidionnau Duw*, sef y clerigwyr, *dan ... did* Skeffington am fod iddo awdurdod trostynt.

47 **canu a wnân'** Cyfeirir at glerigwyr yr Eglwys Gadeiriol a'u cymharu ag adar pan ganant ateb soniarus i weddi Thomas Skeffington.

48 **gosber** Sef gwasanaeth hwyrol, neu weddi brynhawnol, yr Eglwys Gatholig, a'r Eglwys Anglicanaidd yn ddiweddarach.

49 **sens** Sef 'arogldarth', S. *incense*; cf. GIG 131 (XXIX.22) *Yn bwrw sens i beri sawr*; GIRh 8.106 *Sens a mwg ail Sain Siâm yw*.

50 **plwy' Deiniel** Sef esgobaeth Bangor.

53 **gwaith** Sef llafur Thomas Skeffington ar y gadeirlan.

ni beiwn Meiosis.

54 **Ysgefintŵn** Sef Thomas Skeffington.

55–6 **Costiodd aur lonaid cist dda, / Gist Domas, fu'r gost yma** Esgobaeth Bangor oedd y dlotaf yng Nghymru a Lloegr yn ôl gwerthusiad 1535, yn werth dim mwy na £131 y flwyddyn, gw. G. Williams 'The Reformation in sixteenth-century Caernarvonshire', TCHSG xxvii (1966), 38. Ond i abad cyfoethog fel Thomas Skeffington yr oedd cael statws esgob yn bwysicach na'r arian a ddeilliai o'r fywoliaeth, ac yr oedd yn barod i dalu'n ddrud am y coffa da a fyddai amdano wedi iddo dalu am welliannau i'r Eglwys Gadeiriol.

57 **ar bâr** Sef '*prepared, ready*', gw. GPC 2684.

59–64 Canmolir Thomas Skeffington yn benodol am gynnal y gwaith o doi'r Eglwys Gadeiriol. Defnyddir *plas* (ll. 64) yn drosiadol am yr Eglwys Gadeiriol (yn hytrach na chyfeirio at blas yr esgob, er bod pedair llsgr. (ddiweddarach na chyfnod canu'r cywydd) yn barnu y gall mai at blas yr esgob y cyfeirir, gw. 'Teitl', td. 72).

59 **Bwâu ... breichiau** Breichiau o goed praff yw'r bwâu sy'n amgáu crib y *plas* (ll. 64), 'Under bishop Skevington the present nave arcades were built', gw. RCAHM (Caernarvonshire), ii, 3.

61 **simwr** Sef 'mantell', yn drosiad am do'r Eglwys Gadeiriol.

64 **cap plwm rhag glaw i'r plas** Parodd yr Esgob Skeffington doi'r

Gadeirlan yn ddiddos, fel yr oedd yn fwriad ganddo doi'r tŵr gorllewinol wedi hynny: 'that the Roofe of that Steple to be well made, coverid with Leade', gw. B. Willis: Bangor 246. Ceir yma *lr* berfeddgoll.

65 Y mae'r ll. hon sillaf yn rhy hir oni chywesgir hi.

67–70 Erfynnir ar Ddeiniol i estyn oes Thomas Skeffington er mwyn iddo fedru gweld ffrwyth ei lafur ar y clochdy a chlywed y clychau'n canu oddi yno. Fodd bynnag ni fu Thomas Skeffington byw cyhyd â hynny yn ôl tystiolaeth B. Willis: Bangor 21–2. Gynted ag y bu farw'r Esgob Skeffington daeth y gwaith i ben, ac ni chodwyd y tŵr i'r uchder a argymhellwyd ganddo.

67 **Ystod fawr yw ei stad fo** Cyfeirir yma at Thomas Skeffington, gan ddweud bod iddo gyfoeth eang ei amrediad.

68 Y mae'r ll. hon sillaf yn rhy hir.

70 Y mae yn y ll. hon ddwy gytsain *ch* yn ateb un.

71 **Oed Duw gwyn** Oedran Crist, ail Berson y Drindod.

72 **Pan roi y pen ar y wal** Yma y mae Dafydd Trefor yn nodi bod Thomas Skeffington wedi cael gweld toi'r clochdy yn y flwyddyn 1527.

73 **gwarant dan go'** Sef 'cadarnhad sicr'; ar *tan gof* yn golygu '*assuredly*', gw. GPC 536.

74 **hygo'** Sef *hygof* 'hawdd ei gofio, a gofir yn dda', gw. GPC 1965–6.

15

Y mae cryn ansicrwydd ynghylch priodoliad y cywydd hwn. Yn y llawysgrifau fe'i tadogir ar Ddafydd Trefor, Siôn Cent (ynghyd ag amrywiadau ar yr enw hwnnw: John Kent, Siôn Kemp a John Kemp), Maredudd ap Rhys (a elwir, yn ddiddorol iawn, Maredudd ap Rhys *baintiwr* yn Ll GC 21248D, llawysgrif a ddyddir i hanner cyntaf yr 17g.), Iolo Goch, Siôn Ceri (un priodoliad), Dafydd Meifod, a Tomas Dafydd (un priodoliad). Y mae blas iau na chynnyrch cyfnod Iolo Goch ar y cywydd hwn, ac nis cynhwyswyd gan Dr A. Cynfael Lake yn ei olygiad o waith Siôn Ceri yn y gyfres hon.[1] Fe'i cynhwyswyd, fodd bynnag, yng ngolygiad Dr Enid Roberts o waith Maredudd ap Rhys.[2] Trafodir yn y rhagymadrodd i'r gyfrol honno y posibilrwydd mai copïydd y cywydd oedd Dafydd Meifod yn hytrach na'i luniwr, a dadleuir o blaid awduriaeth Maredudd ap Rhys.

Y ddwy lawysgrif hynaf sy'n cofnodi'r cywydd 'Yn erbyn caru'r byd' yw llawysgrif Ll GC 17114B [= Gwysanau 25] a ddyddir i'r flwyddyn 1560, genhedlaeth yn unig ar ôl marw Dafydd Trefor, a llawysgrif Card 2.114 [=

---

[1] Gw. GSC.
[2] Gw. GMRh cerdd 20, a'r nodyn ar y gerdd, *ib.* 11–12.

RWM 7] a ddyddir i 1564–5, eto o fewn cenhedlaeth, yn fras, i farwolaeth y bardd: y mae'r naill a'r llall yn tadogi'r cywydd ar Ddafydd Trefor. Ni cheir priodoliad yn llawysgrif Card 5.167 [= Thelwall], *c.* 1565, ond fe'i priodolir eto i Ddafydd Trefor yn llawysgrif LlGC 3037B [= Mostyn 129], *c.* 1574. Gellir anwybyddu priodoliad y ddwy lawysgrif nesaf eu hynafiaeth, sef llawysgrif Llst 47 (1586–90) a llawysgrif Card 2.26 [= RWM 18] (1588), gan eu bod yn enwi Iolo Goch yn awdur: y mae'r gwaith yn amlwg yn iau na'i gyfnod ef.[3] Dafydd Trefor yw'r bardd a enwir yn y ddau gopi a gadwyd yn llawysgrif BL Add 14979, *c.* 1590. Ceir copi o'r cywydd mewn chwe llawysgrif arall a ddyddir i'r unfed ganrif ar bymtheg: o'r rheini fe'i priodolir i Siôn Cent mewn pum llawysgrif, ac i Faredudd ap Rhys mewn un. Lled-ddisgwylir i gopïwyr briodoli cywyddau duwiol i Siôn Cent, ac nid yw hynafiaeth y llawysgrifau yn brawf o ddilysrwydd y priodoliad yn ei achos ef. Yn hytrach, y mae'n fwy tebygol mai'r awdur anghyfarwydd yw lluniwr y cywydd a briodolir hefyd i Siôn Cent mewn llawysgrifau o'r un cyfnod.

O ystyried y priodoliadau yn y llawysgrifau, ynghyd â natur y cynganeddu, tueddir i gredu bod y dystiolaeth o blaid Dafydd Trefor yn rhy gryf i'w hanwybyddu ac felly penderfynwyd cynnwys y cywydd yn y gyfrol hon. Ond y mae'r mater ymhell o fod wedi ei setlo a gall tystiolaeth newydd beri bod yr achos dros awduriaeth Maredudd ap Rhys unwaith eto'n ymddangos yn drech na'r achos a dderbyniwyd yma.

Cerdd sy'n tynnu sylw at faterion moesol a glendid buchedd yw'r cywydd 'Yn erbyn caru'r byd'. Oherwydd atyniad y testunau hynny i gynulleidfaoedd yr Oesoedd Canol Diweddar, yr oedd hwn yn gywydd poblogaidd dros ben, ac yn dyst i hynny cadwyd 95 o gopïau ohono. Ymranna'n ddwy adran. Yn y gyntaf (llau. 1–42) rhybuddir rhag peryglon enbyd ymddiried ac ufuddhau i dri gelyn enaid dyn, sef y cnawd (ll. 3), y cythraul (ll. 5), a'r byd (ll. 7). Oherwydd breuder bywyd a sicrwydd marwolaeth dylai dyn ystyried ei ddiwedd mewn da bryd: ni waeth beth fydd llwyddiannau bydol yr unigolyn, bydd yn gwbl ddirym yn wyneb marwolaeth (llau. 21–2) ac ni fydd ei gryfderau a'i feddiannau daearol o ddim llesâd. Y mae'r marw yn aros yn y bedd (*Ef a drig yma*, ll. 34) i ddisgwyl cadernid y Farn ar Fynydd yr Olewydd (ll. 37), a bydd ei weithredoedd yn ei ganlyn yno: bydd popeth a wnaeth ar hyd ei fywyd (*wrth yr edef*, ll. 35) yn cael ei bwyso yn y glorian.

Yn wyneb hynny, medd ail adran y cywydd (llau. 43–62), dylid troi at Dduw. Arwydd tröedigaeth fyddai i ddyn ymroi i weinidogaethu i'w gyd-ddyn Saith Weithred y Drugaredd (llau. 47–52), dysgeidiaeth a dynnwyd o Efengyl Mathew lle y rhestrir saith dyletswydd y credadun (gw. ll. 45n). Cynigir inni ddelwedd rymus o'r *saith bren* (ll. 53) sy'n cynrychioli gweithredoedd y drugaredd, ac a fydd yn haeddu nef (*A dâl nef*, ll. 54) i'r

---

[3] Ni chynhwyswyd y cywydd yn IGE, IGE², GIG.

enaid. Anogir y gynulleidfa i gasglu'r coed uchelwrol hyn ([c]oed gwehelyth, ll. 55) yn brofiad iddynt, a chyda'r prennau hynny adeiladu iddynt eu hunain gartref a bery byth. Daw'r cywydd i ben drwy annog y cwmni i fynd â'u hannedd, a adeiladasant o weithredoedd da, at Dduw i'r dathliad tragwyddol.

2   **tri gelyn** Tri gelyn dyn oedd y cnawd, y byd a'r cythraul (gw. llau. 3–8), y tri fel ei gilydd yn elyniaethus tuag at Dduw ac yn rhyfela yn erbyn yr enaid. Gellid deall yma naill ai *coelio i* neu *coelio ei*.

3   **udone** Sef *anudonau*; ar *anudon* 'llw celwyddog a dyngir yn fwriadol, gau dystiolaeth ar lw mewn cyfraith', gw. GPC 160.

4   **Ni ad un enaid i ne'** Y mae problem gyda'r gynghanedd (sef y bai 'crych a llyfn') o ddewis y darlleniad hwn, ond y mae tystiolaeth y llsgrau. yn hawlio'r ystyr hon: nid yw'r chwantau cnawdol a gynhyrfir mewn dyn oherwydd llygredd ei natur yn caniatáu nef i'r enaid, gw. Rhuf viii.8 *Ni all y sawl sy'n byw ym myd y cnawd foddhau Duw.* Posibilrwydd arall yw darllen, *Ei gnawd un; gan udone / Ni chaid un enaid i ne'*. Sylwer ar yr odl lafar rhwng *udone / ne'*.

6   **a wna brad dyn** Cedwir cysefin yr enw (mewn goddrych a gwrthrych) pan ddaw'n union ar ôl ffurf 3 un.pres.myn. sy'n diweddu yn -a, gw. Treigladau 208–9.

8   **i'w** Dilynir darlleniad llsgrau. SUWX²Zdh²B̲Y̲ *yma i ddal*, gan ddeall *i = i'i* 'i'w', gw. GMW 53n2, a'r rh.m. yn cyfeirio'n ôl at *hudol* 'dewin' y ll. flaenorol, neu at *byd*.

9   **pana** Amrywiad ar *pony(t)*, *pany(t)* 'oni(d)' ac fe'i defnyddir yn union o flaen bf. i gyflwyno cwestiwn uniongyrchol, gw. GMW 175–6; GPC 2848.

13   **gwŷdd elawr** Fe'i defnyddir yn drosiadol am farwolaeth: dyletswydd pob dyn yw ystyried ei ddiwedd.

14   **Ni phery'r byd ennyd awr** Yr oedd byrdra bywyd a byrhoedledd ei wychder yn thema boblogaidd yng nghanu crefyddol y cyfnod: *sic transit gloria mundi*.

16   **Ennill o gestyll a gâi** Deellir yma yr ystyr '*winning as many castles as he would take*'. Sylwer ar yr odl -ill / -yll.

17   **tai meinin** Tanlinellir yma oferedd balchder yr uchelwyr yn codi tai o gerrig, *ni adewir yma faen ar faen; ni bydd yr un heb ei fwrw i lawr*, gw. Math xxiv.2. Ar ddatblygiad adeiladu tai cerrig yn yr Oesoedd Canol Diweddar, yn enwedig yng ngorllewin Cymru a'r ardaloedd arfordirol, gw. Peter Smith, *Houses of the Welsh Countryside* (London, 1975), 72.

19   **tan amod** Ceir tystiolaeth i'r ymadrodd hwn yn y 14g. yn golygu '*on condition, conditionally*', gw. GPC 97. Ni cheir cynghanedd yn y ll. hon

oni bai am gynghanedd lusg wallus sy'n odli -*an* ac -*am*, neu gynghanedd sain wallus gydag odl ond heb gyflythreniad.

21–2 **deudroed ... / ... yn un hosan** Y darlun a dynnir yw hwnnw o ŵr a'i ddau droed mewn un hosan, sef yn gwbl ddiymadferth ac yn analluog i fod o gymorth iddo'i hunan nac i neb arall. Cyfyd Dr Enid Roberts gwestiwn diddorol: 'A oes yma gyfeiriad at y modd y byddid yn "diweddu" corff cyn ei gladdu gan wneud yn siŵr na allai wneud dim drwg pellach? (Cf. mewn cyfnod diweddarach gwisgo "hosan garu" cyn "caru yn y gwely")', gw. GMRh 20.22n. Gw. GPC 1899 d.g. *hosan: dod ... y ddeudroed ... i'r ... un hosan*, S. '*to be prepared for burial*'.

25 **gwialen** Sef gwialen fesur, gw. Alwyn a Brinley Rees, 'Gwialen Fesur', B xiv (1950–2), 212–16, lle yr esbonnir yr arfer o dorri ffon gollen er mwyn mesur y corff marw a'r bedd y cleddid ef ynddo; mewn rhai cylchoedd yng Nghymru rhoddid y wialen i orwedd gyda'r corff yn y bedd a dyna ergyd y ll. hon. Ceid arfer gyffelyb yn Iwerddon, ond amrywia'r dystiolaeth yno: mewn rhai ardaloedd cedwid ffon fesur ym mhob mynwent, mewn ardaloedd eraill teflid y ffon ar ôl ei defnyddio unwaith.

30 **Mae'r tyrau gwych? Mae tai'r gwin?** Gw. yr amrywiadau i'r ll. hon. Ceir *r* berfeddgoll yn hanner cyntaf y ll.

31 Ni cheir cynghanedd yn y ll. hon oni bai am gynghanedd sain wallus, gydag odl ond heb gyflythreniad, a lle y ceir y bai 'twyll odl' drwy odli -*ae* ag -*au*, gw. J. Morris-Jones: CD 300.

33 Y mae'r ll. hon sillaf yn rhy hir oni chywesgir hi.

35 **wrth yr edef** Sef edau bywyd. Cyfeiriad yw hwn at y Tynghedau, sef Lachesis (a bennai dynged pob unigolyn), Clotho (a nyddai edafedd bywyd), ac Atropos (a dorrai edau einioes). Yr oedd y tair ar waith ac yn gwau drwy ei gilydd drwy gydol einioes dyn: pan fyddai Atropos yn torri edau bywyd, yna byddai dyn farw. Ymhellach ar y Tynghedau, gw. OCD[3] 389–90, ac am gyfeiriad penodol atynt, gw. GLMorg cerddi 61 a 62 a'r cyfeiriadau pellach yno.

37 **Mynydd** Sef Mynydd yr Olewydd a safle'r Farn, gw. GDB 10.50 *Deuwn rac y uronn Urynn Olifer* (Llywelyn Fardd II).

39 **a'i weithred i'w dâl** Un o gredoau Eglwys Rufain yw fod pechod yn gadael ei staen ar yr enaid a bod yn rhaid dileu'r staeniau hynny cyn cael mynediad i'r nefoedd. Yn ogystal, credid bod gweithredoedd pob unigolyn yn ysgrifenedig ar ei dalcen, gw. RWM ii, 100 *ddydd Brawdd pan vo yn ysgrifenedic gweithred pawb yni daal*. Er i'r pechadur edifarhau a chael maddeuant 'ni cheid mynd yn syth i'r Nefoedd ... rhaid mynd drwy'r Purdan i buro'r enaid a dileu olion pechodau', gw. Eurys I. Rowlands, 'Dydd Brawd a Thâl', LlCy iv (1956–7), 80–9; gw. hefyd

nodyn pellach Saunders Lewis, 'Inc ar y Tâl', *ib*. 177.

40 **dan ei ofal** Cyfeirir yma at y dyn sydd ar ei ffordd i'r Farn, yn llawn pryder.

43 Cynghanedd wallus lle y ceir cyfatebiaeth t.dd = t.

44 **Yno dêl ynn adeilad** Cyfeirir at yr *adeilad* hwn yn 2 Cor v.1–3 [y mae] *gennym adeilad oddi wrth Dduw, tŷ nad yw o waith llaw, sydd yn dragwyddol yn y nefoedd*.

45 **y Saith Weithred** O ran ystyr byddai *Am Saith Weithred* yn ddarlleniad deniadol, ynghyd â'r syniad y byddai adeilad nefol yn dod i ran dyn yn wobr am y Saith Weithred, ond y mae'r dystiolaeth i'r darlleniad hwnnw yn brin. Ar Saith Weithred y Drugaredd a fyddai, yn ôl dysgeidiaeth eglwysig yr Oesoedd Canol, yn ennill nefoedd i'r sawl a'u cyflawnai, gw. LlA 146 (llau. 8–11) *Sef ynt ygẇeithredoed hynny. Rodi bẇyt yneẇynaẇc. Diaẇt ysychedic. lletty ybellynnic. Dillat ynoeth. Gofẇy claf. Rydhav carcharaẇr. Claddv ymarẇ*. Oni allai dyn wneud hynny am resymau corfforol, dylai gyflawni *ypvmb gẇeithret hynn yn ysprydaẇl. kyghori annoeth ae lessav. Achospi enẇir yr dyscu. Aphob tst galarus ydidanv. kyt doluryaẇ Agẇann trẇy ygarẇ. Athros pob aghyfnerthus gẇann gẇediaẇ ar duẇ ydrugarhav vrthaẇ*, gw. *ib*. (llau. 12–16). Codwyd y ddysgeidiaeth hon o Efengyl Mathew xxv.34–46. Crybwyllir y Saith Weithred gan amryw o feirdd yr Oesoedd Canol, gw., e.e., GC 8.71–4, GIBH 5.43–4.

o'm credan' Sef '*if they trust me*', a'r bardd yn siarad fel offeiriad.

47 Nid oes cynghanedd yn y ll. hon.

48 **edryd** Ar *edryd* yn amrywiad ar *edfryd* 'rhoi'n ôl, adfer, dychwelyd', ac yn ei ystyr gyfreithiol 'ad-dalu; dwyn yn ôl (i'w gyflwr cyntefig, i iechyd, &c)', gw. GPC 1164.

51 Y mae'r ll. hon sillaf yn rhy hir oni chywesgir hi.

53 **saith bren** Trosiad grymus lle y mae'r bardd yn delweddu Saith Weithred y Drugaredd yn nhermau saith pren, a chryfheir y ddelwedd honno drwy annog y crediniwr i adeiladu cartref nefol i'w enaid drwy gyfrwng y [*c*]*oed gwehelyth* (ll. 54) hyn. Y mae'n drosiad unigryw a dychmygus, ac yn ddiwinyddol fentrus i offeiriad y cyfnod. Ar ddiddordeb beirdd yr Oesoedd Canol mewn coed a choedwigoedd, gw. P.L. Williams, ' "Ar Ganghennau'r Gynghanedd": Agweddau ar y Goedwig yn Llenyddiaeth yr Oesoedd Canol', *Dwned*, vi (2000), 55–76; M.T. Davies, '"Aed i'r coed i dorri cof": Dafydd ap Gwilym and the Metaphorics of Carpentry', *CMCS* xxx (Winter 1995), 67–85.

54 **a dâl nef** Sef 'sy'n teilyngu nefoedd'.

57 Y mae'r ll. hon sillaf yn rhy hir oni chywesgir hi.

58 **gwledd** Sef y wledd odidog y bydd Duw yn ei pharatoi yn y nefoedd ar gyfer yr holl gredinwyr, gw. Eseia xxv.6; Dat xix.9.

62 **ni bydd diwedd** Cyfeiria at y wledd (ll. 61) na bydd diwedd arni.

16

Cadwyd 131 o gopïau o'r cywydd hwn, yn dyst i'w boblogrwydd a'i ledaeniad helaeth. Fe'i priodolir mewn un ar hugain o lawysgrifau i Siôn Cent ac mewn 96 llawysgrif i Ddafydd Trefor; at hynny y mae tair llawysgrif yn cynnig dewis i'r darllenydd gan nodi enw'r ddau fardd, tra ceir enwau Dafydd Trefor, Siôn Cent a Dafydd Meifod yn dri phosibilrwydd yn ôl llawysgrif arall; Siôn Dafydd Trefor yw'r bardd yn ôl dwy lawysgrif arall eto, ac y mae wyth llawysgrif yn hepgor priodoliad yn gyfan gwbl.

Goroesodd y cywydd mewn chwech ar hugain o lawysgrifau'r unfed ganrif ar bymtheg, a cheir dau gopi ohono yn llawysgrif Brog (y gyfres gyntaf) 1. O blith llawysgrifau'r unfed ganrif ar bymtheg fe'i priodolir seith-waith i Siôn Cent, gan gynnwys y priodoliad hynaf, ac ugain gwaith i Ddafydd Trefor: y mae'r dystiolaeth lawysgrifol, fe welir, yn gogwyddo'n drwm o blaid Dafydd Trefor. At hynny y mae ansawdd y cynganeddu yn cadarnhau enw Dafydd Trefor yn awdur; yn llawysgrif BL Add 14866, 222^v (a gopïwyd gan Ddafydd Johns ac a ddyddir i'r flwyddyn 1587) ceir y sylw: *gwell ywr synwyr nor gynghanedd mewn ymbell le*.

Dengys y darlleniadau amrywiol fod cryn ddryswch ym meddyliau rhai copïwyr rhwng y cywydd hwn a chywydd Siôn Cent 'Hud a lliw nid gwiw ein gwaith',[1] ac efallai mai hynny, yn rhannol, sydd i gyfrif am y nifer priodoliadau i Siôn Cent, ynghyd â'r rhagdybiaeth mai ef a fyddai'r awdur mwyaf tebygol o fod wedi llunio cywydd ar destunau megis byrder einioes ac ystyriaethau pellach ar fywyd.

Agorir y cywydd ag un o themâu clasurol barddoniaeth yr oesoedd, sef y thema *ubi sunt?* 'b'le y mae mawrion y gorffennol?'[2] Dygir gerbron bantheon o gymeriadau o'r hen draddodiad, o weithiau safonol llenydd-iaeth Groeg a Rhufain gyda'i sôn am Alecsander a Fferyll, o'r hen fyd Ysgrythurol fel y gellid disgwyl, yn ogystal ag o draddodiad cynhenid llenyddiaeth Gymraeg. Er coethder a gorffennedd iaith ac arddull y clasuron lle y sonnir amdanynt, daeth diwedd ar y mawrion gynt.

Nodwedd amlwg ar y canu ar fyrder einioes yw'r galar ar ôl yr enwogion gynt a'r sicrwydd mai diflannu oddi ar wyneb daear fydd rhan y dyrchafedig a'r distadl fel ei gilydd, a hynny'n ddieithriad ac ym mhob oes. Parhaodd y thema yn nodwedd gref ar ganu'r Oesoedd Canol o'r ddeuddegfed ganrif hyd y bymthegfed. Diflanedigrwydd y byd a'i bobl oedd

---

[1] Gw. IGE^2 cerdd XC, 270–2.

[2] Ymhellach, gw. GIBH 166–7; GGM 130–1 a'r cyfeiriadau pellach yno.

un o ddewis themâu bardd o'r enw Elaeth, efallai o gwmpas troad yr unfed ganrif ar ddeg a'r ddeuddegfed ganrif: *Pop pressent ys hawod* ('[Megis] hafod yw pob trigfan ddaearol').[3]

Lluniwyd gweithiau cofiadwy ar y pwnc oddi allan i ffiniau Cymru yn ogystal, yn nodedig felly waith Giovanni Boccaccio (1313–75) 'De Casibus Virorum Illustrium'; 'The Monk's Tale', un o straeon 'The Canterbury Tales' Geoffrey Chaucer (*c*. 1343–1400); a cherdd John Lydgate (?1370–1449) 'The Fall of Princes' (1431–8), cyfieithiad o fersiwn Ffrangeg o waith Eidaleg Boccaccio.[4] Baledi nodedig ar yr un thema yw dwy faled François Villon (1431–?), y naill i'r gwŷr enwog gynt, sef 'Ballade des seigneurs du temps jadis', a'r llall i'r merched enwog gynt, sef 'Ballade des dames du temps jadis'.[5] Ymhlith y merched, holir hynt y canlynol:

La royne Blanche comme liz	Queen Blanche, as white as a lily is,
Qui chantoit a voix de seraine,	Who sang so sweetly a siren strain—
Berte au grant pié, Bietris, Aliz,	Bertha Big-foot, Beatrice, Alice,
Haramburgis qui tint le Maine,	Queen Arembourg who ruled in Maine?
Et Jehanne la bonne Lorraine	And Joan the Maid from fair Lorraine,
Qu'Engloys brulerent a Rouen.	Burned by the English in Rouen?
Ou sont ilz, ou, Vierge souvraine?	Sweet Mother of God, where are they then?
Mais ou sont les neiges d'antan?	But where are the snows of last year gone?[6]

Rhestrir enwau gwŷr a merched y gorffennol o fewn llinellau'r un cywydd gan Ddafydd Trefor, a diddorol yw sylwi bod ei ddewis ef yn cynnwys dau o'r gwŷr a gydiodd yn nychymyg y bardd o Ffrainc. Enwir y Brenin Arthur gan y ddau; felly hefyd Siarlymaen. Er eu mawredd:

Il n'est qui contre mort resiste	There's none can resist mortality
Ne qui treuve provision.	Nor is death escaped by anyone.
Encor faiz une question:	Yet one more question I'll ponder on—
Lancellot le roy de Behaygne,	Where's Lancelot, who did obtain
Ou est il? Ou est son tayon?	Bohemia? Where's his grandsire gone?
Mais ou est le preux Charlemaigne?	But where is the mighty Charlemagne?[7]

---

[3] HG Cref 20 (XII) ll. 6, 162–3; Bl BGCC 'Gofyn am Nawdd Duw, Mair, y Saint a'r Merthyron', 267–71.

[4] Gw. *Lydgate's Fall of Princes* (London, 1924–7), testun a gyhoeddwyd gan Wasg Prifysgol Rhydychen ar ran yr Early English Text Society.

[5] Ymhellach ar Villon, gw. *François Villon, Oeuvres*, éd. A. Longnon revu par L. Foulet (4 éd., Paris, 1932); ar werth esthetig barddoniaeth Villon, gw. J. Fox, *The Poetry of Villon* (London, 1962).

[6] *Complete Poems of François Villon* translated by Beram Saklatvala, introduction and explanatory index by John Fox (London, 1968), 36.

[7] *Ib*. 38.

Parheir â'r un thema yn nhrydedd adran cywydd Dafydd Trefor, lle y mae'n siarsio ei gynulleidfa i gofio byrhoedledd pethau daearol:

> Ar fyw'n hir ofer yw'n hiaith,
> Ni phery'r byd hoff hirwych
> Mwy no'r drem ym min y drych. (llau. 46–8)

Cyngor ar sut i ennill nefoedd yw pedwaredd adran y cywydd (llau. 57–70), lle yr anogir y gynulleidfa i ochel rhag tri gelyn dyn, sef y diafol, y cnawd, a'r byd, ac i gofleidio'r tri meddyg, sef y gweithredoedd hynny sy'n foddion i wrthweithio gwenwyn y tri gelyn: cardod, ympryd, a chariad. Rhybudd rhag canlyniadau adfydus posibl Dydd y Farn sy'n cloi'r cywydd (llau. 71–84), gydag uchafbwynt gorfoleddus y gerdd yn atseinio yn ei dau gwpled olaf lle y mynegir dewis eglur y bardd, sef cael eisteddle ar ddeheulaw Crist, a chael ei arwain allan o fyrhoedledd y byd presennol i lawenydd diddarfod y nef.

1 **pand** Ffurf amrywiol ar y gn.gof.neg. *poni*, *ponid*, a chywasgiad o *panid* 'onid'.

3 **Anair i ddyn roi'i fryd ar dda** Deellir yma anogacth i ddyn ymwrthod â'r gwrthuni o fod yn ariangar gan mor fyr yw parhad bywyd.

5 **pana** Ar *pana* 'oni(d)', gw. 15.9n.

6 **mae ... ?** Y gn.gof. 'b'le y mae?', gw. GMW 143.

7 **Salmon** Sef Solomon, mab y Brenin Dafydd a Bathseba. Ar farwolaeth Dafydd dyrchafwyd Solomon i'r orsedd, a gofynnodd gan Dduw *galon ddeallus i farnu dy bobl*, gw. I Br iii.9. Ymatebodd Duw yn hael: *Rhoddaf iti galon ddoeth a deallus, fel na bu dy fath o'th flaen, ac na chyfyd chwaith ar dy ôl*, gw. *ib.* iii.12, ac ychwanegwyd at hynny gyfoeth, gogoniant, a hir ddyddiau. Ar gyfrif ei ddoethineb fawr daeth Solomon yn safon doethineb ym marddoniaeth yr Oesoedd Canol. Sylwer ar y gynghanedd lusg wallus sy'n odli *-on* ac *ann-*, a cf. 15.19.

8 **Sibli Ddoeth** Ymddengys yr enw hwn yn un o Drioedd Ynys Prydain yn Llyfr Coch Hergest *Tri dyn a gauas Doethineb Adaf: Cado Hen, a Beda, a Sibli Doeth. Kyn doethet oedynt ell tri ac Adaf ehun*, gw. TYP² 128, 508, ond y mae'n amlwg i enw Selyf, neu Solomon, gael ei ddisodli o fersiwn hŷn ar yr un triawd er mwyn cynnwys enw Sibli, efallai oherwydd fod y testun 'Proffwydoliaeth Sibli Ddoeth' (gw. RB colofn-au 571–7; R. Wallis Evans, 'Proffwydoliaeth Sibli Ddoeth', LlCy xiv (1981–4), 216–23) hefyd wedi ei gopïo i'r Llyfr Coch. Ar yr 'Oracula Sibyllina', a oedd yn boblogaidd ledled Ewrop yn ystod yr Oesoedd Canol, gw. EVW 14–17, 41–4. Ar Sibli o fewn y byd clasurol, gw. hefyd OCD³ 1400–1 d.g. *Sibyl*.

9 **Absalon** Absalom, trydydd mab y Brenin Dafydd. Yr oedd yn enwog

am ei degwch ac yn enwedig am ysblander ei wallt, a bwysai 200 sicl pan eilliai ei ben bob blwyddyn, gw. 2 Sam xviii.25–6. Bu farw Absalom pan ddaliwyd ef mewn derwen gerfydd ei wallt wedi i'r mul a oedd dano fynd yn ei flaen, a Joab wedyn yn ei ladd â phicell, gw. 2 Sam xviii.9–17. Nodir ei harddwch yn LlA 67 (llau. 6–9); ac yn un o Drioedd Ynys Prydain: *Tri dyn a gauas pryd Adaf: Absolon ab Dauyd, A Iason vab Eson, A Pharis vab Priaf. Kyn decket oedynt yll tri ac Adaf e hun*, gw. TYP² 127, 263. Cynghanedd lusg *tâl / Absálon*.

11 **Samson** Bu Samson yn farnwr ar Israel am ugain mlynedd pan oedd Israel yn cael ei gorthrymu dan iau'r Philistiaid. Digwydd ei enw yn y gofrestr o rai enwog gynt am eu ffydd, gw. Heb xi.32, lle y clodforir ei enw am ei nerth (gw. ll. 12), ymhlith rhinweddau eraill. Dylid cofio nad milwyr Samson, yn gymaint ag ef ei hun, a gafodd y fuddugoliaeth ar genedl ryfelgar y Philistiaid.

12 **Arthur** Sef y Brenin Arthur a ystyrid gan y beirdd yn baragon o ryfelwr; arno, gw. TYP² 274–7. Odlir yma -*ŷr* ac -*ur*, cf. llau. 29–30.

13 **Gwalchmai** Gwalchmai fab Gwyar, a enwir yn un o'r *Tri Deifnyawc Enys Prydein*: *Gwalchmei mab Gwyar, a Llacheu mab Arthur, a Riwallawn Wallt Banhadlen*, gw. TYP² 8–9, 369–75. Am ei wroldeb y'i mawrygir yma, gw. *Ystorya Gereint uab Erbin*, gol. R.L. Thomson (Dublin, 1997), 1 (llau. 14–15) *ef o arderchogrwyd clod milwryayth ac urtas boned oed bennaf ar y naw penteulu*. Ond yr oedd iddo enw da hefyd am fod yn lladmerydd gwych, gw. WM 144 (llau. 23–4) *Môy a wna ef oe eireu tec no nini o nerth an harueu*.

14 **Gei o Warwig** Arwr chwedlonol un o'r rhamantau S. y cyfeirir ato'n fynych gan y Cywyddwyr ar gyfrif ei wrhydri gorchestol a'i feudwyaeth. Priododd Felice, ond gadawodd am y Dwyrain ymhen deugain niwrnod, ac er iddo ddychwelyd i ardal Warwig i ddilyn buchedd meudwy ni chysylltodd â Felice nes ei fod ar ei wely angau. Ymhellach arno, gw. DNB² xxiv, 328–9; GSH 7.65–70.

15 **Siarlas** Awgrymwyd gan Irene George yn Dafydd Trefor: Gw 385 mai cyfeiriad sydd yma at yr ymherodr Siarl V; llywodraethodd ef dros diroedd eang a chipiodd deitl *Ymherodr* ar draul Francis I, Brenin Ffrainc, ei brif wrthwynebydd am y swydd a'i huchel statws. Datblygodd yr elyniaeth rhyngddynt, a bu rhyfela yn 1521 a barhaodd yn ysbeidiol drwy gydol gyrfa'r ddau lywodraethwr. Ystyriai Brenin Lloegr, a Thomas Wolsey yn benodol, eu bod yn ganolwyr yn yr ornest hon, mater a fyddai'n sicr wedi bod o ddiddordeb i Ddafydd Trefor. Ond nid yw dyddiadau'r ymherodr Siarl V (1500–58) yn cefnogi'r ddadl. Bu farw Dafydd Trefor ynghynt na Siarl V a byddai'n amhosibl i'r bardd restru Siarl V yn un o'r mawrion gynt. Ail awgrym Irene George yw mai Siarl, Dug Orleans (1391–1465), ewythr Siasbar Tudur,

sydd dan sylw yma. Ond y mae'n fwy tebygol fod yma gyfeiriad at Siarlymaen (742–814), *Charles* yn ôl ei enw bedydd, ac fe'i cyferchir felly yn y Trioedd: *un o'r naw milwr gwrolaf, ag urddasaf or holl vyd, or rrain y mae tri Pagan, tri Iddew, a thri Christion: ... Y tri Christion: Arthur. Siarlys. Godffre de bwlen*, gw. TYP² 122; Dafydd Ifans, 'Nawwyr Teilwng Plas Bodwrda', Cylchg LlGC xviii (1973–4), 181–6. Gwyddai Siarlymaen yn dda am lyfr Awstin Sant 'De Civitate Dei' (gw. llau. 41, 79), a chredai Siarlymaen iddo sefydlu'r *Civitas Dei* 'in the second empirical sense', gw. *The Cambridge Medieval History*, ii, H.M. Gwatkin and J.P. Whitney (Cambridge, 1913), 628; ymhellach ar Siarlymaen, gw. *The New Cambridge Medieval History*, ii, ed. Rosamond McKitterick (Cambridge, 1995), 101–7 *et passim*. Enwir *Charlemaigne* yn rhestr François Villon hefyd o'r gwŷr enwog gynt (gw. y nodyn cefndir uchod).

maes eurlawr Os at yr ymherodr Siarl V y cyfeirir, yna gellid deall y *maes eurlawr* yn gyfeiriad at gyfarfyddiad ysblennydd Harri VII a Francis I, Brenin Ffrainc, yn ystod haf 1520 ar feysydd agored ger Calais. Bu peth trafod diplomatyddol, ond gwychder yr aur (mewn gwisg a phafiliwn a thwrnamaint) a roddodd yr enw *the field of the cloth of gold* i'r achlysur: hynny yn hytrach na'r trafodaethau a greodd yr argraff barhaol; ymhellach, gw. J.G. Russell, *The Field of Cloth of Gold: Men and manners in 1520* (London, 1969); S. Anglo, 'The Hampton Court Painting of the Field of Cloth of Gold considered as an Historical Document', *The Antiquaries Journal*, xlvi (1966), 287–307. Os Siarlymaen yw'r *Siarlas*, yna deellir *maes eurlawr* yn e.c. yn golygu 'maes wedi'i balmantu ag aur'.

16 **Alecsander** Sef Alecsander Mawr, 356–323 c.c. Arno, gw. M. Haycock, '"Some Talk of Alexander and Some of Hercules": Three Early Medieval Poems from the Book of Taliesin', CMCS xiii (Summer 1987), 22–4. Ef oedd rhyfelwr gwychaf yr hen fyd, ac y mae bron yn sicr iddo yn y flwyddyn 324 wneud cais swyddogol i ddinasoedd Groeg ei drafod fel duw, gw. OCD³ 57–9; rhestrir ei enw yn un o'r Naw Concwerwr, gw. TYP² 122; Dafydd Ifans, *art.cit.* 181–6.

17 **Edward** Yr oedd delw o Edward II ar borth castell Caernarfon, gw. RCAHM (Caernarvonshire), ii, 125ᵇ, 141ᵇ.

plwm Y mae'n bosibl mai cyferbyniad rhwng golud castell Caernarfon a thlodi cymharol cynulleidfa Dafydd Trefor yw'r ergyd yma: metel rhad, gwenwynig a meddal yw plwm; cf. GDG³ 274 (101.54) *Plwm a ffals, pla am ei phen!* am ferch fileinaidd. Y mae yma hefyd gyferbyniad ag aur y *maes eurlawr*, gw. ll. 15.

19–22 Darllenir y ddau gwpled fel gosodiad yn hytrach nag fel cwestiwn *Mae ...?*, sef fod delw Edward i'w gweld eto mewn man uchel, ac yntau bellach yn fud yn y bedd.

20 **yn y porth uwch ein pen** Tybed a gafodd y cywydd hwn ei ddatgan ym mhorth castell Caernarfon?

23 **Fyrgyl** Y bardd Lladin Vergil, neu Fferyll, a oedd yn enwog yn yr Oesoedd Canol fel swynwr celfydd yn hytrach nag fel bardd, gw. G 505. Yn y cwpled hwn mawrygir ei ddysg, cf. GST 135.11–12 *Ef a roddai frau addysg, / Frawd Sele ddoeth, Fyrdsil ddysg*; y mae'r cywydd hefyd yn mawrygu ei ddawn farddol, gw. ll. 26n.

25 **saith gelfyddyd** Ar *saith ddysg Fferyll*, cf. IGE² 271 (ll. 26) *Mae'r saith ddysg Fferyll, mawr sâl?* (Siôn Cent). Yn yr Oesoedd Canol rhennid dysg yn saith ran neu'n saith gelfyddyd, ac fe'u rhestrir yn YCM² 167–9: *seith gelfydyt ... Gramadec ... Music ... Dilechdit ... Rethoric ... Geometria ... Arismetica ... Astrologia.*

26 **pen awen y byd** Telir teyrnged hael i Fferyll ar gyfrif ei athrylith farddol; ar *cathleu Feryll vard*, gw. BT (RB) 178 (ll. 8).

28 **Tubal O'** Sef Twbal-Cain y gof, gw. Gen iv.22 *cyfarwyddwr pob un sy'n gwneud cywreinwaith pres a haearn*, a cf. GHD 25.27–8 *Tŵr wrth unllaw, / torth wenllwyd, / Tybio ôl llaw Tubal llwyd.* Er mai'r ffurf *Fyrgyl* a ddefnyddir yn y testun, dylid cadw mewn cof y ffurf *Fferyll*, a bod yr eg. *fferyll* yn golygu 'creffwr celfydd, gof haearn', gw. G 505. Cf. *Cefnarth O'* ym mhlwyf Clynnog.

29–30 Ar yr odl, gw. llau. 11–12.

31 **Hywel y Pedole** Urddwyd chwech o Gymry yn farchogion yn y 14g., sef Syr Dafydd Hanmer, Syr Grigor Sais, Syr Hywel y Fwyall (gw. ll. 32n), Syr Gruffudd Llwyd, Syr Hywel y Pedolau, a Syr Rhys ap Gruffudd, gw. R.R. Davies: ROG 77. Llysenwyd Hywel ap Gruffudd ab Iorwerth ar gyfrif y ffaith 'ei fod yn alluog i uniawni pedol march trwy nerth ei ddwylaw a'i thori hefyd', gw. J.T. Jones, *Geiriadur Bywgraffyddol o Enwogion Cymru* (2 gyf., Aberdar, 1867–70), i, 577. Nid oes cynghanedd yn y ll. hon oni bai fod yma gynghanedd lusg â phroest yn lle odl; esboniai hynny yn rhannol l. 39 hefyd, gw. isod.

32 **y llall** Syr Hywel y Fwyall, milwr proffesiynol. Arweiniodd fyddin o Gymry dan faner y Tywysog Du, ac ar gyfrif y celanedd a barodd â'i fwyell, rhoddodd y Tywysog Du le urddasol iddi yn y neuadd frenhinol. Ymhellach arno, gw. GGLl 12.47n d.g. *Syr Hywel*.

36 **pridd** 'Llwch fel canlyniad dadfeilio corff dynol', gw. GPC 2883; yr awgrym yw nad oes neb yn adnabod y ddau farchog, Syr Hywel y Pedolau a Syr Hywel y Fwyall, yn ganlyniad i'w claddu yn y bedd, er eu gwyched.

39–40 **Er y siarter o eira / Ag eira sêl mewn gwres ha'** 'Dogfen yn cyfrannu hawl neu berchnogaeth' yw *siarter*, ond nid yw dogfen sy'n honni gwneud hynny gyda golwg ar y byd a'r bywyd hwn ond *eira*, yn toddi'n ddim o flaen ein llygaid. Wrth siarter ddilys yr oedd *sêl*, ond o eira y gwnaed hon hefyd ac nid o gŵyr. Felly ergyd y cwpled yw nad oes gan neb yr un hawl ar fywyd, yn enwedig bywyd hir ei barhad.

39   Cynghanedd lusg anfoddhaol ar gyfrif odli *-er* ac *-eir*, ond gw. ll. 31.

41   **Awstin** Awstin Sant, y mwyaf o'r Tadau Eglwysig (354–430). Gwrth-wynebodd dair heresi, sef Manichaeaeth, Donatiaeth, a Phelagiaeth, a heb ei ddeallusrwydd a'i ddirnadaeth ysbrydol ef byddai diwinyddiaeth y Gorllewin yn bur wahanol i'r hyn ydyw heddiw. Cyfeirir yma at 'De Civitate Dei', sef amddiffyniad cynhwysfawr o Gristnogaeth yn wyneb beirniadaeth baganaidd a haerai mai troi cefn ar yr hen dduwiau a oedd i gyfrif am anrheithio Rhufain yn 410; gw. hefyd ll. 79. Ymhellach ar Awstin Sant, gw. ODCC[3] 128–30.

42   **y byd byr** Sef bywyd ar y ddaear, byd o amser, o'i gymharu â'r byd tragwyddol.

45–6 **Ni wn amod … / … yw'n hiaith** Yr ystyr yw: 'Nid wyf yn gwybod bod amod y cawn fyw'n hir', ynghyd â dau sangiad.

50   **y byd arall** Sef tragwyddoldeb. Er bod y *dall* (ll. 49), yr un cibddall o feddwl neu'r un anystyriol, yn meddwl bod iddo oes hir ar y ddaear, nid yw oes felly ond megis dim o'i chymharu â thragwyddoldeb.

53   **ar ein hw** Deellir yma yr ystyr 'yn ein ffrwst'. Ar *hw*, ebychiad a ddefnyddir i alw sylw ond hefyd eg., gw. GPC 1928. Yr ergyd yw y bydd dyn yn marw er gwaethaf unrhyw orchestion y bu iddo eu cyflawni ar dir a môr yn ystod ei fywyd, ac er cymaint y bydd yn ceisio denu sylw ato'i hun.

54   **marw** Noder bod *marw* yn ddeusill yn safle'r brifodl.

58   **efô baid** Cywasgiad o *efô a baid*.

59   **tri gelyn** Tri gelyn dyn yw'r cnawd, y byd, a'r diafol, cf. 15.2n.

63   **tri meddyg** Tri meddyg dyn yn ôl y cywydd hwn yw *cardod*, sef elusengarwch, *ympryd* a *chariad*; gw. llau. 65–8. Ar odl y gynghanedd sain, gw. ll. 23n.

65   **Cardod o'i dda cywirdeb** Sef 'elusen o eiddo a enillwyd yn gyfiawn'.

66   **ympryd** Arwydd o edifeirwch ac ymbiliad am drugaredd.

67–8 **A chariad … / … perffaith** Daw *cardod* (ll. 65) a *cariad* o'r un gwreiddyn ond deellir *cariad* i olygu ewyllys da ar raddfa fwy cyffredinol na chardod.

73   **i'm cern fry** Sef 'fry wrth ochr fy mhen, yn fy nghlust'; cf. cwpled Guto'r Glyn (1440–93), *Mae corn y frawd i'm cern fry / A'm geilw yma o'm gwely*, gw. GGl[2] 307 (CXIX.63–4).

79   **llu eiddo Duw** Credid yn yr Oesoedd Canol fod dynoliaeth wedi ei

rhannu'n dair rhan, neu'n dri llu. Sonnir am y tri llu mewn traethawd 'De Numero' a gambriodolir i Isidor o Seville, sef y *ualde boni* neu'r *llu eiddo Duw* a âi i'r nefoedd yn dilyn y Farn, y *valde mali* neu'r *llu du* a âi i uffern, a'r *nec valde boni nec valde mali* neu'r llu brith a âi i'r purdan, gw. HG Cref 139–40. Tybir bod yr athrawiaeth yn tarddu o 'De Civitate Dei' Awstin Sant y cyfeirir ato yn ll. 41. Y mae'r ll. fel y mae sillaf yn rhy hir onis cywesgir.

80   **llu du**   Sef y llu eneidiau a ddamniwyd ac a deflir i uffern ar Ddydd y Farn, gw. ll. 79n.

82   Y mae'r ll. fel y mae sillaf yn rhy hir onis cywesgir.

17

Cadwyd tri chopi o'r cywydd hwn. Digwydd y copi hynaf o'r tri yn llawysgrif BL Add 31057, 67ʳ, llawysgrif hynod aneglur ei ddarlleniadau oherwydd traul ar y dalennau perthnasol. Yn anffodus ni chadwyd llinellau agoriadol y cywydd yno, ond y mae'r priodoliad i Ddafydd Trefor ar ei derfyn yn ddigon eglur. Ni chynhwyswyd y cywydd hwn yng nghasgliad Irene George o waith y bardd, ac nid oes cyfeiriad ato yno.

Ond y mae'n amlwg mai cywydd brud ydyw, ac y mae'n gywydd sy'n enghraifft dda o'r *genre*.[1] Proffwydir ynddo haf cynddeiriog pan fydd y ddraig goch yn fuddugol ar y ddraig wen. Y mae'n deg tybio mai'r brwydro a fu rhwng Harri Tudur a Rhisiart III ar Faes Bosworth yw testun y cywydd hwn, a gellir ei ddyddio'n ddiogel i'r cyfnod *c.* 1485. Nid yw'r testun hwnnw'n un annisgwyl o gofio mai o Fôn y deuai'r Tuduriaid, a chofir hefyd am yr elfen frudio eglur ym marwnad Dafydd Trefor i Harri VII.[2]

Digwydd y fersiwn byrraf o'r tri, wedi ei dadogi ar Ddafydd Llwyd, yn llawysgrif BL Add 14892, 97ᵛ lle y cofnodwyd chwech a deugain o linellau. Derbyniwyd y cywydd yn eiddo Dafydd Llwyd gan R. Wallis Evans,[3] ac yn ddiweddarach cyhoeddwyd y cywydd yn rhan o ganon Dafydd Llwyd yng nghyfrol W. Leslie Richards o waith y bardd.[4] Dim ond yr un copi hwn o'r

[1] Ar *genre* y canu brud, gw. R. Wallis Evans: Dar; *id.*, 'Trem ar y Cywyddau Brud' yn HSt 149–63; *id.*, 'Prophetic Poetry', GWL ii² 256–74; H. Lewis, 'Rhai Cywyddau Brud', B i (1921–3), 240–55; M.B. Jenkins, 'Aspects of the Welsh Prophetic Verse Tradition in the Middle Ages' (D.Phil. Cambridge, 1990); 'Prophecy, Poetry and Politics in Medieval and Tudor Wales' yn Glanmor Williams, *Religion, Language and Nationality in Wales* (Cardiff, 1979), 71–86; G.A. Williams, 'The Bardic Road to Bosworth: A Welsh View of Henry Tudor', THSC, 1986, 7–31; C. Lloyd Morgan, 'Prophecy and Welsh Nationhood in the fifteenth century', THSC, 1985, 9–26.

[2] Gw. cerdd 5.

[3] Gw. R. Wallis Evans: Dar 163, lle y trafodir llau. 3–6 y cywydd o fewn yr adran sy'n ymdrin â gwaith Dafydd Llwyd.

[4] GDLl cerdd 9.

cywydd a nodir ganddo, felly y mae'n rhesymol tybio nad oedd yn ym-wybodol o fodolaeth y ddau gopi arall na'u priodoliadau i Ddafydd Trefor a Robin Ddu.

Digwydd y copi llawnaf yn llawysgrif LlGC 3077B, 87 ac fe'i priodolir yno i Robin Ddu o Fôn (Robin Ddu ap Siencyn Bledrydd), bardd enwog am ei ganu brud. Dylid cofio mai prin oedd y beirdd a fu'n canu cywyddau brud er bod sawl un, megis Lewys Glyn Cothi, yn cynnwys elfennau brudiol yn eu canu. Ar sail enwogrwydd Robin Ddu fel awdur nifer helaeth o gywyddau brud y mae'r cywydd hwn yn fwy tebygol o gael ei briodoli iddo ef, awdur sy'n arbenigo yn y maes, nag y byddai o gael ei dadogi ar awdur llai profiadol o dipyn, a barnu oddi wrth y nifer cerddi brud a oroesodd o waith y bardd-offeiriad o Fôn; yn betrus cymerir hynny'n dystiolaeth i ddilysrwydd y tadogiad lleiaf ffasiynol, ac yn wir y mae i'r cywydd lawer o nodau crefft Dafydd Trefor.

Cyfleir rhyw elfen dywyll yn y cywydd hwn, fel sy'n nodweddu'r *genre*, ac y mae'r bardd yn amlwg yn rhagdybio bod gan y gwrandawr wybodaeth gefndirol o ganu brud y cenedlaethau a fu. Pwysir ar dystiolaeth 'Y Broffwydoliaeth Fawr' (llau. 3–4), testun anhysbys, yn sail i'r gerdd hon, a disgwylir cyflawni'r broffwydoliaeth honno ym mherson Owain, y Mab Darogan, a fydd yn dychwelyd o'r tu hwnt i'r moroedd gyda thyrfa ddirifedi, ryng-genedlaethol, i waredu ei bobl.[5] Yn dilyn y gyflafan honno ni fydd ar ôl o'r Saeson ond eu cyrff crimp ar lethr y mynydd.

1–2 **Gwaith anorffen ... / ... er curo ci** Ergyd y cwpled agoriadol yw fod gan y bardd dasg ddiddarfod, nad oes terfyn iddi, sef caru Crist er gwaethaf y ffaith fod y gelyn yn erlid yn daer.

1 **genni'** Cywasgiad o *gennif*, amrywiad ar *gennyf*.

2 **ci** Mewn proffwydoliaethau sy'n dyddio o gyfnod Dafydd Trefor defnyddir *ci* yn gyfeiriad at Risiart III. Ceir yma *r* berfeddgoll yn union o flaen yr acen.

3–6 **Dilyn 'Y Broffwydolieth / Fawr' ... / Ac edrych, dywyllfrych du, / Brud hen** Deellir 'Y Broffwydoliaeth Fawr' yn deitl testun brudiol na oroesodd, gw. R. Wallis Evans, 'Prophetic Poetry', GWL ii² 268; *id.*, ' "Y Broffwydoliaeth Fawr" a'r "Broffwydoliaeth Fer" ', B xxii (1966–8), 119–21. Nodwedd ar y canu brud yw ei fod yn aml yn cyfeirio at broffwydoliaeth gynnar sy'n darogan buddugoliaeth i'r Cymry, a hynny er mwyn rhoi awdurdod cadarnach i'r gerdd. Cf. y brud *brych* hwn â'r 'Leabhar Breac' ('Y Llyfr Brych'), llsgr. ar gadw yn llyfrgell Academi Frenhinol Iwerddon yn Nulyn. Sylwer ar yr odl lafar rhwng

---

[5] Cf. proffwydoliaeth Rhys Fardd yn Pen 53, 19: *yna y daw gwr a elwyr Owein y wledychy ynis brydein. / Ac yna y gwyskyr y goron am y ben ar bont lyndein. / Ac ... y gwysc ynteu y goron y hun am ben beli hir yna tre beli hir y gelwyr.*

-olieth / *beth* yn llau. 3–4.

6   Y mae'r ll. fel y mae sillaf yn rhy fer.

8   **y Bergam**   Ni cheir llau. 7–8 yn llsgr. A, B *gair*[ ] *y ber*[...], C *gair o bergain.* Diwygiwyd yn *gair y Bergam* (cf. llsgr. B). Yr oedd Adda Fras a'r Bergam yn ddau frudiwr enwog o'r 14g. a chadwyd daroganau am Fôn a briodolwyd i'r Bergam, cf. EVW 182, *Ef adaw byt ygwasgeryt rota / dygymon brythyon ac ym mon bla.* Gallai copïydd llsgr. C yn hawdd fod wedi camddehongli minims *m* yn y llsgr. wreiddiol am *in*, ac os felly, gellir darllen *Ac edrych … / Brud hen … / A wnaeth … / … y Bergam.* O dderbyn *gobergain*, gellid deall yma air cyfansawdd, sef *gober* 'gwaith, llafur, gweithred', gw. GPC 1418, a *cain* 'hardd'. Posibilrwydd arall yw fod yr elfen gyntaf yn ffurf ar *goberaidd* 'melysaidd', gw. GPC 1418, 'clod melys a hardd'. Bai 'crych a llyfn'.

11   **dau froder**   Cyfeiriad at ddau o feibion Owain Tudur sydd yma (gw. hefyd llau. 9, 11, 18), sef Edmwnd Tudur, Iarll Ritsmwnd (m. 1456), a Siasbar Tudur, Iarll Penfro. Edmwnd Tudur oedd tad Harri Tudur a'i bwysigrwydd, meddir, oedd cyflwyno etifedd (os 'etifedd' a olygir wrth *aer* (ll. 18) yn hytrach na 'cyflafan, brwydr'): 'Bu farw Edmwnd Tudur, hanner-brawd y Brenin Harri VI, cyn geni ei etifedd yn Ionawr 1457 yng nghastell Penfro', gw. *Bosworth a'r Tuduriaid*, gol. D.G. Jones a J.E. Jones (Caernarfon, 1985), 5. Cf. GGM 13.5n sy'n gweld *aer* yn gyfeiriad at y Mab Darogan. Y brawd arall yw'r rhyfelwr Siasbar Tudur a fagodd Harri yng nghastell Penfro wedi marwolaeth Edmwnd; ar yrfa wleidyddol a milwrol Siasbar, gw. R.S. Thomas, 'The Political Career … of Jasper Tudor' (Ph.D. Cymru [Abertawe], 1971). Daeth Edmwnd a Siasbar yn flaenllaw yn llys Harri VI, a chawsant eu cydnabod yn hanner brodyr i'r brenin.

     llawnder llu   Y llu estron yw'r llu anhaeddiannol, nid y ddau frawd.

12   **deirydu**   Deellir yma *deiryd, deirydu* 'perthyn i; dal perthynas (deuluol) â, bod o'r un gwaed â', gw. GPC 924. Ai cyfeiriad sydd yma at y ffaith mai hanner brodyr i'r Brenin Harri VI oedd Edmwnd a Siasbar, yn hytrach na brodyr llawn?

15–16 **Un a dynn … / I'r gogledd**   Ymladdodd Siasbar Tudur yn y gogledd, sef yn yr Alban, yn ogystal ag yng ngogledd Lloegr. Cwynodd Gruffudd ap Dafydd Fychan fod Harri VI a Siasbar yn ymddiried gormod yng ngwŷr twyllodrus gogledd Lloegr: *Mwy gan Siasbar a Harri / A'u gyr o'r Nordd na'n gwŷr ni … / Ymddiried mae ened Môn / Eleni i'w elynion* (dyfynnwyd yn E. Roberts, *Dafydd Llwyd o Fathafarn* (Eisteddfod Genedlaethol Cymru, 1981), 23).

18   **dyry aer**   Gellid deall yma '*he gives battle*' yn ogystal â'i fod yn rhoi etifedd.

21 **hwn** Cyfeiriad at *dyrnod* (ll. 20) neu gyfeiriad at Edmwnd a fu farw.

22 **Dewr *y blaenwr*, dair blynedd** Llsgr. C *dewr blaen gwr dair blynedd*. Oherwydd bod tystiolaeth y llsgrau. yn wan, diwygiwyd y ll. hon. (Ni chynhwyswyd y ll. yn llsgrau. AB ac y mae ll. llsgr. C sillaf yn rhy fer a cheir twyll gynghanedd *g* o dan yr acen.)

   tair Yr oedd y rhif *tri* yn bwysig yng nghyd-destun y canu brud, cf. H. Lewis, 'Cywyddau Brud', B i (1921–3), 302 (llau. 35–8).

23–4 **haf ... / ... hirfelyn** Un o hynodion y canu brud oedd manylu ar nodweddion y tywydd ac yr oedd yr 'haf hirfelyn' yn un o'r arwyddion brudiol; yr oedd hefyd yn enw ar broffwydoliaeth, gw. EVW 154; 'Proffwydoliaeth yr Haf Hirfelyn' yn Pen 50 ('Y Cwta Cyfarwydd'), 300.

25 **Lloegr â'n wan** Un o'r arwyddion brudiol oedd fod y Sacsoniaid yn mynd i wendid, cf. GDLl 36.58 *Mae'r wadd heb nemor o wŷr*; ar *gwadd* yn gyfeiriad at Risiart III, gw. ll. 70n.

27 **y brawd hen** Sef Harri Tudur, o linach hir a hen waed Cymreig y Brythoniaid.

   Brytaniaid Brutus ap Sylvius o Gaerdroea oedd hynaf chwedlonol y Brython (gw. G 78) a'r Brytaniaid oedd ei ddisgynyddion, sef y Cymry.

28 **Tudur ei daid** Owain Tudur o hil Tuduriaid Penmynydd ym Môn, a disgynnydd Ednyfed Fychan; dyma deulu a gymerodd ran flaenllaw yng ngweinyddiaeth leol tywysogaeth Gwynedd. Yr oedd Owain Tudur (m. 1461) yn daid i'r darpar Frenin Harri Tudur.

29 **gogledd** Sef naill ai yr Alban, neu'r Nordd (sef gogledd Lloegr). Y mae'r ll. fel y mae sillaf yn rhy hir.

30 **yr Eidal** Bu Harri Tudur ar encil ar y Cyfandir, hyd yr Eidal meddir (ond nid oes tystiolaeth annibynnol i hyn); awgrymir yma iddo fynd i Rufain yn benodol er mwyn dod ag esgyrn Cadwaladr Fendigaid oddi yno'n ôl i Gymru, gw. llau. 33–4n, a cf. y cyfeiriad at y Mab Darogan fel 'Owain o Rufain' yn GDLl 78.51–2 *Owain o Rufain yw'r Iôn / A gwncweria gan coron*.

31 Y mae'r ll. fel y mae sillaf yn rhy hir ond gellid cywasgu *Adre y*.

32 **nai Arthur** Deellir *nai* yn ei ystyr letaf, sef 'un o ddisgynyddion' y Brenin Arthur, yn hytrach na mab brawd neu chwaer iddo.

33–4 **esgyrn ... / ... Gadwaladr Fendigaid** Cadwaladr Fendigaid ap Cadwallon ap Cadfan, sylfaenydd eglwys Llangadwaladr ger Aberffro ym Môn. Yn ôl Sieffre o Fynwy, dihangodd Cadwaladr o'r wlad er mwyn osgoi'r pla, a chael ei hun, o'r diwedd, yn Rhufain. Daeth yn enwog yn y canu proffwydol fel arwr a ddychwelai i arwain ei wlad i fuddugoliaeth, gw. G 92. Ond yn ôl Sieffre o Fynwy, ymddangosodd

angel i Gadwaladr i'w rybuddio y byddai farw yn Rhufain ac mai yno y
câi ei gladdu; dywedwyd wrtho hefyd na fyddai'r Cymry yn ymryddhau
o'r gorthrwm a oedd arnynt hyd oni ddeuai esgyrn Cadwaladr yn ôl i
Gymru, gw. BD 206 (ll.27)–207 (ll. 8). Ymhellach, gw. TYP² 292–3.

33 **taid** Fe'i deellir yn ei ystyr letaf, sef 'cyndad, hynafiad' (gw. GPC 3423–
4) ac yn cyfeirio at y *tëyrn* Cadwaladr Fendigaid.

34 Y mae'r ll. fel y mae sillaf yn rhy hir.

35 **Owain** Enw poblogaidd ar y Mab Darogan, gw. GDGor 6.63n; yr
oedd stori ar led mai Owain oedd yr enw a roddwyd gyntaf ar Harri
Tudur ond iddo gael ei newid yn ddiweddarach, gw. 5.23–4n. P'un ai
oedd hynny'n wir ai peidio, 'Owain' oedd Harri i'r beirdd.

37 **[y] Werddon** Daw ymladdwyr yn eu dialedd o bob rhan o Iwerddon i
dir Cymru; darlunnir yma'r broffwydoliaeth mai o dros y môr y deuai'r
Mab Darogan i hawlio'i deyrnas, cf. 'Darogan y llynges drom droch',
R. Wallis Evans: Dar 41.

38 **gwna** Copïwyd *wnan* i lawysgrifau AC, ac nid yw darlleniad llsgr.
B yn eglur; ychwanegiad at destun llsgr. C, a hynny mewn llaw wahanol,
yw'r darlleniad *antirio a wna*. Y mae'r ll. fel y mae sillaf yn rhy hir ond
gellid cywasgu *Anturio a*.

40 **Dulyn** Ceir sôn aml yn y brudiau am losgi Dulyn, cf. ll. 46 *Dulyn yn
dân*. Efallai fod yma gyfeiriad at y Mab Gwyddelig, sef yr un a ddeuai,
yn ôl y canu brud, i achub cam y Cymry gan adfer iddynt goron
Llundain; cf. GGM 13.5–8, 167, a gw. 'Yr *Ych Gwâr* a'r *Mab Gwyddelig*'
yn R. Wallis Evans, 'Canu Darogan: testunau amrywiol', B xxxvi
(1989), 88–9.

43 **ffrewyll** Fel rheol 'fflangell, chwip, strap', gw. GPC 1313, ond am yr
ystyr bosibl 'ffrwd (o waed)', gw. R 1038.14 *ac amdoylann ffra6 ffrowyll*;
GLMorg 3.79n. Yma deellir 'fflangell o dân o faint dau ddwrn'.

48 **Manaw** Sonnir yn aml am Fanaw yn y brudiau, ac am 'dân ym
Manaw', gw. HSt 156; EVW 155, 173. Am ddaroganau sy'n cysylltu'r
Mab Darogan â Manaw, gw. EVW 100, 177.

49 **Llychlyn** Ymddengys isod (llau. 59–62) fod y Llychlynwyr yn
gynghreiriaid i'r Cymry.

54 **Cent** Swydd Gaint; cf. 5.15 *Gwae nyni, Gymry hyd Gent*.

55 **Môn** Yr oedd arwyddocâd penodol i Fôn yn y canu brud ar gyfrif yr
arwydd 'ymwan drud ym Môn', ynghyd â'r broffwydoliaeth 'cad ym
Môn', gw. HSt 153 a'r gyfeiriadaeth ati yn 'Oianau Myrddin', gw.
LlDC 34 (17.176).

56 **ymwrdd** Ar *ymwrdd*, gw. GPC 3788 d.g. *ymhyrddiaf, ymhyrddaf:
ymhyrddio*, 'hyrddio, taflu, neu wthio (ei gilydd) … ymosod, rhuthro,

ymladd ...', bg.a. a hefyd gyda grym enwol i'r be.

57 **Milfwrdd** Proffwydir y bydd y llynges yn dod i dir ym *Milfwrdd*, sef Aberdaugleddau; glaniodd Harri Tudur ym Mill Bay, Dale yn ardal Aberdaugleddau ar 7 Awst 1485, a hynny y mae'n debyg oherwydd cysylltiadau Harri Tudur â chastell Penfro lle y cafodd ei fagu gan ei ewythr, Siasbar Tudur, Iarll Penfro. Y mae beirdd y canu brud yn enwi Aberdaugleddau'n aml, gw. EVW 151–4; cf. hefyd broffwydoliaeth Rhys Fardd yn Pen 53, 17: *In hawlfort ar ddyw ieugweith y gosodant / obob parth y ly lloyger y gosodant. / A day gleddy yn waet hwy a gwelant. / Saeson heb draet hwy a gwelant. / XV Mil o loyger bleid ar draeth ddeu gleddu y gorweddant.*

59–62 **Anrheg ... / ... eu batelu** Os cymerir y ddau gwpled hyn gyda'i gilydd yr ergyd yw ei bod yn briodol rhoi *batelau*, anrhegion o fwyd a diod, i wŷr Llychlyn gan eu bod yn gynghreiriaid. Cf. proffwydoliaeth Rhys Fardd yn Pen 53, 18: *anrec gan gymry hwy ae kaffant. / Dwy vyl o warthec yr llychllinwyr a roddant.* Yr oedd wyna a defeita yng Ngwynedd, ynghyd â chynnull gwartheg, yn hen drefn, gw. E. Roberts, *op.cit.* 29–30. Ond ar ystyr wahanol i'r gair *batelu*, gw. ll. 62n.

59 **heb wedd** Ar ddwy ystyr y cyfuniad *heb wedd*, gw. GPC 1609, '(i) *unsightly, ugly, deformed* ... (ii) *exceedingly'*. Yr ail ddewis sydd fwyaf addas yn y cyd-destun hwn.

60 **Gwynedd** Gwelir yma gyfeiriad at gyfoeth a ffrwythlonedd Gwynedd.

62 **batelu** Gellid yma yr ystyr *batel* '?taliad am fwyd yng ngholegau Rhydychen', gw. GPC 264 d.g. *batel²*; os 'dogn bwyd, *rations*' yw'r ystyr, yna gellid aralleirio 'y mae'n deilwng eu porthi' a'r ergyd yw fod rhoi bwyd i wŷr Llychlyn yn weithred deilwng gan eu bod yn gynghreiriaid. Posibilrwydd arall yw *batelaf: batelu* 'brwydro, ymladd, ymfyddino', gw. GPC 264; os dyna'r ystyr, aralleiriad posibl fyddai 'boed eu rhyfela'n deilwng [o'u rhan yn y broffwydoliaeth]'.

63 **Llsgr.** A *vthvr yw'r hanes*; llsgr. B *arth* [   ]; ond sylwer ar yr amrywiad *arith* sy'n gyffredin ar lafar yn Arfon, gw. GPC 212.

65 Y mae'r ll. fel y mae sillaf yn rhy hir ond gellid cywasgu *yno y.*

66 **camwri** Fe'i deellir yma i olygu 'gorchestion'. Y mae'r ll. fel y mae sillaf yn rhy hir ond gellid cywasgu *Cymru i.*

67 Cynghanedd sain wallus lle yr odlir *hwynt* a *helynt.*

69 **Camlan** Sef Brwydr Camlan, lle y bu brwydro rhwng Arthur a Medrod; yn ddiweddarach daeth *Camlan* yn gyfystyr â lladdfa waedlyd neu ofer. Yr oedd enwau'r cadau mawr yn rhan o eirfa gonfensiynol y cywydd darogan, brwydrau megis *kad nan konwy achad ieithon / kad kors fochno a chad ymon / kad kwminod a chad kaerlleon / kad abergwaith a chad ieithon*, gw. BL Add 31057, 63 (sef y llsgr. lle y ceir y copi

cynharaf o'r cywydd hwn).

70 **gwadd** 'Un o symbolau'r canu brud pan ddefnyddid enwau anifeiliaid i ddynodi dynion, e.e. y brenin Rhisiart III', gw. GPC 1543.

71–4 **A'r ddraig goch ... / ... / A'r ddraig arall ... / Wen** Cyfeirir yma at y dreigiau yn chwedl 'Lludd a Llefelys' ac ym Mrut Sieffre, y naill (y ddraig goch) yn orchfygol ac yn cynrychioli cenedl y Cymry, a'r llall (y ddraig wen) wedi ei choncro ac yn cynrychioli cenedl y Saeson. Am un fersiwn ar yr ymladdfa, gw. *Cyfranc Lludd a Llefelys*, ed. Brynley F. Roberts (Dublin, 1975), 4 (llau. 92–110)–5 (llau. 129–138); ar Lludd fab Beli, arwr y stori, gw. TYP² 424–7.

71 **hydd** Dynodi arwr a wna *hydd* yn y canu brud, ac y mae'n rhan o'r gyfeiriadaeth at y Mab Darogan; y mae'n debygol ei fod ynghlwm wrth y syniad o hirhoedledd fel yn hanes, e.e., Carw Rhedynfre; cf. hefyd GGLl 6.4n.

72 Bai 'crych a llyfn'.

75–6 **Yno y bydd ... / ... diwedd Saeson** Wedi'r gyflafan fawr bydd *Dydd sias* 'dydd ymlid' y Saeson a'u *diwedd* dros byth yn sicr; y mae'r ddelwedd o'u cyrff *fal briwydd bron* 'fel coed crin [ar] lethr bryn' yn drawiadol.

75 Y mae'r ll. fel y mae sillaf yn rhy hir ond gellid cywasgu *Yno y*.

18

Un copi o'r englyn (di-deitl) hwn a oroesodd. Hon yw unig gerdd serch Dafydd Trefor a gadwyd inni, a byddai'n braf cael prawf pellach mai ef a'i lluniodd. Ond yn niffyg priodoliad arall, fe'i cynhwysir yma.[1] Ei neges yw fod yr un a allai ddwyn llawenydd i galon y bardd yn hytrach yn ei glwyfo.

2 **clwyfau** Sef clwyfau serch.

3 **enaid** Sef 'bywyd, einioes', gw. GPC 1211, ond yma'n gyfarchol am y ferch, 'cariad, anwylyd'.

19

Englyn proest dalgron[2] sydd â'i ddiweddiadau i gyd yn acennog yw'r englyn hwn. Diogelwyd tri chopi ohono, y cynharaf ohonynt yn llawysgrif Pen 85, ii, yn dyddio o *c.* 1550; copi BL Add 14999 yn dyddio o ail hanner yr unfed ganrif ar bymtheg; a chopi LlGC 3039B [= Mos 131], yn dyddio o ddechrau'r ail ganrif ar bymtheg, 1613–18. Ni cheir priodoliad yn y copïau

---

[1] Ni chynhwyswyd yr englyn yn rhan o ganon Dafydd Trefor yn Dafydd Trefor: Gw.

[2] Gw. J. Morris-Jones: CD 324–5.

a gadwyd yn llawysgrifau LlGC 3039B [= Mos 131] a Pen 85, ii. Yn llawysgrif BL Add 14999, fodd bynnag, ceir pedwar englyn ar ffolio 6ᵛ: y cyntaf ohonynt yw'r englyn proest di-deitl hwn, yr ail yw englyn unodl union di-deitl 'A gasglo Mai ... ' (gw. cerdd rhif 20 isod), ac yna ceir cyfres o ddau englyn, eto'n ddi-deitl, i'r Saith Gefndyr Saint gydag enw Dafydd Trefor o dan y pedwerydd, ar waelod y ddalen. A yw'r priodoliad hwnnw'n cyfeirio at y pedwar englyn sydd ar ffolio 6ᵛ, neu ai tadogi'r ddau englyn olaf ar Ddafydd Trefor a wna'r copïydd? Cynhwysir yn y gyfrol hon y ddau englyn unigol a'u gosod mewn adran o gerddi amheus eu hawduriaeth, ond gwrthodir yr englynion i'r Saith Gefndyr Saint o ganon Dafydd Trefor.[3]

Os Dafydd Trefor piau'r englyn 'I Fair', yr englyn proest hwn yw ei unig gerdd i'r Forwyn Fair a gadwyd inni. Deisyfiad ydyw ar i Fair ganiatáu i'r bardd rodd ysbrydol a fydd yn ei alluogi i ffieiddio cynneddf meddwl anghyfiawn, ac a fydd yn ei gynysgaeddu â'r gallu i garu Duw uwchlaw pawb a phopeth arall.

1 **drem** Ceid *drem* yn ogystal â *trem* yn ffurfiau cysefin mewn Cym.C.; gellid yr ystyr 'edrychiad, cipolwg' yn ogystal â 'gwedd, ymddangosiad' sy'n rhan o'r topos moli Mair am ei harddwch.

20

Un copi o'r englyn (di-deitl) hwn a oroesodd. Ceir englyn tebyg iddo o waith Lewys Môn dan y teitl *I wynt y deau y sydd yn bwrw i lawr ym mis Hydref y dail a gasglodd mis Mai*,[4] ac englyn arall eithriadol debyg ar yr un testun ac a briodolir i Dudur Aled[5]—testun atyniadol i ddau gyfoeswr, os nad tri.

³ Am y ddau englyn i'r Saith Gefndyr Saint, fe'u cynhwyswyd yn rhan o ganon Hywel Rheinallt yn Hywel Rheinallt: Gw 111.
⁴ GLM 361 (cerdd CVII): *A gasglodd Mai, maith olwg, o ddail / ar ddolydd Caer Widwg, / cydymladd â'r coed amlwg, / cafodau o'r deau a'u dwg.* Fe'i cyhoeddwyd hefyd yn TA 537.
⁵ TA 546: *A gasglodd Mai, maith ddolef,—o ddail / Ar ddolydd Caer Hendref, / Natur i wynt hynt Hydref / Fyned i gerdded ag ef.*

Geirfa

Rhestrir yn yr Eirfa hon y geiriau hynny sy'n digwydd mewn ystyr anarferol neu anghyfarwydd, yn hytrach na phob enghraifft o bob gair.

aberth aberth yr offeren 3.49n
abl galluog, nerthol *eith.* **apla'**
  2.8n, 14.49, 50
achub meddiannu 9.50n
adail eglwys 4.40n
adain *ll.* **adenydd** 8.45n
adeilad cartref 15.44n
adeiladu *1 ll.pres.myn.* **'deilwn**
  15.54
adweddu dychwelyd 5.61
adwy colled, chwithdod 4.47
addef dweud, cyfaddef
  3 un.pres.myn. **addef** 9.63
addysg 1.27n
ael ymyl *ll.* **aeliau** 6.28
aer[1] brwydr 2.18n, 17.18n
aer[2] etifedd 4.59, 7.25, 9.6, 10.12n
aerwy coler 12.7n
afrwyddo rhwystro *3 un.grch.*
  afrwyddid 1.8n
angall ffôl 16.1
angel 9.31n, 12.22n
anghred y gwledydd paganaidd
  15.41
ail tebyg (i) 14.42n
alarch 3.3n, 10.31n
almari 7.43n, 50
allan o'u co' yn wallgof 4.42
allor bwrdd, silff *ll.* **allorau** 7.54
am o gwmpas 4.33n
amod 16.45n (a gw. **tan amod**)
amrafael amryfal 13.19
anad arbennig, hynod *cmhr.*
  anadach 10.55n

anair gwarth 16.3n
anhrugarog 4.32n
annedd cartref 15.57
annwyl gwerthfawr 7.1
anorffen diddarfod, annherfynol
  17.1n
anrheg 17.59n
anudon gau dystiolaeth ar lw
  mewn cyfraith 16.62 *ll.* **udone**
  15.3n
anwes soriant 1.61n
anwyl anhwylder 1.1
apla' gw. **abl**
arall amgen 4.59
ar bâr wedi'u paratoi 14.57n
arch deisyfiad 8.56, 9.19n
archddiacon 1.55n, 56n
  archiagon 2.48, 72, 81
ar hw mewn ffrwst **ar ein hw**
  16.53n
aren digywilydd 6.34n
ar faeth meithriniad plentyn gan
  un sydd heb fod yn rhiant iddo
  12.33n
arfer ymarfer(iad) 11.28n
arglwyddwaed o linach
  arglwyddi 13.8
arian 13.7n
art celfyddyd, dysg yr ysgolion
  3.10n
arth gw. **calyn eirth**
aruthr dychrynllyd 5.11, 6.77,
  18.63
arwydd amlygiad 5.66

asen asen *ll.* **ase** 10.48
asgwrn 1.71n; *ll.* **esgyrn** 12.43n, 17.33n
aur 6.37n, 9.34n, 10.15n, 11.27n, 12.8n, 14.55n
awenydd bardd 12.9n
awgrym llaw 11.35n
awr 6.44n
awran yn awr 11.41
bad llong 9.48n
bagl ffon esgob 14.18n
bai camwedd, amherffeithrwydd 2.60n
bait gw. **bod**
balch pobl wych 4.23
baled 11.32n
balsamŵm balm 14.19n
bara torth, cynhaliaeth 4.88n, 7.16n, 10.10n
Barn gw. **Farn, y**
barwn uchelwr (weithiau am Grist) 3.50, 5.19n, 6.71n; *ll.* **barwniaid** 4.20, 15.12
batelu porthi, rhyfela 17.62n
bedydd gwledydd Cred 15.41
beio *1 un.amhff.dib.* **beiwn** 14.53n
bendigo bendithio *3 un.grff.myn.* **bendigawdd** 1.20
blaenu arwain *3 un.amhff.myn.* **blaenai** 2.59n
blaenwr gŵr dewr ym mlaen brwydr 17.22n
bod *2 un.amhff.dib.* **bait** 12.2
boda dim pob dim 7.71n
bodd ffafr 15.62
bonc bron, codiad tir 8.30n
boreuddydd 1.9n
botwm gem *ll.* **botymau** 13.35
braich braich, pentir 13.3; *ll.* **breichiau** 11.1n, 14.59n
braint rhyddid 5.70n
braisg grymus 10.3
brân *ll.* **brain** 5.60n

brau hael, cain, di-oed, cyflym 1.30, 4.16, 12.16
brawd[1] 1.64n, 17.27n; *ll.* **broder** 1.65, 2.9n, 17.11n
Brawd[2] Dydd y Farn 16.73 (gw. hefyd **Farn, y**)
breferod rhuad 1.11n
breiniol yn meddu ar ragorfraint 4.87
breuant pibell wynt 4.12
breuddwyd 1.8, 9n
brig brig, rhagoriaeth, pen, gwallt 7.25n, 12.16, 13.33n, 14.27n
briwydd coed crin 17.75
broder gw. **brawd**[1]
bron llethr 1.47n
brud hanes, darogan 17.6
brych staen, brith *ll.* **brychau** 13.27n **brychion** 14.27n
Brytanaidd yn perthyn i'r Brythoniaid neu'r hen Gymry 7.32
Brytaniad Brython, Cymro *ll.* **Brytaniaid** 8.8n, 17.27n
buddugolieth buddugoliaeth 5.57n
bun 14.29n
buwch gethin buwch ruddgoch 5.30n
bw ofn 1.2n
bwa 8.28n; *ll.* **bwâu** 14.59n
bwa bach 8.41n
bwlan cod, pwtyn byrdew 7.14, 10.30
bwrw peri tybio 1.11
bwyall 16.32
byd arall, y 16.50n
byd byr, y byd amser 16.42n
byrdwn tant ar offeryn yn cyfateb i'r bas 12.20n
bys 1.72n; *ll.* **bysedd** 12.19n
byw 2.60n

cacwn gw. **nyth cacwn**

Cadair Eglwys Gadeiriol 14.37n

cadarn rhyfelwr (traws) *ll.* **cedyrn** 3.45

cad-dygiad un sy'n ymarweddu'n briodol i frwydr, un sy'n tycio mewn brwydr 11.12n

Cad Gamlan Brwydr Camlan 12.24n (gw. hefyd **Camlan** fel e. lle)

cadw amddiffyn 12.24n; *3 ll.amhff.myn.* **cedwyn'** 5.43n; *3 un.pres.dib.* **catwo** 1.24

cafn seinfwrdd telyn 12.44n

calyn canlyn 3.37, 12.36, 15.36

calyn eirth baetio eirth 6.66n

camwri gorchestion 17.66n

can gan *1 un.* **genni'** 17.1n

can coron 5.24n

canfod *3 un.pres.myn.* **cennyw** 10.51n

caniad casgliad o rhwng 13 a 17 o geinciau telyn *ll.* **caniadau** 12.15n

cannwr cant o wŷr 10.26

cannyn cant o ddynion neu o filwyr 9.12

canol gwely afon, gwely'r môr 9.59n

canon deddf eglwysig 1.37, 3.34 (gw. hefyd **llyfr canon**)

cantor 12.35n

canu *3 un.pres.myn.* **cân** 11.30n

cap mwng caseg, to 9.50n, 14.64n

câr perthynas, ffrind 9.33, 12.32n

cardod 16.65n

carennydd perthynas (hyd y nawfed ach) 9.62n (gw. hefyd **torri carennydd**)

cariad 16.67n

carol dawns 6.61n

carrai darn hirgul o ledr, edau 14.13n

carreg *ll.* **cerrig** 1.44n, 14.28n

carw *ll.* **ceirw** 14.26

cas atgasrwydd, gelyn 1.57n, 17.19

catrfawr llu enfawr o filwyr 17.72

cau twyllodrus 6.2n, 21

cawellan basged fechan 6.14

caws gw. **tŷ caws**

cebystr penffrwyn 9.58

cefen cefn 7.28

cefnder gw. **saith gefnder**

ceiliog 5.57n

celfyddyd gw. **saith gelfyddyd**

celli 2.71n

cennyw gw. **canfod**

cerdd crefft 12.11n

cerdd dafod 16.29

cerddwriaeth crefft neu gelfyddyd cerdd dafod a cherdd dant 17.7

cern boch, ochr pen, clust 16.73n; *ll.* **cernau** 12.50n

cethin gw. **buwch gethin**

ceudod calon, meddwl 16.29

ci (weithiau am Risiart III) 6.56n, 17.2n; *ll.* **cŵn** 6.62, 72; *b.* **gast** *ll.* **geist** 6.62

cinio 2.54n

cist 14.55n, 56n

cistiaid coffraid, corff mewn arch 4.39

claf *ll.* **cleifion** 13.21n

clai gw. **tŷ o glai**

clawdd 12.43n

cled gw. **clyd**

cleddef cleddyf 3.43n

clennig rhodd *ll.* **clenigion** 13.33

clêr beirdd a cherddorion 15.20 (gw. **gleisiad y glêr**)

cloch gwobr, cloch *ll.* **clych** 13.7n, 14.42n, 70

clochdy 14.70

clun ôl coes ôl 6.66n

clwyf archoll serch *ll.* **clwyfau** 18.2n

clyd cysgodol *b.* **cled** 7.65

cneifio anrheithio 5.44

co' gw. **allan o'u co', o'i go', tan go'**

cob mantell laes, ddilewys clerigwr 1.25n, 8.3, 14.13n

cod bag i ddal telyn neu fwa 7.11, 8.58, 12.45n (a gw. **gŵr y god**)

codi 13.28n

coed *ll. dwbl* **coedydd** 3.45n

coelio ymddiried, ufuddhau 15.2

coffr trysorfa 2.33n

coler 10.16n

colofn gw. **pedair colofn**

colon colofn, cynheiliad, cefnogydd 13.53, 16.11

coludd S. '*gut*' 12.43n

colli 2.70n; *3 un.grff.myn.* **colles** 3.48n

comisiwn awdurdod 1.29

confocasiwn synod 1.57n

côr cangell, corff o gantorion 3.7, 28, 11.30n, 14.40, 15.49

corf bwa, cyfrwy (am gorff telyn) 12.44n

corff 4.88n

corn gw. **ewin gorn**

coron gw. **can coron**

corsen coesyn, ?cywarch *ll.* **cyrs** 8.52

corwgl cwch pysgota bychan â'i waelod yn fflat 6.10

coweth cyfoeth 1.53n

crach-hwyad 6.19

crair anwylyd 5.74, 17.39

credu ymddiried *3 ll.pres.myn.* **credan'** 15.45n

crupl *ll.* **crupliaid** 13.22n

crwm 14.16n

crys crys, amdo 4.38n; *ll.* **crysau** 13.27n

cryswyn gwyngalchog 3.11n

cul *eith.* **cula'** 2.79n

cwd bag 6.12

cweirio cyweirio, tiwnio 12.38

cweirgorn corn tiwnio 12.46

cwlm cwlwm, casgliad o 24 o geinciau telyn 12.14n

cwrrwm crymedd cefn 4.10

cwrser march hela, rhyfelfarch *ll.* **cwrseriaid** 10.18 **cyrsers** 3.20

cwrt cartref uchelwr 12.29

cwta sarrug 17.72

cwymp 5.40n

cwyn gofid 6.2

cwynos swper 6.60

cwyr cannwyll 13.56

cychwedl adroddiad 1.6n

cydlasu cydlafasu, beiddio, anturio *3 un.amhff.myn.* **cydlasa'** 8.14n

cyfa cyflawn 1.37

cyfarwr un yn cydaredig 14.23

cyfion cyfiawn, person cyfiawn 1.37, 12.26

cyfrith ffurf, ymddangosiad 4.29

cyff offeryn penyd, coffr *ll.* **cyffion** 2.33n

cyff Dwynwen 13.30n

cyffes cyfaddef pechod wrth offeiriad 6.30

cymesur priodol 1.29

cymyrredd anrhydedd 17.16

cynfas amdo 15.23

cynired ymgynnull 3.17

cynnal 10.12n

cynnar amserol 5.35

cynnydd prifiant 9.59

cyntedd mynedfa 7.58

cytûn mewn harmoni 12.39

cyw eryr mab i arwr 9.33n

chwannog awyddus, blysig 4.6

chwarel carreg werthfawr 13.2n

chweugain arian bath *ll.*

chweugeiniau 13.37n

chweugeintorth cant ac ugain o dorthau 7.58n

chwyrn chwim 12.50

da daioni, cyfoeth bydol 2.31n, 13.45n **daf** 10.27n; *cfrt.* **daed** 14.10n; *eith.* **gorau** 2.45n

dadal gw. **dadl**

dadl ymryson, ymresymiad 12.12n **dadal** 3.39

daered treth 5.12

daf gw. **da**

'Dafydd Broffwyd' 'Cainc Dafydd Broffwyd' 12.41n

dal golwg syllu ar 11.24n

dan gw. **tan**

dau 11.10n; *b.* **dwy** 12.11n

Dawns, [y] Dawns yr Angau 4.14n

dechrau dechreuad 1.3

deffro cyffroi 12.17

deg 12.39n

degwm tâl o ddegfed ran o incwm, set o ddeg carreg werthfawr mewn llaswyr 6.31n, 11.48n

deifio rhuddo gan wres 6.57

deigryn *ll.* **deigr** 4.46, 5.9 **dagrau** 2.63n

'deilwn gw. **adeilad**

deirydu bod o'r un gwaed â, perthyn 17.12n

deisyfreg rhodd i'w chwennych 3.33n

deol alltudio 5.45n

der pengaled, gwrthnysig 10.38

detholiad dewisddyn 7.29

deudroed 15.21n

deudryll o faint dau [ddwrn] 17.43

deugain 11.47n

deuliw dwywaith tecach ei liw na 11.24

deurudd wyneb, anrhydedd 9.5

deuwell dwywaith gwell 2.37n, 11.30n

dewis *3 un.grff.myn.* **dewisodd** 14.9n

diawl 6.58, 78n

di-blyg heb blygiadau (am wisg) 11.26n

dichwerwgerdd cerdd felys 12.46

di-dlawd cyfoethog 12.12

diddetens di-ddal-yn-ôl 3.40n

difrïaidd dilornus 4.12n

diful hyderus 16.23

digon helaethrwydd 12.16

dihareb 1.67n

dilid dilyn *3 un.pres.myn.* **dilid** 14.45n

dinas nodded 13.14n

diosglog llyfn 11.57

di'rabedd diddigrifwch 4.15

diriwr anogwr taer 8.55n

dirwesta dirwestu 2.67n

dirwy colled 5.11n

dis 10.38n

disiarad 3.59n

di-wâd dinacâd 17.61

diwan cryf 17.64

diwarnod 10.35n

diwedd 15.62n

dobio pwnio 10.43n

dodren dodrefn 7.69

doef gw. **dyfod**

doniag un dawnus a hael 3.41n

draig *ll.* **dreigiau** 17.69

draig goch 17.71n

draig wen 17.73–4n

drem trem, ymddangosiad 16.48, 19.1n

dringaw dringo 12.22n

drwg 7.40n; *cmhr.* **gwaeth** 7.16n

drych patrwm, esiampl 2.22

du anfad 6.58n, 78 (gw. hefyd **du gwrol, y, go' du**)

dug *ll.* **dugiaid** 5.9n
du gwrol, y 10.1n
dulas porffor 14.45n
dull 11.30n
dwbled gwasgod *ll.* **dwbledau** 15.31
dŵr dagrau 4.84
dŵr drostyn' eu golchi 2.67n
dwrn 1.72n
dwy gw. **dau**
dwygod 7.10n
dwylath 8.29n
dwywaith 4.34n
dwyn gwisgo, cario 9.23
dwyn bloneg cario braster [corff] 10.36
dwyn y bel rhagori *3 un.pres.myn.* **dwg y bel** 8.9n
dwywaith 4.34n
dwywlad 2.2n
dy atat ti 10.1n
dychanu difenwi 4.6
dyfaliad pôs 6.47
dyfalu cymharu, sef gorchest y Cywyddwyr; gwatwar 6.57
dyfalwr bardd sy'n llunio cymariaethau, goganwr 6.58n
dyfod *3 un.amhff.myn.* **doef** 6.47n; *3 ll.grff.myn.* **doethon'** 5.51n
dyfyn gwŷs 1.59
dyfynnu hawlio presenoldeb, galw ynghyd *3 un.pres.myn.* **dyfyn** 1.58; *2 un.pres.myn.* **dyfynni** 4.28; *2 un.grff.myn.* **dyfynnaist** 4.25
dygyn eithafol ofidus 4.61n, 7.7
dyhuddo cysuro, ennill ffafr 12.38
dyrnod cyffyrddiad 12.40n
dyroi *3 un.pres.myn.* **dyry** 17.18n
dysg 2.23, 24, 27, 11.15n
dywedyd *3 un.grff.myn.* **dywawd** 14.15
edef edau bywyd 15.35n

edryd edfryd, adfer i iechyd 15.48n
eddi mân edafedd 16.56
eddyw gw. **myned**
eglurder ysblander 2.9
egroes ffrwyth y rhosyn gwyllt 11.42n
egwyd hual, chwydd uwchben carn ceffyl 9.42n
eidion clerigwr *ll.* **eidionnau** 14.25, 46n
eilio dirdynnu 4.83
eira 16.40n
elawr gw. **gwŷdd elawr**
emprwr 4.17n
enaid bywyd 13.32n, 18.3n
enw awdurdod 11.58
enwair gwialen bysgota 6.8n
enwog clodfawr 17.39, 65
erchi gofyn, deisyfu *3 un.pres.myn.* **eirch** 10.62
erchwyn gŵr, arglwydd 4.33n
erlyniog ymbilgar 5.73
ermin ffwr seremonïol 11.54
eryr arwr 1.24, 2.77n (gw. hefyd **cyw eryr, eryr du**)
eryr du 5.36n, 63n (gw. hefyd **cyw eryr, eryr**)
esgob 1.26n, 14.14n, 58
euraidd 9.32n
eurlawr gw. **maes eurlawr**
euro anrhydeddu 11.11; *amhrs.grff.myn.* **eurwyd** 11.9
eurwar 5.63n
ewigol fel ewig 6.61n
ewin gorn blaen ewinog cyweirgorn telyn 7.19
ewyrth 9.3n, 16, 74n
Farn, y diwedd y byd 16.75 (gw. hefyd **Brawd**[2])
fellýn fel hyn 1.45
ffens brwydr 5.50
ffêr hardd 11.51n

ffloring arian bath 9.32n
ffluwch mwng 9.44
fflwch cyflym 9.44
ffon teyrnwialen 5.50n
fformasiwn ffurfiad, S. *formation*
1.39
ffrewyll fflangell 17.43n
ffrins ymylwe, S. *fringe* 11.21
ffriw ymddangosiad, wyneb
11.22, 12.17
ffrwythlawnwych llwyddiannus
a gwych 12.10
ffydd 11.51n
ffynnon 13.44n, 14.32n; *ll.*
ffynhonnau 13.15n
gado gadael 4.37, 58, 15.27
gadu caniatáu *3 un.pres.myn.* **gad**
13.5n
gafael cynheiliad, cord cerddorol
7.27n
gain gw. **genni**
gâl gelyn *ll.* **galon** 5.52
galawnt cwrtais a mawrfrydig,
S. *gallant* 4.50
gallel gallu 4.30
gallt llethr serth 2.38n
galluol cryf 3.57n
gar coes *ll.* **garrau** 4.2
garw sarrug 1.5
geist gw. **ci**
gen gan 7.1n
genni cael lle yn *3 un.pres.myn.*
gain 7.68n
genni' gw. **can**
gerbron yn gyhoeddus 13.27
glain carreg werthfawr 11.46,
50n, 51n; *ll.* **gleiniau** 11.41n,
13.35
glas 11.46n
gleisiad y glêr gŵr eglwysig 8.27n
gloyw 13.7n
gnawd naturiol 20.3
go' du 5.62n

gofal pryder 15.40n
gofegu caru, chwenychu
3 un.pres.myn. **gofeg** 8.5
gogledd 17.16n, 29n
gogylch o gwmpas 6.61, 9.42
golchi curo, dyrnu, ysbarduno
10.45n, 47n
golud 13.31n
gorau gw. **da**
gordderch gw. **merch ordderch**
gorlliw disgleirdeb 13.12
gormeisiad *ll.* **gormeisiaid** 7.6n
gormes bod yn faich ar 3.48n
gorwydd march 10.23
gosber gwasanaeth hwyrol
14.48n
gosod ymosod 7.13
gown 12.47n
gradd urddas, statws 2.23
graeandir tir llawn graean 3.25n
gramadeg 3.33, 14.17n
gras rhodd, hawddgarwch 1.39
grawn pysg mân wyau yn wygell
pysgodyn 11.43n
Grawys, y 11.42n
gris statws 14.37n
grot arian bath *ll.* **grotiau** 13.40n
grudd 2.79n, 10.42
grugionyn morgrug 7.74n
grwndwal sylfaen, sail, prif
gynhaliaeth 3.34 (a gw. **maen**
grwndwal)
gwadd 17.70n
gwaeth gw. **drwg**
gwaith gwaith, brwydr 5.53,
11.59n, 14.53n
gwan 17.25n; *ll.* **gweiniaid** 13.22n
gwarant cadarnhad 14.73n
gwarhau dofi 8.48
gwartheg 17.59n
gwasbraff praff fel gŵr ifanc
17.41
gwatworus gwawdlyd 10.49

gwayw gwaywffon *ll.* **gwewyr** 7.26

gwehelyth uwchradd, uchelwrol 15.55

gweithred 15.39n (a gw. **Saith Weithred, y**)

gweld *3 un.pres.myn.* **gwŷl** 15.9, 17.55

gwellt porfa 9.50n

gwen merch ifanc 8.43n

gwenith ŷd, moliant 1.47n, 3.58n

gwenwyn gwenwyn, gofid 1.79n, 5.33, 14.30

gwep pen 9.57n

gwêr S. *'suet'*, saim 6.56

gweundir rhostir 9.52

gwewyr gw. **gwayw**

gwialen 15.25n

gwiber 5.38n

gwiddon gwrach 9.55

gwin 2.16, 18, 71, 4.88n, 5.13n

gwineulas gwelw ei wedd a gwinau ei wallt 4.50

gwineuwyn gwinau ei wallt a gwelw ei wedd 4.90

gwinllan 1.66n

gwisgo gwisgo, urddo 12.43n; *amhrs.grff.myn.* **gwisgwyd** 14.14n

gwledd swper neithior yr Oen 15.58n

gwleddwych gwych ei wledd 13.8

gwndwn gwyndwn, gwastadedd 9.52, 15.28

gwneuthur *2 un.pres.myn.* **gwnai** 7.44; *3 un.pres.myn.* **gwna** 17.38n; *3 un.amhff.myn.* **gwnâi** 9.20n

gwneuthuriad (am Grist) 5.77n

gwnïad *ll.* **gwniadau** 11.27n

gŵr 14.16n

gwrach 1.9n

gwraidd 7.31n

gwrda gŵr bonheddig 1.60n

gwregys 12.45n

gwreiddyn *ll.* **gwreiddion** 10.20

gwrthol dychweliad 17.32

gwrŷf cafn gwin *ll.* **gwryfiau** 13.39

gŵr y god bwgan 4.2n

gwrym gwnïad, ?grym 11.35n

gwybod *3 un.amhff.myn.* **gwyddiad** 14.11

gwych 12.9n

gwŷdd pren, llinach 8.46n, 10.8n

gwŷdd elawr 15.13n

gwŷl gw. **gweld**

gwyn disglair 4.38n, 7.16n, 8.10, 9.31n, 50n; *ll.* **gwynion** 2.71n; *cmhr.* **gwynnach** 11.18n

gwŷn dolur 5.33

gwynt awel 12.40n

gwyrth *ll.* **gwyrthiau** 13.15n

gynt cenedl elyniaethus 5.67

hacni ceffyl marchogaeth *ll.* **hacnis** 9.68

had 1.41n

hadyd had ŷd 3.55n

haeddu *3 un.pres.myn.* **haedd** 1.33

haf hirfelyn 17.23–4n

hafodwraig gwraig fferm *ll.* **hafodwragedd** 6.74

hap llwyddiant, ffawd dda 4.89

harp telyn 7.11

hau 1.45n; *3 un.pres.myn.* **hea** 3.57n

hawsáu esmwytho 13.32n

hea gw. **hau**

hebrwn hebrwng 14.49

heb wedd dros ben, S. *'exceedingly'* 12.20n, 17.59n

hedyn 1.46n

hedd 3.43n

hel casglu *3 ll.pres.myn.* **heliwn** 15.55

helynt ymlidiad 17.67

hen *eith.* **hyna'** 4.44n
henddyn henwr 1.58n
henyd hen ŷd 7.17
heri coes gloff 6.45
het 1.40n
het aur coron 5.48n
heuwr gw. **dameg yr heuwr**
hir 12.47n
hirwydd coeden dal 5.76n
hirynt hynt maith 16.5
hort sen, athrod 9.64n
hosan 15.22n
hudol dewin 15.7
hunan 9.65n
hutarth arth ynfyd 9.64n
hw gw. **ar hw**
hwn 17.21n
hwpio gwthio *3 un.pres.myn.*
  hwpia 2.40
hwyr araf 17.24
hydref 20.3
hydd 17.71n
hygo' 14.74n
iad corun, talcen, pen 11.2, 60n
iarll *ll.* **ieirll** 12.6n
iechyd 13.31n
ill deuwedd ill dau 17.26
ir ffrwythlon 1.47n
iraid saim 6.51
irddoeth ifanc a doeth 12.1
irgainc cân newydd, fywiog 14.44
irwydd disgynnydd ifanc 8.11
Lladiniaith 14.12n
llai nag amgen na, arall 7.28
llall 2.57n, 16.32n
llathen 8.4n
llaw 3.57n, 6.78n
llawes ymyl, cwr 6.24
llawgaead dyn crintachlyd 3.55n
llawgoch a gwaed ar ei ddwylo
  5.64n
llawiad y weithred o ddefnyddio'r
  llaw 6.35n

llawnder 17.11n
llawnfrig cyflawn o ragoriaeth
  12.21
lletben ochr (mynydd), llethr 9.45
llew 5.35n
llew coch 5.58n
lliain 11.35n
llifair gorlifiad *ll.* **llifeiriau** 6.1
llin llinach 11.8
lliw cyflwr, stad 9.70
llorf piler y delyn 12.44n
llosgwrn cynffon 17.44
llu 17.11n
llu du llu eneidiau damnedig
  16.80n
llu eiddo Duw llu eneidiau
  gwynfydedig 16.79n
llu'r gwlith llu dirifedi 3.61
llun ffurf; lluniaidd 6.51, 8.18n
llwyd gwallt wedi britho,
  duwioldeb; sanctaidd 7.28n,
  10.2
llwysteg hardd a glandeg 3.51
llwyteg gwelw a glandeg 7.76n
llydan helaeth 9.13
Llyfr, [y] Y Beibl 3.44n, 8.6n
llyfr canon 1.35n (gw. hefyd
  canon)
llygad tarddiad 6.19
llythyr 14.39n
llythyren disgynnydd 5.3n (gw.
  hefyd **pen llythyren, tair
  llythyren**)
llywydd llywodraethwr 17.52
mab 1.60n, 4.44n
mab bedydd 2.32n
mae? pa le y mae? 15.29, 30(2),
  31, 32(2), 16.6n
maelu anrhegu *3 un.grff.myn.*
  maelodd 3.47n
maen carreg, gem 11.58; *ll.* **main**
  11.3n, 25, 36, 45, 47, 48, 54, 55,
  57, 59, 60n

maen grwndwal carreg sylfaen 3.25n

maenol maenor, tiriogaeth 9.47

saffir S. *sapphire* 3.29n

maentumio cynnal 14.52

maes eurlawr maes wedi'i balmantu ag aur 16.15n

maeth gw. **ar faeth**

main gw. **maen**

mam 9.66n

mamaeth un sy'n magu plentyn person arall 12.34n

mamog 9.2n, 38

mant gwefus 4.11

marfolaeth marwolaeth 15.10

marian llethr bryn wedi'i orchuddio â cherrig mân 9.39

marmwr marmor 11.46

marw[1] marwolaeth 1.6n, 11 (gw. hefyd **marfolaeth**)

marw[2] *ll.* **meirwon** 13.28n

marw[3] 16.54n

masg rhwymyn 1.71n

mau fy, eiddof fi 4.27n, 12.49

mawr sylweddol 2.66n, 4.27n

mawrddaf mawrdda, gwych 9.73n

meddiant awdurdod 5.71

meinin wedi ei wneud o gerrig 15.17, 29

meinir 11.60n

meinllin llin, lliain main 8.32n

meistrolaeth uchafiaeth, awdurdod 1.54

merch (am delyn) 12.33n, 49n

merch ordderch merch anghyfreithlon 9.40n

mererid perlau, gemau 11.56

meudwydy cell meudwy 14.7n

mil 14.10n

milgi 5.34n

miragl gwyrth 13.28n

misiff S. *mischief* 7.6n

modd moes *ll.* **moddau** 8.47

moelcen pen moel 4.11n

moelrhon morlo 6.17

molt ffurf 11.20

môr 5.2n, 11.46n

môr-gerwyn trobwll 6.10

morwyn 12.35n

mul swil, gwylaidd 15.10

mulfran bilidowcar 6.18

mur gwarchodwr, cynheiliad 11.5

mwnai arian 3.52n, 13.48, 15.15

mwnws cyfoeth 7.22

myned *1 un.pres.myn.* **af** 11.53n; *3 un.pres.myn.* **â** 7.61n; *3 un.prff.myn.* **eddyw** 9.63n

mynydd 5.16n, 23n

mynydd iâ S. *'iceberg'* 4.43n

nai nai, disgynnydd 2.30n, 17.32n

nawdd-dir noddfa 13.14n

newyddian baban newydd-anedig 4.21n

nith 13.58n

nobl arian bath *ll.* **noblau** 13.38n

nod both olwyn, nod 11.49n, 13.52n

nodol nodedig 3.31

nodwydd offer pysgota, nodwydd 6.13, 11.27n

noddyn pwll dwfn, affwys 6.23n

noethi gwneud yn noeth *3 un.grff.myn.* **noethed** 6.39

nofio hwylio (dros) 9.46

nyddu troelli ei ffordd *3 un.grff.myn.* **nyddodd** 6.23n

nylu enylu, anelu *amhrs.pres.dib.* **nyler** 8.31n

nyth cacwn 7.67n

o[1] o (gw. **allan o'u co'**, **o'i go'**, **o'm sir**)

o[2] i o'**i** i'w 9.64n

Oed Duw Oedran Crist 14.71n

oen *ll.* **ŵyn** 17.60n

oer isel ysbryd 13.16n

oerwr dihiryn 1.5, 6.34, 51
offeren 14.41n
offis swyddogaeth, dyletswydd,
    gwasanaeth 10.37
o'i go' yn angof 6.44n
olwyn 8.31n, 11.50n, 51n
o'm sir yn anhapus 2.41n
organ 12.47n, 14.41n
orsib addoliad, clod 3.14n
pabwyr wic cannwyll 13.25n
pader 11.52n
paderau llaswyr 11.40
padriarch 2.22n, 8.18n
pais tiwnig 13.36
palis pared 3.5, 14.49
pân ffwr 15.32
pana oni(d) 15.9n, 16.5n
pand onid 16.1n
pâr gw. ar bâr
parth aelwyd 3.15n
pasio rhagori ar 3 un.amhff.myn.
    pasiai 11.38
pawb pob un 11.43, 54
pedair colofn casgliad o geinciau
    telyn (colofn = 240 cainc) 12.14n
pedeirawr 11.40n
pedeirgwlad pedair sir 2.10n
peiriog byrlymus, cynddeiriog
    14.34n
pen blaen saeth, to 8.45n, 14.72n
    (gw. pen awen, pen llythyren)
penadur pennaeth, uchelwr ll.
    penaduriaid 4.73
pen awen pennaf bardd 16.26n
pencerdd pencerdd [telyn] 12.18n
penhygen ysgadenyn, yn ffigurol
    am ysbardun 10.46n
pen llythyren manylyn dysg 3.35
pêr 1.66n
perl 3.30
pi pioden 6.46
pib casgen ll. pibau 13.26
pig 5.65n

pilwrn saeth ll. pilwrnau 8.50
pla poendod 6.76
planed 7.47n
plas 14.64n
pluen ll. plu 9.32n, 34n
plwm metel rhad, gwenwynig
    14.64n, 16.17n
plwy' Deiniel esgobaeth Bangor
    14.50n
plygain awr weddi ganonaidd
    11.26n
plygedig ym mhlygion gwisg
    13.38n
plygu torri calon amhrs.grff.myn.
    plygwyd 4.49
poeri 3 un.grff.myn. poeres 14.34
porth mynedfa, drws y bedd
    13.44n, 15.26, 16.20n
porthcwlis 5.32n
post cynhaliaeth 7.36
p'radwys 2.70, 14.51
praffwydd llinach gref 7.25
prelad gŵr eglwysig o radd uchel
    1.36
pren 8.33n (gw. hefyd saith bren,
    y)
pridd defnydd y corff dynol
    16.36n
priddell pridd (y bedd)
    ll. priddellau 16.34
pris gwerth 3.10
proffwydolieth gw. 'Y
    Broffwydoliaeth Fawr'
prydydd bardd 12.9n
pryf ll. pryfed 14.33
pum 11.49n, 50(2)n, 51(2)n,
    11.52n
purdan 2.69
pwmpa afal mawr, ?pomgranad
    ll. pwmpâu 11.52n
pwnc nodyn, cân 12.18n
pwyll iechyd meddwl 13.25
pybyr ysblennydd 4.26

pymthecant ... hugain gyda saith
  1527 14.73–4
pysg gw. **grawn pysg**
ralai cweryl, rhyfel, S. *rally* 6.78n
rhad rhodd 6.48
rhag llaw yn y dyfodol, eto 3.70
rhagor ardderchogrwydd,
  rhagoriaeth 3.27, 11.29
rhawn cynffon 9.41
rhawnir â chynffon hir 9.62
rhent bywoliaeth 4.26n
rhithio (peri) ymddangos
  2 un.pres.myn. **rhithi** 4.29
rhodol rhwyf 6.11
rhoi *3 un.amhff.myn.* **rhôi** 7.2n;
  3 un.grff.myn. **rhoes** 5.40n
rhoi hyr herio *3 un.amhff.myn.*
  rhôi hyr 6.45n
rhôn gwaywffon 17.13
rhosgampi blodeuyn yr egroes
  5.40n
rhosyn 4.55
rhuddin hanfod, craidd 1.27n
rhusio gwrthod symud ymlaen
  3 un.pres.myn. **rhusia** 10.54
rhwth un gwancus 10.30
rhwy' rhwyf 6.7
rhwyd *ll.* **rhwyde** 6.11
rhwydd hael 12.3
rhwyddwin gwin helaeth 9.4
rhychor ych yn aredig *ll.*
  rhychorion 2.4n
rhyrio ?taro *3 un.grff.myn.*
  rhyriodd 6.7n
rhyw rhywogaeth, disgynydd-
  iaeth, math; naturiol 2.3n, 6.44,
  7.32n, 8.8n, 10.59
rhywiogaidd ucheldras 3.27
rhywoli llywodraethu
  3 un.amhff.myn. **rhywolai** 11.7n
sad cadarn 9.28
sadliw graen gadarn 10.5
Saeson gw. **Sais**

saeth *ll.* **saethau** 13.41n
safedig cadarn 16.63
saffir S. *sapphire* 3.29n
said gw. **yn ei said**
saig gwledd 10.28
Sais *ll.* **Saeson** 17.14, 68, 76
saith bren, y 15.53n
saith gefnder 14.3n
saith gelfyddyd 16.25n
saith saint 14.4n
Saith Weithred, y Saith Weithred
  y Drugaredd 15.45n
sant gw. **saith saint**
sarn llwybr 7.24
sawl nifer 4.89
sawyr aroglau 10.33
seilio sefydlu, gosod sail 4.89,
  15.18
Seithfed (am Harri VII) 5.75n
seithgant 17.52, 53
sêl 6.34, 14.39n, 16.40n
sens arogldarth 14.49n
sentes dedfryd, S. *sentence* 6.30n
sêr 12.7n
sewer swyddog sy'n blasu ac yn
  gweini bwyd *ll.* **sewers** 3.20
sgrwd corff marw 4.3n
siampler patrwm 11.28n
siarter siartr 16.39n
sias brwydr, helfa, ymlid 9.8,
  17.14n, 68, 76
sied atafaeliad; ceffyl esgyrnog,
  anystwyth 10.40n
sifiliwn 1.34n
simwr mantell 14.61n
sir S. (*good*) *cheer* 4.48n, 11.23 (a
  gw. **o'm sir**)
Siry' siryf, [Uchel] Siryf 4.48n,
  10.18n
siwgrwin 3.19
soelio rhoi pardwn i 6.34n
soniaid sôn 9.15n
swydd swyddogaeth 14.39n

swyddog 4.32n
sylfyd symud *3 un.pres.myn.* sylf
  3.26n
synnwyr doethineb 13.32n
syrfeier 8.28n
syw rhagorol, doeth 16.35
tabler gêm fwrdd 10.38n
tad 14.10n
taid taid, hynafiad 2.3n, 5.63n,
  11.11n, 12.13n, 17.33n
tair llythyren 8.34n (gw. hefyd
  llythyren)
tâl[1] talcen 6.16, 10.63, 15.39n,
  16.9 (a gw. un dâl â)
tâl[2] taliad, dial 4.70, 11.11, 14.54,
  17.29
tâl[3] gw. talu
talu teilyngu *3 un.pres.myn.* tâl
  15.54n
tân 11.50n
tan amod S. '*on condition*' 15.19n
tan go' a gedwir yn y cof, sicr
  13.15n, 14.73n
tant 12.39n
tapr cannwyll gŵyr fain *ll.* taprau
  12.25
tario oedi *3 un.pres.myn.* taria
  9.51
tarw 2.20, 5.25n; *ll.* teirw 2.1n, 3,
  6,
tau dy, eiddot ti 4.3
Te Deum 14.15n
teirgwaith 4.34n
teiriaith 5.25n
telynor 12.10n
term tymor 1.70
tew trwchus 16.22
tewi 2.37n
tewlwyd tew a gwelw 10.31
tid cadwyn, awdurdod 12.23,
  14.46n
tido harneisio 9.55n
tir 2.28n

tirf tew 10.35
tir glas 14.38n
tirio glanio *3 ll.pres.myn.* tirian'
  17.58
tir'waed llinach groyw 12.4n
to glas to o borfa ir 15.24
torch *ll.* tyrch 2.4
torri rhannu *3 un.pres.myn.* tyr
  3.52n
torri carennydd *3 un.pres.myn.*
  tyr ... ei charennydd 9.61–2n
torri dydd torri cymod, torri oed
  3.67n
torri'r carchar dianc, torri dros y
  tresi *3 un.amhff.myn.* torrai'r
  carchar 9.54n
tost blin, llym 6.15n, 15.6
trach bron gerbron *3 un.g.* trach
  ei fron 2.82n
trada da dros ben 8.41
trefnu'n dda newid pethau er
  gwell *3 un.pres.dib.* trefno'n dda
  1.63n
treisio gormesu *2 un.grff.myn.*
  treisiaist 4.33
tre tad etifeddiaeth, genedigaeth
  fraint 2.1, 15.43
treulwin 2.20n
tri 2.38n; *b.* tair 17.22n
tribys tair lleuad ar arfbais 6.37n
tri gelyn 15.2n, 16.59n
tri meddyg 16.63n
tripio baglu *3 un.pres.dib.* tripio
  10.56
triphren 12.42n
troed *ll.* traed 13.34n
trwch toredig 5.56
trwm trist 4.45
trychiolaeth bwgan 6.4n
trydydd 9.30n
trylau gw. yn drylau
trylef soniarus iawn 20.1
turio tyllu 7.14

tus thus, perarogl 13.58n

twn toredig 1.30, 7.32n, 8.8n

twr rhyfelwr cadarn, cadernid 9.9

twred twr bychan 7.56, 12.8n

tŷ 6.70n *ll.* **teiau** 7.9n **tai** 15.17n
  (gw. hefyd **tŷ caws, tŷ o glai**)

tŷ caws *ll.* **tai'r caws** 6.72n

tynnu tynnu (i), cyrchu
  3 un.pres.myn. **tyn** 17.15;
  2 un.amhff.myn. **tynnai** 8.43n
  tynnud 4.22

tŷ o glai bedd 15.24

tyrch gw. **torch**

tywyllfrych tywyll ac ysmotiog,
  ystaeniog ei liw 17.5

tywyn traeth 13.18

udone gw. **anudon**

unben 3.6

un dâl â yr un ffunud â 11.23

uwch ein llaw drosom 1.32

weithian yn awr 8.53

'wyllys bwriad 1.7

wyneb anrhydedd 10.6, 11.18n

wynebisel pruddglwyfus, di-hwyl
  3.16n

ŵyr wyres, ŵyr 11.7n, 12.6n

wyth 8.12n

Wythfed (am Harri VIII) 5.75n

'Y Broffwydolieth Fawr' 17.3–4n

ych 5.30n; *ll.* **ychen** 2.5n, 14.23n

ŷd 3.56n

yngod yno, yn ymyl 4.1

ymddiried 7.49n

ymgusanu 1.80n

ymhell 2.68n

ymherodr 4.18n

ymlid ymosod 12.24n

ymypryd 16.66n

ymsocian gwlychu'n wlyb domen
  6.18n

ymwasg gwasgfa 17.14

ymwrdd gwrthdaro 17.56n, 57

yn d'ôl yn unol â'th [farn] 12.31

yn drylau yn bentyrrau 13.37n

yn ei said yn sefydlog, yn ddisyfl
  8.2n

ysbrotiannwr chwilotwr 6.26n

ysgol 3.31n

ysgrîn arch, bedd 4.3n

ysgwliwn gwas cegin, S. *scullion*
  6.54n

ystelff twpsyn 6.53

ystad cyflwr 4.22n, 10.3

ystod gyrfa, amrediad 10.3,
  14.67n

Enwau personau

Absalon Absalom 16.9n
Adda 2.65n, 75
Angau 4.1
Angharad 4.37n, 57
Alecsander Mawr Alecsander
Fawr 16.16n
Arglwydd Tomas gw. **Tomas**
Arthur y Brenin Arthur 16.12n,
17.32n
Awstin 16.41n
Baglan 1.21n
Bergam, y 17.8n
Beuno 1.20n
Brân 4.72n
Brân ... Llywarch Llywarch ap
Brân 8.19–20n
Brutys Brutus 8.15n
Brychan gw. **Dwynwen ... merch
Frychan**
Bwlcleiod 2.8n
Cadwaladr Fendigaid 17.34n
Caradog ... Freichfras 9.7–8n
Celi Duw 15.59 (gw. hefyd **Duw**)
Crist 14.16n, 17.2 (gw. hefyd
Duw Iesu, **Iesu**, **Mab**, **Mab y
Forwyn**)
Cynfrig 8.13n
Dafydd[1] Dafydd Llwyd ap
Dafydd ap Gwilym 4.81n
Dafydd[2] Dafydd ab Ieuan 10.27n
Dafydd,[3] **Syr** Syr Dafydd Trefor
9.73n
Dafydd[4] gw. **Rhydderch ap
Dafydd**
'Dafydd Broffwyd' gw. fel e.c.
Dafydd fab Hywel Nudd gw.
**Margred ... merch Dafydd ...
ap Hywel Nudd**
Dafydd ... Gethin 8.11–12n
Dai ap Gwilym Dafydd ap
Gwilym ap Dafydd 7.72 **Dai**

Wilym 12.27n **Dai** 7.10n, 21, 44
Deiniel Deiniol 1.22n, 14.5n, 25,
40, 68 **Sain Deiniel** 14.20 **Deiniel
Sant** 14.36 (a gw. **plwy' Deiniel**)
Doctor Wiliam gw. **Wiliam**[5]
Duw (weithiau am Iesu) 1.2, 8,
63n, 2.54n, 62n, 3.56, 4.58, 61,
5.11, 39, 7.2, 8.17, 10.2, 12.39,
14.18n, 46, 66, 71, 15.43, 57, 62,
16.79 19.4 (gw. hefyd **Celi**)
Duw Iesu 14.9n (gw. hefyd **Iesu**)
Dwynwen ... merch Frychan
13.6–7 **Dwynwen** 1.19n, 13.14,
30, 55, 62 (gw. hefyd **cyff
Dwynwen**)
Edward Edward II 16.17n
Edward Sirc 12.4n **Edward**
12.30, 54
Edwin 11.13n
Efa[1] 2.65
Efa[2] Efa ferch Rhys ap
Maredudd 4.53
Eingian Einion Sant 1.21n
Ei **Ras** gw. **Harri**[1]
Eleth Elaeth 2.20n
Esyllt 11.3n
Fyrgyl Vergil 16.23n
Gei o Warwig 16.14n
Gruffudd, Syr Wiliam gw.
Wiliam[3], **Wiliam**[4]
Gruffudd Goch gw. **Siôn**[2]
Gwalchmai Gwalchmai fab
Gwyar 16.13n
Gwilym gw. **Dai ap Gwilym**
Gwnda 1.23n
H[1] gw. **Harri**[1]
H[2] gw. **Harri**[2]
Harri[1] Harri Tudur 5.1n, 8, 55n,
12.72n **Harri Seithfed** 5.71 **H**[1]
5.5 *Ei* **Ras** 5.4n (gw. hefyd
Seithfed fel e.c.)

Harri[2] Harri VIII 5.76n **H**[2] 5.6n
(gw. hefyd **Wythfed** fel e.c.)

Harri Sant Harri VI 5.72n

Hywel Nudd gw. **Marged ...**
merch Ddafydd ... ap Hywel
Nudd

Hywel y Pedole 16.31n

Idwal Idwal Foel ab Anarawd
11.13n

Iefan gw. **Ieuan**

Iemwnt Edmwnd Tudur 5.3n

Iesu 1.17, 2.83, 4.87, 11.33n,
12.19, 13.54, 14.37, 16.81 (gw.
hefyd **Crist, Duw, Duw Iesu,**
Mab, Mab y Forwyn)

Ieuan Ieuan ap Tudur 8.25n
Iefan 8.5n

Ieuan ap Rhys 9.22n

Ieuan Goch o Lŷn 9.10n

Ifan Amhredudd Fychan Ieuan
ap Maredudd Fychan 7.47–8
Ifan 7.28n

Ifor Ifor Hael 3.8n

Ithel 9.9n

Lewys, Syr Lewys ab Ieuan ap
Tudur 8.3n, 54 **Syr Lewys ...**
Niwbwrch 8.15–16

Lowri[1] Lowri ferch Hywel ap
Gruffudd Goch 3.67n

Lowri[2] Lowri ferch Maredudd ap
Tomas 4.82n

Llwyteg, y 12.6n

Llywarch ap Brân gw. **Brân ...**
Llywarch

Llywelyn[1] Llywelyn ap Dafydd
Gethin 8.9n

Llywelyn[2] 9.9n

Mab Iesu Grist 5.18 **Mab y**
Forwyn 5.17 (gw. **Crist, Iesu**)

Maelgwn Maelgwn Gwynedd
5.34n

Mair Mair Forwyn 5.74, 7.16n,
11.58n, 19.1n **y Forwyn** 5.17

Mair Fadlen Mair Magdalen
2.53n

Maredudd Maredudd ap Tomas
o Borthaml 4.45n **Mredudd** 4.65

Marged ... merch Ddafydd ... ap
Hywel Nudd 9.17–20n **Marged**
9.36

Margred ... ferch Wiliam
Margred ferch Wiliam
Gruffudd (yr ail) o'r Penrhyn
11.4–5n

Moesen Moses 5.27n

Morgan Fychan 9.29n **Morgan**
9.36

Mredudd ... ŵyr Rhys gw.
Wiliam[6]

Myfanwy Myfanwy ferch Ieuan
ap Maredudd Fychan 7.45n

Non 11.22n

Nudd Nudd Hael ap Senyllt
2.12n, 11.38n (gw. hefyd
Marged ... merch Ddafydd ...
ap Hywel Nudd)

Ofydd 3.8n

Olwen 11.1n

Owain y Mab Darogan 5.68n,
17.35n

Owain Amhredudd 4.35n **Owain**
4.41, 50, 70, 78, 90

Owain ... Glyndŵr 4.75–6n

Pab 2.12n, 26, 4.15n, 6.33

Peder Pedr 2.61n

Percyn Perkin Warbeck 5.53n

Robart ap Rhys, Mastr 3.9–10n
Robert 3.49

Robert ... Salbri Robert Salsbri
6.37–8n

Robin gw. **Siôn**[2]

Rolant, Mastyr Rowland Bwlclai
2.15n

Rhisiart[1] Rhisiart ap Maredudd
ap Tomas 4.55n

Rhisiart[2] Rhisiart III 5.49n

Rhisiart³, Mastr Rhisiart Bwlclai
2.13n
Rhotbert Robin ap Gruffudd
11.16n
Rhydderch ap Dafydd 10.7n
Rhydderch 10.20, 39, 59
Rhys¹ Rhys ap Maredudd, Rhys
Fawr 3.66n
Rhys² Rhys ap Dafydd ap
Gwilym 4.81n
Rhys³ 10.31n, 42, 44, 50, 54, 62,
66 **Rhys Cwg** 10.34
Rhys⁴ gw. **Ieuan ap Rhys**
Rhys⁵ gw. **Wiliam⁶**
Salmon Solomon 16.7n
Samson 16.11n
Siân¹ Siân ferch Maredudd ap
Tomas 4.82n
Siân² Siân Stradling 11.23n
Siarlas Siarlymaen 16.15n
Sibli Ddoeth 16.8n
Sieffre … fab Siôn 11.37–8n
Siob Job 3.9n
Siôn¹ 12.4n
Siôn² Siôn ap Robin ap Gruffudd
Goch 9.8, 28, 35 **Siôn … fab**
Robin … ŵyr Ruffudd … Goch
9.3–6n
Siôn³ gw. **Sieffre … fab Siôn**
Sirc gw. **Edward Sirc**
Tegau Tegau Eurfron 11.20n

Tomas Thomas Skeffington
14.45n, 52, 56 **Arglwydd Tomas**
14.63 **Ysgefintŵn** 14.54n
Trindod 1.77n
Trowtbeg, y Syr William
Troutbeck 11.16n
Tubal Twbal-Cain 16.28n
Tudur¹ Tudur ab Einion Sais
8.7n
Tudur² Owain Tudur 17.28n
Twrog 1.24n
Wiliam¹ Wiliam ap Dafydd ap
Gwilym 4.83n
Wiliam² Wiliam ap Gruffudd ap
Robin 10.16n
Wiliam³ Syr Wiliam Gruffudd
Hen o'r Penrhyn 11.7n, 10n
Wiliam⁴ Syr Wiliam Gruffudd (yr
ail) o'r Penrhyn 11.10n (a gw.
Margred … ferch Wiliam)
Wiliam,⁵ Doctor 1.18n **Mastr**
Wiliam 1.54n
Wiliam⁶ Wiliam ap Maredudd ap
Rhys 7.29, 39, 43 **Wiliam …**
aer Mredudd … ŵyr Rhys
7.23–6n
Wiliam⁷ Wiliam ap Gruffudd ap
Dicws 6.6 **Wil** 6.5n, 28, 43, 47
Wiliam⁸, Syr clerigwr anhysbys
8.23n
Ysgefintŵn gw. **Tomas**

Enwau lleoedd

Affrig 12.42n
Bangor 14.1n, 42
Berwig Berwick-upon-Tweed
5.66n
Blac-heth Blackheath 5.58n
Brycheiniog 13.1n
Caer Chester 10.17n
Camlan 17.69n (a gw. **Cad
Gamlan**)
Cent swydd Gaint 5.15n, 17.54n
Coedleision 8.14n
Conwy 3.1, 6.2n, 8
Cornwel Cernyw 5.60n
Cymru 17.66
Dulyn 17.40n, 46
Eidal, yr 17.30n
Eifionydd 9.3n
Ffrainc 3.19, 13.40n
Glyn Glynllifon 1.28n
Grwyn, [y] La Corunna 13.41n
Gwynedd 5.28, 17.60n
Iwerddon gw. **Werddon**
Llanallgo 9.71n
Llanbedrog 8.18n
Llandygái 11.8n
Llanddwyn 13.4n, 55 (gw. hefyd
Penrhyn … Llanddwyn)
Llanidan 4.40n
Lleweni 6.38n
Lloegr 17.25n
Llundain 1.4n
Llychlyn 17.49n, 61
Llŷn 1.4n, 9.2, 10n, 45

Manaw Ynys Manaw 17.48n
Meirionnydd gw. **sir Feirionnydd**
Menai cwmwd Menai 4.68, 13.9n;
[Afon] Menai 7.22
Milfwrdd Aberdaugleddau
17.57n
Môn 1.56n, 2.22, 34, 47, 72,
3.13n, 4.48n, 79, 9.1, 70, 10.13,
19, 60, 12.33, 13.60, 17.55n (gw.
hefyd **sir Fôn**)
Myfyrian 10.10n
Mynydd Mynydd yr Olewydd
15.37n
Mynydd Nefyn 9.46n
Mynyw Tyddewi 3.13n, 11.47n
Niwbwrch 8.16n, 13.56n
Penfro 14.8n
Penrhyn … Llanddwyn 13.11–
12n (gw. hefyd **Llanddwyn**)
Rhis-mwnt Richmond 5.4n
Rhôn talaith Rhône yn Ffrainc
5.23n
Sieb, y Cheapside 11.21n
Sin Sheen 5.59n
sir Feirionnydd 1.55n
sir Fôn 13.54 (gw. hefyd **Môn**)
sir Gaer swydd Gaer neu sir
Gaernarfon 10.33n
swydd Ddinbych 3.6n
Trent Stoke on Trent 5.56n
Warwig gw. **Gei o Warwig**
Werddon Iwerddon 9.40n, 17.37n
Winsor Windsor 14.4

Llawysgrifau

Cynnwys nifer o'r llawysgrifau a restrir waith sawl copïwr. Ceisir dyddio'r rhannau hynny y mae gwaith beirdd y gyfrol hon yn digwydd ynddynt yn unig. Diolchir i Mr Daniel Huws am unrhyw ddyddiadau neu wybodaeth na chrybwyllir yn y ffynonellau printiedig a nodir.

Llawysgrifau yng nghasgliad Prifysgol Cymru Bangor

Bangor 1268: Rowland Lewis, canol yr 17g. (ar ôl 1638), gw. 'Catalogue of Bangor MSS. General Collection', 1217–3133 (cyfrol anghyhoeddedig, Prifysgol Cymru Bangor), dan rif y llawysgrif; Rhiannon Francis Roberts a Geraint Gruffydd, 'Rowland Lewis o Fallwyd a'i Lawysgrifau', Cylchg LlGC ix (1955–6), 495–6.

Bangor 5945: William Evans, Llanwnda, 1772–4, gw. 'Catalogue of Bangor MSS. General Collection', 5446–7060 (cyfrol anghyhoeddedig, Prifysgol Cymru Bangor), dan rif y llawysgrif.

Bangor 7288: Iaco ap Dewi, 1707, gw. 'Catalogue of Bangor MSS. General Collection', 7061–10436 (cyfrol anghyhoeddedig, Prifysgol Cymru Bangor), dan rif y llawysgrif.

Bangor 13829: Robert Prichard, Llannerch-y-medd, *c.* 1821–2, gw. *ib.* dan rif y llawysgrif.

Bangor 24245: llaw anh., ail hanner y 18g., gw. 'Catalogue of Bangor MSS. General Collection', 23759–25705 (cyfrol anghyhoeddedig, Prifysgol Cymru Bangor), dan rif y llawysgrif.

Bangor (Mos) 6: John ap Humffrey ap Tudur, *c.* 1600 (o bosibl), E. Gwynne Jones and A. Giles Jones, 'A Catalogue of the (Bangor) Mostyn Collection' i, (copi anghyhoeddedig, Prifysgol Cymru Bangor, 1967), dan rif y llawysgrif.

Bangor (Mos) 11: llaw anh., ail hanner yr 17g., gw. *ib.* dan rif y llawysgrif.

Bangor (Penrhos) 1573: ?Siôn Brwynog, *c.* 1590–1637, gw. 'A Catalogue of the Penrhos Papers' (cyfrol anghyhoeddedig, Prifysgol Cymru Bangor, 1940), dan rif y llawysgrif; Eurys I. Rowlands, 'Llaw dybiedig Siôn Brwynog', Cylchg LlGC vii (1951–2), 381.

Llawysgrifau Ychwanegol yn y Llyfrgell Brydeinig, Llundain

BL Add 12230 [= RWM 52]: Griffith Vaughan, *c.* 1689, gw. RWM ii, 1136–44.

BL Add 14866 [= RWM 29]: Dafydd Johns, 1586–7, gw. CAMBM 1844, 16; RWM ii, 1022–38.

BL Add 14874 [= RWM 51]: llaw anh., canol yr 17g., gw. *ib.* 1131–5.

BL Add 14875 [= RWM 30]: Siôn Tudur (o bosibl), ar ôl 1570, gw. CAMBM 1844 19; RWM ii, 1039–48.

BL Add 14876: Richard Morris, 1722–49, gw. CAMBM 1844, 19–20.

BL Add 14879 [=RWM 38]: Richard ap John o Ysgorlegan, *c.* 1620, gw. RWM ii, 1079–82.

BL Add 14880 [= RWM 36]: llaw anh., hanner cyntaf yr 17g. (ar ôl 1609), gw. CAMBM 1844, 21; RWM ii, 1074–6.

BL Add 14881 [= RWM 50]: llaw anh., hanner cyntaf yr 17g., gw. *ib.* 1130–1.

BL Add 14885 [= RWM 34]: llaw anh., *c.* 1600, gw. CAMBM 1844, 23; RWM ii, 1069–70.

BL Add 14892: Wiliam Bodwrda a'i gynorthwywyr, *c.* 1642, gw. CAMBM 1844, 25–6; R. Geraint Gruffydd, 'Llawysgrifau Wiliam Bodwrda o Aberdaron (a briodolwyd i John Price o Fellteyrn)', Cylchg LlGC viii (1953–4), 349–50; Dafydd Ifans, 'Bywyd a Gwaith Wiliam Bodwrda (1593–1660) o Aberdaron' (M.A. Cymru [Aberystwyth], 1974), 410–49; *id.* 'Wiliam Bodwrda (1593–1660)', Cylchg LlGC xix (1975–6), 300–10, *passim.*

BL Add 14894 [= RWM 40]: llaw anh., chwarter cyntaf yr 17g., gw. CAMBM 1844, 26; RWM ii, 1087–91.

BL Add 14900: Rowland Lloyd (y mae'n debyg), 1626–89, gw. CAMBM 1844, 28.

BL Add 14906 [= RWM 45]: Wiliam ap Wiliam ap Robert o Dregarweth, 16g./17g., gw. *ib.* 29–30; RWM ii, 1101–4.

BL Add 14940: John Owen (dan oruchwyliaeth Richard Morris), *c.* 1758, gw. CAMBM 1844, 40–1.

BL Add 14962: Owen Jones 'Owain Myfyr', *c.* 1768–1799, gw. *ib.* 44.

BL Add 14965: Edward Kyffin, *c.* 1580, gw. *ib.* 45–6.

BL Add 14966: Wiliam Bodwrda, *c.* 1644–6, gw. *ib.* 46–7; R. Geraint Gruffydd, 'Llawysgrifau Wiliam Bodwrda o Aberdaron (a briodolwyd i John Price o Fellteyrn)', Cylchg LlGC viii (1953–4), 349–50; Dafydd Ifans, 'Bywyd a Gwaith Wiliam Bodwrda (1593–1660) o Aberdaron' (M.A. Cymru [Aberystwyth], 1974), 266–340; *id.* 'Wiliam Bodwrda (1593–1660)', Cylchg LlGC xix (1975–6), 300–10, *passim.*

BL Add 14967 [= RWM 23]: llaw anh., canol yr 16g. (ar ôl 1527), gw. CAMBM 1844, 47; RWM ii, 996–1014.

BL Add 14975: llaw anh., 16g./17g., gw. CAMBM 1844, 51–2.

BL Add 14978: llaw anh., *c*. 1600, gw. *ib*. 53.

BL Add 14979: John Fowk, *c*. 1579, gw. *ib*. 53–4.

BL Add 14984: llaw anh., *c*. 1600, gw. *ib*. 55–6.

BL Add 14985: llaw anh., hanner cyntaf yr 17g., gw. *ib*. 56.

BL Add 14999: llaw anh., ail hanner yr 16g., gw. *ib*. 60.

BL Add 15006: llaw anh., hanner cyntaf yr 17g., gw. *ib*. 64.

BL Add 15007: llaw anh., *c*. 1600, gw. *ib*. 64.

BL Add 15010: William Roberts, Llwynrhudol, 1757–63, gw. *ib*. 65.

BL Add 15038: llaw anh., 1575, gw. *ib*. 76–7.

BL Add 24980 [= RWM 39]: llaw anh., *c*. 1600, gw. RWM ii, 1082–7.

BL Add 31056: llaw anh., ail hanner yr 17g. (ar ôl 1658), gw. CAMBM 1876–81, 154.

BL Add 31057: llaw anh., 16g./17g., gw. *l.c.*

BL Add 31058: llaw anh., hanner cyntaf yr 17g., gw. *l.c.*

BL Add 31059: Rhisiart ap Siôn o Ysgorlegan, *c*. 1590, gw. *l.c.*

BL Add 31060: Richard Cynwal a Huw Machno, *c*. 1620, gw. *l.c.*

BL Add 31061: Lewys Dwnn ac eraill, diwedd yr 16g., gw. *l.c.*

BL Add 31062: Owen Jones 'Owain Myfyr' a Hugh Maurice, *c*. 1800, gw. *l.c.*

BL Add 31071: Owen Jones 'Owain Myfyr' a Hugh Maurice, *c*. 1800, gw. *l.c.*

BL Add 31072: Owen Jones 'Owain Myfyr' a Hugh Maurice, 19g., gw. *l.c.*

BL Add 31085: Owen Jones 'Owain Myfyr' a Hugh Maurice, 19g., gw. *l.c.*

Llawysgrif yng nghasgliad Bodewryd yn Llyfrgell Genedlaethol Cymru, Aberystwyth
Bodewryd 2: Robert Lewis, *c*. 1724 (y mae'n debyg), gw. 'Schedule of Bodewryd Manuscripts and Documents' (cyfrol anghyhoeddedig, Llyfrgell Genedlaethol Cymru, Aberystwyth), 1–2; D. Huws, 'Robert Lewis of Carnau', Cylchg LlGC xxv (1987–8), 118.

Llawysgrif yng nghasgliad Llyfrgell Bodley, Rhydychen
Bodley Welsh e 7: llaw anh., 16g./17g., gw. SCWMBLO vi, 216.

Llawysgrifau yng nghasgliad Brogyntyn yn Llyfrgell Genedlaethol Cymru, Aberystwyth

Brog (y gyfres gyntaf) 1: Harri ap Llywelyn ap Siôn ac eraill, canol yr 16g., gw. 'Catalogue of Brogyntyn Manuscripts and Documents', i (cyfrol anghyhoeddedig, Llyfrgell Genedlaethol Cymru, 1937), 1–2; E.D. Jones, 'The Brogyntyn Welsh Manuscripts', Cylchg LlGC vi (1949–50), 309–16.

Brog (y gyfres gyntaf) 2: Humphrey Davies, 1599, gw. 'Catalogue of Brogyntyn Manuscripts and Documents', i (cyfrol anghyhoeddedig, Llyfrgell Genedlaethol Cymru, Aberystwyth, 1937), 3–5; E.D. Jones, 'The Brogyntyn Welsh Manuscripts', Cylchg LlGC v (1947–8), 234–6.

Brog (y gyfres gyntaf) 3: llaw anh., 17g., gw. 'Catalogue of Brogyntyn Manuscripts and Documents', i (cyfrol anghyhoeddedig, Llyfrgell Genedlaethol Cymru, Aberystwyth, 1937), 6–7; E.D. Jones, 'The Brogyntyn Welsh Manuscripts', Cylchg LlGC vi (1949–50), 1–42.

Brog (y gyfres gyntaf) 5: llaw anh., 1625–30, gw. 'Catalogue of Brogyntyn Manuscripts and Documents' i (cyfrol anghyhoeddedig, Llyfrgell Genedlaethol Cymru, Aberystwyth, 1937), 10–12; E.D. Jones, 'The Brogyntyn Welsh Manuscripts', Cylchg LlGC v (1947–8), 237–57.

Llawysgrifau yn Llyfrgell Ganolog Caerdydd

Card 1.5 [= RWM 23]: Foulk Owen, 1674x1691, gw. RWM ii, 206–10.

Card 1.18: Elizabeth Phillips, 1850, gw. Graham C.G. Thomas and D. Huws, 'Summary Catalogue of the Manuscripts ... commonly referred to as the "Cardiff MSS"' (Aberystwyth, 1994), 2–3.

Card 1.20: Elizabeth Phillips, 1850, gw. *ib.* 3.

Card 2.4 [= RWM 11], i: llaw anh., 16g./17g. (yr un llaw â Card 2.5), gw. RWM ii, 138–41.

Card 2.13 [= RWM 34]: llaw anh., ar ôl 1819, gw. *ib*. 231.

Card 2.26 [= RWM 18]: William Ffylip (aelod o gylch Siôn Dafydd Rhys), *c*. 1581–97, gw. *ib*. 172–8.

Card 2.68 [= RWM 19]: llaw anh., *c*. 1624, gw. *ib*. 178–93.

Card 2.114 [= RWM 7]: llaw anh., 1564–6, gw. *ib*. 110–28; Graham C.G. Thomas and D. Huws, *op.cit.* 88.

Card 2.202 [= RWM 66]: John Davies, 1690–4, gw. RWM ii, 289–93.

Card 2.617 [= Hafod 3]: Huw Machno ac eraill, *c*. 1620–5, gw. *ib*. 302–6; Graham C.G. Thomas and D. Huws, *op.cit.* 142.

Card 2.619 [= Hafod 5]: llaw anh., *c*. 1586, gw. RWM ii, 306–9; Graham C.G. Thomas and D. Huws, *op.cit.* 142.

Card 2.627 [= Hafod 17]: llaw anh., ail hanner yr 16g., gw. RWM ii, 320–1.

Card 3.4 [= RWM 5]: Elis Gruffydd, *c.* 1527, gw. *ib.* 93–6.

Card 3.37 [= RWM 20]: llaw anh., 1614–36, gw. *ib.* 193–202.

Card 3.68: Robert Thomas, Beddgelert, *c.* 1735, gw. Graham C.G. Thomas and D. Huws, *op.cit.* 230.

Card 4.10 [= RWM 84]: Dafydd Jones o Drefriw, canol y 18g., gw. RWM ii, 790–3.

Card 4.101 [= RWM 83]: Huw Machno, cyn 1614, gw. *ib.* 783–9.

Card 4.110 [= RWM 47]: David Ellis, Cricieth, 1771–95, gw. *ib.* 239–43; Graham C.G. Thomas and D. Huws, *op.cit.* 328.

Card 4.156 [= RWM 64]: Margaret Davies, 1736–7, gw. RWM ii, 272–85.

Card 5.10, i [= RWM 48]: William Griffith, *c.* 1750, gw. *ib.* 244–8.

Card 5.44: Llywelyn Siôn, cwblhawyd yn 1613, gw. Graham C.G. Thomas and D. Huws, *op.cit.* 440; Llywelyn Siôn, &c.: Gw 157–60, 212–36.

Card 5.167 [= Thelwall]: cylch Richard Longford, *c.* 1565–72, gw. *ib.* 451; BaTh 303, 311–12; GO 26.

Llawysgrif yng nghasgliad Castell y Waun yn Llyfrgell Genedlaethol Cymru, Aberystwyth
Chirk A 5: llaw anh., 16g./17g., gw. E.D. Jones, 'A Schedule of Chirk Castle Manuscripts and Documents' i (cyfrol anghyhoeddedig, Llyfrgell Genedlaethol Cymru, Aberystwyth), 2.

Llawysgrifau yng nghasgliad Cwrtmawr yn Llyfrgell Genedlaethol Cymru, Aberystwyth
CM 5: ?Ieuan Tudur Owen o Ddugoed, Mawddwy, *c.* 1600, gw. RWM ii, 878–86; B.G. Owens and R.W. McDonald, 'A Catalogue of the Cwrtmawr Manuscripts' i (cyfrol anghyhoeddedig, Llyfrgell Genedlaethol Cymru, Aberystwyth, 1980), 5–6.

CM 10: David Ellis, 1766, gw. RWM ii, 890–5; B.G. Owens and R.W. McDonald, *op.cit.* 11.

CM 22: llaw anh., hanner cyntaf yr 17g., gw. B.G. Owens and R.W. McDonald, *op.cit.* 25.

CM 24: llaw anh., canol yr 17g., gw. RWM ii, 923–4; B.G. Owens and R.W. McDonald, *op.cit.* 27.

CM 27: David Ellis, 1630, gw. RWM ii, 925–32; B.G. Owens and R.W. McDonald, *op.cit.* 30–1.

CM 40: Robert Williams, Aber-erch, 'Robin Llys Padrig', nid cyn 1804, gw. RWM ii, 935; B.G. Owens and R.W. McDonald, *op.cit.* 45–6.

CM 114: John Hughes, *c.* 1624–48, gw. *ib.* 145.

CM 200: Lewis Morris, 1724–9, gw. *ib.* 236–7.

CM 238: Lewis Owen, *c.* 1690, gw. *ib.* 273.

CM 325: W.H. Mounsey, 1859, gw. B.G. Owens, Rhiannon Francis Roberts and R.W. McDonald, 'A Catalogue of the Cwrtmawr Manuscripts', ii (cyfrol anghyhoeddedig, Llyfrgell Genedlaethol Cymru, Aberystwyth, 1993), 380.

CM 452: Evan Evans, *c.* 1750, gw. *ib.* 506.

CM 454: Peter Bailey Williams, *c.* 1791–3, gw. *ib.* 509.

CM 552: Owen Jones, ail hanner y 19g., gw. *ib.* 586.

Llawysgrif yng nghasgliad Esgair a Phantperthog yn Llyfrgell Genedlaethol Cymru, Aberystwyth
Esgair 1: llaw anh., 17g., gw. 'Schedule of Esgair and Pantperthog MSS. and Documents' (cyfrol anghyhoeddedig, Llyfrgell Genedlaethol Cymru, 1950), 1–11.

Llawysgrifau yng nghasgliad J. Gwyneddon Davies ym Mhrifysgol Cymru Bangor
Gwyn 1: Humphrey Davies, diwedd yr 16g. neu ddechrau'r 17g., gw. GSCMB, 30.

Gwyn 2: Watkin Lloyd, *c.* 1600, gw. *l.c.*

Llawysgrifau yng nghasgliad Coleg Iesu, Rhydychen
J 101 [= RWM 17]: llaw anh., canol yr 17g., gw. RWM ii, 68–86.

J 138 [= RWM 16]: Robert Davies, Gwysanau, 1628, gw. *ib.* 64–8.

J 139 [= RWM 14]: llaw anh., hanner cyntaf yr 17g., gw. *ib.* 56–7.

Llawysgrif yng nghasgliad J. Glyn Davies yn Llyfrgell Genedlaethol Cymru, Aberystwyth
JGD 2: Wiliam Bodwrda, *c.* 1644, gw. 'Schedule of Manuscripts and Papers Deposited by J. Glyn Davies, Esqu., M.A., Llanarth' (cyfrol anghyhoeddedig, Llyfrgell Genedlaethol Cymru, Aberystwyth, [1949]), 32–64; R. Geraint Gruffydd, 'Llawysgrifau Wiliam Bodwrda o Aberdaron (a briodolwyd i John Price o Fellteyrn)', Cylchg LlGC viii (1953–4), 349–50; Dafydd Ifans, 'Bywyd a Gwaith Wiliam Bodwrda (1593–1660) o Aberdaron' (M.A. Cymru [Aberystwyth], 1974), 545–50; *id.* 'Wiliam Bodwrda (1593–1660)', Cylchg LlGC xix (1975–6), 300–10 *passim.*

Llawysgrifau yng nghasgliad Llyfrgell Genedlaethol Cymru, Aberystwyth

J.R. Hughes 6: John Evans, 1793, gw. Rh.F. Roberts, 'A Schedule of J.R. Hughes Manuscripts and Papers' (cyfrol anghyhoeddedig, Llyfrgell Genedlaethol Cymru, Aberystwyth, 1963), 1–2.

LlGC 16B: un o gopïwyr Wiliam Bodwrda, canol yr 17g., gw. NLWCM 37–47; R. Geraint Gruffydd, 'Llawysgrifau Wiliam Bodwrda o Aberdaron (a briodolwyd i John Price o Fellteyrn)', Cylchg LlGC viii (1953–4), 349–50; Dafydd Ifans, 'Wiliam Bodwrda (1593–1660)', *ib.* xix (1975–6), 300–10.

LlGC 112B: Edward Jones a'i gylch, yn gynnar yn y 19g., gw. NLWCM 113.

LlGC 162D: un o gopïwyr Syr T. Phillipps, 19g., gw. *ib.* 130–2.

LlGC 165C: llaw anh., 18g./19g., gw. *ib.* 133–4.

LlGC 279D: llaw anh., 17g./18g., gw. *ib.* 194.

LlGC 435B: llaw anh., dechrau'r 17g., gw. *ib.* 321–5.

LlGC 552B: llaw anh., hanner cyntaf yr 17g., gw. HMNLW i, 33.

LlGC 593E: llaw anh., *c.* 1720, gw. *ib.* 38.

LlGC 643B: llaw anh., hanner cyntaf yr 17g. (ar ôl 1607), gw. *ib.* 43.

LlGC 644B: llaw anh., canol yr 17g., gw. *ib.* 44.

LlGC 666C: William Jones, Llangollen, 19g., gw. *ib.* 46.

LlGC 670D: William Jones, Llangollen, 19g., gw. *ib.* 46–7.

LlGC 727D: Huw Machno, 1610, gw. *ib.* 53.

LlGC 728D: llaw anh., 16g./17g., gw. *ib.* 54.

LlGC 832E: William Bulkeley, Brynddu, hanner cyntaf y 18g., gw. *ib.* 63.

LlGC 970E [= Merthyr Tudful]: Llywelyn Siôn, *c.* 1613, gw. RWM ii, 372–94; HMNLW i, 77; D.H. Evans, 'Ieuan Du'r Bilwg (*fl. c.* 1471)', B xxxiii (1986), 106.

LlGC 1024D: llaw anh., ail hanner y 18g. (ar ôl 1765), gw. HMNLW i, 82.

LlGC 1573C: Angharad Llwyd, hanner cyntaf y 19g., gw. HMNLW i, 133.

LlGC 1579C: llaw anh., 17g.–19g., gw. *ib.* 134.

LlGC 3037B [= Mos 129]: Richard Mostyn, *c.* 1574–82, gw. RWM i, 63–74.

LlGC 3038B [= Mos 130]: John Davies, 'Siôn Dafydd Laes', *c.* 1687–93, gw. *ib.* 74–87.

LlGC 3039B [= Mos 131]: John Jones, Gellilyfdy, 1613–18, gw. *ib.* 87–97; N. Lloyd, 'A History of Welsh Scholarship in the First Half of the Seventeenth Century with Special Reference to the Writings of John Jones, Gellilyfdy' (Oxford, D.Phil., 1970), 41–6.

LlGC 3040B [= Mos 132]: llaw anh., ail hanner yr 16g., gw. RWM i, 98–100.

LlGC 3047C [= Mos 144]: William Phylip, *c.* 1620, gw. *ib.* 131–51.

LlGC 3048D [= Mos 145]: Wiliam Bodwrda, *c.* 1644–50, gw. *ib.* 151–68; Dafydd Ifans, 'Bywyd a Gwaith Wiliam Bodwrda (1593–1660) o Aberdaron' (M.A. Cymru [Aberystwyth], 1974), 341–52.

LlGC 3049D [= Mos 146]: Huw Machno, 1636–7, gw. RWM i, 168–79.

LlGC 3050D [= Mos 147]: Edward Kyffin, *c.* 1577, gw. *ib.* 180–96.

LlGC 3051D [= Mos 148]: Thomas Davies, ail hanner yr 16g. ond cyn 1594, gw. *ib.* 196–212.

LlGC 3056D [= Mos 160]: Humphrey Davies, *c.* 1600, gw. *ib.* 224–42; E.D. Jones, 'The Brogyntyn Welsh Manuscripts', Cylchg LlGC v (1947–8), 234; D. Huws, 'The Transmission of a Welsh Classic' yn *Recognitions: Essays Presented to Edmund Fryde* (Aberystwyth, 1996), gol. C.R. Richmond and I. Harvey, 194.

LlGC 3057D [= Mos 161]: llaw anh., cyn 1563, gw. RWM i, 242–55.

LlGC 3077B: llaw anh., 17g., gw. HMNLW i, 264.

LlGC 4710B: Gwilym Pue, 1676, gw. HMNLW ii, 36–7.

LlGC 5265B: llaw anh. (Morys Kyffin, o bosibl), 1579, gw. *ib.* 81.

LlGC 5272C: Edward Kyffin, 1576x1581 (1577, o bosibl), gw. *ib.* 83.

LlGC 5273D: William Davies, 1642, gw. *ib.* 83.

LlGC 6471B: llaw anh., hanner cyntaf yr 17g. (cyn 1633), gw. *ib.* 183.

LlGC 6499B: llaw anh., hanner cyntaf yr 17g. ac nid ar ôl *c.* 1655, gw. *ib.* 186.

LlGC 6681B: John Jones, Gellilyfdy, hanner cyntaf yr 17g., gw. *ib.* 204–5.

LlGC 6706B: llaw anh., dechrau'r 17g., gw. *ib.* 208.

LlGC 6735B: Richart Robert, 17g./18g., gw. *ib.* 211.

LlGC 9048E [= copi ffotostat o lawysgrif Rhydychen, Coleg Balliol 353]: Syr Siôn Prys o Aberhonddu, ail chwarter yr 16g., gw. GP cx–cxi; HMNLW iii, 106; E.D. Jones, 'Llyfr Amrywiaeth Syr Siôn Prys', *Brycheiniog*, viii (1962), 97–104; R.A.B. Mynors, *Catalogue of the Manuscripts of Balliol College Oxford* (Oxford, 1963), 349–51.

LlGC 9166B: llaw anh., canol yr 17g., gw. HMNLW iii, 121.

LlGC 10252D: llaw anh., ail hanner y 18g., gw. *ib.* 205.

LlGC 10748D: llaw anh., 1722x1734, gw. *ib.* 242.

LlGC 11087B: llaw anh., diwedd yr 16g., gw. *ib.* 304.

LlGC 11115B [= copi ffotostat o lawysgrif Llyfrgell John Rylands, Welsh MS 2]: llaw anh., hanner cyntaf y 18g., gw. *ib.* 310.

LlGC 11816B: llaw anh., 17g., gw. HMNLW iv, 70.

LlGC 12443A: llaw anh., canol neu'n ddiweddar yn yr 17g., gw. *ib.* 212–13.

LlGC 12873D: Ifan Wiliam, *c.* 1775, gw. *ib.* 333.

LlGC 13061B: Tomas ab Ieuan, ail hanner yr 17g., gw. *ib.* 353–4.

LlGC 13064D: llaw anh. (ai Dafydd Hopcyn o'r Coety?), *c.* 1771, gw. *ib.* 355.

LlGC 13068B: llaw anh., *c.* 1600, gw. *ib.* 356–7; D.H. Evans, 'Bywyd a Gwaith "Gyles ap Sion" o Radur Ucha', SC xxvi/xxvii (1991–2), 88ff.

LlGC 13072B: Jenkin Richard, 1643–60, gw. HMNLW iv, 359; R. Geraint Gruffydd, 'Awdl wrthryfelgar gan Edward Dafydd', LlCy v (1958–9), 158.

LlGC 13079B: llaw anh., 16g./17g., gw. HMNLW iv, 363.

LlGC 13081B: Owen John, *c.* 1600, gw. *ib.* 363–4; TLlM 44.

LlGC 13125B: Edward Williams 'Iolo Morganwg', 18g./19g., gw. HMNLW iv, 410.

LlGC 13167B: Gwilym Pue, 1674–6, gw. *ib.* 482–3.

LlGC 13168A: Owen John, *c.* 1600, gw. *ib.* 483.

LlGC 13178B: llaw anh., hanner cyntaf yr 17g., gw. *ib.* 486–7.

LlGC 15543B: David Powell 'Dewi Nantbrân', *c.* 1741, gw. *Llyfrgell Genedlaethol Cymru: Adroddiad Blynyddol 1953–1954* (Aberystwyth, 1954), 36.

LlGC 17114B [= Gwysanau 25]: llaw anh., *c.* 1560, gw. H.D. Emanuel, *art.cit.* 339; 'Catalogue of the Gwysaney Mss' (cyfrol anghyhoeddedig, Llyfrgell Genedlaethol Cymru, Aberystwyth, 1953), 31–45; E. Bachellery, Études v (1950–1), 116–18; GO 21–2 (er iddo gamsynied am y dyddiad); BaTh 306.

LlGC 17528A: Hugh Evans, 1770–1, gw. *Llyfrgell Genedlaethol Cymru: Adroddiad Blynyddol 1960–61* (Aberystwyth, 1961), 44–5.

LlGC 19901B [= J. Gwenogvryn Evans 1]: llaw anh., canol yr 17g., gw. 'Schedule of J. Gwenogvryn Evans Collection' (cyfrol anghyhoeddedig, Llyfrgell Genedlaethol Cymru, Aberystwyth, 1930), 1.

LlGC 21248D [= Mos (heb ei rhifo)]: llaw anh., hanner cyntaf yr 17g., gw. 'Catalogue of Mostyn MSS purchased in 1974' (cyfrol anghyhoeddedig, Llyfrgell Genedlaethol Cymru, Aberystwyth, 1975), 24–65.

LlGC 21700D [= Heythrop]: llaw anh., 1625–50, gw. *Llyfrgell Genedlaethol Cymru: Adroddiad Blynyddol 1981–82* (Aberystwyth, 1982), 60–1.

LlGC Mân Adnau 1206B [= Tanybwlch 1]: llaw anh., *c.* 1700, gw. 'Schedule of the Contents of a Manuscript Volume of Welsh poetry known as the Tanybwlch Manuscript' (cyfrol anghyhoeddedig, Llyfrgell Genedlaethol Cymru, 1932), 1–42.

Llawysgrifau yng nghasgliad Llanstephan yn Llyfrgell Genedlaethol Cymru, Aberystwyth

Llst 6: llaw anh., *c.* 1510–30, gw. RWM ii, 428–33; *Llanstephan MS. 6*, ed. E. Stanton Roberts (Cardiff, 1916), iii–v.

Llst 15: John Morgan, Matchin, *c.* 1707–11, gw. RWM ii, 449–52.

Llst 16: Samuel Williams, *c.* diwedd yr 17g. a dechrau'r 18g., gw. *ib.* 452.

Llst 35: Humphrey Davies, diwedd yr 16g. a dechrau'r 17g. (ar ôl 1598), gw. *ib.* 478–82; ByCy 117; E.D. Jones, 'The Brogyntyn Welsh Manuscripts', Cylchg LlGC v (1947–8), 234.

Llst 42: Siôn Rhydderch, *c.* 1691, gw. RWM ii, 510.

Llst 47: Llywelyn Siôn, 1586–90, gw. *ib.* 516–23.

Llst 53: Siâms Dwnn, *c.* 1641–7, gw. *ib.* 534–45.

Llst 54: un o gopïwyr Moses Williams, *c.* 1710x1720, gw. *ib.* 545–9.

Llst 55: Siôn Dafydd Rhys, *c.* 1579, gw. *ib.* 549–53.

Llst 117: Ieuan ap William ap Dafydd ab Einws o Riwabon, 1542–54, gw. *ib.* 568–79; Graham C.G. Thomas, 'From Manuscript to Print—I. Manuscript', yn *A Guide to Welsh Literature c. 1530–1700*, ed. R. Geraint Gruffydd (Cardiff, 1997), 245–6.

Llst 120: Jasper Gryffyth, *c.* 1597–1607, gw. RWM ii, 603–9.

Llst 122: Wiliam Bodwrda, *c.* 1644–50, gw. *ib.* 609–20; R. Geraint Gruffydd, 'Llawysgrifau Wiliam Bodwrda o Aberdaron (a briodolwyd i John Price o Fellteyrn)', Cylchg LlGC viii (1953–4), 350; Dafydd Ifans, 'Bywyd a Gwaith Wiliam Bodwrda (1593–1660) o Aberdaron' (M.A. Cymru [Aberystwyth], 1974), 384–98.

Llst 123: Wiliam Bodwrda, *c.* 1644–50, gw. RWM ii, 620–34; R. Geraint Gruffydd, *art.cit.* 350; Dafydd Ifans, 'Bywyd a Gwaith Wiliam Bodwrda (1593–1660) o Aberdaron' (M.A. Cymru [Aberystwyth], 1974), 354.

Llst 125: Wiliam Bodwrda, *c.* 1644–50, gw. RWM ii, 649–62; Dafydd Ifans, 'Bywyd a Gwaith Wiliam Bodwrda (1593–1660) o Aberdaron' (M.A. Cymru [Aberystwyth], 1974), 375–83.

Llst 133: Samuel Williams, *c.* 1712, gw. RWM ii, 664–94; G.H. Hughes, *Iaco ab Dewi 1648–1722* (Caerdydd, 1953), 37–40.

Llst 134: Llywelyn Siôn, *c.* 1610, gw. RWM ii, 695–712; D.H. Evans, 'Ieuan

Du'r Bilwg (*fl. c.* 1471)', B xxxiii (1986), 106; CLC² 478–9.

Llst 145: Samuel Williams, *c.* 1710–20, gw. RWM ii, 721–5.

Llst 155: llaw anh., *c.* 1574–1604, gw. *ib.* 728–32.

Llst 156: llaw anh., *c.* 1632–68, gw. *ib.* 732–8.

Llst 165: Thomas Jones, Pennant Melangell, *c.* 1720–65, gw. *ib.* 754.

Llst 167: llaw anh., hanner cyntaf yr 17g., gw. *ib.* 754–7.

Llst 169: llaw anh., ail hanner yr 16g., gw. *ib.* 759–60.

Llst 181: llaw anh., *c.* 1556–8, gw. *ib.* 769–71.

*Llawysgrifau yng nghasgliad Peniarth yn Llyfrgell Genedlaethol Cymru,
Aberystwyth*

Pen 75: llaw anh., ail hanner yr 16g. (ar ôl 1589), gw. RWM i, 497–503.

Pen 85, ii: Gruffudd Hiraethog, *c.* 1550, gw. HMNLW i, 550.

Pen 91: llaw anh., *c.* 1641, gw. RWM i, 566–9.

Pen 93: llaw anh., 1582–1628, gw. *ib.* 572–8.

Pen 97: llaw anh., *c.* 1605, gw. *ib.* 603–9.

Pen 103: llaw anh., *c.* 1570, gw. *ib.* 639–44.

Pen 112: John Jones, Gellilyfdy, cyn 1610, gw. *ib.* 671–86; N. Lloyd, 'A
History of Welsh Scholarship in the First Half of the Seventeenth
Century, with Special Reference to the Writings of John Jones,
Gellilyfdy' (Oxford, D.Phil., 1970), 28–31.

Pen 137: llaw anh., ail hanner yr 16g., gw. RWM i, 861–7.

Pen 144: llaw anh., *c.* 1640, gw. *ib.* 902–7.

Pen 153: Owen Gruffudd, *c.* 1685–98, gw. *ib.* 932–6.

Pen 155: llaw anh., *c.* 1562–85, gw. *ib.* 937–40.

Pen 184: llaw anh., hanner cyntaf yr 17g., gw. *ib.* 1008–11.

Pen 195: David Ellis, Gwanas, hanner cyntaf y 18g. (ar ôl 1727), gw. *ib.*
1023–5.

Pen 198: llaw anh., *c.* 1693–1701, gw. *ib.* 1206.

Pen 221: John Jones, Gellilyfdy, *c.* 1605, gw. *ib.* 1045; N. Lloyd, 'A History
of Welsh Scholarship in the first half of the Seventeenth century, with
Special Reference to the Writings of John Jones, Gellilyfdy' (D.Phil.
Oxford, 1970), 26–7; M.T. Burdett-Jones, 'Trydydd Llyfr Cywyddau
John Jones Gellilyfdy', YB xvi (1990), 127–40.

Pen 239: llaw anh., ail hanner yr 17g., gw. RWM i, 1063–6.

Pen 312: John Jones, Gellilyfdy, 1610–40, gw. *ib.* 1114–18.

Llawysgrif yng nghasgliad Stowe yn y Llyfrgell Brydeinig, Llundain
Stowe 959 [= RWM 48]: llaw anh., chwarter olaf yr 16g., gw. RWM ii, 1110–26; GLGC xxxii.

Llawysgrif yng nghasgliad Wynnstay yn Llyfrgell Genedlaethol Cymru, Aberystwyth
Wy 1, i: llaw gynnar Thomas Wiliems, Trefriw, *c.* 1570–90, gw. 'Schedule of the Wynnstay Manuscripts and Documents' (cyfrol anghyhoeddedig, Llyfrgell Genedlaethol Cymru, Aberystwyth, 1934–40), 1–2.

Mynegai i'r llinellau cyntaf

Td.

A gasglo Mai, drai drylef,—o ddail 102
Ai ti, Angau, wyt yngod 38
Annwyl gen bawb ei wenith 50
Archaf i Fair ddiwair ddrem 101
Bu anwyl ar bawb ennyd 27
Drogenais fynd drwy *Gonwy* 35
Gwaith anorffen sy genni' 97
Gwn nad da, gwae enaid dyn 73
Mae llef oer, mae llifeiriau 47
Mae 'm Mangor drysor a drig 70
O Fôn y dof i ofyn 55
O rhoed daear ar Harri 41
Pand angall na ddeallwn 84
Pa ryw sôn am bersoniaid 53
Y cerddor ifanc irddoeth 64
Y chwi fun wiwlun, fain, olau,—buraidd 100
Y du gwrol, dy gariad 58
Y ferch wen o Frycheiniog 67
Y ferch ŵyl, freichiau Olwen 61
Y teirw teg eu tre tad 31

Mynegai i'r gwrthrychau a'r eirchiaid

cerdd

almari 7

bwa 8

caseg 9

Dafydd ap Gwilym 7, 12

Deiniol Bangor 14

draig goch 17

Dwynwen 13

Edward Sirc 12

gwynt y de 20

Harri VII 5

Mair 19

march 10

Margred ferch Wiliam o'r Penrhyn 11

merch anhysbys 18

Owain ap Maredudd ap Tomas o Borthaml 4

paderau 11

Robert ap Rhys o Blas Iolyn 3

Rowland Bwlclai 2

Rhisiart Bwlclai, Archddiacon Môn 2

Rhydderch ap Dafydd o Fyfyrian 10

Rhys Cwg 10

Sieffre ap Siôn 11

Siôn ap Robin o Eifionydd 9

Lewys ab Ieuan ap Tudur, Syr, rheithor Llanbedrog ... 8

Skeffington, Thomas, yr Esgob 14

telyn 12

Wiliam, Syr 8

Wiliam ap Gruffudd ap Dicws 6

Wiliam ap Maredudd ap Rhys o Lanfairfechan 7

Wiliam Glyn, Dr, o Lynllifon 1